中央编译局出版基金项目 ｜ 前沿问题系列 ｜

政党科学与政党政治科学化

Party Science
and
Party Politics

朱昔群◎著

中央编译出版社
Central Compilation & Translation Press

图书在版编目（CIP）数据

政党科学与政党政治科学化／朱昔群著.
—北京：中央编译出版社，2015.5
ISBN 978 - 7 - 5117 - 2673 - 5

Ⅰ．①政…
Ⅱ．①朱…
Ⅲ．①政党 - 研究
Ⅳ．①D05

中国版本图书馆 CIP 数据核字（2015）第 103631 号

政党科学与政党政治科学化

出　版　人：刘明清
出版统筹：董　巍
策划编辑：黄海明
责任编辑：韩继海
责任印制：尹　珺
出版发行：中央编译出版社
地　　址：北京西城区车公庄大街乙 5 号鸿儒大厦 B 座（100044）
电　　话：(010) 52612345（总编室）　　　(010) 52612313（编辑室）
　　　　　(010) 52612316（发行部）　　　(010) 52612317（网络销售）
　　　　　(010) 52612346（馆配部）　　　(010) 66509618（读者服务部）
传　　真：(010) 66515838
经　　销：全国新华书店
印　　刷：北京京华虎彩印刷有限公司
开　　本：787 毫米 × 1092 毫米　1/16
字　　数：340 千字
印　　张：23
版　　次：2015 年 5 月第 1 版第 1 次印刷
定　　价：80.00 元

网　　址：www. cctphome. com　　　邮　　箱：cctp@ cctphome. com
新浪微博：@ 中央编译出版社　　　微　　信：中央编译出版社（ID：cctphome）
淘宝店铺：中央编译出版社直销店(http://shop108367160. taobao. com)　　(010)52612349

本社常年法律顾问：北京市吴栾赵阎律师事务所律师　　闫军　　梁勤
凡有印装质量问题，本社负责调换，电话：(010) 55626985

序

政党是一种客观现象。不管人们喜欢不喜欢，政党出现在社会政治生活中，按照固有的规律运行，影响着政治，影响着人们的行为，影响着社会的发展。政党活动的这种规律性，指的就是政党政治中不以单个的个人意志为转移的、在政党活动背后起作用的逻辑。不仅政党自身活动有规律，作为民众控制公共权力的工具，政党的执政活动也包含着内在的客观规律。我们研究政党，分析政党政治，最重要的就是要梳理政党活动和执政行为背后隐藏的这些逻辑，探究政党政治的客观规律，进而按照这些规律的要求，改进政党活动和执政的方式。规律的探寻，规律的梳理，规律的运用，体现了推进政党政治科学化的基本方向，是政党科学研究的主要内容。从这一点可以说，朱昔群的《政党科学与政党政治科学化》这本书的出版，是做了一件很有意义的工作。作为曾经指导他博士论文的导师，我对昔群本人表示衷心的祝贺。

实事求是地讲，政党的活动，执政的行为，在表象上纷繁复杂，要想从中去伪存真、去粗取精，探究出规律性的东西，并不是一件容易的事情，特别需要运用科学的研究方法。方法对路，才能使研究做到纲举目张、事半功倍。令人高兴的是，昔群的这本著作紧紧围绕"科学"二字，把学理深度、比较视野、系统分析和问题意识有机地结合起来，在众多讨论政党理论、执政理论的著述中展现了自己的方法特色，也因此对政党活动的规律探索显得更为深入。本书朝着这个方向所做的努力，值得充分肯定。

首先，这本著作突出地呈现了学理性的研究深度。传统的党建研究，之所以很难为学术界认可，最大的弊病就是缺乏学理性。讨论问题时，总是先入为主，用一套现成的理论去套实际。比如从经典作家的只言片语中寻找理论依据；对领导人的讲话不加分析地注解阐释，而不是以相对价值中立的视角，针对现实情况和具体实践进行实事求是的分析和研究，来发现规律。这本著作从一开始就力戒这种弊病，准确地抓住政党现代性的两个支点，即"科学性"与"合法性"，据此细致考察政党活动和执政行为的具体情况，尤其是中国共产党自身建设和执政活动的鲜活实践，进而梳理问题、归纳特点、探讨趋势，深入发掘政党发展和执政科学化的规律性要求，在多个方面丰富了政党科学的相关理论。

其次，这本著作充分地展现了政党比较的研究视野。规律不仅具有客观性，还具有普遍性。规律不是只在个别的、特殊的事物和现象里起作用，而是在一定的范围和领域起作用。政党政治亦然。因此，探究政党活动的规律，不能仅局限于中国共产党自身，还要有比较的视野，全面考察不同类型的政党，从纷繁复杂的政治表象中梳理出政党活动和政党政治运作的共同规律，才能做到矛盾普遍性与特殊性的有机结合。这本著作的第一部分，运用比较研究的方法全面系统地分析了不同门类的政党和政党制度，并从相关性政党、政党类型和机制、政党发展、政党政治市场等角度探析政党运作的一般性规律，为后文分析中国共产党的类似问题提供了丰富的比较和借鉴。

再次，这本著作广泛地运用了系统分析的研究方法。政党政治的基本框架表现为民众、政党、公共权力的三相关系，构成一个完整的政治系统。政党自身的运行和执政活动都处于这个复杂的政治系统之中。执政党既承受着来自外部环境的压力和支持，也通过政策行为向外作出回应和施加影响。因此，这本著作没有就政党而论政党，而是尽可能广泛地运用系统分析方法，尤其是从环境、基础、方式、理念和资源等角度对执政体系和执政能力相互关系的多维解读，以及从民主选举、民主决策、民主监督、民主执政等方面对党内民主制度化、规范化、程序化的系统梳理，使中国共产党执政科学化和自身建设科学化的发展脉络更为清晰。

最后，这本著作鲜明地体现了问题意识的研究角度。理论研究的目的全在于运用。政党研究的学理性、科学性、系统性必须与分析、解决现实问题相结合，做到理论联系实际，最终落脚到中国共产党自身建设与执政行为的改进上来。这本著作紧扣"党的执政能力建设和先进性建设"这条主线，以强烈的问题意识，全面梳理了中国共产党在执政能力、执政基础、执政方式、执政理念、党管干部、体制反腐、民主选举、民主决策、民主监督、基层组织等方面存在的现实问题，对形成问题的制约性因素进行了深入剖析，并结合理论分析提出有针对性的改进举措，不仅显露了作者作为党的中央研究机构的一名研究者应有的深刻忧党意识，对于推进中国共产党自身建设和执政行为的科学化也提供了许多积极、有益、可操作的独到见解。

以上所言，是我本人在仓促阅读书稿之后得出的一些感想，难以全面概括昔群这本著作的全部特点和创新，只能点到为止。相信读者通过不同的视角，还可发现更多的亮点。当然，由于体系十分宏大，论述的问题极为广泛，本书也不可避免地存在一些疏漏和不足。有些理论和概念仍需进一步推敲，一些观点仍需政治实践的进一步检验。实践基础上的理论创新是永无止境的。当前，在全面从严治党的新形势下，中国共产党的自身建设和执政都面临大量紧迫的新情况和新问题，需要更加深入的研究。我们期待着包括昔群在内的政党研究者们能够与时俱进，在探索共产党执政规律、推进政党现代化的理论研究之路上继续前行，取得更多丰硕的成果。

王长江

2015 年仲春于中共中央党校

目　录

第二部分　执政理论与科学执政

第四部分　党建科学化与政党发展

图表索引

引言：如何研究政党执政理论

　　执政能力建设是中国共产党自身建设的一个核心话题，关系着党的执政地位的巩固，也关系着全面建成小康社会总体目标的实现。十八大报告明确指出："全党要增强紧迫感和责任感，牢牢把握加强党的执政能力建设、先进性和纯洁性建设这条主线，坚持解放思想、改革创新，坚持党要管党、从严治党，全面加强党的思想建设、组织建设、作风建设、反腐倡廉建设、制度建设，增强自我净化、自我完善、自我革新、自我提高能力，建设学习型、服务型、创新型的马克思主义执政党，确保党始终成为中国特色社会主义事业的坚强领导核心。"① 执政能力建设是一个巨大的政治工程，涉及的人和事很广，同时涉及深刻的政治意识和利益调整。伟大的政治实践呼唤科学的政治理论，党的执政能力建设对政党执政理论提出了巨大的需求。那么，什么是马克思主义执政理论？我们有没有系统的马克思主义执政理论？应该怎样研究马克思主义执政理论？怎样处理马克思主义执政理论与传统党建理论的关系？应该怎样处理马克思主义执政理论与一般政党执政理论的关系？怎样处理马克思主义执政理论与政党学理论与政治学理论的关系？加强执政理论研究对加强党的执政能力建设有什么

---

　　① 胡锦涛：《坚定不移沿着中国特色社会主义道路前进为全面建成小康社会而奋斗》，新华网，2012 年 11 月 19 日。

重要意义？这些问题都摆在研究者面前，需要我们作出科学的合理的解释。不过因为这些问题本身的宏大，不可能在短时期内得到满意的答案，因此，我们在此只能提供一些初步的思考。

一、何为马克思主义执政理论

马克思主义执政理论是一门研究马克思主义政党执政规律的学科，其研究范围应该包括政党的执政过程、执政行为和执政体系等。这里有两个问题需要注意：

其一，中央提出的马克思主义执政理论是有所特指的，是一个针对性很强的概念，是特指像中国共产党这样以马克思主义为指导思想的执政党。这就要求研究者不能混淆马克思主义执政党与非马克思主义执政党的概念，不能混淆中国共产党与其他共产党尤其是其他类型政党的概念。马克思主义执政理论的概念、分析方法、甚至理论语言都要能够为党的干部、党员和群众所理解和接受，其分析框架和分析过程要充分考虑马克思主义政党和中国共产党的个性和特定的前提条件。这就要求进行马克思主义执政理论探索的时候，要注意保持其对传统党的建设理论在概念、方法和分析框架等方面的连续性，要避免对外来政党理论的生吞活剥和简单套用。

其二，我们必须清醒的认识到，中共拥有一套比较系统的革命党建设理论，但是其执政理论的探索时间不长。我们的革命党理论来源于马克思和列宁的无产阶级政党理论，这是全世界无产阶级政党从一开始就引以为自豪的事情，也是我们相比其他类型政党的一个巨大的优势。从马克思开始，无产阶级政党理论系统地说明了无产阶级革命的必然性、条件、进程和一般的结果，充分论证了无产阶级革命的合法性和科学性。在革命党的组织和政策、策略方面，各国根据具体的国情和党情进行了具体的探索，取得了不同程度的成功，在20世纪的世界政治史上创造了巨大的辉煌。

当然，并不是说，我们对马克思主义革命党理论的总结已经做得很完美了。例如，马克思主义的革命党理论发展到具体的政治革命阶段，体现了其某种程度的理想性和实际操作的可行性的结合，体现了普遍性革命理论和具体国情党情的结合。布尔什维克党和中国共产党革命的成功充分体现了这一点。然而，同样起源于马克思主义理论指导的欧洲社会民主党为什么没有取得无产阶级革命的完全成功，而只是部分地改善了无产阶级的生存状况，为无产阶级和弱势群体争得了部分利益，并对原典马克思主义理论进行了不断的修正？经过一个世纪以后再回过头来看这个问题，我们也许可以换一种方式来思考：欧洲社会民主党之所以没有以马克思设想的那种方式通过革命夺取政权，是不是恰恰反映了当时的欧洲缺乏经典无产阶级革命发生和成功所必须的条件？实际上，俄国和中国的革命也并非完全是以马克思所设想的方式（国际革命的方式）发生和发展，而是以个别国家发动革命的方式取得了无产阶级革命的成功，我们以前对这个重大的区别的认识不很清楚，导致了对革命成功后的国情党情的错误判断，我们并非在马克思设想的那种条件下取得革命的成功，却试图在马克思设想的革命后的条件下执政，因而在执政理念中掺杂了过多的激进的和理想化的成分，导致了一系列的"左"倾错误，在"斯大林模式"和"大跃进"、"文化大革命"中都能清楚地看到这个问题。

不少理论家认为，中国共产党建国后长期没能树立明确的执政党意识，而是用革命党的思维来指导党的建设和执政。这种看法道出了执政党建设中种种问题的关键。在革命过程中，在付出了巨大代价的情况下，中共花十年时间认识到了中国革命条件与俄国条件和欧洲条件的不同，实事求是地创造了中共革命理论；然而在执政的过程中，我们再次轻视了中国和苏联以及马克思设想中的条件的不同，继续沿用革命思维和某种既定模式执政，这次我们付出了更大的代价，当我们认识到这一点时，四个十年都已经成为过去。

邓小平使我们认识到：中国共产党已经是一个执政党，中共执政的条件与马克思设想中的条件大不一样，中国至多只能算是处于社会主义初级阶段。必须以经济建设为中心，发展是硬道理，必须发展市场经济和民主，通过文化建设和教育不断提高人民的素质。江泽民则以"三个代表"的形式提出了新的执政党建设理论：共产主义是人类的美好理想和共产党奋斗的远大目标，但是我们不能也不必对其作出具体的设想和描绘，而应该集中精力建设现实的社会主义，促进社会的发展和提高人民的生活水平，并在此基础上加强党的建设和领导。我们必须清醒的认识到，中共已经由一个领导革命夺取政权的革命党变成了领导社会主义现代化建设的执政党，执政的环境已经由对外封闭和计划经济变成了市场经济和对外开放。党应该明确执政意识，应该对执政环境和执政条件有更为清醒的认识。在新的执政条件和执政环境下，执政党建设的主要目标应该是努力做到"三个代表"——代表中国先进生产力的发展方向、代表中国先进文化的前进方向、代表中国最广大人民的根本利益。我们很容易联想到，要做好"三个代表"，党必须把自己的执政理念和执政过程建立在对人民利益的确认和肯定的基础上，必须通过发展民主和法治不断提高执政党的代表性，必须不断完善执政党的代表机制，必须不断巩固执政的合法性、不断提高执政的科学性。胡锦涛则使我们进一步认识到：党的执政地位不是与生俱来的，执政地位的取得也不是一劳永逸的，党要加强执政能力建设，不断提高执政的科学性、巩固执政的合法性。党要把执政能力建设当做一个系统工程来进行，要从执政理念、执政基础、执政体制执政方式等方面系统地加强执政能力建设。习近平在总结建国60年来党的建设的经验与启示时，指出："必须以党的执政能力建设和先进性建设为主线，以改革创新为动力，推动党的思想建设、组织建设、作风建设、制度建设和反腐倡廉建设相互促进，从整体上提高党的建设水平。"①

二、用正确的目的和科学的方法研究执政理论

研究执政理论的目的是为了探索执政规律。执政理论的分析框架，就是指讨论政党执政规律的一套基本的程式，它应该包括研究的目的、研究的方法、研究的理论基础以及理论表述的通用语言等。采用比较科学的分析框架，有利于保持理论研究的逻辑一致性，有利于更为清楚地认识政党执政规律。

早在2001年，江泽民同志在"七一"讲话中就提出要以与时俱进的

———————

① 习近平：《关于新中国60年党的建设的几点思考》，人民网，2009年9月28日。

态度对待马克思主义理论，不断深化对共产党执政的规律的认识的要求。十六大报告中，把这一观点写进党的政治报告并得以通过，标志着我党对党的建设和对党的建设的研究上升到一个新的高度。十七大报告再次强调："坚持用发展着的马克思主义指导客观世界和主观世界的改造，进一步把握共产党执政规律、社会主义建设规律、人类社会发展规律，提高运用科学理论分析和解决实际问题能力。"① 此后，在十七届四中全会决议、十八大报告中，都强调了探索和把握共产党执政规律的重要性。以政治报告的形式强调研究共产党执政规律的重要性，是基于党中央对党建实践和党建研究的准确体认：我们目前的党建研究从总体上来说还远远不能满足党的建设实践的需要，我们目前的党建理论模型、研究方法、所使用的语言在面对党的建设实践中出现的新情况新问题的时候，显得过于陈旧过于呆板，缺乏创造力，缺乏足够的解释力和表现力。

研究目的和研究方法往往影响理论本身的效用，影响理论的创造力，理论的解释力和表现力。在传统的党建理论研究中，由于观念和体制的原因，在研究目的上仅仅满足于党的路线方针政策的上传下达而轻视对党的建设实践中出现的问题的关注的现象，仅仅满足于成果能够找到发表市场而轻视研究成果的社会效益的现象都是屡见不鲜的。在研究方法上，从理论出发而不是从实际问题出发来研究党的建设，仅仅满足于用马克思主义经典作家的语言来论证党的观点和政策的现象也是经常可以见诸媒体的。这种现象的蔓延导致党建理论和党建研究在活生生的党的建设的实践面前，显得过于僵化陈旧，缺乏应有的解释力和表现力。这种情况发展到极端，就是有些人干脆认为党建理论不是科学，作为一门学科难以立足。

以上所指的党建理论研究缺乏创造力、解释力和表现力的现象，既存在于对一些传统的理论观点如党的先进性、民主集中制的论证上，也存在于对一些新的党建理论观点如党的执政能力、共产党的执政规律的论证上。由于本文主要研究对象是党的执政规律，所以这里仅以对党的执政规

---

① 胡锦涛：《高举中国特色社会主义伟大旗帜，为夺取全面建设小康社会新胜利而奋斗》，新华网，2007 年 10 月 24 日。

律的研究来说明这个问题。

在目前流行的对党的执政规律的研究中，就像在党建研究的其他方面一样，在研究目的和研究方法上都存在相当的问题。研究党的执政规律和研究党的其他方面的问题一样，通常有如下几个目的：首先是对党的观点和政策进行阐释，从而使党的观点和政策被大众了解，使党的观点和政策深入人心。其二是关注党的建设的实践，从党的实践中发现问题，分析问题，并且提出解决问题的方案，以供有关的党的机构和党员干部做决策参考。其三从研究者个人的角度来看，就是要使自己的研究成果能够发表和引起人们的关注。这一点看起来好像并不像前面两点那么重要，但是，在考虑研究目的的时候，绝对不能忽略，因为这一点恰恰是引起一个研究者选择这一个课题而不是选择其他课题的最直接的因素。通观当前许多研究执政规律的文本，在以上所讲的三个方面都存在一定的问题，我们会看到一些文章把对党的观点和政策的阐释变成了对党的报告和领导人讲话的重复和满足于在执政规律的名义下，把一些已有的观点整理在一起，然后给文章起一个执政规律研究的名字，甚至在同一篇文章里，观点前后互相矛盾，不能自圆其说的现象也是时常可见的。这样做的不良后果之一就是，读者在厌读这些文章的同时，往往连带认为"执政规律"也没有什么新意，也不过如此。我们也经常看到在提出党的建设方面的问题的时候，从理论出发而不是从党建实践中存在的亟待解决的问题出发的现象。在研究成果的发表方面，可以说每一个研究者都既注重能不能找到发表的市场，又注重成果可能带来的社会效益，但是现有的书刊出版发行体制本身的缺陷却存在不顾社会效益而能够找到发表市场的可能性，因此，我们经常可以看到一些低水平重复的党建方面文章和书籍充斥市场。

从执政规律研究的方法论上来讲，我们要用马克思主义的立场、观点、方法来分析政党，这是不错的，但是，传统的党建研究方法论往往忽视两点：其一，马克思主义经典作家创造了一门完整的革命党学说，但是早期的经典作家马克思、恩格斯，在他们那个时代，无产阶级政党没有执政，因而没有机会探索执政党建设原理，列宁对执政党建设的探索刚刚起步，历史没有给他充分的时间来把这方面的探索继续下去。斯大林和毛泽东在探索执政党建设方面做出了一定的贡献，但是，由于各种因素的影响，他们在探索执政党建设方面缺乏足够的自觉性，并且走了不少弯路。可以说真正自觉的探索马克思主义政党的执政规律从邓小平才开始，邓小平党建理论为我们继续研究共产党执政规律提供了丰富的思想材料，打下了良好的基础。"三个代表"重要思想的提出，标志着中国共产党的执政党意识的新觉醒，突破了一些传统观念的束缚，为共产党执政规律的深入研究开启了道路。之后党建理论对执政能力建设、先进性建设、纯洁性建设的深入拓展，对学习型、服务型、创新型马克思主义执政党的建设目标的明确，一直到十八届三中全会提出把党的自身建设与国家治理体系和治理能力现代化建设相融合，都为执政理论、执政规律的研究提供了巨大的理论空间。其二，不能把坚持马克思主义的党建研究方法论等同于僵化地看待经典作家的言论，把传统党建理论当做一成不变的教条，当做判别执政规律研究成果正确与否的唯一的标准。马克思主义理论首先是科学的理论，才能有说服力，才能为人们所推崇。科学的一个基本特点就是：对科学研究结论的判断是不以作者的身份为转移的，而是靠实践对研究结论的检验，靠理论对实际问题的解释能力。

在政党执政规律的研究中，过去有太多的禁锢和框框，在方法论上，这种框框和禁锢突出表现在两个方面[1]：一种表现是，总认为政党首先是阶级的政党，没有任何共同性。在研究政党时不忘它的阶级性，时时把这个烙印作为分析政党时必须注意到的因素，这是对的。但是，以为抓住了这一点，便是抓住了一切，就可以不顾其他，就可以解释所有的问题，甚至把从其他角度观察政党统统看做是离开了马克思主义的立场观点方法，则绝对是一种误解。马克思主义政党和非马克思主义政党都叫做政党，是因为他们都有政党所需的基本条件和基本要求：都是人们自愿组织起来，有基本相同的政治意愿；都以掌握公共权力或对公共权力的运作施加影响为目标，并为此提出自己的纲领和政策主张；都有一套自己的组织系统，以保持达到目标所需的凝聚力和战斗力；等等。而且，实际上，马克思主

---

[1]　参见王长江：《现代政党执政规律研究》，上海人民出版社 2002 年版，第 16—17 页。

义政党的学说也正是参照资产阶级政党及其活动而创立的，因为在这套理论诞生之前，并不存在无产阶级自己的政党，除了已有 100 多年历史的资产阶级政党外，别无借鉴。

方法论禁锢的第二种表现是，总是先入为主，用一套现成的理论去套实际，而不是实事求是地进行分析和研究。平心而论，说过去对非马克思主义政党没有一点研究是不公平的。对这类政党总体上持批判、否定的态度，也并非没有道理。问题只在于，我们进行批判和否定的方法的科学性不够。用马克思主义政党的标准去瞄准这些政党，那么毫无疑问，这些政党会变得一无是处：它们既不先进，又组织涣散，又无正确目标。如此政党，怎么可能执政？这实际上就很难说明这些政党后来执政、长期执政的现实。更何况，在相当长一段时间里，我们用来衡量政党的标准，既是对马克思主义政党来说，也是不切实际的，过"左"的。那这套东西作标准，甚至连苏共为什么在背离了马克思主义之后还能继续执政多年也说不清楚。

综上所述，在执政规律的研究方面，要突破传统党建理论思维方式和党建研究套路的束缚，要端正研究目的，在研究的过程中，贯穿党建研究的问题意识，把对党的政策的阐释与对党的实践中出现的问题的分析结合起来；把追求党建研究成果的发表和关注研究成果的实际效果结合起来。要改进党建研究的方法，在研究中遵循科学研究的一般规则，把党的建设理论当做一门科学理论来研究，而不是自觉不自觉地把党建理论搞成一堆禁锢人思想的教条。

研究政党的执政规律的根本目的是为了从更为科学的角度来观察中国共产党，评估中共的现状以及历史，从而发现党的建设中的问题的真正所在并试图为这些问题的解决提供比较科学和实际的方法。这就决定了政党研究或者党建研究必须正视问题而不能回避问题或者粉饰问题。不能把政治研究和政治宣传混为一谈，而必须用科学和实证的方法来寻求政治问题的解决方法。我们研究和引用经典著作和领袖人物的讲话，目的不是为了求证现行政策的道统而是为解决政治问题而在经典作家和领袖人物的智慧和经验里获得参考和启发。因而可以作为政党研究的参考资料绝不是单一的，我们应该运用世界上一切可以利用的东西来启发我们解决政党问题的灵感和智慧。这种兼收并蓄的研究方法与中国共产党的指导思想的唯一性是不矛盾的。正如习近平同志在中央群众路线教育实践活动总结大会上的讲话指出的那样："要注重把继承传统和改革创新结合起来，把总结自身经验和借鉴世界其他政党经验结合起来，增强从严治党的系统性、预见性、创造性、实效性，使从严治党的一切努力都集中到增强党自我净化、自我完善、自我革新、自我提高能力上来，集中到提高党的领导能力和执政能力、保持和发展党的先进性和纯洁性上来。"[①]

三、执政理论研究的基本思路

研究执政理论和执政规律的目标在于改善中国共产党的生存状态，加强党执政的合法性和执政效率。政党执政规律研究实际上是要探讨政党在执政条件下在政治体系中的运作规律，政党执政规律可以表述为：执政党在控制和行使公共权力过程中必须遵循的、反映政党政治本质和必然性的法则和客观要求。[②] 中国共产党与其他政党相比较有性质、任务、历史等方面的独特性，这是在研究中共执政规律的时候需要加以注意的，然而还需注意的一点是，中国共产党和其他政党一样首先是一个政党，然后是一个执政党，它的运作同样要遵循政党和执政的一般运行规律。鉴于我国长期忽视对政党一般规律研究的实际，在进行政党执政规律的研究的过程中，把对中国共产党的研究和对政党一般规律的研究结合起来，就显得尤其重要。按照这个思路，下文着重探讨几个政党执政规律方面的基础性问题：

（一）执政规律首先是政党规律

执政党首先是政党，它的生存运作和发展首先必须遵循所有政党产生、运作和发展的共同规律，这些规律对执政的政党和在野的政党都适用。这就有必要在研究执政党规律的时候，考察政党一般规律，至少要了

---

① 习近平：《在党的群众路线教育实践活动总结大会上的讲话》，新华网，2014年10月8日。
② 参见王长江：《现代政党执政规律研究》，上海人民出版社2002年版，第5页。

解政党的一般功能和结构，政党与政治社会的相互依存关系（政党与政府、政党与民众、政党与各种利益集团或者利益集团的变种、政党与宪法和法律、政党与政治文化、政党与其他政党）。无论是什么类型和性质的政党，不管其主观的目的有多么的不同，在客观上来看，它都是介于政府和民众之间，代表民众来影响和控制作为公共权力的政府，从而使政府的运作符合或者至少是不过分违背人民的利益。从学理上来说，政党实际上是充当民众和政府之间的信息沟通的桥梁和纽带，充当具有不同利益的民众在公共权力这个层次上相互之间讨价还价，进行政治谈判的手段。因此可以说，介于政府和民众之间的政党必须妥善处理它和民众和政府之间的关系，尽力发挥其表达和综合民意，从而影响或者控制政府的运作，是政党生存、运作和发展的基本规律。任何类型的政党都要受到这一基本规律的约束。换句话说，政党是民主的工具，政党活动的结果应该是增强民主而不是削弱民主，这是研究任何政党的一个基本出发点，不管其性质如何。

（二）对政党的分类有利于更好地认识执政规律

世界政党的类型五花八门，对政党的分类标准也非常复杂。对于世界政党的具体分类分析，本书在第一章中将进行详述。基于对执政规律的研究，可以按照政党和政治社会各种因素的相互关系上来区分政党的基本类型。下文按照政党、民众、政府三者之间的政治运作关系的分类分析，目的就是在于从执政的不同角度更加清楚地认识政党。

1. 从政党与民众的关系看，可以分为官僚型政党和民主型政党

当一个政党本身的从政官僚形成了既得利益集团，严重脱离群众，其执政行为从整体上损害人民利益，违背民众意愿，对民间呼声反应迟钝时，可以称之为官僚型政党，这种情况容易发生在一些长期执政而又不愿或者不能改革的政党身上。如退台之前的国民党，又如垮台之前苏共。这种政党实际上已经濒临灭亡的境地，并不是政党的常态。充其量只是一种变态的政党。民主型政党与官僚型政党相对，它可能是通过选举产生的也可能是通过革命上台执政的，然而其从政官员始终与该党的基本党员和民

众的大部分或者一部分保持密切的联系，能够持续的从党的民主机构和基本群众中得到政治激励和政治约束。从而保证政党的基本功能的有效发挥。从这个意义上来说，只有民主政党才是真正意义上的政党。

2. 从政党和政府的关系看，可以分为执政党和在野党

所谓参政党只不过是介于执政党和在野党之间的一种边缘状态的政党。执政党控制了政府，占有政府全部或者主要的政务官员的职位。而在野党只有利用自己在立法机关的席位来影响政府的运作。一旦人民选出了执政党，就失去了对执政党的直接控制，人民只有通过一些间接手段来控制执政党，作为影响公共权力的手段。如利益集团，又如新闻媒体。当然并不是说，执政党是可以不顾民众的意愿，完全自行其是的。国家机构本身的法制框架和执政党党内的民主机制仍然是制约执政党、使其遵循民主原则行事的有效因素。

3. 从政党与政党的关系看，不同的政党间关系构成不同类型的政党体制

只有一个政党合法存在或者只有一个政党有合法执政的可能，是一党制，以有没有执政可能作为标准，依次有两党制、三党制、四党制等。除了一党制以外，都可以称作多党制。一党制和多党制也被称作非竞争性的政党体制和竞争性的政党体制。对政党体制的这种分类有利于帮助人们认清政党作为民主工具的本质：民主是要靠政治组织和从政人员之间的良性竞争来维护的。当然采用多党制，从而保持政党间的竞争并不是实现民主的唯一途径，不合时宜的滥用竞争性的政党制度导致危及政治稳定的先例在世界政党史上并不鲜见。通过在官员产生过程和决策过程中引入竞争机制，采用考试、选举等方式来选择从政人员，在公共决策中走群众路线，让有关专家和相关利益集团参与决策，同样能在一定程度上达到实现民主和提高政治体系的合法性和效率的效果。

4. 不同类型的政党都有其生存、运作和发展的特殊规律

在考察世界各种类型的政党和政党体制后，可见，如果考虑到每种政党产生和发展的特殊历史条件，我们就不能笼统的评价政党和政党体制的优劣。一般来说，可以说多党制由于其竞争性和相互牵制，在防止政府决

策过分和长期地脱离民众要求方面比较有效，而一党制在避免了政治决策过程中的过分争吵和相互牵制从而提高了政府效率的同时，往往削弱了民众对政府的监控，容易使得政治过程缺乏足够的纠错机制，使得政府的错误决策和消极腐败现象得不到及时的纠正。这是针对政党的一般情况而言。在考虑到政党产生和发展的特定历史条件的时候，我们容易发现，一个特定的政治体在特定的历史时期，只能有特定的政党和政党体制。比如说，在1986年以前的台湾实行的是国民党的一党专制，国民党也是一个意识形态倾向很浓的政党。这种政党体制和政党形态在从政治上压制了台湾的民主的同时，也为台湾的社会稳定和经济发展提供了强力的政治保障。因此我们也可以说，这时候的政党形态和政党体制是适合台湾的政治环境的，对台湾社会来说是优良的。而同样的政党形态和政党体制在1986以后，则变得不可想象了。也就是说，每种政党和政党体制都有存在和发展的特定条件，只能存在于特定的政党环境。如果离开了这些特定的条件和环境，不管政党主观上如何努力地想保守原状，都只是主观主义的徒劳，这也可以称作所谓政党生存规律。

（三）科学地看待共产党与其他政党的差别

共产党和世界上其他政党尤其是资产阶级政党相比是有很大的不同的，这种不同既表现在政党的性质、目标和任务上，也表现在组织结构、组织制度和运作方式上。问题不在于是否承认我们与其他政党的区别是否存在，而在于怎么看待这种不同。我们过去在把共产党和其他类型的政党比较的时候，往往因为过于强调共产党与其他政党在性质上的不同进而否认共产党与其他政党之间具有可比性，否认存在政党一般运行规律，实践证明，这样做是极不聪明的。这样做的结果是我们把政党研究局限在共产党的狭小范围内，从而妨碍了我们及时地借鉴西方政党研究的一些有益的成果。实际上，西方政治学者在如何提高政党政治的效率，如何保持政党的民主性，如何克服作为民主工具的政党的异化，从而有效地控制金权政治和腐败现象的蔓延等方面都做出了有益的探索，这些东西对我们探索如何加强和改善党的领导是有很好的借鉴意义的。当然，这种片面地看待共产党与其他政党之间的不同的现象并不是我们这一方独有的，西方从事政党研究的学者同样长期存在类似的情况。他们的政党研究一般都以西方发达国家的政党形态作为蓝本，都存在着否定西方国家之外的政党运作模式的倾向。① 由此可见，在政党研究方面，要采取科学的和客观的态度并不是一件很容易的事情。

进行政党比较的前提就是承认存在政党运行的共同规律，在此基础上来分析不同政党的不同特点，就比较容易发现政党实践中的哪些问题属于政党的普遍性问题，哪些问题属于政党的特殊性问题，从而更好地做到普遍性和特殊性的有机结合。例如，政党是民主的工具，任何政党的活动都要有利于增强政治体系的民主性而不是损害政治体系的民主性，否则政党统治的合法性就会受到损害，长久下去，政党就会失去民众的支持。然而政党并不是自发地发挥其作为民主的工具的作用的，相反，由于人的利益最大化的动机政治组织本身的垄断性，政党在实际运作中往往有脱离民众、违背民主的自发倾向。西方研究政党的政治学者把这种倾向称作政党的寡头政治铁律。这是早期西方政党研究的一个基本结论。因此在政党实践中，就要自觉地采取防范其寡头倾向的措施和相应的制度安排。毫无疑问这是一个普遍性的问题，共产党也不例外。在反思苏共垮台的教训的时候很容易看到这一点：列宁是注意到了政党的这一特点的，并从制度安排的角度提出了一些措施对其进行防范，但是斯大林以后的苏共领导层放弃了列宁开始的这种努力，盲目相信思想教育的功能，依赖共产党人道德上的自觉性而忽视对权力的监督，轻视法制建设，结果是任由政党的寡头倾向发展，以至于苏共的官僚主义和思想僵化尾大不掉，最终失去人民群众的支持。

在论证了在政党比较中重视政党之间的共性的必要性之后，我们需要指出：对政党个性的认识至少和对政党的共性的认识同样重要。政党得以存在的社会前提就是生活在社会中的人们按照不同的阶级、阶层、集团划分，存在不同的利益和对这些利益的不同认识。政党正是用来协调这些利

---

① 王长江教授在介绍西方政党理论的时候，对此做了比较详细的论述。参见王长江：《时代的声音》第十三章"西方政党理论"，青岛出版社2002年版。

益矛盾的政治组织。从根本上来说政党总是代表一部分人而不是代表所有人的利益的，这一点从政党的英文词根（PART）也可以看出来。这就决定政党必须有特定的、反映其代表的那一部分人的特定利益要求的思想意识和政治纲领。政党在这些方面的个性特征是其吸引民众支持的必要条件，可以说没有个性，政党也就失去了存在的理由。比如，共产党从一开始就宣称其代表无产阶级和广大劳动人民的利益，公开宣称它与资产阶级政党的区别，从而把对资本主义制度不满的工人阶级和劳动人民吸引到自己的身边。因此我们在对共产党以外的政党进行研究，吸收借鉴其有益经验的时候，一定要把这些经验中属于政党一般规律的东西和属于资产阶级政党个性的东西区分开来，要不然，就容易把政党比较研究搞成对共产党的否定，失去了比较研究的意义。

（四）科学分析中国共产党的逻辑顺序

毫无疑问，在政党研究中，不仅要从消极意义上避免片面地对待政党之间差别，还要从积极意义上探究特殊政党的特殊运行规律。我们研究政党一般原理的目的就在于帮助我们更科学地认识中国共产党，认识中国共产党的执政规律。从政党规律的普遍性和特殊性相结合的角度出发，研究中国共产党执政规律，至少要遵循如下的逻辑顺序：

1. 中国共产党首先是一个政党，它的运行同样要遵循政党的一般规律

例如，政党一般原理告诉我们：政党是民主的工具，这是政党生存的价值前提，同时政党又有自发的官僚化倾向。这就要求在党的建设和党的领导中要体现民主的要求，要把党的领导和依法治国有机结合起来，要避免党的活动损害政府的法治结构的权威性；又要通过主动的制度安排来密切党和群众的联系，主动防范党的组织和党的领导干部的集权倾向和官僚化倾向，从各方面来加强监督，从而更有效地遏制腐败现象。又如，我们通过对竞争性政党体制和非竞争性的政党体制的考察发现：竞争性的政党体制与一定的价值观念和社会历史条件相联系，不符合我国的国情。但是竞争性的政党体制在体现权力制衡原则和公开择优的政治录用原则上确实有其独到之处。所以我们完全可以在坚持我们的政党制度的同时，在党的

领导干部选择中引入竞争机制，从整体上提高从政官员的素质，从而增强党的领导的合法性，提高党的执政能力；在设计监督权力的制度中引入权力制衡的机制，注意权力监督主体的对等性，等等。

2. 中国共产党是一个执政党，要考察公共权力对政党的影响

执政党与在野党不同的地方就在于，执政党直接掌握了公共权力。从政治学的角度来看，公共权力的垄断性特征及其对社会的一定的独立性使得其本身就有一定的官僚化倾向。恩格斯认为国家"从社会中产生但又自居于社会之上并且日益同社会相异化"①，指的就是公共权力的官僚化倾向。公共选择学派的研究有助于我们理解这种倾向，他们认为：与经济活动中一样，个人在参与政治活动时也以个人利益的最大化为目的，也以成本—效益分析为根据。政治人的主要角色是政治家和选民。在政治家方面，他们优先考虑的是个人利益的得失，政治家的利益在于获得权力、地位、威望等，他们这些追求未必符合公共利益。这样使得政府行为并非永远代表公共利益。

公共权力的官僚化倾向强化了上文所分析的政党的寡头倾向。这是执政党在进行思想教育和设计监督制度的时候必须正视的问题。邓小平多次告诫全党，党在取得政权以后，在更有条件为人民服务的同时，也增加了脱离群众的危险。江泽民宣称，决不允许在党内形成既得利益集团，反映的都是对这种规律的深切认识。在改革开放已经三十多年后的今天，政党寡头化、党内利益集团的存在已经不是潜在而是呈现出一定的表象。有媒体评论："一些高级领导干部搞'非组织政治活动'、团团伙伙、小圈子，往往政商勾连、上下其手，政治势力与经济实力一起发力，既有'上层建筑'的谋划能力，也有'经济基础'的保障实力，其干扰改革方向和重点的力量不可小觑。"② 对此，习近平总书记在中央党的群众路线教育实践活动总结大会上的讲话中严肃指出，党内"不允许搞团团伙伙、帮帮派派，

---

① 参见恩格斯：《家庭、私有制和国家的起源》，转引自姚礼明：《马克思主义政治学著作选读》，北京大学出版社2000年版，第324页。

② 陈泽伟：《习近平总书记视4种群体为改革阻力》，腾讯新闻，2015年4月1日。

不允许搞利益集团、进行利益交换"①。

3. 中国共产党是中国唯一的合法执政党，中国实行的是非竞争性的政党体制

可以从政党与现代化的关系来理解中国共产党的这种特殊地位。中国共产党是领导着现代化的执政党，可以从两个方面来考察现代化对执政党的影响：一方面，经济文化层面的现代化导致多元利益主体的形成和民主法制意识的觉醒，必然对政府和政党提出相应的要求，要求实现政治民主化和政党的民主化。政治现代化是现代化逻辑结果和必要内容。另一方面，现代化带来的政治参与的剧烈膨胀反过来会威胁政治稳定，通过制度化的途径来逐步容纳日益增长的政治参与要求是保持现代化过程中政治稳定，从而保证政治现代化取得成功的关键。强有力的政党制度的形成是提高制度化水平的核心。② 显然，相比多党制和松散的政党组织来说，一党制以及组织严密、相对集权的党内组织制度更为强有力。

需要指出的是，从政党政治效率的角度来论证现代化过程中的维护非竞争性的政党制度和相对集权的党内组织制度的必要性，与政党作为民主工具的价值取向并不是互相矛盾的。相反，在现代化过程中，建立和保持强有力的政党和政党制度的目的正是要在变动的社会中，维持一个稳定的政治核心，逐步吸收和规范不断增长的民主要求。因此，作为唯一的执政党不能以不变应万变，而是要在意识形态、组织制度、执政理念和执政方式等方面不断地作出相应的调整和变革，实现执政党自身的现代化。

4. 中国共产党是领导着社会主义市场经济和政治民主化的唯一的执政党

在前面的分析基础上，这里增加了三个变量：

其一，中国共产党坚持社会主义的价值取向，与资产阶级政党不同。反映在政党建设方面，就是坚持党的工人阶级先锋队性质，坚持以马克思主义作为党的指导思想，坚持民主集中制的组织原则等。

---

① 习近平：《在党的群众路线教育实践活动总结大会上的讲话》，新华网，2014 年 10 月 8 日。
② 参见［美］塞缪尔·亨廷顿：《变化社会中的政治秩序》第 7 章"政党与政治稳定"，上海人民出版社 2008 年版。

其二，中国共产党从革命党转变为执政党。在革命战争时期，我们党建立了一套行之有效的组织制度、党的建设方式和党的领导方式。我们有必要对这些东西重新检讨，要区分其中哪些思想意识、组织形式和活动方式是反映政党运作普遍规律，符合所有类型的政党的，在执政时期还可以继续采用，而又有哪些东西是革命政党固有的，在执政时期不能继续坚持下去，而要根据执政党功能和任务的要求做出相应的修正。革命党活动的目标是动员一部分人反对另一部分人，其反对的对象通常是现有的统治者，革命党思维的一个典型特征就是阶级分析，革命党的主要活动就是领导阶级斗争。执政党与革命党不同的是，尽管它仍然宣称自己是代表某一部分人或某一阶级利益的，但是它的主要功能却由动员政治斗争转向对社会上不同利益的政治整合，政党的目标要通过对公共权力的掌握和合法运用来实现。我们党在这方面是走了弯路的，例如，我们曾经一度认为，要进行无产阶级专政下的继续革命。在执政阶段继续沿用革命党的思维方式和党建模式，导致了"文化大革命"这样的灾难性后果。这种严重违背执政规律要求的做法，损害了党的领导的合法性。还不能说执政意识已经完全深入人心了，我们党有太长的革命历史和非常辉煌的革命功绩，执政以后又在相当长的时期继续沿用革命党的建设和领导模式，相比之下，我们实行改革开放的时间还很短。在党的建设上，从阶级斗争的角度而不是从社会整合的角度分析问题，不从是否有利于加强和改善党的领导，是否有利于吸引人民群众对党的支持的角度来考虑问题，而是从党的建设的实践是否符合一套革命时期的党建理论模型的角度来考虑问题的现象还是屡见不鲜的。在对马克思主义党建理论的发展创新上，对党政关系的调整上，对发展党内民主的问题上，对入党条件上，这种思维模式都还在继续发挥相当大的影响。

其三，中国共产党的建设要适应市场经济和民主政治的要求进行改革。除了革命党模式的影响外，共产党传统的高度集权的党建模式和领导模式之所以能够在其执政以后，还能维持如此长的时间，与共产党领导的国家大多实行高度集中的计划经济紧密相关，可以说，计划经济模式是传统党建模式的经济基础。实行市场经济以后，传统的党建模式受到了明显的冲击。例如在基层组织建设方面，由于人员和企业在市场经济内的流动性大大增强，传统的企业党建的局限性已经充分显现出来，各地纷纷探索在人员更为稳定的社区组建党的基层组织这样的新模式。民主政治要求依法治国，实行社会主义的法治。这就使得过去不怎么清晰的执政党和公共权力的边界变得更加清晰起来，过去好像不怎么理直气壮的党内民主要求的声音越来越响亮。在这些情况下，党要继续发挥其作为人民群众争取民主的工具的功能，保持人民群众对党的支持，巩固和增强党执政的合法性基础，就要适应形势变化的要求，对自身的理念、目标、结构、功能进行主动的变革，实现党的理念、目标、结构、功能的民主化、制度化和科学化。

第一部分 政党理论与政党科学

第一章　政党与政党制度概述

政党最早出现于英美等西方资本主义国家。经过长期的演化与发展，政党和政党制度已成为现代政治生活中的普遍现象。世界各国的政党和政党制度存在着多种类型，相互之间差异很大，发挥着不同的社会政治功能。但是，在纷繁复杂的政治表象之下，政党活动和政党政治的运作也存在着一些共同的规律，值得相互比较和借鉴。

一、政党

（一）政党的产生与演进

在西方，政党一词源于拉丁文，来自动词"partire"，意为"分开"。在近代早期，政党与派别同义，并且同时使用，指社会上一部分政治观点和利益相同的人组成的政治集团。到 19 世纪，政党才专门用来指代表一定阶级、阶层或集团的利益，旨在执掌或参与国家政权以实现其政纲的政治组织。

1. 政党的产生

政党最早出现于英国，是近代资本主义社会发展的产物。政党的产生有其特定的经济、社会、政治和思想文化条件。社会分化及阶级、阶层之间的矛盾冲突是政党产生的社会条件。资本主义生产关系的逐步确立是政党产生的经济条件。议会制、选举制等资本主义民主制度的建立是政党产生的政治条件。各类社会思潮和政治意识形态的形成是政党产生的思想文化条件。从政党产生的直接动因来看，主要是社会阶级、阶层和集团之间有组织政治斗争的需要。具体而言，引发政党产生的政治斗争包括议会斗争、选举竞争、阶级斗争和民族斗争。

英国政党产生于资产阶级和封建贵族在议会中的派别斗争。1680 年议会选举前后，英国议会中形成了维护君主特权的托利党和反对政府、主张限制君主权力的辉格党。1688 年"光荣革命"后，英国确立了君主立宪政体，托利、辉格两党继续在议会中争斗，成为英国两党制的前身。美国政党的产生虽然与制宪时期关于联邦制的意见纷争有关，但更多地体现了选举竞争的需要。由"反联邦党人"于 1792 年正式建立的民主共和党，很快投入到选举竞争，并于 1800 年帮助杰斐逊取得总统选举胜利。1822 年，民主共和党分裂为青年共和党和杰克逊的民主党，后来逐步演化为现在的美国共和党与民主党。这种因议会或选举斗争而产生的政党，被法国学者迪韦尔热（Maurice Duverger）称为内生党（internal parties）。西方国家多数传统的资产阶级政党和发展中国家民主化后大量出现的政党，大都属于这种产生方式。

迪韦尔热所称的外生党（external parties）指在立法机关之外形成的政党。这些政党大多是某种社会思潮与特定阶级力量相结合的产物，阶级斗争的需求刺激了政党的产生。工人阶级政党是马克思主义理论与工人运动相结合的产物。1847 年建立的"共产主义者同盟"是全世界第一个工人阶级政党，1869 年成立的德国社会民主工党则是首个在民族国家范围内产生的工人阶级政党。随着阶级斗争的尖锐化，资产阶级反动势力也建立了一些极右翼的外生型政党，如意大利法西斯党、德国纳粹党、西班牙长枪党等。在殖民地半殖民地国家，反抗帝国主义侵略和奴役的民族矛盾成为社会主要矛盾，并与阶级矛盾交织。为了争取民族独立，一些国家以民族资产阶级为主的进步力量组建了民族主义政党。这些政党通常也体现了阶级力量与社会思潮的结合，如 1905 年成立的以三民主义为指导思想的中国同盟会。

2. 政党的演进

早期的内生党作为政治组织很不健全、不成熟，成员以议员和社会名流为主，党员的归属感不强，党派之间互不承认、相互敌对，缺乏正式的组织机构尤其是地方组织。这种形态的政党被称为"干部党"（cadre party），其产生和运作与资本主义民主发展初期，普通民众政治参与权利受到严格限制有关。随着选举权利的扩展，干部党难以承担对日益增多的选民的政治动员功能，开始向"群众党"（mass membership party）转化。

群众党拥有数量众多的成员和较为完整的组织架构，多数还有比较明确的意识形态倾向。在英国，从18世纪70年代开始，辉格党和托利党先后到地方建立以俱乐部为形式的选举组织。1832年议会改革后，两党地方组织进一步发展，并相继改名为保守党与自由党。在欧洲大陆，工人阶级政党是最早具备群众性基础并建立明确组织结构的政党。如1879年成立的法国工人党是法国历史上第一个有组织的政党。这些政党成功地动员了工人阶级的支持，并迅速成为重要的选举竞争力量，促使资产阶级政党也采用群众党的组织模式，出现了"自左向右的蔓延"。但美国政党的发展相对特殊，共和党和民主党很早就建立了地方组织，形成了框架型组织体系，虽拥有大量的投票支持者，但缺乏明确的党员特征。

二战以后，西方国家社会阶层结构发生变动，中间阶层壮大，主要政党出于选举获胜的考量，逐步向"全方位党"（catch-all party）演化。全方位党淡化了原来鲜明的意识形态色彩，减少了对某一个具体阶级、阶层的依赖，强调在全体社会成员中更为广泛地吸收支持者。这种演化以德国社会民主党的转型最为典型。

德国社会民主党成立于1869年，当时是一个以马克思主义为指导的工人阶级政党。19世纪末20世纪初，改良主义和修正主义思想在党内不断蔓延，对实现社会主义的道路形成了不同于马克思主义的解释。一战爆发后，德国社会民主党大体上接受了修正主义理论，反对当时的左翼革命运动。社会民主党参与了魏玛宪法的制定，在魏玛共和国时代曾多次组阁。这是该党的第一次重大转型，放弃了革命政党的属性，开启了由资本主义制度的反对者到融入资本主义体系的转变。但是，魏玛宪法的缺陷及由此导致的极端多党制，加上当时社会民主党和共产党的尖锐对立，使纳粹党在1933年通过大选上台执政，社会民主党也遭到镇压。

二战结束后，在联邦德国，社会民主党仍是主要大党之一。这时的社会民主党仍然把马克思、恩格斯的思想作为指导思想之一，把实行计划经济、社会化大生产和公有制作为党的基本目标。社会民主党参与了多次大选，但都未能获胜。究其原因，在于人数居多的中间选民需要社会民主党作为永久的"建设性反对派"，对执政当局进行监督和牵制，但又不愿意社会民主党真正上台执政推行那一套"左"的政纲。这在党内引发了大讨论，越来越多的人认为，党必须卸下沉重的意识形态包袱，突破单一的工人阶级社会基础。终于，在1959年党的代表大会上，社会民主党通过了"哥德斯堡纲领"。该纲领宣布，德国社会民主党不再是纯粹的工人阶级政党，而要面向广大新兴的中间阶层；不再以马克思主义为指导，而是一个思想自由的党；不再坚持阶级斗争、计划经济和公有制，而是淡化党的意识形态色彩，认同资本主义的基本秩序。① 这是德国社会民主党的第二次重大转型。经过转型，社会民主党逐渐受到资产阶级及其政党的认可。1966年，基督教民主联盟邀请社会民主党组成大联合政府，这是二战后该党首次参与执政。进而在1969年，社会民主党在大选中成为议会第一大党，勃兰特出任总理，与自由民主党组成联合政府，最终实现了转型时确立的发展目标。

20世纪晚期以来，世界政党的演化出现了两种新情况。一是西方政党在政党危机之后的卡特尔化（cartel party）。政党在选举中受到独立利益集团的竞争，媒体在竞选中的作用也削弱了政党组织的动员功能。西方政党普遍出现了党员数量下降、党员与组织关系弱化的困境。这促使主要政党达成了政策和竞争上的相互妥协，并加强与国家的紧密结合，以排挤新兴政党，形成对执政机会的卡特尔式垄断。二是苏联东欧剧变后原共产党向社会民主党的转化。这种转变类似于前述德国社会民主党向全方位党的演变，反映了政党发展过程的复杂性。

① 参见王长江：《政党现代化论》，江苏人民出版社2004年版，第88—89页。

（二）政党与社会阶级的关系以及影响政党的其他因素

政党作为连接国家与社会的政治组织，其产生、运作和演变受到阶级阶层、利益集团、意识形态、民族宗教、地缘血缘、国家权力、国际因素多方面的影响。

1. 阶级属性是政党的本质属性

政党与阶级密不可分，阶级性是政党的本质属性。阶级分化为政党产生提供了社会土壤，阶级斗争又滋生了组织政党的社会需求。马克思主义认为，政党在本质上是特定阶级利益的集中代表者和特定阶级政治力量中的领导者。无产阶级政党公开表明自己的阶级属性，强调共产党是工人阶级中有觉悟的、先进的阶层，是工人阶级的先锋队。资产阶级政党在阶级性问题上一直持淡化或否认态度，并不能掩饰其本质上的阶级属性。即便是阶级性相对模糊的美国政党，阶级对政党的归属感也十分明显。例如，支持民主党的选民，来自中下层的比来自上层的人要多，而共和党的支持者中富有者比重更大。

但是，政党和阶级之间并非简单对应的关系。一方面，由于阶级内部可以进一步分为若干个阶层和社会集团，因而一个阶级可能由几个政党分别代表阶级内部不同阶层、集团的利益。如 19 世纪英国两党中，保守党代表了土地贵族、金融资产阶级和大商人的利益，自由党成为工业资产阶级的政治代表。再如，欧洲各国共产党建立以后，与社会民主党为争夺工人阶级的支持，展开了激烈的斗争。另一方面，由于选举或执政的需要，一个政党可以代表多个阶级、阶层的利益。除了前述因争夺选民支持而出现的全方位党之外，执政党在代表本阶级利益的同时，作为公共权力的执掌者也必须反映和兼顾其他阶级、阶层的利益。

2. 政党与利益集团的关系

在社会分化相对复杂和多元化的西方国家，存在着大量的利益集团。利益集团与政党有一定的相似性，都具有某种共同的利益和态度，都具备利益表达功能，都对政府施加影响。但利益集团和政党存在本质区别，它无需取得民众的支持，也没有可能执政，只是通过影响政府而向社会中其他群体提出一定的利益要求。美国是利益集团发育最为充分的国家，很多有组织的特殊利益集团构成了能够影响政府决策的压力体系。利益集团的发展并不局限于西方国家，在新兴工业化国家，利益集团也不断涌现，并对社会政治生活发挥越来越大的影响。

政党与利益集团存在着互为对手又相互补充的复杂关系。一方面，利益集团的存在和发展，挤占了政党的部分发展空间，不利于政党与民众建立更为紧密的联系，并对政党活动尤其是利益代表、议题设立等形成强有力的挑战。如在美国，20 世纪 70 年代出现的单一问题利益集团对两党政治造成严重压力，诸如反对堕胎、控制枪械之类的议题及其引发的广泛争论压倒了传统的政治话题，影响了选举活动，并使许多国会议员陷入两难。另一方面，政党可以利用、引导利益集团，弥补自身功能的不足。政党可以通过建立与利益集团的联系，获得其成员在选举中的支持。例如，欧洲各国工会组织与社会民主党或工党之间形成的持久性支持与利益代表关系。

3. 其他因素对政党的影响

意识形态、民族宗教、地缘血缘等导致社会分歧的因素对政党分野产生了重大影响。在多元民主国家，民众普遍认为政党因所信奉的政治观点和意识形态的不同而相互区别。德国学者冯·贝米（Von Beyme）按照政党在欧洲政坛出现的顺序，整理出政党的"精神家族"，包括自由党、保守党、社会党、基督教民主党、共产党、极右翼政党等，几乎每一个政党家族都有某种意识形态与之对应。马克思主义也认为，没有革命的理论，就不会有革命的运动，无产阶级先锋队是以先进理论为指南的政党。

在多民族国家，民族分野可能超越阶级阶层成为政党成立的依据，如英国苏格兰地区的苏格兰民族党、法裔居民占多数的加拿大魁北克省魁北克人党等。在宗教力量强大的国家，一些政党可能寻求宗教团体的支持，并深受宗教意识形态的影响，如德国基督教民主联盟，土耳其正义与发展党、印度人民党等。在一些存在地区发展失衡的国家，地缘关系对政党分布产生重要影响，如意大利南北经济落差导致北方联盟的兴起，泰国城乡的两极分化催生了泰爱泰党和民主党的对立。在前资本主义社会传统较为浓厚的国家，以血缘为纽带的家族关系对政党也有一定的影响。这种现象在南亚和东南亚国家较为明显。

国家权力的性质和结构对政党的发展空间和自主性产生实质性影响。多元民主政体中，政党有较为平等的自由竞争空间，以获得选举胜利作为活动目标取向。威权政体中，政党的发展受到不同程度的限制，即使是执政党也难以控制实质性政治权力，对独裁者、军队或君主有依附性。社会主义政体中，执政的共产党对政权实施全面领导，但存在着如何改善党政关系的问题。

尽管政党大多只在主权国家范围内活动，但国际因素对特定类型政党的产生和发展也有显著影响。工人阶级政党自产生以来就体现出鲜明的国际主义特征。在马克思、恩格斯和列宁的指导下，先后建立了第一国际、第二国际和共产国际，帮助很多国家建立了工人政党，并对这些政党拥有一定的约束力。1951 年成立的社会党国际和 1983 年成立的保守党国际作为各国同类政党的联合组织，对成员党不具有约束力，在加强成员党相互联系，交换情报和经验，协调共同政治立场等方面起到了一定作用。

（三）世界政党的类型

当今世界绝大多数国家和地区都有政党活动，政党数量繁多，新的政党仍时有出现，原有政党也处在不断的分化组合之中。如何对政党进行类型划分，是进行政党比较研究的前提。

1. 政党的分类标准

不同的分类标准会得出不同的政党类型。长期以来，国内外学者从不同的分析角度提出了多种多样的分类标准，大致有如下几种：

（1）以政党的阶级基础为标准。以政党所代表的社会阶级、阶层为分类标准，是马克思主义政党理论所坚持的观点，也是政党分类的首要标准。主要可分为资产阶级政党和工人阶级政党两类，此外也有一些以小资产阶级、地主阶级、农民阶级为基础的政党。小资产阶级政党代表和反映了小资产阶级的利益，在发展资产阶级民主、保障公民权利等方面持激进态度，在世界各国曾一度广泛存在，并产生过较大的影响。在封建主义传统较为浓厚的亚非拉国家，曾出现过带有现代政党形式，但思想和主张为维护旧的封建统治服务的地主阶级政党，如拉丁美洲很多国家在19世纪存在的保守党、白党等。在北欧、东欧地区，19世纪末20世纪初，由于工业化导致农村经济萧条，产生了代表农民阶级或农场主利益的农民党。在二战前的捷克斯洛伐克和波兰，农民党曾是议会中的主要政党。由于政党和阶级的复杂关系，也有政党属于阶级联盟的性质，如1924—1927年的中国国民党就是民族资产阶级、工人阶级、农民阶级和小资产阶级四个阶级联盟的政党。

（2）以政党的意识形态为标准。大致可分为马克思主义政党、民主社会主义政党、自由主义政党、保守主义政党、基督教民主主义政党、极端主义政党、生态主义政党、民族主义政党、伊斯兰政党等。这些种类繁多的意识形态在一些关键的政治议题上表现出不同的态度倾向，构成了在政治光谱中不同的定位。在现代西方国家，政治光谱通常以左—右的界线划分。英国学者艾伦·韦尔（Alan Ware）采用了对公有制的态度及社会政策的宽容程度作为衡量左和右的标准，对西方主要政党的意识形态在政治光谱中的定位进行了分析，结果如下图。

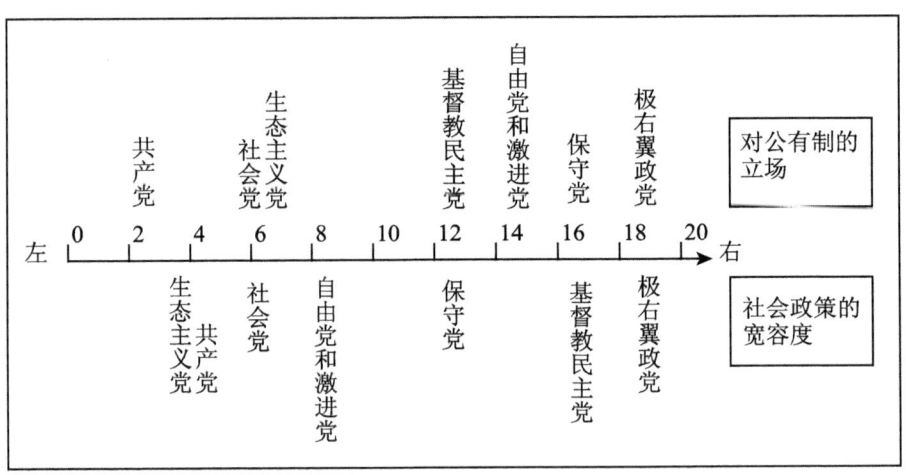

图1.1 西方主要政党意识形态在政治光谱中的位置

根据［英］艾伦·韦尔《政党与政党制度》（谢峰译，北京大学出版社2011年版）第14—15页图表编制。

（3）以政党与现行政治制度的关系为标准。包括三种分析维度，一是以政党是否形成于议会斗争或选举竞争之中，分为内生党和外生党。二是以政党对于现行政治制度的根本态度是认可、遵守还是否定并拒绝遵守，分为体制内政党和反体制政党。反体制政党主要包括在政治光谱两端的右翼和左翼政党，也包括一些地区性的民族分离主义政党。但一些反体制政党为了扩大影响力，也在某种程度上参与选举等政治活动，如西欧国家的共产党。三是以政党在法律上是否允许公开进行政治活动，分为合法政党、非法政党。以上三种维度存在一定关联：内生党都是体制内政党，非法政党都是反体制政党；外生党最初多采取反体制的政治态度，但随着资本主义民主的发展，社会党等外生党逐步参与选举活动，成为合法的体制内政党。

（4）以政党的组织状况为标准。包括四种分析维度，一是根据党的组织规模和影响力，分为大党、小党。大党通常指有可能上台执政或至少是对组建政府有重大影响的政党。二是根据政党组织体系的发育程度，分为干部党和群众党。这一分类除前述含义外，也可指政党活动的重心是以干部或精英为重心还是以党员为重心，所以干部党也被称为精英党。三是根据党员与党组织的联系分为直接型政党和间接型政党。间接型政党通常以社会团体作为自己的主要成员，如英国工党与工会组织、一党霸权时期的墨西哥革命制度党与各职业团体等。四是根据党组织对党员控制的程度为标准，分为严密型政党（全面控制型）和松散型政党（有限控制型）。西方政党按照从极端松散到极端严密的顺序可作如下排列：美国两党、基督教民主党、保守党、社会党、共产党、极右翼政党。

综合以上各种分类标准，尤其是阶级标准、意识形态标准，结合国别比较的需要，可以把当代世界各国政党划大致分为西方资产阶级政党、工人阶级政党和发展中国家民族主义政党。

2. 西方资产阶级政党

西方资产阶级政党是西方国家中维护资本主义制度、实现资产阶级利益要求的政党。按意识形态演变顺序来看，包括了自由主义政党、保守主义政党、基督教民主党、极右翼政党四种亚类型。二战前后，自由主义政党因国家垄断资本主义的兴起而不再适应时代潮流，逐渐式微，极右翼政党因法西斯国家战败大多被取缔。所以，现今西方政党政治中居于主角地位的资产阶级政党是保守主义政党和基督教民主党。美国的情形相对特殊，共和党和民主党都源自于并保留了自由主义传统，比较而言，共和党在经济社会政策上较多地具备保守主义色彩。

保守主义政党所信奉的政治保守主义，是一种世界性的意识形态，主要包括两个方面：在对象上，保守传统及与传统相关的东西；在方法上，以连续性和渐进性为原则。在不同的国家，保守主义具体内涵有所差别，欧美的保守主义侧重于对自由传统的捍卫，与自由主义密切相关，而日本则较多地包含了对封建传统、家族秩序等的保留。意识形态的特点决定了保守主义政党在政治活动中两个鲜明的特征，即实用主义和渐进主义。保守主义政党不固守既定的原则，只要一种政策主张在实践中有用，哪怕违背自己一贯标榜的原则，也能采纳为己所用。例如，英国保守党在1951年执政后，对之前工党政府的经济调控政策和有限国有化几乎全盘保留。保守主义政党在政治观上较为消极，强调社会的渐进发展，反对使用任何激进手段进行社会变革，特别反感理想主义的社会目标。英国保守党、日本自由民主党、加拿大保守党、法国人民运动联盟是较为典型的保守党。

基督教民主党深受宗教传统的影响，其形成反映了天主教、基督教对工业化、世俗化、民主化等潮流的适应和对社会主义运动兴起的恐惧。二战前在意大利、法国已出现基督教政党，但宗教色彩浓厚，影响不大。二战后，欧洲的基督教民主党进行了重建和调整，迅速发展起来，并在多个国家经常性执政。作为意识形态的基督教民主主义相当含混，主要包括相对世俗化的"以人为中心的基督教原则"，反对专制的"民主多元主义"和"欧洲一体化"主张。基督教民主党的施政纲领介乎于资本主义和社会主义之间，但与保守主义更接近一些。德国基督教民主联盟、荷兰基督教民主联盟、意大利天主教民主党是典型的基督教民主党。

西方资产阶级政党在组织结构方面因历史传统和竞争环境的不同，具体表现差异很大。美国两党虽然最早建立地方组织，但由于从未受到社会主义运动的有力挑战，以及联邦制分权体系的影响，组织结构最为松散。电视传媒等新的竞选平台与以候选人为中心的运作模式的结合，进一步削弱了美国政党组织。保守主义政党大多建立了完整的组织结构，但内部联系并不紧密。英国保守党和法国人民运动联盟形成了领袖权力高度集中、组织相对松散的特点，各级各类组织之间隶属关系不明确，法国政党甚至连党员人数都很少。日本自由民主党则形成了独特的派阀—议员—后援会体制，党内的利益协调、人事安排和资金募集都以高度组织化的派阀为单位进行运作，议员是党的核心成员，每个议员都有忠诚于自己的选举后援会。标榜为群众党的基督教民主党较保守主义政党组织更为严密，大体上包括了全国性组织、地方组织、外围组织和议会党团四个部分，党员队伍较为庞大，不限于基督教徒，但党员入党程序简单，对参加组织活动比较消极。

西方资产阶级政党在运作上都存在着选举中心主义的取向，以提出候选人、宣传政纲、动员选民、参与议会、组织政府为主要活动。政党活动伴随着选举的举行和间歇有明显的周期性。通过组织选举，这些政党发挥着利益表达、利益综合、政治录用和政治社会化等功能。利益表达指政党通过与选民的接触与沟通，收集民众的利益、意愿和要求。利益综合指政党将所代表的那部分民众的意见和要求加以综合，变为党的政策主张，对政府施加影响，并成为选民投票的依据。政治录用指政党吸引和招募社会精英，通过他们体现政党意图，并把它们推荐给选民，由选民把它们选举到权力机构之中。政治社会化指政党将自己的政策纲领和价值观灌输给所影响的选民。由于资产阶级政党的阶级属性以及西方选举中金钱因素的关键作用，使这些政党在履行功能时总是偏向于实现和维护资产阶级的根本利益。

3. 工人阶级政党

工人阶级政党指以工人阶级和中下层民众为社会基础、以社会主义或共产主义为发展目标的政党，包括社会民主党和共产党两种亚类型。社会民主党产生于19世纪后期的欧洲，最初大多以马克思主义作为重要指导思想，是最早的工人阶级政党。一战以后，从欧洲各国社会民主党中分裂出坚持共产主义和暴力革命的共产党。随着资本主义生产关系和新的阶级力量的发展，共产党和社会民主党也逐步扩展到亚非拉国家。

典型的社会民主党有德国社会民主党、英国工党、法国社会党、瑞典社会民主党、西班牙工人社会党等。社会民主党以民主社会主义作为自己的基本理论，该理论主要源自第二国际的伯恩斯坦主义和考茨基主义，主张通过改良的道路走向社会主义，反对暴力革命和无产阶级专政。二战以后，社会民主党逐步摆脱了公有制、计划经济等观念的束缚，形成了一套民主社会主义理论。该理论的主要观点有：自由、民主是社会主义的基本价值，福利国家制度，多党制和通过议会选举实施政策，党际关系独立自主。在20世纪90年代，西欧社会民主党又提出"第三条道路"的理论，在若干政策方面进行了调整，如适度减少国家干预、改革传统福利制度、争取更多社会群体支持、协调国家与市民社会等。

社会民主党拥有较为规范的组织机构和运作模式，包括完整的中央机构、地方组织和基层组织，以及在政权内部的议会党团、政府党组织等。尽管也存在着集中的倾向，但社会民主党的运行基础是民主制，强调思想自由，允许派别存在，党内选举制度较为健全。自成立以来的相当长时期内，社会民主党主要以工人阶级为社会基础，与工会组织存在着极为紧密的相互依赖关系。二战以后，社会民主党的社会基础逐渐多元化，但在历次选举中，工人阶级仍然是最重要、最忠诚的支持力量。

共产党是以马克思主义为指导的工人阶级先锋队组织。共产党是以民主集中制为原则的组织严密、纪律严明的政党，主张以革命手段推动社会主义代替资本主义，最终实现共产主义。在各国共产党中，是否执政、所处经济社会环境是否发达对政党的运作有重大影响，据此可细分为执政的共产党、西方国家共产党、发展中国家共产党三个类别。

执政的共产党中，苏联共产党执政时间长达74年，对各国共产党的建立和发展起到巨大推动作用，但其失败也导致了国际共产主义运动低潮。现今仍然执政的共产党有中国共产党、古巴共产党、越南共产党、朝鲜劳动党和老挝人民革命党。这些共产党把马克思主义的基本原理与本国实际相结合，进行社会主义建设，尤其是中共的改革开放和越共的革新开放取得巨大成效，开创了社会主义事业的新篇章。

西方国家共产党长期处于稳定的多党民主体制之内，工人阶级虽然成熟但受到社会民主党有力的争夺，发展受到严重制约。1956 年苏共二十大之后，西方国家共产党开始独立思考和探索自己的革命道路，形成了"欧洲共产主义理论"，主要观点有：以工人阶级领导权代替无产阶级专政；承认多党制，扩大左翼联盟；提倡混合经济，强调经济民主；平等的社会政策。苏东剧变后，西方国家共产党遭受严重冲击，意大利共产党出现分裂和性质改变，法国共产党、葡萄牙共产党、西班牙共产党、希腊共产党和日本共产党仍然坚持马克思主义，但力量也有明显削弱。

发展中国家共产党大多在共产国际帮助下建立，在本国民族解放运动和争取民主的斗争中发挥过重要作用。20 世纪 60 年代，受中苏论战的影响，很多国家共产党出现分裂，如印度共产党分裂出印度共产党（马克思主义）和一些极左派组织。由于所处国情不同，有些共产党因坚持暴力革命路线，遭到统治当局的镇压被迫转入地下，难以发展，如土耳其、埃及、印尼等国共产党；有些共产党积极利用本国的资本主义民主制度，参与选举，如印度、巴西和废除种族隔离后的南非等国共产党。尤其是印度共产党（马克思主义），1977 年开始在西孟加拉邦连续执政长达34 年。

4. 发展中国家的民族主义政党

发展中国家的民族主义政党指这些国家中为争取民族独立而活动并在独立后继续发挥较大作用、强调维护本民族利益的政党。这类政党大多在反对殖民主义、帝国主义和封建主义的斗争中建立，如印度国民大会党、南非非洲人国民大会等。也有的是独立后为了使既定政治秩序规范化而建立的，如墨西哥革命制度党、印尼专业集团党、埃及民族民主党等。这类政党在很多方面受到先发展国家各种政党的较大影响，又受制于各国复杂多样的历史传统和现实国情，十分庞杂。

发展中国家民族主义政党在意识形态方面的共同之处是民族主义。较有系统性的民族主义思想有土耳其共和人民党的凯末尔主义、埃及民族民主党的纳赛尔主义、阿根廷正义党的庇隆主义、墨西哥革命制度党的革命民族主义等。除民族主义外，还有民族社会主义、权威主义、教派主义等意识形态。受反殖民主义影响，左翼思潮在发展中国家一度极为兴盛，产生了形形色色的带有民族特点的社会主义理论，成为很多政党的指导思想，包括印度国大党的尼赫鲁社会主义、叙利亚阿拉伯复兴社会党的阿拉伯社会主义、坦桑尼亚革命党的村社社会主义等。东亚、东南亚民主化之前一些政党如新加坡人民行动党、印尼专业集团党等倡导经济发展优先、注重政治秩序、限制公民参与，被统称为东亚权威主义。在宗教传统深厚的国家，伊斯兰教、印度教等宗教思想也成为一些政党意识形态的重要来源，如巴基斯坦穆斯林联盟、埃及穆斯林兄弟会、印度人民党等。

发展中国家民族主义政党的社会基础主要是民族资产阶级，在经济落后国家，地主阶级也是一些政党的重要根基。受民族主义意识形态的影响，这些政党在其他阶级和阶层中也有一定的支持者。如在拉丁美洲，很多政党的政策主张带有一定的民粹主义色彩，吸引了大批工农群众的参与和支持。而倡导民族社会主义的政党，也不同程度地吸纳了社会中下层民众的利益要求。由于社会基础较为广泛，发展中国家民族主义政党在组织结构上多采取了群众党的形式，党员人数较多，有比较完整的全国性、地方性组织，有的民族社会主义政党甚至模仿工人阶级政党建立了细密的基层组织。

在具体运行机制方面，发展中国家民族主义政党大多缺乏党内民主，权力高度集中，尤其是对于政党开创和执政做出突出贡献的领袖权力很大。在后来的发展过程中，政党组织的制度化水平参差不齐。一些政党组织权威薄弱，完全依赖政党领袖的个人权力，难以经受民主化的冲击，如苏哈托与印尼专业集团党、穆巴拉克与埃及民族民主党等。一些政党实现了领导人的代际更替，但党的领导权长期被某些政治家族控制，如尼赫鲁家族与印度国大党、布托家族与巴基斯坦人民党等。也有一些政党建立了较为完备的党内权力运作规则，实现了高水平的制度化。最为典型的是墨西哥革命制度党，通过职团主义制度控制社会各阶级民众，通过总统不得连任的规则限制领袖权力，实现了长达71年的连续执政。

在社会政治功能方面，发展中国家民族主义政党与西方政党存在一定差异，利益表达和利益综合的功能相对薄弱，更侧重于对社会的控制与整合。具体而言，除政治录用和政治社会化功能之外，较为突出的功能还包括目标制定功能，政党根据自己的意识形态为国家发展和社会进步确定目标和步骤；政治整合功能，对民众进行政治教育和训练，改变前现代的政治观念，创造民族认同感；动员参与功能，把民众组织起来，通过政治动员为政党提供支持。在第三波民主化后，一些发展中国家民族主义政党也开始注重政党的改革与转型，发展党内民主，适应民主选举和多党竞争的要求，增强对民众的利益代表与利益综合功能。

二、政党制度

（一）政党制度与政党政治、政党执政方式

政党政治、政党执政方式和政党制度都是随着政党的产生、发展而逐步形成和演变的，但在具体内涵上有明显的差别。一般而言，广义的政党政治包含着政党与政府的关系即政党执政和政党之间关系即政党制度两个方面。

1. 政党政治与政党执政方式

政党政治通常指一个国家通过政党行使国家政权的形式，即政党在整个政治体系的运作中起至关重要的作用，人们的政治活动主要通过政党来实现。政党政治的基本框架体现为社会、政党与国家三要素之间的相互关系，即政党在国家政权与社会民众之间发挥桥梁与中介的作用，是社会民众参与政治和控制国家权力的主要工具。政党政治具体表现为三个方面：第一，各阶级阶层和社会集团的精英人物组建政党，招募党员和积极分子，与社会民众进行沟通，体现其利益、愿望和要求，向其宣传政党的纲领和主张，动员其参与政治，为政党提供支持；第二，政党之间或是通过以竞选为主要环节的政治竞争，或是通过某种制度安排，获得执掌政权或

参与政权的权利，也有政党仅能对国家政治生活施加一定的影响，如对重大政治问题发表意见；第三，执政或参与执政的政党，通过领导和控制国家政权，实现党的纲领和政策，使自己所代表的阶级、阶层和社会集团的意志上升为国家意志。

政党政治最早出现于英国，是资产阶级革命胜利的产物。1689年《权利法案》确立了君主立宪制，限制了封建王权，为英国政党政治的发展开辟了空间。此后，随着资本主义民主政治的发展，政党政治逐渐成为西方国家普遍的政治现象，与议会政治、选举政治并称为西方民主政治的三大基石。由此也产生了一种狭隘的认识，即政党政治只是资本主义国家特有的现象。实际上，随着政党力量的发展壮大，政党政治也存在于社会主义国家和发展中国家。在共产党执政的社会主义国家，政党在社会政治生活中发挥的作用较西方政党更为重要，政党对国家权力的控制更为牢固，参加政党组织、在党组织的领导下行使政治权利也是公民最主要的政治参与活动。在发展中国家，政党政治的发展并不均衡，多数国家公民的政治参与和政府的建立是由政党组织的，各类政治势力通过政党之间的竞争与合作来进行政治博弈；但也有一些国家，政党政治的发展受到政党之外诸如君主、军队、独裁者等政治力量以及宗教、部族、家族等社会力量的限制，仅流于形式，难以成为政治活动的真正主角。

政党执政方式指政党控制公共权力的途径、手段和方法。执政方式具体包括政党执政权力的获得、权力的运作和权力的制约等环节。因为存在权力的分立与制衡，一般以对行政权力的控制作为执政的标准。政党执政方式受政党所处的政治生态环境制约，一般可分为西方发达国家执政模式、社会主义国家执政模式和发展中国家执政模式。

2. 政党制度及其类型划分

政党制度，又称政党体制，是随着政党的出现而逐渐发展起来的各政党之间、政党与政权之间较为稳定的关系模式。各政党之间的关系包括：是否存在竞争，竞争的性质与程度，合作的方式与程度，主要政党的力量对比等。政党与政权之间的关系包括可能执政的政党数量，能够参与政府的政党数量及其作用，能够进入立法机关的政党数量及其作用，非执政党对政府的态度等。政党制度的形成不是人为能够设计的，而是具有历史性与客观性，反映了既定社会历史条件下阶级阶层和社会集团力量对比。一些国家在宪法或政党法等法律中对政党的地位、作用、执掌或参与政权的方式、内部运作原则、意识形态禁忌等作了明确规定。但这些与政党相关的法律并非政党制度本身，有的是对业已形成的政党制度的规范化表述，有的仅是界定了政党活动的法律界限。当然，这些法律规范对政党制度的运作与变迁产生了明显的导向和约束作用。

政党制度的类型划分主要有如下标准：一是以政党政治所处的政治生态环境划分为西方资本主义国家政党制度、社会主义国家政党制度和发展中国家政党制度；二是以政党是否参加竞争性选举划分为竞争性政党制度和非竞争性政党制度；三是根据处于相互竞争中的政党的数量和竞争态势划分为一党独大制、两党制、温和多党制、极端多党制等。对于这些标准，更为合理的做法是应综合运用，对政党制度进行更符合实际情况的分类。

（二）西方资本主义国家的政党制度

西方资本主义国家的政党制度在具体表现形式上类型众多，但也有一些明显的共同特征。第一，西方政党制度允许政党之间自由竞争。没有宪法和法律指定的执政党，各政党按照大选结果轮流执政。各政党的法律地位是平等的，相互之间在招录党员、募集资金、政纲宣传、参与竞选等方面可以展开较为自由的竞争。第二，西方政党制度与选举制度紧密结合。西方国家都建立了以普遍、平等、秘密、直接为特征的成熟选举制度。主要政党或政党联盟在选举中为选民提供政策选项和人员选项。政治精英依托政党组织对选民进行充分的政治动员，并根据选民的政治参与即投票的结果裁决政党之间竞争的胜负。第三，西方政党主要以间接方式对国家政权实施领导。各政党通过竞选，对主要行政职位和代议机构议员展开争夺，但是，无论是执政党还是在野党，一般都不直接干预行政机构的实际工作。具体而言，西方资本主义国家政党制度包括了一党独大制、两党制、温和多党制、极端多党制四种类型。

表 1.1　西方资本主义国家的政党制度分类

政党制度类型	典型国家	经常执政的党	有影响力的其他政党
一党优势制	日本	自由民主党	社会党、共产党、民主党
两党制	美国	共和党、民主党	无
	英国	保守党、工党	自由民主党
	澳大利亚	自由党、工党	国家党
	加拿大	保守党、自由党	新民主党、魁北克集团
温和多党制	德国	基督教民主联盟、社会民主党	自由民主党、绿党、左翼党
	瑞典	社会民主党、温和联合党	中央党、人民党
极端多党制	法国	人民运动联盟、社会党	共产党、国民阵线
	意大利	天主教民主党、意大利力量党	共产党（左翼民主党）、社会党、共和党、北方联盟

1. 一党优势制

一党优势制指法律上允许多个政党存在，所有政党地位平等、自由竞争，但真正有能力掌握政权的政党只有一个，其他政党长期处于较弱的反对党地位。在西方资本主义国家中，一党优势制仅存在于1955—1993年自由民主党长期执政时期的日本。瑞典社会民主党和意大利天主教民主党也曾长期执政，但这些政党通常都面临着较为强大的反对党，而且经常通过政党联盟或少数党政府的形式执政，因而不能归类为一党优势制。

二战以后，在美国的干预下，日本恢复了多党竞争的政治体制，党派林立。经过分化组合，逐渐形成了维护资产阶级利益的民主党、自由党与代表劳工利益的共产党、社会党对垒的态势。1955年，为了防止左翼政党在选举中获胜，自由党与民主党合并成立自由民主党，在此后的38年内长期单独执政，而社会党、共产党以及60年代成长起来的民社党、公明党长期处于在野党地位，形成了被称为"五五体制"的一党优势制。

日本一党优势制的特点主要有：（1）自民党一党长期执政，其他政党不具备执政的可能性。在"五五体制"前期，自民党总是拥有国会过半数席位，而最大的在野党社会党的席位不足 1/3，无法与之争雄。在"五五体制"后期，尽管自民党力量衰落，执政和在野势均力敌，但在野党内部斗争激烈，无法取而代之。（2）自民党内部的派阀竞争产生政府首脑。由于自民党总是执政，其内部代表不同政治集团的派系林立，公开活动，各派协调产生首相等政府首脑。（3）在野党对自民党构成强有力的牵制，形成"保革对立"之势。由于自民党无法控制国会 2/3 议席，社会党等革新政党对自民党的政策造成很大影响，迫使其向在野党做出一定妥协。

1993 年，自民党因"金权政治"和"派阀争斗"失去政权，被以日本新党为首的联合政权取代，一党优势制正式结束。经过短暂的混乱，自民党重新夺回执政地位，并在 1996 年后形成了以其为核心的多党联合执政局面。但 1998 年新成立的日本民主党力量不断壮大，在 2009 年众议院选举中获得全胜，上台执政。这是日本在二战以后首次通过正式选举而政权更替。自此，日本政党政治大体上形成了民主党和自民党轮流执政的"两大政党制"雏形。但由于主要政党内部派系斗争剧烈，政党之间分化组合层出不穷，日本政党政治仍难以最终定型。

2. 两党制

两党制指同时存在若干个政党，其中两个较大的党有能力单独获得多数选民的支持，长期轮流执政。两党制起源于英国，美国、澳大利亚、新西兰、加拿大等国也属于这一类型。两党制的主要特点有：（1）两党轮流执政。一个政党在大选中获胜，成为执政党，另一个政党作为反对党，监督政府工作，并准备在下一次大选中取而代之。（2）政党通常单独执政。在大选中，获胜的政党单独组建政府，无需与其他党派结盟。政府的党派色彩较为鲜明，政策成败的责任分明。（3）两党之间向心性竞争。为了争夺中间选民的支持，两党的政策差异不大，意识形态包容性较强，竞争程度较为温和，呈现向心倾向。（4）政党制度稳定性强。除两党以实用主义态度吸纳对选民有影响力的新政策主张，以抑制其他政党壮大之外，选举制度的特殊安排也使其他政党难以获得与选民支持率相匹配的政治地位，因而两党制呈现出高度稳定的状态。

美国由共和党与民主党轮流执政的两党制最终确立于南北战争之后。美国两党制的运作受三权分立、联邦制的影响极大。美国两大党对本党议员的约束力和对政府的渗透力都较为薄弱。国会议员更多地对自己选区负责，总统虽对其有影响力，但不能保证其在国会中对自己政策的支持。三权分立使总统的内阁成员与国会议员不能兼容，也削弱了政党与政府之间的协调性。总统个人及其幕僚和内阁成员是主要的政策制定者，总统在政策上也无需对政党组织负责。

英国两党制的历史更为久远，在一战之前由保守党与自由党轮流执政，一战以后，工党取代自由党，与保守党相互竞争。英国实行议会内阁制，政党须在大选中获得议会多数席位，才能组成内阁。首相和内阁成员多数也是议会议员，议会多数党同时控制立法机构和行政机构。英国两大党的组织较为健全，内部权力较为集中，纪律严格，政党领袖有很高的权威，对于违背党的主张的议员有较为严厉的惩罚，因而政党与政府的政策一致性明显。

英国的两党制深刻地影响了澳大利亚、新西兰、加拿大等英联邦国家。澳大利亚两党制由工党和自由党轮流执政。澳大利亚工党成立于1891年，是澳大利亚第一个政党。为了抗衡工党，澳大利亚保守派政治力量进行联合，于1905年成立自由党。但两党政治并未形成，出现了工党、自由党（曾称国民党、统一党）、乡村党三党鼎立的格局。直到1949年后，才形成自由党和工党长期轮流执政的局面。新西兰两党制由工党和国家党轮流执政。新西兰工党成立于1916年，此后力量不断壮大，1935年首次大选获胜组阁。在工党的压力下，新西兰两个保守派政党自由党和改革党于1936年合并为国家党，在1949年后重新执政，形成与工党对垒的格局。加拿大两党制由保守党和自由党轮流执政。早在19世纪晚期，加拿大保守党（1942年改名为进步保守党）和自由党交替执政的局面已经形成，一直维持到1993年。但加拿大的政党制度受美国影响也很大，政党在联邦层级的组织和省级的组织相互独立，组织松散，力量薄弱。受此影响，加拿大两党政治稳定程度较弱，经常出现两大党均未获得议会多数而组建少数党政府的情形。

20 世纪晚期以来，英国、加拿大等与议会制政体相结合的两党制发生了新的变化。在英国，工党和保守党的得票率和议席数明显下降，第三大党自由民主党有较大发展，在历次议会选举中均获得 20% 左右的选票，虽然受制于相对多数选举制，但议席数仍不断增加。这使英国两党制有向"两个半政党"的温和多党制转变的可能性。2010 年大选中，英国出现了保守党和自由民主党的联合政府。在加拿大，受联邦制影响，地区化政党发展迅速。1993 年大选中，保守派势力严重分裂，出现自由党一党优势的局面。2004 年，为了抗衡自由党，保守派各政党重新合并为新的保守党，并在大选中获得胜利，使加拿大重新回归到两党制。

3. 温和多党制

温和多党制指一个国家中存在多个相互竞争的政党，其中有三到五个政党获得比较稳定的支持，经常在相互选择的前提下联合执政。温和多党制的特点有：一是主要政党在意识形态上差距不大，相互之间容易形成政治共识，反体制的极端政党被摒除在主流政党政治运作之外。二是政党联盟较为普遍地存在，单一政党组织政府较少出现，主要由政党联盟交替执政。三是政党之间向心竞争，政府较为稳定。在温和多党制中，根据政党之间力量对比情况，可分为优势党亚类型，如瑞典、挪威，以及"两个半政党"亚类型，如德国。

在瑞典和挪威的温和多党制中，存在一个力量明显占优势的政党，其他政党与之存在着较为明显的差距。挪威工党在二战后多数选举中得票率在 40% 左右，其他主要政党如进步党、保守党、左翼社会党、中央党、基督教人民党等力量呈阶梯状递减态势。挪威工党因此得以联合中间小党在二战后超过四分之三的时间内执政。瑞典社会民主党与之类似，在 1948—1973 年间，得票率一直接近 50%，其他主要政党如保守党（温和联合党）、中央党、人民党力量分散。这使瑞典社民党自 1932 年以来超过五分之四的时间内执政。但近年来，向中间立场转变的温和联合党力量壮大，能够组织政党联盟与社民党分庭抗礼。

德国的温和多党制表现为两个大党势均力敌，其他小党举足轻重的格局。二战后在联邦德国，逐渐形成了基督教民主联盟—基督教社会联盟

（合称联盟党）和社会民主党对垒，自由民主党作为第三大党和唯一主要的结盟对象的"两个半政党"局面。1998 年之前，多数情形是联盟党和社民党交替联合自由民主党组成执政联盟，但也出现联盟党和社民党短暂妥协组成大联合政府的情形。20 世纪 90 年代以后，随着生态主义运动兴起和德国统一，绿党和由原东德执政党统一社会党演变而来的左翼党加入到主流政党体系之中，形成"二大三小"的新格局。德国政党制度另外一个特色在于政党法对主要政党的法律规制，不仅排斥了极端政党的存在，对政党内部关系和财务制度进行规范，还制定了议会准入门槛，防止政党数量过多导致政局动荡。

4. 极端多党制

极端多党制指一个国家存在多个相互竞争的政党，这些政党意识形态相互对立，呈现离心性竞争态势。极端多党制的特点有：（1）政党数量众多，在意识形态光谱中距离很大。（2）政党之间离心性竞争，难以形成稳定的联盟，政府组成缺乏稳定性。（3）存在力量较为强大的、不易妥协的反体制政党。法国、意大利和魏玛时期的德国属于这一政党制度类型。

法兰西第三、第四共和国的政党制度是比较突出的极端多党制。这一时期，法国政治权力集中于议会，政党林立、数量众多，除左翼政党外，其他政党纪律松懈、组织涣散，分化组合变幻莫测。没有政党能够在议会中获得多数，政府只能由几个政党临时性联合组成，极为脆弱。第三共和国存续的 65 年间共更换政府 107 次。第四共和国延续了议会共和制和极端多党制，内阁更替更为频繁，经常出现政府难以产生的内阁危机。1958 年戴高乐建立法兰西第五共和国之后，法国改行半总统制，限制议会权力，很大程度上影响了政党制度。法国各政党逐渐按意识形态倾向形成了较为稳定的联盟，左翼以社会党和共产党为主，右翼以保卫共和联盟（现称人民运动联盟）和法国民主联盟为主。两大联盟的竞争趋于温和化，实现了轮流执政。但 20 世纪 80 年代以来，法国极右翼政党国民阵线发展迅速，在 2002 年甚至击败社会党进入第二轮总统选举。位居意识形态光谱两端的共产党和国民阵线的存在，意味着法国政党制度未能完成从极端多党制向温和多党制的转化。

二战以后，意大利建立了议会共和制，也随之形成了极端多党制的政党制度。天主教民主党和共产党是最主要的两大政党，社会党、共和党、社会运动也有一定影响力。天民党虽属基督教民主党，但包容性和全民性特点明显，内部充斥着代表各方利益的派别。1946 至 1981 年，天民党联合其他小党一直处于执政地位。意共力量强大，但受其他政党排挤，特别是未能与同属左翼的社会党联合，因而绝大多数时间只能在议会体制内充当建设性反对派。天民党的内部分歧和腐败使其力量逐渐下降，与之结盟的其他小党要价能力增强。20 世纪 80 年代共和党和社会党领袖多次出任总理。冷战后意大利政党格局发生重大变化，社会党解散，共产党改组为左翼民主党，天民党分裂，媒体大亨贝卢斯科尼创建的意大利力量党和代表北方各省利益的北方联盟崛起。经过混乱的分化组合之后，意大利形成了以左翼民主党为主的中左联盟和以意大利力量党、北方联盟为主的中右联盟轮流执政的局面。

（三）社会主义国家的政党制度

社会主义国家的政党制度是无产阶级政党在革命胜利后建立的、旨在保障人民当家做主权利的、政党掌握国家政治权力和处理国内政党关系的基本途径和方式。社会主义国家的政党制度都是非竞争性的，根据合法存在的政党数量可分为一党制和一党领导下的多党存在两种类型。

1. 以苏联为代表的一党制

社会主义一党制指在国家政治生活中，共产党是唯一合法的政党并执掌国家权力。这种政党制度的特点：共产党是唯一合法的政党，不允许其他政党成立；共产党拥有法定的领导权和执政权，政府领导职务几乎全部由共产党员担任；人民内部的利益关系通过共产党对社会团体的领导以及共产党自身的代表机制来协调解决。

实行社会主义一党制的典型国家是苏联。1917 年十月革命后，苏俄曾实行过短暂的合作型政党制度。俄共（布）吸收"左派"社会革命党参加政府，实行两党联合执政，直到 1918 年 3 月"左派"社会革命党人因反对布列斯特条约而退出政府。但该党一部分党员于同年 9 月另建民粹主义共产党和革命共产党，继续参加政府，形成了三党联合执政。后来，这两个党分别解散，成员加入俄共（布），形成一党制。此外，社会主义时期的蒙古、罗马尼亚、匈牙利、南斯拉夫和阿尔巴尼亚也实行一党制。

2. 前东欧国家一党领导下的多党存在

一党领导下的多党存在指在国家政治生活中，除共产党外，还存在其他政党，这些政党接受共产党的领导，不同程度地参与政权。这种政党制度的特点：共产党是法定的领导党，不仅执掌政权，还领导其他政党；其他政党接受共产党的领导，在规定的范围内发展成员，独立性薄弱，对特定阶层或群体进行政治动员并贯彻共产党的政策；不允许新的政党产生。

实行这一政党制度的主要是部分前东欧社会主义国家，包括波兰、保加利亚、东德、捷克斯洛伐克。在社会主义时期的波兰，统一工人党处于执政地位，统一农民党和民主党分别代表农民阶级和小资产阶级的利益，参与议会和政府。在社会主义时期的保加利亚，农民联盟在共产党的领导下，在农民阶级中发展成员、建立基层组织，落实政府政策。

3. 朝鲜、越南、老挝、古巴的政党制度

朝鲜的政党制度属于一党领导下的多党存在类型。朝鲜劳动党是宪法规定的执政党，对国家和社会实行全方位的领导。除劳动党外，朝鲜还有两个政党：社会民主党和天道教青友党。这两个党都属于统一战线组织"朝鲜祖国阵线"的成员，接受劳动党的领导，支持和参与社会主义建设。

越南、老挝和古巴都实行社会主义一党制。越南共产党成立于1930年，曾称越南劳动党，1976年称现名。越南共产党是越南唯一的政党，是领导国家社会的政治力量，现有5.4万个基层组织，党员360多万。老挝人民革命党成立于1955年，原称老挝人民党，1972年改为现名，1975年开始执政。老挝人民革命党是老挝唯一的政党，对国家和社会实行领导，现有党员15万人。古巴共产党的建党经历在社会主义国家中较为独特，是先取得革命胜利再由革命组织联合而成。1961年，"7·26运动"、"3·13革命指导委员会"和人民社会党（原古巴共产党）合并成立古巴革命统一组织，1965年改称古巴共产党。古巴共产党是古巴唯一的合法政党，是古巴社会主义革命和建设的领导力量，现有党员 87 万人。

（四）其他类型国家的政党制度

在发展中国家和苏联解体后新独立的国家中，还存在着复杂多样的政党制度类型，包括禁止政党存在的无党制，非竞争性的一党制，有限竞争的一党霸权制，竞争性的多党制和较为特殊的政权党主导的多党制等。

1. 无党制

无党制指一个国家没有政党，政治权力不经由政党运作的状况。目前约有 20 余个国家和地区没有政党，主要是一些君主制国家，如沙特阿拉伯、阿拉伯联合酋长国、科威特、阿曼、斯威士兰、文莱等。另外，乌干达、卡扎菲时期的利比亚也实行无党制。没有政党既与统治当局对政党活动的禁令有关，也因为这些国家社会发展落后，政党缺乏必要的社会基础。

在无党制的君主制国家，君主掌握政治权力，依靠传统的王室贵族进行统治，多数国家还实行政教合一制度。而在乌干达、卡扎菲时期的利比亚，统治者个人创建了类似于政党的全国性政治机构行使权力。乌干达在 1986 年内战结束后，穆塞韦尼将其领导的抵抗运动扩展到全国，禁止政党活动，建立"运动"制，代行国家权力。这种无党制和一党制并无本质区别。

2. 一党制

一党制指由一个政党掌握政权，通过法律和其他强制手段禁止其他政党，即使允许其他政党存在，也严格限制其活动。20 世纪 60 年代中期至 80 年代末，一党制逐步取代原先照搬西方的多党制，成为亚非国家流行的政党制度。在 1989 年，非洲 51 个独立国家中，有 27 个实行一党制。这些国家实行一党制的情形主要有：一是执政党宣称走某种社会主义道路，如阿尔及利亚、叙利亚、伊拉克、坦桑尼亚、莫桑比克、安哥拉等；二是依托政治领袖，为个人统治服务，如突尼斯、肯尼亚、赞比亚、喀麦隆等；三是军人政权组建政党作为统治外衣，如埃及、扎伊尔、苏丹、刚果（布）等。20 世纪 90 年代以来，多党民主浪潮席卷亚非各国，一党制逐渐被多党制所取代。近年来中东北非的政治动荡又进一步摧垮了剩下的一党制国家。

3. 一党霸权制

一党霸权制指一个国家存在若干个政党，其中一个政党长期把持政权，虽有多党选举制度，但其他次级政党与霸权党力量对比悬殊，且不允许与霸权党平等竞争以危及其统治地位。一党霸权制的典型国家有革命制度党执政时期的墨西哥、民族民主党执政时期的埃及、苏哈托统治时期的印尼、新加坡。随着民主化的深入发展，一党霸权制不断受到冲击，印尼、墨西哥和埃及的一党霸权制已经终结。在新加坡，2006 年大选以来，人民行动党的得票率有所下滑，反对党在议会中获得一定席位，一党霸权制有向竞争性的一党优势制转变的可能。

表1.2　发展中国家一党霸权制的类型特点

典型国家	一党霸权制存续时间	霸权党	主要次级政党	国别特点
墨西哥	1929—2000	革命制度党	国家行动党、民主革命党	霸权党的职团主义结构，总统不得连任，限制政党竞争
印尼	1967—1998	专业集团党	民主党、建设团结党	苏哈托个人独裁，军人干政，严格限制竞争
埃及	1976—2011	民族民主党	新华夫脱党、穆斯林兄弟会	军人是政权的支柱，执政党严重依附于总统，严格限制竞争
新加坡	1959—	人民行动党	工人党等小党	政策得力、政治廉明，支持率高；用法律手段打压反对党

4. 竞争性的多党制

这里的竞争性多党制指非西方国家在民主化后模仿西方国家建立起来的多党竞争制度，基本涵盖了前述西方多党制的一党优势、两党、多党等亚类型。由于这些国家经济社会发展水平参差不齐，民族宗教矛盾错综复杂，民主法治规则遵守程度不一，因而类似政党制度的具体表现与西方国家有明显差异。

表1.3 非西方国家竞争性政党制度的基本类型

类型	典型国家	主要政党	国别特点
一党优势制	印度（1947—1989）	国大党、人民党、共产党、共产党（马克思主义）	国大党仍能经常执政，但已失去独大优势
	南非（1994— ）	非国大、民主联盟、因卡塔自由党	非国大与共产党、南非工会大会长期联合
	马来西亚	国民阵线（包括巫统、马华公会、印度人国大党）、民主行动党、伊斯兰教党	政党按种族分布，政党联盟长期执政
两党制或类似两党制	哥伦比亚（2002年前）	保守党、自由党	传统政党的分裂和选举的个人化终结了两党制
	委内瑞拉（1958—1993）	民主行动党、基督教社会党	
	斯里兰卡	统一国民党、自由党	多与小党结盟联合执政
	韩国	新国家党、民主统合党	分化组合快，很不稳定
不规则的多党制	印尼（1998—）	民主党、斗争民主党、专业集团党	党派林立，三大党得票率之和低于50%
	巴西	劳工党、社会民主党、绿党	政党组织涣散、个人化
	巴基斯坦	人民党、穆斯林联盟（分裂为领袖派和谢里夫派）	经常性的军事政变打断政党政治
政权党主导的多党制	俄罗斯	统一俄罗斯党、公正俄罗斯党、共产党、自由民主党	统俄党独大，依附于普京个人权威
	委内瑞拉（1998— ）	社会主义统一党	政权党依附于总统

发展中国家的一党优势制与优势党在民族独立运动中的突出贡献密切相关。在印度，独立后至1989年，国大党除1977—1979年因党内分裂短暂下野外一直长期执政，其他政党难以构成实质性威胁。但随着印度人民党以及众多地方性政党的崛起，国大党虽仍能经常性执政，但已失去一党独大的优势。在南非，自1994年以来，在历届总统和国会选举中，非国大都获得压倒性胜利。南非其他政党如以白人为基础的民主联盟和以祖鲁族为主的因卡塔自由党能保持一定的议会席位，但无法撼动非国大的优势地位。在马来西亚，独特的种族结构使政党主要按种族而非阶级阶层分布。独立后至1969年，马来民族统一机构（巫统）、马华公会和印度人国大党

组成马华印联盟长期执政。1974年，以巫统为中心，联合十余个政党组成国民阵线，继续长期执政。反对党中，以华人为主的民主行动党和马来人的伊斯兰教党因信仰差异，无法真正联合起来，因而巫统占绝对优势的一党联盟独大体制难以受到挑战。

实行两党制的发展中国家数量有限，这与两党制的形成条件较为苛刻有关。哥伦比亚在2002年之前的一百多年里，大多数时间由保守党和自由党轮流执政。但在2002年大选中，独立人士乌里韦当选总统，结束了两党制。委内瑞拉在1958—1993年间，一直由民主行动党和基督教社会党交替执政，但1993年大选也打破了这一格局。在斯里兰卡，独立之后基本由统一国民党和自由党交替执政，但两大党在竞选中需要联合一些小党，形成近似两党制的两党联盟体制。韩国民主化后政党变化极为杂乱，经过多轮选举，大致形成了保守派的新国家党和偏向左翼的民主统合党对峙的局面，但与稳定的两党制还有相当距离。

在大多数新兴民主国家，由于民主化时间不长，政党发育不够成熟，分化组合变幻多端，政党制度尚未完全定型，表现为不规则的多党制。在印尼，苏哈托时代扶持专业集团党长期执政，形成一党霸权体制。1998年民主化后，印尼出现众多政党，经过复杂组合，在2009年国会选举中，形成了民主党、斗争民主党、专业集团党三党鼎立的局面。在巴西，1985年民主化后，多党政治因政党组织的涣散而十分混乱，只有巴西劳工党组织较健全、纪律较严明，自2002年以来连续执政。

在俄罗斯、委内瑞拉等国，出现了较为独特的政权党主导的多党制。这种政党制度的特点是由掌握政权的政治领袖组建支持政府的政党，参加多党选举，并依靠领袖的个人魅力连选连胜，反对党可以自由发展，但难以改变这一政治格局。2001年，在普京的支持下，统一俄罗斯党成立，该党既从总统获得行政支持，又保障总统政策实施，逐步取代俄罗斯共产党成为第一大党。在2008年、2012年两次总统大选以及普京和梅德韦杰夫的职位互换中，统一俄罗斯党都发挥了重要作用。其他政党中，公正俄罗斯党名为务实的反对派，但也支持现政权，而真正的反对党俄罗斯共产党和自由民主党力量呈现衰落趋势。委内瑞拉总统查韦斯也先后组建了"第五共和国运动"和社会主义统一党作为政权的支持者。与一党霸权制不同的是，这种政党制度允许自由竞争。与一党优势制不同的是，这些政权党十分依赖政治领袖的个人权威，制度化水平不高，发展前景难以预测。

第二章　政党制度类型与机制相关性的分析

政党制度理论是研究不同的政党运行模式的，主要考察政党政治中的政党数量以及政党之间的相互关系对政治体系整体效率的影响。如上一章对世界政党制度的纵览性分析可见，当前世界大部分国家都有政党，而且政党在国家政治生活中发挥着巨大的影响，这些国家都可称之为"政党政治"国家。而且，大部分国家实际存在的政党数量都是复数，以政党数量来划分政党制度的类型也是通行的做法。但是，我们并不是以某个国家存在政党的数量来判定这个国家实行的是一党制或者多党制。判定某个国家是一党制、两党制或者多党制的标准是萨·托利所说的"相关性政党"的数量。通俗的说，就是看某个国家有机会执政或参加联合执政以及即便不能参加执政但却能对执政党的政策策略发挥影响的政党的数量。①

一个国家的"相关性政党"的数量及其相互关系决定这个国家的政党制度的结构。不同的结构产生不同的功能，政党制度结构不同，政党制度的运行机制就会不同，不仅如此，不同的政党制度结构下各个政党的内部运作机制也会相应的发生改变，在多党制的条件下，每个政党的政策和策略以及竞选方式都要受到其他政党尤其是大党的影响，在一党制的条件下，这种影响则体现为大党对小党的控制和小党对大党的服从。影响政党

---

① ［意］G.萨托利：《政党与政党体制》，王明进译，商务印书馆 2006 年版，第 174 页。

制度运行机制的另一个重要因素是法制。在有些国家如德国、俄罗斯等表现为政党法直接对政党制度和政党内部运作的规制，在大部分国家则更多表现为宪法和惯例对政党制度的规范。本章依据前述对各国政党制度的类型划分，以典型国家的政党体制运行机制为例，对政党体制的类型与机制运作的相关性进行分析。

一、英国和美国的两党制

英国和美国实行的是典型的两党制。如前所述，把英国和美国归入两党制，并不是说在英国和美国只存在两个合法政党，而是说在英美的政党政治现实中只有两大党能够通过竞选上台执政，并且每隔一段时间能够实现政党轮替。实际上，除了这两个国家外，可以归入两党制的国家还有受英美政治传统影响较深的国家如加拿大、澳大利亚和新西兰等国。作为同一种政党制度的表现形式，这些国家的两党制都具有一些共同的特点，主要包括：一是两大政党在国家政治生活中长期居于统治地位，都具有单独执政的实力，其他政党无法与之竞争。二是两大政党势均力敌，享有平等执掌政权的权利和机会，两党轮流执政，平分秋色，虽有台上台下之分，却无主从之别。三是两大政党通常是一党在朝，一党在野，彼此互相攻击，互相挑剔，处于对峙状态，但彼此之间的矛盾和冲突却是建立在不危及现存政治制度的基础上的。四是定期的议会和总统（首相）选举为两大政党和平接管政权提供了合法的机会。

在1945—1970年的这一阶段中，英国政党制度被认为是属于经典的两党制，而且属于"两个阶级、两个党"的模式，主要表现在以下几个方面：一是在大选中，工党和保守党中的一党总能够在议会下院选举中获得多数席位，组建单一多数党政府，不与其他政党组建联合政府。二是工党与保守党在1945—1970年间的历届大选中所获得总选票比例很高，绝大多数议席也由两党占据。三是一党单独执政，但并非无限期的单独执政，而是两大党定期交替执政。四是两党之间的竞争表现出一种向心竞争倾向。稳定的两党制通常与向心竞争倾向联系在一起，英国就是一个典型例子。虽然，相比战后初期阶段，英国政党制度自20世纪70年代以来已经渐进发生变化，但这一变化是一种有限变化而非根本性变化，从国家层面上看英国仍是两党制。

自 19 世纪中叶以来，美国一直由民主党和共和党轮流执政，虽然历史上美国曾经出现过颇具影响力的第三党，但两党轮流执政的政治格局却始终没有被打破。同其他国家包括英国的两党制相比，美国两党制有着自己的鲜明特点，主要表现在以下几方面：一是不存在执政党与在野党的严格区分。美国实行的是总统制，总统选举与国会议员选举是分别进行的。总统选举获胜的政党是执政党，失败者为在野党。两党在国会中席位的多少与执政党和在野党的地位无关，经常出现执政党不能获得国会多数议席的情况。二是政党与政府之间的关系联系并不是很密切。在美国，政党组织同政府之间的关系远不及英国等国家那样密切。执政党通过总统对政府可以施加一定的影响，总统也需要通过他所在的政党组织的力量进行施政，但总统作为执政党的领袖，所依靠的不是政府成员对党的忠诚而是对他个人和国家的忠诚来领导政府活动的。总统在政策上也不对政党组织负责，因此美国政党对政府政策的制定和实施的控制力或影响力，远不及英国的两大党那么直接和明显。三是政党之间的竞争和争夺的主要目标，并不是国会的多数议席，而是总统职位。英国政党选举争夺的首要目标就是在议会中获得多数席位，成为多数党。四是各政党间意识形态色彩淡薄，两大政党均走中间路线，不偏向极端。由于美国政党的首要目标是赢得选举，为了争取多数选民的支持，因此两大政党都在意识形态上尽力保持中间状态，避免标新立异和极端主义。五是政党政治与宪政制度相互作用。在美国，宪法既没有规定应该建立和实施政党制度，也没有明确的条文反对和禁止政党制度，这种模棱两可的态度反而给政党政治提供了无限的发展空间，使美国的政党制度成为美国的"第二宪法"。美国现实的政治形态是两个"宪法"相互作用的结果。六是政党领袖的权力和作用微弱。美国实行联邦制和总统制，两党领袖的权力和作用远远比不上实行责任内阁制的英国等国家那么重要。无论执政党和在野党，两党均无长期而又稳定的全国性领袖。美国总统作为执政党领袖，带有荣誉性和象征性特征。较之执政党，在野党的领袖更无明确的、正式的权力，他在党内的地位和作用更是比较微弱的。七是美国政党的组织松散，党权比较分散，党内凝聚力弱。美国的两大政党都不制定统一的党章和党规，也没有统一的组织原则和管理法规，两大政党没有什么党籍和党纪，对党籍管理方面没有任何具体规定。党的各级组织之间的关系十分松散，彼此之间的联系也十分微弱。与组织关系的松散性相联系，两大政党的党权具有多中心化和分散性特点。党的各级组织均享有独立进行管理、独立履行各自的职责、独立进行党务活动的权力，而党的全国性组织的权力反而十分微弱。两党的权力中心并不在全国一级而是在州和地方。各州的党组织实际上是独立的权力中心。自 20 世纪 60 年代后，受各种因素的影响，美国两大政党出现了党派认同下降等问题，美国政党制度面临着一些新的挑战。

二、法国和德国的多党制

在国内的政治语境里，一党制之外的政党制度都可以被称为多党制。但是在国际政党研究界，多党制并不包含两党制。如果一个国家的政党政治实践中，有三个或者三个以上的政党能够获得执政机会并实行政党轮替，那么就可以说这个国家实行的是多党制。法国和德国都被视作一种比较稳定的多党制——温和多党制的典型。不过相比之下，法国议会中的政党比德国更多，并且法国政党的意识形态色彩也比德国政党要重。与此相关，法国政党左右两翼两极化程度也比较高，像德国联盟党和社会民主党两大党的联合执政这种情况在法国很难出现。

当代法国政党制度的显著特征是政党格局的二元化和政党竞争的温和化。一是政党格局二元化。法兰西第五共和国成立时，法国有保卫新共和联盟、社会党、共产党、独立共和党、社会民主人士中心、激进党、社会民主人士运动等多个政党。自 20 世纪 70 年代起法国逐渐形成四大政党、两大阵营对立的政党格局，右翼政党以保卫共和联盟和法国民主联盟为主，左翼政党以社会党和共产党为主。左右翼政党在选举、议会活动和执政等多个层面分别结成联盟，从而形成了二元化的政党格局。二是政党竞争温和化。就政党间的合作与竞争而言，法国左右翼政党的意识形态色彩趋于淡化，政党竞争呈现温和化的态势。为争取中间多数民众支持，两大阵营的政策取向逐渐转向中间，从而表现出一种温和而不是极化的竞争态势。

联邦德国政治制度的基本制度、体制与框架及机制，规定了其政党制度的框架结构和运行机制，并在这种政治体制上形成了一种以两党制为基础的多党制。联邦德国有三个制度框架对其政党政治和制度的发展产生了重要影响，这就是：有特色的联邦制、选举制和政党法。其中的选举制度对"二元多党制"的形成至关重要。为了弥补简单多数代表制和比例代表制这两种选举制的缺陷，联邦德国采用两种制度相结合混合选举制，其特点是两票制和5%的限制。选举制度对政党的影响是多方面。第一，尽管实行混合选举制的目的是为了避免多数代表制的弊病，维护小党的利益，但是现行办法实际上仍然有利于大党而不利于小党。其次，两票制造就了德国的一个大党与一个小党联合执政为主的执政模式。第三，5%的规定减少了一些小党进入议会的可能性，保证了大党执政的相对稳定性，避免了魏玛共和国时期混乱局面的再现。

三、意大利、日本、印度和马来西亚的一党优势制

意大利、日本、印度和马来西亚都曾经出现一党执政几十年的情况。最近二十年来，意大利、印度的情况出现了变化，正在向法国和德国那样的多党制或者英美那样的两党制过渡。日本的一党优势也曾经被打破，只有马来西亚还看不出明显的变化。学界把这种在竞争性的政党制度里一党长期执政，其他合法存在的政党难以撼动其执政地位的情况称为一党优势制（或译作一党优位制）。一党优势制并不是像听起来那样，它并不是一党制，而是多党制的一种。与只允许一党合法存在或者法律规定单一政党执政地位的真正的一党制有着制度性的差别。后者属于非竞争性的政党制度。一党优势制在本质上属于竞争性的政党制度，几乎所有国家和地区一党优势制都只是在历史上某一个相对长的时期（几十年）存在，在法律和理论上，一党优势制都存在向多党制转型的可能，并且这种转型在意大利、印度等国家已经成为现实。在这四国政党制度中，意大利、印度更接近多党制，而马来西亚更接近下文将要提到的一党霸权制。日本政党制度

在更多的情况下被看做一党优势制的典型。

战后分别成为意大利第一和第二大党的天民党和共产党分属两大阵营，故在国内形成典型的"两极"政党格局。1946 年至 1981 年，每一届意大利政府总理都是天民党人。两党在众议院占有的席位比重一般都在60％以上。其他七八个政党在众议院所占席位的比重合计最高时达 39％，远远低于两个主要政党。这一格局直到 1993 年实行新的以多数制为主的混合选举制后才根本改变，这种新的选举制度比传统的比例选举制更有利于竞选联盟的建立，从而使意大利的政治制度特点由过去的"两极制"转变为"两翼制"。新的选举制度在很大程度上引进了多数制，同时在按比例分配众议院 25％ 的议席时提高了可参与分配的最低得票额数，这使得小党为争取选票不得不向大党靠拢，分别加入两个对立的选举联盟。新选举制的这一特点，一方面加强了大党的地位，另一方面也造成一种近似两党制的结构。

与其他多数议会制国家相比，意大利的政党制度具有自己的特点。首先，与其他国家形成鲜明对比的是，意大利政党制度有相当长的时间没有实现政党轮流执政。其次，共产党在国家政治生活中扮演的角色极为重要。其三，意大利政治舞台上政党数量众多，议会选举之后进入议会的政党总有八九个之多。意大利的多党制同斯堪的纳维亚国家的多党制相比有很大差别，60 年代，著名政治学家萨·托利将意大利的情况归纳为"极化的多党制"。萨托利认为，意大利政党体制中的政党是多极化的，在政治上却呈两极化趋势。

从理论上讲，日本的政党制度同西方其他国家实行的多党制并没有太大的区别，而事实上因长期由自民党一党执政，形成了世界政党制度史上的一种独特现象，人们通常将其称为"一党优势制"。这种情况直到 2009年民主党以绝对多数上台执政才得以完全改变。日本的政党制度，同世界上其他国家的政党制度相比，具有明显的特征。

第一，虽然这一体制的宪法和法律基础是多党制，但实践的结果却是自民党一党掌权、其他政党失去了问鼎权力的可能。长期以来，自民党被称为"万年执政党"，在野党被称做"万年在野党"。第二，政权的更替不是在政党之间、而是在自民党内部各派系之间进行、政府首脑也不是从各政党领袖中竞争产生，而是由自民党内各派协调产生。所以，作为国家代表的首相不是由国民选出、而是由自民党选出。这既消除了统治阶级对于政权更替带来的不稳定的忧虑，同时也造成了日本政治中的种种弊端。第三，保革双方的政治对垒，成为冷战体制下日本政党制度乃至政治生活的基调。第四，政治对立的焦点基本集中在国会斗争方面，并导致议会斗争中朝野双方的固定对立模式。在这一模式下，自民党由于始终未能有效控制三分之二以上的议席，其政策主张往往受到革新政党强有力的牵制而不能悉数实现。第五，一党优势制是一种竞争性政党制度。自民党一党优势制是政党多元的一种类型。在这种政党制度下，可以肯定所有的政党在起跑线上都享有平等竞争的机会，虽然政权交替事实上未曾发生，但并非绝对不可能发生；且其政治制度提供了公开和有效地表示异议的足够机会去反对优势政党即执政党的优势。不过，在这种政党制度下，各党所享有的平等竞争的机会永远是相对的，因为没有人在起跑线上是真正平等的。何况平等竞争的机会并不等于拥有同等的资源，执政党与非执政党的政治资源之不均，比其他多党制更严重。

从印度独立至今，印度的现代政党制度形成和构建经历了逐渐变化的三个阶段。其一，一党独大体制阶段。印度政党制度被通称为"一党为主体的多党制"，也就是一党优势制的。虽然是多党政治体制，但长期以来（90 年代中期以前）主宰印度政治和左右政局发展的核心力量乃是国大党。独立后，国大党创造了主要由国大党一党执政40 多年的记录，并使印度在相当长的时期内，保持了政治和社会的稳定，经济也有很大的发展。作为多党制的一种特殊形式，独大型政党制度被看做有助于实现多元分裂结构之间的妥协和整合，一定程度上是印度社会作为一个统一的政治体系得以维系的重要因素。

其二，多党竞争和联合政府阶段。90 年代以后，国大党一党独大体制崩溃。随着国大党一党独大体制的衰落，印度政党政治进入了一个多党竞争和联合政府的时期，表现为两大党制下的多党竞争格局。国大党和印度人民党成为主要政治中的两极，是政治权力的主要竞争者。

其三，两大阵营，其他政党组成第三阵线的阶段。政党竞争的多元化和地方化并没有使得后国大党时代的印度政治走向分裂。在经历了政党联盟的分化组合和短暂的政治动荡后，政党之间的竞争逐渐从无序化状态转向妥协与合作。印度的政党制度正在朝着稳定的两大党制下的多党竞争格局发展。同时，绿色革命中兴起的新兴势力、种姓结构的变化、宗教势力在政治上的复兴等促成了不同社会集团以组织政党的方式影响政治的运作，在印度各邦形成了独具特色的政党制度。形成国大党和印人党两大阵营，其他政党组成第三阵线的局面。这是进入 21 世纪后印度政党制度的基本走向。

在战后半个多世纪的历史发展进程中，马来西亚的政党制度发生了很大的变化，经历了比较激烈的党派斗争，并基本形成了目前这种以"国民阵线"为主导、以马来民族统一机构（简称巫统）为核心的多党制模式的政党制度。马来西亚政党制度具有如下特点：

第一，它是一种多党竞争的制度构架。从一般意义上讲，马来西亚的政党制度属于多党制，这表现在它自立国以来宪法和相关法律就明确规定政党能够自由、独立组建，相互竞争，可以自主地参与包括选举、执政、在野以至国际交往等政治活动。自马来西亚独立至今，大多数时间存在着十几个乃至数十个政党，现有 40 多个合法政党[1]，涵盖国内各种族、地域及宗教领域，覆盖着各种意识形态与政治诉求的政治党派和组织。

第二，它是一种执政党与反对党相互组建政党联盟而进行政党竞争的制度框架。在马来西亚政党制度发展过程中，大多数时间都存在一种执政党联盟与反对党联盟相对峙的政治态势，这种对峙不仅体现在议会大选时，而且体现在国家决策、民生问题、重大活动乃至国际事务的较量中。自 1974 年以来，执政党联盟一直是国民阵线，其组织结构、纲领宗旨、行事规则总体未变，变化的更多是加入联盟的政党数量。反对党联盟则不断

---

① 参见徐罗卿：《追求多党合作与多党竞争的双重效应——刍议马来西亚政党政治的经验和启示》，载《学海》，2006 年第 2 期，第 83 页。

变化，自马来西亚独立以来，先后组建过四五个反对党联盟，且各个联盟的政治组成、时间长短、力量大小差异甚大。

第三，它是一种"一党独大"型的政党制度构架。马来西亚政党制度不同属于西方或其他发展中国家那种两党或多党竞选型的多党制，它是属于一党独大型的多党制。这种一党独大，有时被看做是国民阵线在国家政坛中长期占主导地位，始终能够获得议会的60%—90%左右的席位。但更多的时候是指巫统在国阵乃至整个国家的政党阵营中的一党独大，巫统可以说一直是马来西亚的最大政党，更是执政联盟国阵中的龙头老大，在大多数选举中，巫统一党所得议席就可组建相对多数的政府，使其长期在马来西亚政坛中起着主导乃至决定性的作用，是马来西亚一党独大制度的核心。

第四，朝大野小是马来西亚政党制度构架的重要表现。马来西亚的政党制度虽然从形式上讲是一种两大政党联盟对峙的制度，但这种对峙又是很不平衡的，其政党政治格局自立国以来就形成了"朝大野小"这样一种态势。执政联盟无论是在政党数量、党员人数、所得议席都明显超过反对党联盟，有时甚至达到9比1的席位优势。并且执政联盟的社会群众基础也比对手广泛，其作用与社会影响更是反对党所不能项背。正是这种"朝大野小"的失衡局面使得执政联盟地位稳固。

四、墨西哥和新加坡的一党霸权制

把墨西哥和新加坡政党制度放在一起，看起来并不是完全合适。因为墨西哥的一党霸权制只是一种历史状态，现在似乎已经进入了轮流执政的多党制时期，而在新加坡，一党执政仍然是现实，并且在短期内还看不出明显的改变迹象。一党霸权制也是萨·托利提出政党制度分类的概念，用来指那种允许合法存在多个政党，却通过立法来限制其他政党的生存和活动空间，禁止其他政党挑战执政党的执政地位的政党制度。前面介绍的一党优势制属于竞争性的政党制度，属于多党制的亚类型，而一党霸权制属于非竞争性的政党制度，在政党制度分类中是一党制的亚类型，表现为以一个党为中心而围绕着若干个次级小党的状况。居于中心的政党被称为

"霸权党",霸权党不容许正式的或事实上的权力竞争,其他政党只被允许以次级的、经特许的资格生存。在一党霸权制下,尽管存在选举,但选举并非完全自由、公正,次级政党基本上不可能通过竞选实现与霸权党之间的权力交接,霸权党的支配地位是不容挑战的。正是在这种意义上,萨·托利把那些存在多个政党的社会主义国家的政党制度也归入一党霸权制。

从 1929 年到 2000 年,革命制度党一直是墨西哥的执政党。纵观墨西哥政党制度发展的历程,在 19 世纪,保守党和自由党并不是成熟的政党,两党之间的关系、政党与政府的关系都没有制度化。2000 年大选以后,墨西哥初步形成了革命制度党、国家行动党和民主革命党三足鼎立的多党竞争体制,但尚未完全定型。而在 20 世纪长期有效运作的、以革命制度党为核心的一党霸权体制,最能体现墨西哥政党制度的特色。

在一党霸权体制的稳定时期,革命制度党对其他政党有着绝对的支配能力。首先,革命制度党将反对党分为"可以容忍"和"不可以容忍"两种类型,右翼的国家行动党和左翼小党如社会主义人民党、真正革命党被视为对维系现有政治制度发挥功能性作用的政党,是可以容忍的反对力量,允许其存在但限制其影响的扩大;而力量较大、对工农运动有强大影响力、反对现行政治制度的墨西哥共产党等政党则被视为不可容忍,多次遭到镇压。

其次,革命制度党通过选举法的制定和修改,对合法的反对党在议会中的议席加以控制。在 1945—1963 年,墨西哥实行的是卡马乔总统修改的选举法,不仅规定参选政党必须登记并由内政部决定其是否合法,还通过具体的条例规定参选政党必须达到的起码条件:党员数不得少于 1 万,至少在全国 2/3 的州有其组织,每个州的党员不少于 300,与外国政党没有联系。由于实行单名选区简单多数制,所以参议院全部议席和众议院绝大部分议席都为革命制度党所垄断。1963 年马特奥斯总统着手改革选举法,在众议院中实行政党代表制(党众议员制),规定:凡在单名选区未获多数的政党,若在全国获得总票数的 2.5% 以上,均可获得 5 名政党代表的众议员席位;每增加 0.5% 的选票即可增加 1 席,但政党代表的席位在众议院中总数不得超过 20 席。

此外，当时墨西哥的选举并不能做到自由和公正，而是要确保革命制度党在主要选举中获胜，如果不能控制选举结果，那么票箱就会被填充、偷换甚至被武装抢劫。总之，在一党霸权体制的稳定时期，革命制度党虽然与合法反对党之间存在着一定的竞争关系，但竞争的程度极为有限，竞争的规则和结果受革命制度党的有效控制，对其执政地位不构成挑战。

一党霸权体制的核心是官方党，它是总统制的权力基础，是墨西哥政治架构中最具有决定意义的一个权力体系。革命制度党在一党霸权制的稳定时期，赖以推动墨西哥政治制度顺利运作的主要因素包括以革命民族主义为主的意识形态、职团主义的组织体系、对总统选举的控制和总统一任制的限制。这些因素的有机结合，使墨西哥在一定时期内化解了政治参与扩大与政治制度化的矛盾，革命制度党赢得了民众的广泛支持，实现了政治稳定和经济发展。在 2000 年总统大选中，执政 71 年的革命制度党沦为在野党，一党霸权体制瓦解，墨西哥的政党制度转变为多党竞争体制。

新加坡的政党制度也属于一党霸权制，人民行动党（简称行动党）一党自 19 世纪 60 年代以来长期保持执政地位，但国内又一直并存着 20 多个反对党。人民行动党通过合法的选举程序执掌国家政权，并通过自身的执政地位和政治资源以合法手段压制反对党的生存与活动空间，使其无法通过竞选走上执政地位，在国家政治生活中处于虽然合法却是陪衬的地位。人民行动党对制定选举方式和选举程序的选举委员会的控制、对法院和传媒的控制、对城市建设和生活保障基金的控制，都直接影响着选民的投票方向，把自己置于有利地位。人民行动党还经常在大选前采取"非常手段"打压反对党：限制政党竞选活动的时间；封锁反对党的印刷厂；对支持反对党的媒体施压；干扰反对党在公共场所的活动；冻结反对党的资金；瓦解反对党的基层组织；拘捕反对党的主要干部等。

在形式上，新加坡的政党制度是一种竞争型的政党制度，但是由于执政的人民行动党的对政治资源的控制，反对党的发展受到极大压制，以至于根本无力撼动人民行动党的执政地位，没有任何一个反对党具有挑战执政党的能力。因此，新加坡的政党制度的竞争特质是非常有限的，它是一种有限竞争性政党制度。

五、古巴的单一党制

现代世界各国的政党制度，从性质上可划分为社会主义政党制度和资本主义政党制度。社会主义国家的政党制度只有两种类型。一种是社会主义国家的单一政党领导制，是指社会主义国家中只存在一个无产阶级政党，它是唯一的领导党和执政党，掌握国家政权，进行政治统治。古巴共产党在1959年古巴革命胜利后一直是执政党，也是古巴现今唯一合法的政党，至今连续执政近50年。古巴宪法规定，古巴共产党是古巴社会主义革命和建设的领导力量，除古巴共产党以外，不允许任何其他政党合法存在。由此可见，古巴实行的是典型的单一党制，这种政党制度的特点首先是除了执政党外不允许其他政党合法存在，其次是党内权力和政权的高度集中，极端的情况下附以不同程度的个人崇拜，再次是执政党和国家对社会的全面控制包括思想意识方面的控制。单一党制与其国集权政治的历史传统紧密相关，同时是国内外政治环境极度紧张的产物，在一定的历史条件和环境下具有存在的合理性和适应性。这种政党制度的有效运行对领袖和干部的素质尤其是政治道德素质具有比较高的依赖性，需要有效的宣传鼓动和群众工作作为支撑。

六、东欧：一党制向多党制的转型

东欧剧变前实行苏联模式的政党制度，形成了无产阶级政党对国家、对社会实行绝对领导的政党体制。在具体的政党体制类型上，由于各国不同的阶级关系状况和历史发展条件的差异，又形成了多党合作和一党制两种不同的类型。前者是一党霸权制的一种类型——意识形态型的一党霸权制，后者是一党制的极端类型——单一党制。

东欧多党制的政党格局呈现出以原执政党为一极，以反对派阵营为另一极的两极对立态势。主要的两极——原执政的共产党改建的社会民主党和反对派阵营衍生而来的右翼政党逐步按意识形态和政策主张向左右两翼集结，政党格局逐渐发展到了两种阵营。东欧各国的政权组成都是多党联合政府，这种"被迫联姻"中问题很多，各执政党为了自己的利益，相互掣肘，动辄制造政府危机，使政府的执政纲领难以实施。

七、俄罗斯：行政主导的一党优势制

俄罗斯的政党制度十分特殊。1993 年制定的俄罗斯联邦宪法明确规定，俄罗斯政党制度原则上是多党制。然而，从俄罗斯的政治结构及其实际运行来看，俄罗斯应该属于"无执政党的政党政治"国家。一方面，在俄罗斯的国家政治生活中，的确存在着政党和政党体系，具备现代政党政治的基本特征。但是，另一方面，政党在俄罗斯的政治生活中又处于边缘地位，发挥着有限的作用，而且没有任何一个政党可以被冠以执政党的称号。俄罗斯政党制度的特色主要表现在以下几个方面：

第一，集权体制下的多党制。俄罗斯实行的是总统集权制下的多党制。首先，执掌国家最高行政权力的总统是超党派的，党派活动仅限于立法机构的范围内，在政治生活中的作用受到多方面的限制。其次，在构建"三权分立"的政治结构中，俄宪法虽明确规定俄"立法、执行和司法权力相互独立"，但根据俄罗斯宪法，总统实际上拥有更多的权力。在议会与总统的关系方面，议会只是各政党活动的主要平台，处于从属地位。议会并不能对总统实行有效的权力制衡，很难罢免总统。从政府与总统的关系来看，俄罗斯宪法没有为政党提供组成政府的权力，而是由总统提名并经议会通过的政府直接对总统负责，而且政府的形成不是由议会多数党组建。

第二，政权党。政权党是俄罗斯政治发展中出现的独特的政治现象。在三权分立的政治结构中，俄罗斯没有法定的执政党，但在政治的现实生活中存在着政权党。不同时期的政权党，都依仗总统的支持掌握着大量的政治资源。俄罗斯的政权党不是执政党，却是执政者的支持力量。一方面，政权党可以保障当权者的政治意图有效实施，确保权利的稳定。另一方面，总统可以通过政权党在议会中的代表资格使当局的决策合法化。

第三，非政党政府。在现代国家，政党必然以谋求和保持执政地位为第一要务，但与其他国家的政党相比，俄罗斯国家的政党在此方面受到很

大制约。无论是在叶利钦，还是在普京时期，俄罗斯政府都不是由政党组建，总理候选人也不能由议会提名，而是由总统提名议会表决。

苏联解体后，俄罗斯从苏联时期共产党长期执政的一党制转向多党制。普京时代俄罗斯政党制度的基本特征是：形成了相对稳定的多党并存的基本格局；"统一俄罗斯"党占据了"一党独大"的优势地位，但不是执政党，而是"政权党"；在总统高度集权的体制下，政党的作用受到多方面的限制。俄罗斯政党制度今后将继续实行多党制，政党数量可能有所减少；将保持"中间大、两头小"的政党格局。

政党制度的确立和发展，虽由一个国家特定的社会历史条件决定，具有客观性，但政党制度的实施效果却有高下之分。适合国家发展需要的政党制度能够对该国的政治民主、经济发展、社会进步起到积极推动作用。而恶劣的政党制度有的使国家处于僵化状态，缺乏民主，难以发展，有的使各派政治力量陷入困境，造成无休止的纷争，甚至导致政治体系的崩溃。政党制度是通过影响政党的外部环境，对政党行为形成制约或推动，促使其制定和调整政策来体现实施效果的。因此，政党制度的实施效果也受制于与主要政党的功能发挥情况，可能出现实行类似的政党制度但具体效果却大相径庭。

资本主义国家政党制度中，两党制和温和多党制的实施效果较为良好，国家政策随着政党轮替呈现有限的钟摆式波动，经济社会能够平稳发展，对社会结构变迁有较强的适应弹性。但这两种政党制度的构建需要较苛刻的社会政治条件，或经过长时间的政治磨合。一些发展中国家出现类似的政党格局，却无法形成温和性的政党竞争。极端多党制的实施效果较差，政府不稳定，政局动荡，国家政策很难获得多数支持，执行能力弱，政党之间纷争不断、分化组合频繁，内耗严重。一党独大制的国家政局稳定、政策延续性强，执政党能包容社会主要阶层利益，但长期执政容易导致政治腐败，外部竞争的压力不大也使执政党容易发生分裂。一党霸权制与一党独大制的效果近似，但对政党竞争的限制，压制了民主，也使部分社会阶层的利益长期得不到有效表达，政治体系弹性不足，很难适应社会结构的变迁，执政党所受的外部约束更为薄弱，除较为特殊的新加坡人民行动党外，都出现了严重腐败现象。

社会主义国家政党制度中，无论是一党制还是一党领导下的多党存在，都存在着政党制度僵化的问题。这种僵化体现在：在党政关系上，以党代政、党政不分，政党异化为行政机构的一部分，而政党原本应有的功能却未能充分发挥；执政党内部缺乏民主，权力高度集中，普遍出现个人专断和个人崇拜现象，权力制约薄弱；一党领导下的多党缺乏独立自主性，对政权运作缺乏影响力，只能被动地执行执政党的政策，实质上已丧失了政党的基本属性。这些政党制度虽然在经济起步阶段能够发挥深度动员功能，起到集中力量办大事的作用，但只能适应单一的计划经济，很难承受经济社会多元化的冲击。

中国共产党领导的多党合作制度既消除了其他社会主义国家政党制度过于僵化的弊端，也避免了竞争性政党制度容易导致社会分裂、内耗严重的问题，是一种符合我国国情和国家发展需要的优良政党制度。这种政党制度有利于保持国家政局稳定、政策连续，保障了生产力的持续快速发展，推动了社会全面进步，极大地改善了广大人民的生活水平。这种政党制度为人民群众提供了有序政治参与的方式和途径，为民主党派和无党派人士参政议政、政治协商提供了制度化的平台和渠道，有利于推进社会主义民主政治的发展，增强国家的政治活力，适应社会结构的变迁，促进社会和谐稳定。这种政党制度也为执政党提供了一定的外部批评和监督，有助于执政党自觉在宪法和法律范围内行使权力，克服权力滥用和政治腐败带来的风险，不断提高领导水平和执政能力，并且防止了多党合作制向统合型政党关系的异化。

第三章 政党发展研究的比较视角

研究马克思主义政党理论和执政理论，要把对政党政治发展规律的探讨拓展到中国共产党甚至马克思主义政党之外，在世界政党兴衰的历史和现实中总结执政能力增减的经验教训。从政党理论的发展脉络看，我们至少需要顾及以下几个方面的政党理论发展情况。

一、西方的政党发展理论

政党在西方已经有 300 多年的历史，其间政党经历了几次重大的转型：其一是从议会内的政党向群众性的政党转型，发生在 19 世纪上半叶。随着选举权的扩大，原来主要在议会内活动的资产阶级政党纷纷建立基层组织、扩大党的规模，以增强政党的影响力和竞争力。与此同时，革命的无产阶级政党也在这段时间出现，无产阶级政党一开始产生就是典型的群众性的政党。其二是战后世界各国纷纷立法规范政党的运作，试图控制政党的腐败现象和寡头化倾向，并以此限制体制外政党如纳粹党和共产党的发展。一些传统的体制外的政党渐渐被纳入资本主义的政党政治框架，改变党的纲领和组织，变成体制内的政党如社会民主党和西方的共产党。其三是从 20 世纪六、七十年代以来，随着社会分层的多样化和大众传媒的发展，传统的群众性的政党组织和意识形态论争越来越不能满足政党竞选的需要。政党的意识形态出现了明显的中间化趋势，政党领袖更多的依赖现代传媒直接面向大众，政党组织的政治动员功能弱化、党员老龄化、政党规模缩小，政党出现了空心化的现象。一些传统的群众性的政党正在向所谓大众化的政党演变。

在政党经历的以上发展阶段，产生了相应的政党理论和一些影响深远的政党理论家，其中有几个人是需要特别注意的：

1. 奥斯特罗果尔斯基与《民主政治和政党组织》

俄国政治评论家莫伊谢伊·雅科夫列维奇·奥斯特罗果尔斯基最先开始了对政党的系统研究。他于1902年出版的两卷本著作《民主政治和政党组织》是政党学的第一部专著。

在这部政党学的开山之作中，奥斯特罗果尔斯基首先通过对英、美两国政党全面系统的考察，阐述了政党与民主政治发展的关系。他认为，随着英美国家民主政治的发展，政党越来越成为新的政治社会的不可缺少的因素。

更主要的是，他指出了政党政治一开始就出现的弊端：为了实施对党员和选民的控制，党的领导干部力图通过党的报刊、意识形态读物和公共集会对选民主体进行政治教育。在这种情况下，党的中央决策机构相对于选民的自主性越来越大：议会候选人由它来选择，政治战略由它来提供。久而久之，政党就会变得专断、集权甚至独裁。政党的这种趋势实际上损害议会制政府的作用，歪曲代表制原则，使议会和公众舆论之间的关系陷入危机。他由此得出结论：政党制度必然会导致腐败。

奥斯特罗果尔斯基是站在完全否定政党的立场上研究政党的。他试图通过研究找到一种能避开政党现象的政治体制，在这个体制中实现完全自由的个人联合。所以，他提出的口号是："打倒政党，扶植联盟"。不管怎样，奥斯特罗果尔斯基对政党所作的比较系统和独到的分析，开了政党研究的先河。①

① 王长江：《时代的声音》，青岛出版社2002年版，第386页。

2. 罗伯特·米歇尔斯与《政党：现代民主制度寡头倾向的社会学研究》①

在奥斯特罗果尔斯基研究成果的基础上，德国社会学家罗伯特·米歇尔斯根据他在德、意两国参与社会党活动的体验，从政治社会学的角度对政党问题作了进一步的探讨。

米歇尔斯在《政党：现代民主制度寡头倾向的社会学研究》（1911年）这部著作中，提出了政党的"寡头统治铁律"。他认为，任何政党和政治组织，即使它奉行民主思想，也不可避免地会产生强烈的寡头政治倾向。他称此为"寡头统治铁律"。他宣称，这个铁律是"历史铁律中的一种，这一铁律是最民主的近代社会和这些社会中最先进的政党都没有能够逃避的。"他强调，政党之所以不可避免地要出现寡头统治的倾向，关键在于它是组织。组织正是构成寡头统治铁律的基本要素。因为，有组织，必然有领袖；有领袖，必然有对权力的追求和群众对权力的服从。这两者之间相互作用，使得寡头统治成为不可避免的事情。因此，政党组织发展的过程，也就是寡头统治发展的过程。随着组织的发展，民主的地位下降。米歇尔斯的这一观点对后来人们的研究产生了巨大的影响。

西方著名社会学家马克斯·韦伯赞同米歇尔斯的观点，认为政党日益严重地官僚化的趋势是存在的。官僚的趋势能使即便是强调原则和理论的社会主义政党也变得更专心于为其官员和领袖去营私。他强调，社会中起作用的是官僚政治。无论什么类型的政党取得政权，都难以改变这一点，都会被迫与严厉而不妥协的官僚政治相妥协。

英国政治学家詹姆斯·布赖斯在承认存在米歇尔斯所说的"寡头统治铁律"的同时，认为，在民主制度的结构下，这种少数人的统治绝不是由一种凭资产或门第形成的寡头来进行统治，而是由那些在品质上和机会上得天独厚的人来进行统治。此外，人民手里还将始终保持着起关键作用的三种必要的职能：第一，他们能够规定政府的目的；第二，他们能够选择政府的领袖；第三，他们能够反抗以致挫败官吏们打算采取的政策。这

①　参见［德］罗伯特·米歇尔斯：《寡头统治铁律：现代民主制度中的政党社会学》，任军锋译，天津人民出版社 2004 年版。

样，寡头政治的倾向就受到了有效的限制。布赖斯认为，在民主制度中，政党有很多积极的作用：政党使国民的思想保持活跃，使事物摆脱混乱而趋于条理化。假如没有政党把问题提出来，促使人们讨论问题，并引导人们表示同意或反对，那么，公众舆论将流于空泛而不起作用。因此，政党制度是不可避免的。

3. 迪韦尔热与《政党》

法国政治学家莫里斯·迪韦尔热是二战后初期政党学研究中最有代表性的人物。他于 1951 年发表《政党》一书，对整个政党学产生了极其深远的影响。

迪韦尔热肯定了政党存在的合理性，认为政党是任何民主体制所不可少的。他指出，政党是解决把"人民"和新的选民群带到政治共同体中去的机制。在这部著作和后来的一系列论著中，迪韦尔热都针对"寡头统治铁律"提出了不同的见解。他承认政治组织有寡头统治的倾向，但同时强调，在民主组织中，对这种倾向的抵制要强于其他组织。民主组织中有产生和监督领导人的正式程序，即由本组织成员选举领导人，无记名投票，定期更换当选者，由全体大会或代表大会监督"小圈子"的决定等等，这一切都限制了寡头政治的发展。在这样的组织中，领袖的专制是很难的。民主组织是人们按照自己的志愿自由参加的团体，领袖如果不能把个人利益和集体目标融合在一起，以保持一致，组织就会失去凝聚力。

迪韦尔热第一次把政党和政党体制区分开来，并从理论上对党的组织、党员、领袖、政党体制类型、政党力量类型、政党与政权的关系等要素进行了详尽的探讨。在探讨过程中，迪韦尔热对政党学的大量术语进行了界定，从而建立了政党学研究的基本框架。这对于政党学学科的发展是一个巨大的推动。（王长江，2002）

4. 萨托利与《政党与政党体制》①

意大利政治学家乔范尼·萨托利 1976 年出版的政党学著作《政党与

---

① 参见［意］G.萨托利：《政党与政党体制》，王明进译，商务印书馆 2006 年版。

政党体制》上。这部著作是继迪韦尔热之后创立系统的政党学说的又一次重要尝试。它试图建立一个无所不包的关于政党政治的一般理论，因此其覆盖面比所描述的要广泛得多，以致西方学者评价道，"将来对政党和政党政治的任何研究都将从萨托利的分析开始。"

萨托利细致地探讨了政党的确切含义。他把政党（party）和宗派（faction）区分开来，认为政党是整体的一部分，为整体的目标服务，而宗派只是为自己的一部分人。萨托利对十几种以往学者给政党下的定义一一作了分析，指出了它们的缺陷。在此基础上，他把政党定义为："政党是被官方认定在选举中提出候选人、并能够通过选举把候选人安置到公共职位上去的政治集团。"（Sartori，1975）

萨托利对划分政党体制的标准进行了深层次的研究。他认为，政党体制不能像过去那样，被简单地划分为一党制、两党制和多党制三种形式，它针对过去政党体制分类简单化的倾向，在传统的政党数量的参数以外，提出了"相关政党"的概念。在他看来，政党体制不能纯粹用政党的数量来划分，而应该依据"相关政党"的数量来计算，因为有的政党并不在政治运作中起什么作用。萨托利认为，计算相关政党应当遵循以下两个规则：首先，一个在所有时间里都不能被利用来组成可能的多数联盟的小党，可以被看做是不相关的党。相反，一个小党，不管它多小，如果它在所有时间里都处在决定性位置上，至少在某个时刻是可能的政府多数之一，那么这个党就是相关的党。其次，一个政党，当它的存在或出现影响到政党竞争的策略时，特别是当它改变竞争的方向——决定着有执政意图的政党从向心的竞争转向离心的竞争（左的或右的，或是二者都有）——时，它就具有相关政党的特征。总的看，既没有联盟潜力、又没有讨价还价潜力的政党，就可以不计算在相关政党中。反之，无论是在形成联盟时和统治关联的党，还是在反对党的舞台上和竞争关联的党，都应该算作是相关的党。"相关政党"的概念为政党体制的细分提供了可能性。

萨托利使用他独特的方法，分析了政党以及政党体制的结构和功能，他认为政党是部分的代表，其主要功能是利益表达；政党体制则是通过政党之间的有序竞争，达到一种利益表达和综合的均衡，维持政治体系的稳定。尤其可贵的是，萨托利也考虑了"非常态"的政党和政党体制——作为"整体"的政党和没有竞争的一党体制甚至无党国家。他认为在一党制的情况下，政党仍然发挥着政治沟通的功能，但这种沟通主要是自上而下的，而不是自下而上的，主要表现为政治控制，而不是利益表达。他的这种分析打破了在政党研究上欧美中心主义的思维模式，使得对一些亚非拉国家的政党和政党体制进行理性的学术分析成为可能。

5. 拉帕隆巴拉和维纳与《政党与政治发展》

美国学者拉帕隆巴拉和维纳主编的论文专著《政党与政治发展》专门从政治发展的角度对政党作了探讨。这部编于 1966 年的著作集中了当时一些重要的政党研究者的观点，其重要意义体现在力图摆脱欧美国家政党的狭小眼界，而把研究对象转向发展中国家（其中也包括欧美国家的最初发展阶段）。由此出发，作者们得出了一系列只通过考察欧美政党难以得出的结论和认识。例如他们关于政党产生根源的论述，关于现代化与政党的关系的探讨，关于竞争体制和非竞争体制的明确划分，以及提出用"轮流—霸权"、"意识形态—实用主义"等尺度衡量政党竞争的状态等等，都是从全世界各类不同政党的角度、特别是把发达国家的政党和发展中国家的政党相结合来认识的。他们强调，发展中国家的社会变革模式不同于西方的制度演变模式，因而使政党和政党体制也具有与西方政党不同的特征。这些特征还促成了这些国家中的大多数对一党制的选择。

6. 亨廷顿与《变革社会中的政治秩序》①

美国政治学者塞缪尔·亨廷顿往前进了一步。在他著名的《变革社会中的政治秩序》（1968 年）一书中，亨廷顿把关注点放在什么类型的政党体制更适合发展中国家政治发展的要求上。亨廷顿对一党制在推进发展中国家现代化进程中的作用是充分肯定的。他认为，一党制之所以对发展中国家有吸引力，是因为它能首先满足政治稳定的要求，而政治稳定是一切发展的前提。同时它也能满足权力扩张以扩大参与的要求。当然，他也指

---

① ［美］塞缪尔·亨廷顿：《变化社会中的政治秩序》，王冠华译，上海人民出版社 2008 年版。

出了一党制的缺陷，并把它与优势党制、两党制、多党制等作了比较。和许多学者不同，亨廷顿对发展中国家采用多党制基本上持否定态度。他认为，多党制具有竞争性政党体制的一切弱点，同时又不具有优势党制和两党制等竞争性政党体制的优点，因而是软弱的政党体制。这种体制往往带来政治不稳定。亨廷顿的这个观点在当时西方的政党研究中有使人耳目一新的感觉。

在西方政党理论的发展过程中，形成了一些有关政党发展的重要理念，这些理念已经成为西方政党在政治运作中必须遵守的共识：

1. 政党是民主政治的工具

随着选举权的扩大和群众性政党的出现，西方政党学者越来越意识到政党在民主政治运作中的积极作用。他们认为政党是在直接民主不可能的情况下的次佳选择，政党是联系民众和政府的桥梁，是民众控制政府之手的延伸；政党具有表达和综合民意、输送政治精英、政治社会化，抑制过激的政治冲突等功能。执政党最基本的作用是代表人民执掌公共权力，管理国家和领导社会发展。代表性是政党运作和执政的合法性基础，政绩的正面效应（对执政党而言）和负面效应（对反对党而言）则是衡量政党运作和执政效率的主要标志。政党作为民主政治的工具的理论实际上为政党发展确立了一个基本目标。

2. 政党有寡头统治倾向

莫伊谢伊·雅科夫列维奇·奥斯特罗果尔斯基和罗伯特·米歇尔斯分别研究英美政党和欧洲社会民主党，得出有关政党内在弊端相似的结论。他们认为由于政治组织内在的等级特性和政治人物追求个人权力的本性，政党领袖普遍具有脱离党员群众，损害政党代表对象的倾向。政党的寡头倾向损害了政党追求民主的初衷、削弱了作为政党民主政治的工具的功能，使得政党有退化为只顾追求个人或小集团私利，损害大众利益的传统宗派的危险。后来的政治学家对米歇尔斯的寡头统治铁律进行了修正。他们认为虽然政党的寡头倾向是不可避免的，但却是可以控制的；只要发展党内民主和加强对政党的外部规范，民主仍然是可欲和可求的，政党仍然可以发挥其作为民主的工具的功能。可以看出，政党的寡头统治理论实际上从一个重要的角度提出了政党发展的必要性和长期性。

3. 政党体制与政治体系效率的相关性理论

政党体制是现代政党理论研究的一个重要方面，主要考察政党政治中的政党数量以及政党之间的相互关系对政治体系整体效率的影响。萨托利认为一个政治体系之中合法存在的相关政党的数量，是衡量政党所在的政治市场的竞争性的主要指标。据此，萨托利在把政党体制分为竞争性的政党体制和非竞争性的政党体制的基础上，进一步细化了政党体制的类型。被萨托利列入竞争性政党体制的有五种类型：优势党制，两党制，温和多党制，极化多党制，碎分化多党制；被他列入非竞争性的政党体制的主要有两类：一是单一党制，二是霸权党制。萨托利对政党体制进行比较研究以后发现，在一个政治体系中，有影响力的政党数量与政治体系的稳定和效率密切相关，萨托利似乎比较崇尚德国那样的温和多党制，认为这种政党体制既能保持政党间的充分竞争，发挥政党的民意表达的功能，又能避免政党的过分竞争造成政治不稳定。萨托利的政党体制理论可以被理解为他在试图为政党体制的发展提供一个比较理想的模型。

4. 政党与政治发展关系理论

美国政治学家亨廷顿对发展中国家的政党制度与政治发展的关系的研究具有广泛地影响。亨廷顿认为，现代化带来的政治参与的剧烈膨胀反过来会威胁政治稳定；通过制度化的途径来逐步容纳日益增长的政治参与要求是保持现代化过程中政治稳定，从而保证政治现代化取得成功的关键。强有力的政党制度的形成是提高制度化水平的核心。[1]

亨廷顿充分肯定了一党制在推进发展中国家现代化进程中的作用。他认为，一党制之所以对发展中国家有吸引力，是因为它能在满足权力扩张以扩大参与的要求的同时满足政治稳定的要求。亨廷顿对发展中国家采用多党制基本上持否定态度。他认为，多党制具有竞争性政党体制的一切弱

---

[1] 参见［美］塞缪尔·亨廷顿：《变化社会中的政治秩序》，第7章，政党与政治稳定，上海人民出版社2008年版。

点，同时又不具有优势党制和两党制等竞争性政党体制的优点，因而是软弱的政党体制。这种体制往往带来政治不稳定，因而也不能满足将现代化带来的政治参与的膨胀有效制度化的要求。

亨廷顿的研究在国内产生了广泛的影响，他的研究有两点是值得特别注意：一是在变动社会中保持一个强有力的执政党和稳定的政党体制的必要性，二是他关注的焦点虽然是发展中国家在现代化中的政党体制选择，他实际上也提出了居于主导现代化地位的执政党需要适时的主动变革。通过制度化的途径规范不断增长的政治参与要求的问题，这一点正是中国执政党现代化研究所要解决的主要难题。

需要指出的是，20 世纪 80—90 年代，世界政党政治格局发生了巨大的变化。面对政党政治的新格局和政党政治的新变化，政党发展研究出现了一些新的课题：政党政治的衰落，政党发展与科技革命的关系，全球化对政党政治的影响，政党怎样适应潮流进行改革等等。当前，对这些课题的研究正方兴未艾，继续丰富着世界政党发展理论。

二、近代中国的政党发展理论

近代中国是政党政治表演的大舞台，各种各样的政党和政党体制都曾经出现过，他们各自从中国传统政治文化和西方政党理论中吸收思想养分，又将这些思想不同程度的"现代化"和"中国化"。在近代中国的政党发展的过程中，有关政党发展的思想具有如下的特点：

1. 改造和发展了传统的党派观念

在出现现代意义的政党以前，中国具有党派特征的组织以两种方式存在：一种是上层社会的官僚宗派组织，一种是下层社会的会党组织。这两种组织在封建社会都是遭到禁止的，与之相关，党派的概念实际就是非法和罪恶的代名词。因而，立宪党人和革命党人首先遇到的任务就是为党派组织正名。立宪党人用"党党"之党和"党国"之党的概念将中国古代"朋党"与近代西方政党作了区分，认为有必要在中国发展具有传统君子之党的公义精神和西方政党的公开性原则相结合的政党组织。革命党人则致力于把革命党和传统的会党组织区分开来，认为与传统的会党相比，革命党是既有民主精神，又有纪律约束的政治团体；是具有高度政治道德修养的团体；它是革命事业的发动、组织者，是中国振兴的希望所在。为政党正名的理论实际上开启了论证了在近代中国建立政党的合法性，促进了现代意义的政党在近代中国产生和发展。

2. 引进和改造了西方政党发展理论

近代中国的政党政治的一个突出特点，就是这些政党都是在西方政党理论的影响下建立起来的。立宪党人从吸收西方的自由主义政治学说出发，并以西方的两党政治为楷模，试图建立中国的政党政治。秦力山呼吁"非立大政党不足以救将亡之中国"，并从"天赋人权"和"人民主权"理论出发，阐发自己对政党问题的理解。罗普根据自己对国外政党学说的理解对近代议会政党的概念、组织要素、发生原因、存在意义等基本问题做了详细的阐述。梁启超也根据自己对美国等国政治的考察和思考，结合对中国现实的认识，发表了对政党问题的见解。与西方不同的是，就政党的作用而言，他们从中国社会面临的实际情形出发，以为对于国家民族来说，政党是"福神"、"救星"；对于社会大众而言，政党是"导师"、"司令官"。这些观点与近代西方政党学说将政党定位在公民社会和政府之间的中介和桥梁的位置上，有着明显的区别。他们实际上是开启了探讨发展中国家政党主导政治现代化功能的先河。

革命党人从自己的政治理想和政治道德追求出发，从近代西方的政党分赃制入手，着重批判政党政治的弊端。在民初政党政治失败之后，孙中山受到米歇尔斯的寡头统治理论和列宁的新型无产阶级政党思想的影响，创立了具有近代中国特色的政党发展思想。

孙中山在"二次革命"失败之后开始反思自己民初几年理论失误。他认为革命失败的根本原因在于革命党人对西方近代"自由"、"平等"学说的误解误用。因此，他提出为了国家的自由，必须放弃个人的自由，革命党内部不能讲党员个人的自由；要取得革命的成功，党员必须无条件地在思想上服膺"孙文学说"，在组织上拥护领袖独裁制；党内不能实行"法治"，只能推行"人治"。在对党与人民关系问题的认识上，孙中山认为人权不是"天赋"的，而是"人赋"的，是人民经过同专制的斗争取得的；

"平等"不是绝对的，而是相对的；在中国的具体国情中，必须实行"以党建国"、"以党治国"的政治方略，革命党要包办革命（"军政时期"），包揽政权（"训政时期"）。（杨德山，2001）

孙中山的政党思想解决了在领导民族革命和社会现代化的过程中，怎样建立一个强大的政党的问题，与此同时，也为后来的中国执政党发展党内民主和建设民主政治留下了沉重的意识形态包袱。对国民党如此，对中国共产党也是如此。孙中山去世后，戴季陶、蒋介石等人发挥了孙中山政党学说中的消极成分，将"以人治党"、"以党治国"变成了"以人治国"、"以蒋治国"的"党治"理论。中国共产党虽然对政党在政治中作用的理解与孙中山有很大的不同，实事求是地说，"以党治国"的思想对我们也不无影响。对于执政党和政权之间的区别，我们的确是长期以来没有完全搞清楚，弄不清它们之间的关系。在实践中，往往导致混淆党的领导和政府管理的界限，把党的机关当做各级政府的上级机关，结果党成了国家机器的一部分，变得机关化、行政化、官僚化了。这种现象的发生，除了照搬苏联模式的原因之外，近代中国政党发展思想对我们的影响也是显而易见的。（王长江，1998）

三、中国共产党的发展理论

中国共产党是一个有着90多年历史的大党。针对其发展过程中出现的种种问题，中共的政党理论或者党建理论也经历了不断的调整过程。

例如，针对党内出现的官僚主义问题，中国共产党历史上曾经有过比较成功地克服政党官僚化的经验，如延安整风。但是这种党内自我纠错机制不能不顾历史条件地滥用。邓小平通过对历史的深刻反思，认识到群众运动式的整党整风这种党内自我纠错机制的局限，从而定下把党的建设、政治体制建设逐渐转变到以法律和制度建设为基础上来的建党治国新思路。即推进决策机制的民主化，推进党的制度建设，推进民主与法制建设。把党的建设由主要依靠思想教育和政治运动转变到主要依靠制度建设的路子上来。

十一届三中全会以来，中国共产党以提高执政能力、建立民主政治、法治国家和充分发挥政党的民主功能、防范执政党的官僚主义倾向为目标，逐步推进了执政党的发展。在推进执政党发展的同时，中国共产党发展了马克思主义的执政党发展理论，主要表现在以下几个方面：

1. 党的建设的指导思想更科学、更求实。从强调执政意识的邓小平执政党建设理论到凸显党的"代表性"的"三个代表"重要思想，中国共产党完成了党的建设的指导思想从革命党向执政党的转变。从强调执政能力建设到推进党的先进性建设，再到强调党的纯洁性建设，中国共产党把党的建设与执政实践和社会现代化紧密联系起来，努力通过执政党自身的现代化建设来提高执政能力，巩固党执政的合法性基础。

2. 把提高党的执政水平和领导水平、拒腐防变作为执政党发展的两大主题，实际上确立了判断执政党建设和执政党发展水平的科学标准——党的执政效率和执政的合法性。明确了党的建设的主线是执政能力建设和先进性建设、纯洁性建设。

3. 明确了党从领导革命斗争的革命党向领导社会主义市场经济和改革开放的执政党的转变，明确了学习型、服务型、创新型的马克思主义执政党的发展目标。实际上这是强调了执政党作为人民群众的政治代表的定位。

4. 提出党要成为最广大人民群众根本利益的代表，实际上强调了执政党的社会整合功能。

5. 强调制度建设在党的建设和发展中的重要地位，确认了治党模式从群众运动式的整党整风向经常化的制度制约的转变。

6. 在党的组织建设方面强调要在干部选拔任用过程中引入竞争机制和尊重法律程序、发展党内民主，是党向民主化法制化方向发展的重要突破。对社会阶层和入党标准重新界定，则为党的社会基础的扩大和执政基础的巩固，奠定了新的理论基础。

7. 重新阐释了中共领导下的多党合作的政治协商制度，增加了民意反映和综合的渠道，建立了一定程度上的政党间监督制约机制，对于维护政治体系的稳定意义重大。

8. 提出全面从严治党战略，明确了思想建党和制度治党、纪律管党相结合的治党方针，强化了党要管党从严治党的政治责任。

第四章 政党政治市场与政党制度的发展

已有 100 多年历史的现代政党理论集中讨论政党与民主的关系，讨论政党行为与政党制度的合法性，常用的研究方法是历史分析和制度分析。然而，对政党政治运作的效率、政党政治科学性的讨论却没有完全展开。当代的新政治经济学理论如布坎南的公共选择理论，奥尔森的集团理论和诺斯的新制度经济学试图使用经济学的方法分析政治行为，在对政治效率的研究方面做出了有益的探索。以李普赛特、阿尔蒙德、亨廷顿、萨托利为代表人物的当代政治社会学则从更为广阔的角度探讨政治发展的规律性，政治社会学引入了政治人的概念和政治市场概念，把政治发展与社会文化条件联系起来研究，为政党理论研究的进一步向科学性方面发展奠定了方法论基础。本章试图使用经济学方法和社会学方法来分析政党政治现象。

一、政治市场与政党作为民主工具的功能

现代政党理论认为政党是民主的工具，这是在民主政治条件下对政党功能的合理假设：政党存在的价值在于满足人民组建一个良好的政府并对政府实施监督的需要，在现代社会里，人民由一个个的个体或一个一个的集团、阶层组成，不能自发地组成有组织的政治力量，需要通过政党。政党通过调查民意，提出政纲和政策主张，在人民中宣传来争取人民的支

持。人民通过支持代表自己利益的政党来表达自己的利益和要求，维护自己的利益。

在竞争性的民主社会里，政党存在于由公民、政党与政府组成的政治市场之中。民众和政党的关系就像消费者与企业的关系一样，政党是政策的供给者，民众则是政策的消费者。政党与民众之间构成公共政策等公共物品的一对供求关系。在政治市场中，选民和政党都遵行利益最大化的原则行事。民众对政党政策的有效需求是政党运作和政党竞争的指针。民众用选票或其他方式来购买政党的政策，表示对政党的支持。政党只有在获得足够多的民众支持的前提下，才能够维持自己的生存，并在与其他政党的竞争中取得胜利，上台执政，从而实现自己对民众的政策承诺。

一般情况下，政党与支持者之间进行的不是现期交易，政党的竞选纲领相当于企业在市场上发行的债券，在一定时期之后，它必须依法实现。人民投给政党的选票相当于用钱来买一笔远期债券，只有当选票积聚到一定的规模，使其支持的政党获得了执政或监督政府，影响政府决策的能力，并经过政府政策运行的周期之后，这份债券才能兑现。

从政策供给的效率来看，竞争性的政党制度有利于实现人民主权的原则。没有政党间的竞争，就会提高人民支持政党的成本，降低人民作为政治投资人的收益。政治市场的垄断性会降低政党政府的责任性和对民众的回应的及时性。结果就是对人民主权的削弱。在这一点上，政治法则与经济法则是相通的。正是因为这个原因，如何防范政党和政府的官僚化倾向，实现民众对政党和政府的有效监督一直是政治学研究的一个重要课题。

市场经济必须同时是法制经济，政党政治与宪政同样紧密相连。政治竞争规则的建立有利于减少政治斗争的无序性，从而减少政治支持、政治参与的风险。政党的恶性竞争最大的缺陷是人民主权可能会演化成有产者（拥有各种稀缺政治经济资源的人）主权，侵害人类追求公正的政治价值观。此种现象在资本主义国家屡见不鲜。因此相应的法律补救是必要的，相应的组织补救也是必要的。如选举立法，政党立法，新闻传媒的参与，工会、农会的组织等。

以上对政党与政治市场的关系的分析，建立在政治市场的完全竞争的假定上。实际上在世界政党政治的实践中，完全竞争的市场模型是不存在的，实际存在的政治市场都或多或少的具有一定的垄断性。并不是说只有完全竞争的政治市场模型才是合理的，我们考察的重点在于政治市场的竞争性对政党活动效率的影响。这种模型的作用在于为我们进一步分析政党政治的各种具体形式提供一种理论上的框架。在考察政党政治的实践的时候，我们还要考虑各种实际的变量对这种理想化的政党运行模式的改变。

二、政党制度与政治体系的效率与稳定

政党制度理论正是研究不同的政党运行模式的，主要考察政党政治中的政党数量以及政党之间的相互关系对政治体系整体效率的影响。

萨托利对政党制度进行了详细的分类，萨托利在把政党制度分为竞争性的政党制度和非竞争性的政党制度的基础上，进一步细化了政党制度的类型。被萨托利列入竞争性政党制度的有五种类型：优势党制，两党制，温和多党制，极化多党制，碎分化多党制；被它列入非竞争性的政党制度的主要有两类：一是单一党制，二是霸权党制。① 从政治经济学的角度来看，一个政治体系之中合法存在的相关政党的数量，是衡量政党所在的政治市场的竞争性的主要指标。按照政治市场中有影响力的合法政党的数量及政党间竞争的程度，可以把政治市场分作完全竞争型、垄断竞争型、寡头竞争型和完全垄断型四类。

完全竞争型政治市场里，政党数量不受限制，政党之间有充分的竞争，民众的政治行为是完全理性的，并且对政党的信息有充分的了解。民众通过政党在政治市场中的充分竞争选择最能代表自身利益的政党掌握公共权力。从理论上来讲，完全竞争市场应该是最富有效率的市场，最有利于维护人民主权。但是，通过上面的条件限制，我们知道，完全竞争的政治市场在实践之中是不存在的，它只是一个有用的理论分析模型。在这种理想化的政治市场中，每个个人都能找到合适的组织形式充分的表达和实

---

① ［意］G.萨托利：《政党与政党体制》，王明进译，商务印书馆2006年版，第178页。

现自己的利益，现代意义上的政党和政府已经不再成为必要。这种社会形态实际上已经接近无政府主义或者共产主义的状态。同样道理，完全垄断的政治市场也是一种极端状态，当一个政党垄断了公共权力并且排斥任何形式的竞争的时候，政党与政府之间的界限就已经消失，政党的存在和执政地位不再依赖于民众的选票支持，政党政府就有可能变成一个不负责任的政府和缺乏对民众及时回应的政府。政党就可能与官僚机构同化，政党本身演变成官僚机构的一部分。实际存在的政治市场往往不是垄断竞争型的市场就是寡头垄断的市场。由于公共物品供给方面规模效应的要求，和公共权力的天然垄断性特征，寡头垄断型的市场就成为政治市场的常态。

西方政党学者[①]对政党制度进行比较研究以后发现，由于政治市场的规模效应的要求，在一个政治体系中，并不是政党越多越好。

在一个政治体系中影响力强大的自由政党过多（五六个以上）不是一件好事，这会影响政治市场的规模效应，使政治竞争超出政治稳定可以允许的限度。如法兰西第三、四共和国，德国魏玛共和国，苏联、东欧90年代初期的政党制度。这样过分竞争的政党制度会降低政党自身的效率，人为提高其政治运作的成本，甚至使政党的声誉下降，人们对政党政治失去信心，如推翻袁世凯复辟的帝制之后，政治家讳称政党，而自称"会"、"系"。

更糟糕的是，政党过分竞争的结果使得政治体系的政治供给能力下降。多党共同执政的政府缺乏稳定性，导致政府的更迭过于频繁。人民只能得到一个软弱的政府。没有足够稳定性的政府难以执行其应有的公共管理职能，维护国家安全，参与国际竞争，更不能够有效执行积极的社会发展政策。大多数政策由于过分争吵，缺乏及时的妥协而延缓出台，由于过分互相牵制而不能得到有效的一贯到底的执行。政府的政策缺乏连续性，使民众无所适从。这种过分的政治斗争的恶果的极端现象就是极权势力上

---

① 美国政治学家萨托利对政党制度与政治稳定之间的关系作了详细的考察。参见［意］G.萨托利：《政党与政党体制》，王明进译，商务印书馆2006年版。

台，军阀割据或法西斯掌权，社会秩序丧失，社会道德沦丧，社会动荡不安，人民生存环境极度的恶化。本世纪 30 年代德国纳粹党上台发动世界大战，20 年代中国军阀混战都是这方面的典例事例。

政党过分竞争的反面就是一党专政。在这种体制下，政党竞争等于零，政党功能（表达和综合民意，组建良好政府，监督政府以防范腐败和政治决策的重大失误）被严重扭曲。一个政党垄断了全部的公共权力，排斥任何形式的政党竞争，加重了公共权力本身就具有的天然的垄断性和官僚化倾向。在一党制国家里，政党容易丧失其民主性而官僚化，政府容易减少其公共性和全民性，成为部分集团，部分阶层甚至成为该政党干部集团的专用机器。人民容易丧失通过和平与合法的途径选择政府官员和监督政府的权利，人民主权被忽略，被集团主权甚至某种形式的个人主权所取代（在党内实行高度集权以至个人集权时）。人民对政府从通过选票主动选择变为默认或消极反抗，走向极端就是爆发武装起义，国家沦入治乱循环的怪圈。

在政府运行中，一党专政导致的结果之一就是政府运作不计成本，导致公共行政的成本飙升，公共财政的极大浪费。与权力相互制衡的多党政治相比，这样的政府效率可能会很高，但也可能会是高效率地与民争利，侵害民权，政治运作缺乏法制的规范，政府腐败，恶性膨胀。人民失去了利用反对党来合法地监督制约政府胡作非为的组织手段，政府的重大政策失误设法及时纠正，积弊渐深，只有诉诸暴力革命，或政治动乱。如国民党在大陆的国民政府，80 年代末、90 年代初的苏共政府。

需要指出的是，没有一种政党制度是适用于所有国家的，在世界政党政治实践中，我们发现，在不同的国家，有效率的政党制度并不都是相同的。在多党制中，英国和美国的两党制、德国的四党制、日本长期实行的一党优势的政党制度都被认为是有效率的政党制度。在一党制中，墨西哥的革命制度党与一些亚非国家政党的统治相比显得更有利于政治稳定。在不利于稳定的和低效率的政党制度中，既有一党制的例子也有多党制的例子。可见合理的政党制度对政治体系所处的国情有一定的相关性。

三、政党制度的变迁与政治体系的稳定

政党制度与国情的相关性正是政党政治发展理论研究的主要内容。美国政治学家亨廷顿是这方面的主要代表人物之一。亨廷顿对变革社会中政党制度与政治发展的关系的研究具有广泛的影响。亨廷顿认为：现代化带来的政治参与的剧烈膨胀反过来会威胁政治稳定，通过制度化的途径来逐步容纳日益增长的政治参与要求是保持现代化过程中政治稳定，从而保证政治现代化取得成功的关键。强有力的政党制度的形成是提高制度化水平的核心。[①]

政党和政党制度对政治体系所处的国情的相关性，一方面可以用来说明不同国家存在不同政党和政党制度的合理性，另一方面也表明了政党和政党制度变迁的必然性。因为特定政党和政党制度赖以存在的国情本身就是一个极其活跃的变量，在剧烈变动的现代社会尤其如此。亨廷顿的研究有两点是值得特别注意的：一是在变动社会中保持一个强有力的执政党和稳定的政党制度的必要性，二是居于主导现代化地位的执政党适时的主动变革，通过制度化的途径规范不断增长的政治参与要求的必要性。

世界政党史上，有过分竞争的政党制度向稳定的政党制度的转变，也有从一党专政的政党制度向温和的多党体制的转变，其中有成功的范例也有失败的反面的教材。以德国为例，德国魏玛共和国时期的极化多党制转向了纳粹党一党独裁，纳粹党奉行极端的内外政策，发动了第二次世界大战，是失败的体制转型。二战后德国颁布了世界上第一部成文的政党法，建立起了温和的多党体制，政党制度转型成功。又比如，苏联90年代初由苏共一党专政转向多党纷争，极端民族主义政党抬头，政局混乱，政党制度转型付出的代价极大，给社会经济造成巨大的损失。中国台湾80年代末由国民党一党专制变为多党制，转型过程中政局稳定，在新体制下，国民党作为民主政党继续执政13年之久，台湾地区建立了竞争性的政党政治。研

---

① 参见［美］塞缪尔·亨廷顿：《变化社会中的政治秩序》第7章"政党与政治稳定"，上海人民出版社2008年版。

究这些国家和地区政党政治演变的过程，可以得到一些很有价值的经验。

综观世界政党政治发展的历史，政党制度成功转型的一条普遍的经验是：执政党抓住有利的政治时机，适应民众日益增长的民主要求，主动加强党的建设，对自身进行改造，主动改革政治体制。在此同时，通过制度化的途径，逐步建立法制来规范政治运作和政党运作，把政党竞争限制在政治稳定许可的范围之内。这是那些转型比较成功的政党的经验。而那些转型失败，或坚持不改革而被推翻的执政党的教训之一就在于没有很好地把握政治变革与政治稳定的界限，要么不主动改革而被推翻，要么变革太迟而大势已去，强大的反对党已经产生，容不得执政党从容地改革，执政党在这种情况下被动转型很难保住执政地位。在某些极端的情况下，原来的执政党下台后连生存的权利都难以保证，国家陷入较长时期的政治动乱，甚至出现军人专政，治乱循环。这种事例放眼世界比比皆是，除了罗马尼亚共产党外，还有苏联共产党，东欧其他国家的共产党，韩国的卢泰愚政府，印尼的苏哈托政府等，非洲国家更为严重而普遍。

四、历史选择与中国政党制度的变迁

如果从本世纪初中国同盟会和帝国宪政会的诞生算起，中国有正式政党的历史已有近一百年。在这一百年的政党史中，中国出现过极化多党制，实行过长时间的一党专制，到现在的一党领导下的多党合作制度。中国政党政治的发展过程与历史发展的各个阶段的国情紧密相关。

在政党产生初期，出现了两种政党政治发展的思路：一是康有为、梁启超的通过对君主制度的渐进改良来建立法治政府，政党政治；二是孙中山的通过暴力革命推翻君主制度建立民主共和国，在民主的基础上实行法治和政党政治。

君主立宪派的主张由于戊戌维新的失败而没有能够实现，革命派推翻了皇帝专政和满清专政，建立了民主共和国的国体，然而其孜孜以求的民主政体却因袁世凯复辟帝制的政治冒险而没能实现。民国初期，政党林立，为数几百，具有一定的影响力的政党数以十计，经过分化组合，在国会中出现了国民党（孙中山，黄兴、宋教仁领导）、进步党（梁启超为领

袖）、公民党（袁世凯的拥护者）三党鼎立的局面，然而这三党互不妥协，纷争不已，使得人民对政党政治失去信心，袁世凯实行军阀独裁成为可能，以至其走上复辟帝制的道路。

帝制失败后，一方面是政治人物厌言政党，另一方面是军阀割据，彼此混乱，长达22年之久。这次多党政治失败的另一个后果是，孙中山创立中华革命党，奉行以党建国，以党治国，通过一党独裁，实行军政、训政而最后导向宪政的政党政治发展的路线。

蒋介石继承孙中山的"训政"思想，实行国民党一党专政，这种一党专政的结果是一方面造成国民政府腐败，侵犯人权，对人民采取一味的压制措施，殆于社会改革（尤其是农村改革），另一方面是中国共产党成为不妥协的反对党，中共在农村通过推行土地革命政策而逐渐做大，在抗日战争中又以民族主义为号召而获得迅猛发展，从而取得能够与国民党抗衡的政治力量。在抗日战争中尤其是抗日战争的后期，又涌现了众多的以民族主义和民主主义为号召的党派（如中国民主同盟），这些政党在抗日战争中共同发展，相互合作，从而使得中国在战后再次出现了多党政治的契机（以1945年重庆多党谈判为标志）。然而这个机会却以国民党政府发动对共产党占领区的军事进攻，内战全面爆发而完全丧失。结果是中国共产党通过暴力革命推翻了执政的国民党，共产党与各民主党派合作，建立起了一党领导多党合作、一党执政多党参政的政党制度。

中国政党制度的变迁与每一阶段的历史条件紧密相关，有什么样的历史就有什么样的政治。正是在这个意义上可以说，中国共产党领导的多党合作制度是历史的选择。回顾中国政党史可以看出，多党制之所以没有在中国得到发展与巩固，直接原因就在于执政者对多党政治的拒绝，用暴力摧残和压制反对党（先是慈禧太后，后是袁世凯、蒋介石）。其实，除此之外，还有更深刻的社会政治原因。如果从直接原因到间接原因排序，可以作出如下排列：1. 执政者的民主法治意识缺乏，对政党政治的功能认识不足；2. 没有健全的宪法保障民权，规范政党运作，以至要么是政党难以合法产生与运作，要么是政党过分竞争而引起政局不稳；3. 社会大众公民意识薄弱，构不成对政党政治的有效需求，民主、法治及政党政治得不到足够的社会支持；4. 国家缺乏独立的对外地位，而外国势力也是加剧政党纷争的重要因素；5. 国内社会危机爆发（经济混乱，文化消解，政局动荡不安），缺乏政党政治、法治政府建成的比较安定的政治环境，从而使从容的民主法治建设成为不可能，而法治政府与政党政治的建设是需要长期渐进的积累的，不可能一蹴而就。

按照前述的分类方法，中国共产党领导的多党合作制度类似于非竞争性政党制度中的霸权党制（或叫一党霸权制），这种政党制度允许执政党外的其他政党合法存在并分享政治权力，但不允许其他政党竞争执政地位。相对于单一党制，这种政党制度为政治精英提供了多种参与政治的选择，为民众提供了更多的利益表达的渠道，建立了一定程度上的政党间监督制约机制，为政党政治的进一步发展和完善增加了一个便利的途径，在一定程度上遏制了体制外政党的产生，对于维护政治体系的稳定意义重大。相对于竞争性的多党制，这种政党制度能够有效避免在民主政治发展不充分的条件下的恶性政治竞争，有可能发展出一种合作性的政党制度和一种新的民主形式——协商民主，减少了现代化过程中的政治不稳定因素。

根据政党制度理论，这种政党制度也有其固有的缺陷。相比竞争性的政党体制，非竞争性的政党制度下，政党的意见表达功能难以充分发挥，而且长期执政的政党自我革新的机制由于缺乏充分的权力制衡而相对稀缺。一党长期执政可能导致这样一种现象：在执政党传统的意识形态、组织体制等各方面都会附着相应的既得利益者，这些既得利益者反过来强化传统党建模式，使得一些传统的东西变得僵化，使得改革难以进行。这样往往把党的建设中一些本来可以一点一点解决的问题积累起来，最后形成一种"欲改不能"的局势。不受竞争刺激和权力制衡的执政党会产生巨大的惰性，不受竞争刺激和权力制衡的参政党同样如此。如果任由体制内政党的惰性蔓延，则可能导致整个政党制度的衰败。

我们不主张西方那样的多党制，但是并不妨碍我们可以吸收其政党制度中的一些工具性的经验，建立起执政党和参政党的自我革新机制。在不太严格的意义上，一党制和多党制也被称作非竞争性的政党体制和竞争性的政党体制。对政党体制的这种分类有利于帮助人们认清政党作为民主工具的本质：民主和政治的革新是要靠政治组织和从政人员之间的良性竞争来维护的。事实上，采用多党制，从而保持政党间的竞争并不是实现民主的唯一途径，不合时宜的滥用竞争性的政党制度导致危及政治稳定的先例在世界政党史上并不鲜见。通过在执政党和参政党的官员产生过程和决策过程中引入竞争机制，采用考试、选举等方式来选择从政人员，在公共决策中走群众路线，让有关专家和相关利益集团参与决策，同样能在一定程度上达到实现民主和提高政治体系的支持度和效率的效果。

第二部分　执政理论与科学执政

第五章　执政理论的基本内容和分析视角

在党的建设领域，我们讨论的一个核心问题是：执政党应该是一个什么样的党？在基本回答了执政党应该是一个什么样的党之后，我们的问题是：应该怎样建设执政党？这是两个相互关联、相互促进的问题。

从理论上来说，早在十六届四中全会作出《关于加强党的执政能力建设的决定》，提出了实现党的科学执政、民主执政、依法执政的命题，着重阐述了从经济、政治、文化、社会和外交五个方面加强党的执政能力建设的问题。这使我们党对于执政党的指导思想如何与时俱进，执政党领导的合法性如何建构这些问题的认识，进入了一个新的阶段。之后，对于党的领导方式和执政能力科学化的问题论述不断深入。

十七届四中全会作出的《关于加强和改进新形势下党的建设若干重大问题的决定》，总结了党的建设的基本经验，其中执政能力建设被列为一条主线的经验。"坚持以执政能力建设和先进性建设为主线，保证党始终走在时代前列。把执政能力建设和先进性建设作为执政党建设的根本任务，坚持科学执政、民主执政、依法执政，着力提高党总揽全局、协调各方能力和水平，建设高素质干部队伍，凝聚各方面人才和力量，充分发挥党委领导核心作用、基层党组织战斗堡垒作用、共产党员先锋模范作用，使党始终代表中国先进生产力发展要求、中国先进文化前进方向、中国最广大人民根本利益。"①

与此同时，对于共产党执政规律的研究也在不断的深化，并拓展到对中国共产党整个执政系统的深入研究。在 2013 年十八届三中全会通过的《中共中央关于全面深化改革的若干重大问题的决定》中，对于当前全面改革的部署中，把党的建设的改革作为六大改革战略之一，明确提出要"紧紧围绕提高科学执政、民主执政、依法执政水平深化党的建设制度改革，加强民主集中制建设，完善党的领导体制和执政方式，保持党的先进性和纯洁性，为改革开放和社会主义现代化建设提供坚强政治保证"②。十八届三中全会还把党的建设改革与全面深化改革的总目标——推进国家治理体系与治理能力现代化结合起来，相互促进，以建设学习型、服务型、创新型的马克思主义执政党，提高党的领导水平和执政能力，确保改革取得成功。因此，党的执政能力建设绝不只是在原有的党建模式的基础上进行修修补补，执政能力建设必须始终与实现党的科学执政、民主执政、依法执政紧密联系起来考虑，与党的执政系统的优化联系起来考虑。

在明确了执政能力建设在党的建设中的重要位置之后，接下来的问题，就是怎样推进党的执政能力建设。或者如人们常说的，选择什么路径，以什么为突破口，来达到党的现代化这个目标。关于路径和突破口的问题，往往是争论不清的问题。因为实际上，面对如此复杂而艰巨的任务，只强调哪一方面，都有可能失之偏颇。我们完全可以换一个思路：与其把目光放在一个或几个点上，倒不如把整个中共现代化问题作为一个系统，在系统推进过程中把握住若干重要视角。在我们看来，公民社会、执政合法性和执政科学性、党的整合功能以及体制和机制问题，是贯通党的现代化整个过程的四个最为重要的视角。

一、执政理论研究的几个基本内容

执政理论的研究对象是政党与公共权力的关系，这是当代中国政治系

① 《中共中央关于加强和改进新形势下党的建设若干重大问题的决定》，新华网，2009 年 9 月 27 日。

② 《中共中央关于全面深化改革若干重大问题的决定》，新华网，2013 年 11 月 16 日。

统中的核心与主轴。执政理论涉及的内容非常广泛，涵盖了执政党控制和运用权力从理念到实践的各个方面，以及蕴含在执行行为深处的执政规律。国内研究执政规律的文章，比较集中讨论以下几个方面的问题：坚持和改善党的领导，坚持党的指导思想和工人阶级先锋队性质、改善党的领导体制和领导方式、密切党群关系等等。这些文章大多从总结党的建设和执政的历史经验教训的角度来讨论问题，这是研究党的执政规律的一个必不可少的视角。但是，如果放在世界政党的范围来看，仅仅这样总结是很不够的，中国共产党执政的特殊规律应该包含在政党执政的一般规律之中，从政党执政的一般规律的角度看，执政规律需要探讨的至少应该包括以下几个问题：

（一）政党与政府的关系

真正意义上的政党都以获得执政地位为目标。执政党首先需要处理的是政党与政府的关系，政党究竟是处于政府之上，与政府合而为一，还是应该处于政府与民众之间？在实行多党制的国家，一般认为政党是联系民众与政府的桥梁，应该处于政府与民众之间，而在一党制国家里特别是在共产党执政的社会主义国家里，都强调要坚持党对政府的领导。研究执政规律的重点不在于讨论这两种政党地位的是非优劣，而在于通过比较，探讨不同执政体制和执政方式的适用条件和可能存在的利弊，从而进一步研究具体的执政体制和执政方式应该如何扬长避短。比如，相比较而言，后一种执政体制比较容易助长执政党本来就可能产生的官僚化倾向，在这种情况下，如何设计相应的制度和采取相应的措施来克服官僚主义和腐败现象，就是需要重点研究的课题。

（二）政党与民众的关系

政党是代表民意参与政治的组织。执政党则代表人民执掌公共权力。因此，在政党的所有特性里面，首先就是政党的代表性。几乎所有的政党都声称代表人民的利益，都力求得到人民最广泛的支持。人民的支持是政党执政的合法性基础。西方多党制下的政党比较注重与其基本群众的制度化的联系，经常通过各种民意调查来关注自己受到民众支持的比例，因为民众对政党的支持比例最终都会反映到下一次选举上来，直接决定该党是否能够获得执政地位或者能否继续执政。相比而言，社会主义国家的政党执政的时间比较短，其执政行为受意识形态的影响比较大，传统上往往在强调不能脱离群众的同时，反对党群关系上的尾巴主义。同时由于选举制度上的不健全，群众在短期内对执政党的约束机制很难及时的表现出来，我们的党群联系机制也没能完全建立起来。因此如何克服执政党的干部脱离群众，保持执政党和群众的经常联系，如何保证我们的政策真实反映人民的利益和要求，需要认真研究。

（三）政党自身的建设

现代意义上的政党从 19 世纪上半叶出现到现在有一百多年的历史。在这段时间里，世界政党经历了从纯粹的议会党派向群众政党，从群众政党到现在的所谓大众政党的转型。社会主义政党可以看做是 19 世纪中叶政党群众化的产物之一，主要的社会主义政党在"二战"后和 20 世纪 90 年代经历了两次大的变化。在这些变化和转型的过程中，各种类型的政党都注重加强政党自身的建设，对自身的理念、目标和组织结构进行了调整以适应政治环境的变化。总的来说，政党建设都倾向于扩大意识形态的包容性、政党目标的实用性和组织系统的开放性。对执政党而言，实行政党组织和理念的革新的目标都是为了增强其执政能力和执政的合法性。

（四）政党发展的路径选择

从历史的长河来看，一个政党改变自己的执政体制，重新安排党群关系，对自身的理念、目标和组织结构进行变革似乎是一件很自然的事情，然而，具体到某一个政党来说，每一个重大的改革举措甚至直接关乎该党的生死存亡。因此，政党发展或者改革的路径选择是政党研究领域的一个非常重要的课题。例如，我们现在比较一致地认为，苏共之所以迅速的垮台，与其过分激进的改革策略就有很大的关系，苏共对党的历史和传统组织结构的快速的批判和抛弃，超出了苏共党员和苏联人民的承受能力，违背了改革的渐进原则。西方专门有一种研究制度变迁的学问，叫做制度经济学，其最基本的理论是说，制度变迁，要充分考虑改革的预期成本和预期效益，要衡量比较成本和比较收益，要遵循制度变迁的边际效用最大化的原则。比如说，一个政党要批评其前任的领导人，它知道，这样做，一方面会损害民众对党的历史的评价，另一方面有对确立新的领导班子革新形象有利。它就需要衡量，哪方面的效果会大一些，总体上是对党有利还是有害。在可以推动政党发展的多种选择中，它也会选择那种成本最小，收益最大的路径，也就是边际效用最大的路径。

二、公民社会的分析视角

思考执政能力建设和党的现代化首先要考虑的一个参数是正在形成的中国公民社会。公民社会构成政党运作的社会基础，也是政党执政的社会基础。执政基础的变化，会从最基本的层次上、长期地对执政党的执政活动和自身建设提出自己的要求，削弱执政党的自主性，要求执政党主动地去了解社会的政治需求，及时地做出反应。

在我国，随着改革开放和市场经济体系的逐步建立，公民社会也迅速发展起来了。在尚未改革开放以前，中国人不敢言"利"，因而几乎不存在合法的维护自身利益的社团。有一些被称为"人民团体"的组织，与其说是"人民"的"团体"，不如说是不列入行政系列的行政组织。但是，改革开放以后，情况不一样了，民间组织有了迅猛的增长。截至 2014 年 6 月底，全国共有社会组织 56.1 万个，其中社会团体 29.4 万个，基金会 3736 个，民办非企业单位 26.4 万个。[①] 这些社团，无论在组织形式上，还是在主体上，或是在内容上，都是多样化的。有的是利益团体，有的是社会服务组织，有的目的是自律、自治和自助，有的则按照个人生活兴趣结合起来。

如何面对正在迅速形成的公民社会？这是在新的历史条件下马克思主义政党不得不面对的一个重大问题。之所以重大，不仅在于问题本身，而且在于，我们有一个由传统观念向时代观念转变的问题。传统社会主义理论历来都站在反对区分国家和公民社会的立场上。按照马克思主义的观点，国家作为阶级压迫的工具，本身就是社会异化的产物。所以，马克思

---

①　张雪弢：《截至 6 月底全国社会组织数量达 56.1 万个》，人民网，2014 年 7 月 31 日。

主义把自己的主要目标确定为消灭国家，建立没有国家的自由联合体。作为人类的最高理想，这是正确的。但是，对这一论断的理解，却长期以来都非常绝对化。国家的存在和社会发展的程度相联系。在生产力发展没有达到极高的程度之前，国家还要存在很长时间。而且，国家不是被人为地消灭的，而是在人类不再需要它的时候，自然地走向消亡的。因此，很显然，哪怕是对于已经发展到今天的人类来说，消灭国家的这一天，仍然是一个遥遥无期的日子。如此看来，在相当长的一个时期，社会发展的主要内容，不是立即消灭国家，更不是国家取代社会，而是两者的结合——民主国家和民主政治。从这个意义上讲，所谓民主国家就是：一方面，国家作为不可或缺的社会管理工具行使公共权力；另一方面，公民社会独立于国家之外，提出对国家的要求，并对国家权力的运用进行监督、控制。

既然公民社会的发展是必然趋势，那么，我们就必须从社会主义民主政治发展的角度，来思考和认识这个问题。我们党不但应当学会在公民社会的环境中执政和开展活动，而且应当在公民社会发展的进程中，努力培育公民社会，引导公民社会朝健康的方向发展，并借此推进党的执政系统的优化。

首先，要正确认识公民社会的性质和特点。

我国公民社会的发展，是社会主义市场经济的必然。它相对于国家、政府（自然也包括执政党）的独立性，是无法阻止的趋势。公民社会的发展既向执政党和政府提出挑战，也给执政党带来机遇。从挑战的方面讲，公民社会意味着大规模利益诉求的增长，而利益诉求必然要寻找表达的形式和渠道。其结果，就是大量社会组织的出现，以及新的信息沟通渠道的出现，如广播、电视、网络、手机微媒体等。这些新的组织、手段、形式，成为民众实现民主参与的有力工具，对提出要求、形成舆论起着非常大的作用。对我们这个执政党来说，这显然是一种前所未有的挑战。我们知道，利益表达是政党的基本功能。过去，由于方方面面的原因，可以被民众用来进行表达利益诉求的渠道和途径甚少，执政党是主要的、不可替代的沟通工具，各级党组织是反映民意的主渠道。现在，情况完全不同了。公民社会发展带来的上述变化意味着，除了政党之外，公民又获得了大量可以用来表达利益和进行政治参与的工具。新工具的出现，客观上造成了与政党的潜在竞争，削弱了政党作为这种工具的优势地位乃至垄断地位。面对这种情况，政党只有在强化自己工具作用的情况下，才能保持对民众的吸引力。

从机遇的方面讲，公民社会的发展，使构成民主制度的要素健全起来，有利于执政党正确确定自己的位置。在计划经济时代，共产党始终在探索人民当家做主的具体形式。但是，由于计划经济没有给公民社会留下生存空间，党执政后脱离群众这个最大危险始终没有能够避免。公民社会的发展，必将彻底改变这种局面。公民社会中的公民和计划经济时期的群众不一样，有强烈的利益诉求，这使执政党比较容易把握住民意，"最广大人民的根本利益"、"群众利益"这些概念，都有了充实的内容，而不再只是空洞的言辞。至于公民社会形成的民间组织，尽管在充当沟通渠道方面和政党有某种类似竞争的关系，但是，由于政党和民间组织的性质不同，两者的功能并不完全排斥，在许多方面还具有互补性。政党甚至可以通过对民间组织的控制，提高自己的地位和作用。执政党只要积极探索与这些组织协调、合作的途径，就有更多的机会实现社会整合。

其次，积极培育公民社会，促进公民社会的发展。

既然对执政党来说，对推进党的现代化来说，公民社会的发展既是挑战，又是机遇，那么，执政党就应该既正视挑战，沉着应对，又不放过机遇，积极促进公民社会的发展，并通过此，推进党自身的现代化。应该充分认识到，建设社会主义民主政治，很重要的一项内容，就是培育积极的公民社会，给公民更多的自主。这是执政党面临的重大任务。应该说，改革开放以来，我们在培育公民社会方面，已经迈出了很大的步伐。无论在城市，还是在农村，这方面的成就都是有目共睹的。例如，以村委会直选为标志的村民自治形式在全国的普及，得到了世界上绝大多数对中国不存偏见的政治家和学者的认可。

但是，实事求是地说，对公民社会的发展，我们自己在认识上也并不完全一致。有的人较多地看到公民社会发展过程中负面的东西，因而心存疑虑。有的人较多地看到公民社会的发展对党的领导提出的挑战，很容易把它看作动摇党的执政地位的潜在威胁，把公民的政治参与要求和削弱党的领导联系起来，和局面失控的可能性联系起来，极力主张采用压制的办法，来阻止公民社会的发展。还有极个别人本来就对搞市场经济想不通，所以对由市场经济带来的变化，包括公民社会的发展，一概持否定态度。这些认识和看法，不能说都没有道理。因为公民社会发展过程中的消极现象，确实是客观存在的。例如村委会直选中一些地方出现贿选，一些地方出现家族势力的控制，甚至有的地方有黑恶势力介入；有的地方村委会选出后和党组织争权，分庭抗礼；有的地方居民自发建立的民间组织公开和地方行政当局冲突；有的组织宣传封建迷信，组织械斗；等等。问题在于，对这些消极现象，应该通过促进公民社会发展、而不能用阻止公民社会发展的方法来消除。

培育公民社会，非常重要的一点，就是要清醒地认识到，在社会生活的许多领域，政府和政治权力不应再直接介入。在我们过去的体制中，政府管了许多不该管、管不了也管不好的事情，实际上无益于社会的健康发展。应当在更多的领域里，不断拓展民主渠道，由过去"代替"型的"人民当家做主"，逐渐转变为"领导、支持"型的"人民当家做主"。用句时髦的话说就是，在民主政治方面，也要由过去的"输血"为主，变成"造血"为主。

再次，加强对公民社会的引导。

培育公民社会，一个重要的内容，就是加强对公民社会的引导。公民社会随着市场经济的发展而来，因此，市场经济所具有的弱点，也必然会在公民社会的发展中体现出来。对这一点，不少有识之士都有清醒的认识。例如，吉登斯在指出不可避免的公民社会重建的趋势时，也指出了它可能带来的问题。其中讲到："公民社会的复兴实际上是危险的而不是解放的。因为它可能会促进原教旨主义的高涨，与增长的潜在暴力结合在一起。""各种内在的瓦解倾向可能又一次变得强大起来。"[①] 在他看来，强调

---

① ［英］安东尼·吉登斯：《超越左与右——激进政治的未来》，社会科学文献出版社2000年版，第129—130页。

个性化可能导致"文化碎化"，而文化碎化意味着社会瓦解的可能性在增加。而且，分散或瓦解的倾向只是公民社会可能会带来的倾向之一。还有许多复杂的问题，如人之间的不平等，人际关系的冷漠等，也都会在各种场合有所显现。吉登斯的观点是有见地的。无论如何，公民社会和随之而来的各种民主要求的扩张，肯定会使政治领域的供求关系出现某种不协调，而这种不协调，处理不好就会酿成危机。

所以，在促进公民社会发育的同时，加强对公民社会的控制和引导，是非常必要的。尤其在我们这种由政府主导推进现代化的国家，公民社会不是渐进地形成，而是带着一种强烈的扩张性，使得控制和引导更显必要。通过控制和引导，才能保证公民社会朝着健康的方向发展。

要实现对公民社会的科学控制和引导，必须对控制和引导的方式、方法进行深入的探索。公民组成的各种组织和政党的性质不同，两者之间不形成组织隶属关系。所以，计划经济时期那种把社会组织作为党组织的一个下级部门来对待的行政性的控制，是非常不科学的，是早已过时了的。如果说，这种控制的方式在计划经济时期有它存在的必然性，那么，在今天市场经济的条件下，这种控制的负面影响是越来越明显了。其实际效果，就是扭曲了这些组织的性质，使其难起作用。由于这种行政命令控制的办法很容易导致组织的官僚化，因此，从某种意义上说，这种控制的结果，不是拓展了党与民众联系的渠道，而是堵塞了这些渠道。我们不能从这里得出政党不能控制社会组织的结论。恰恰相反，政党利用各种社会组织形式进行力量整合，是几乎所有政党过去都使用、现在也仍然在使用的办法。问题的关键是要改革控制和引导的方式，让这些组织按照自身的规律性，自主地发挥作用。越按照规律办事，控制和引导越有效。

最后，要根据公民社会发展的要求，改革和完善党的领导方式和活动方式。

促进公民社会的发展，是在为政党的科学定位创造条件和前提。正是在这个意义上，我们把它作为推进党的执政能力建设重要思路之一。这是问题的一个方面。另一方面，无论是公民社会本身，还是促进、控制、引导公民社会的过程，都要求执政党改革和完善党的领导方式和执政方式。

三、执政合法性和科学性的分析视角

思考执政能力建设的第二个视角是政党执政的合法性与科学性。合法性与科学性一直是政治学所关注和讨论的两个最基本的话题。"合法性"是政治学的一个重要概念，来源于英文的"legitimacy"一词。政治学意义上的"合法性"，主要指的不是合乎法律要求的状态，而是一个统治被认可的程度。所以，《布莱克维尔政治学百科全书》把"合法性"解释为："它是一种特性，这种特性不是来自正式的法律和法令，而是来自由有关规范所判定的、'下属'据以（或多或少）给予积极支持的社会认可（或认可的可能性）和'适当性'。"从这个意义上说，任何政治体系都有一个不断增强和扩大合法性的问题。对于政党来说，合法性要解决的是执政地位的稳固与否以及怎样才能巩固执政地位的问题；科学性要解决的是在拥有执政合法性的前提下，如何提高降低执政成本、提高执政效率的问题。在执政规律的基础上讨论执政能力建设和党的现代化，必须引进执政的合法性和科学性这样的理论范畴。对于中国共产党来说，从执政的合法性和科学性的视角思考问题，有以下几点首先要考虑：

第一，把增强党的执政合法性作为评价党的执政活动的综合指标。

执政合法性，从党和政府的角度讲，就是权威性；从公众的角度讲，就是认同。而所谓权威性，说到底，就是公众对政治权力的自觉服从。所以，两者归结到一起，都离不开人民的认同。取得人民认同，增加公众对党和政府的认同感，应当做为评判党的执政状况的综合指数。

不能仅仅把党和政府为公众做了多少事情和公众的认同画等号。应当努力建立一套能够比较充分地体现这种认同的体制和机制。认同既是一种结果，更是一个过程。作为过程，这种认同应当反映在从掌权者的选择，政府权力机关的组成，党和政府的决策，决策的执行，党和政府施权行为的监督，直到权力运行结果的评价等环节中。以掌权者的产生为例。对掌握政治权力的官员，公众要有选择权。选择权最普遍的实现形式是投票。

所以李普塞特说："投票是民主社会中达成共识的关键机制。"① 请注意，在这里，我们强调的是选择权，而没有简单地说选举。因为选举既可是差额的，也可是等额的。我们党从来都没有否定过选举。相反，选举的形式一直是存在的。问题在于，长期以来，我们的选举是体现不出选择权的选举。一句话，就是用等额选举的方式，把选举形式化了。强调选择权意味着，不管正式的选举是采用等额方式，还是采用差额方式，只有在过程中充分体现公民的选择权，才是真正的选举。有了选择权，才能表明授权者和掌权者事实上发生了权力授受关系，掌权者行使权力才具有合法性。不体现公众选择权的所谓选举，表面看来像是体现了执政党的意图，实际上是在党的意图和公众意愿之间制造了矛盾，其结果，不是增强、而是降低了执政党政府的合法性和公信力。

第二，把提高党执政的科学性作为改进执政党和政府活动的根本任务。

一个执政党是否有作为，归根结底要看它对国家和社会发展所作的贡献，这是毫无疑问的。我们强调走中国特色社会主义道路，强调在这个过程中坚持党的领导，皆因为这些原则有利于国家和社会的发展，有利于推动我国的现代化进程。

但是，在如何执政、如何领导才有效的问题上，相当一些人的理解是简单化的。体现在：一是简单地把它和物质发展等同起来，以为发展就是工业项目的数量，就是国民生产总值，就是国民经济增长率。这种片面的认识，是造成各地党组织和政府普遍追求高经济增长率的重要原因，也是引发"数字造假"等腐败现象的根本原因。有学者形容为"GDP 崇拜"症，不无道理。其实，所谓发展，不仅包括经济增长，而且包括政治文明和社会进步，应该是全面协调的发展，最终归结为人的全面发展。无数国家的发展经验都表明，环境生态的保护，文化的发展，民主政治的发展，是整个现代化能够持续发展的根本保证。没有这些发展，现代化是难以实

---

① ［美］西摩·马丁·利普塞特：《政治人——政治的社会基础》，上海人民出版社 1997 年版，第 9 页。

现的。二是简单地把经济发展理解为政府直接作为市场经济主体参与其中，上项目、办企业，包括给国有企业吃"小灶"，对本地企业实行地方保护主义等等，以为这就是领导和执政。当然，应该承认，我们国家和西方国家不同，无论是现代化，还是发展，都很大程度上要有政府主导。在这种情况下，政府完全退出经济领域还有一个过程。但是，把这种特殊情况当做一种常规，就必然带来一系列消极后果：政府既当"运动员"、又当"裁判员"，必然与民争利，妨碍公平竞争；政府忙于微观经济事务，必然弱化为市场经济服务的职能，降低从宏观上调控市场经济的能力，增加市场经济的风险；政府直接参与经济，管了许多不该管、管不了也管不好的事情，必然造成党和政府机构膨胀，人员增多，开支增加，大大提高执政成本，并增加寻租机会，助长腐败现象；等等。

解决的办法，就是按照"有限政府"的原则，划定政府行政的边界，转变政府职能，使政府真正成为统揽全局、进行宏观调控的主体。

第三，把执政合法性和科学性的结合作为处理党政关系的基本原则。

社会主义政治体制的核心是党政关系。出现的大量问题，也主要是由不能正确处理党政关系引起的。造成这种情况，很大一部分是历史的原因。在西方国家，这个问题基本上不存在。因为法治国家的建立或先于政党，或与政党同步，政党一开始就在法律的规范和约束下，按照已经确立的民主政治运作规则进行活动。政党是作为对民主政治的完善和补充附加上去的。社会主义国家不一样。国家和政权的建立由政党一手操纵，民主政治的运作规则尚未确立，政党活动和政权活动之间相区别的界限尚未划清。为了保持政权的运作，执政党不得不越过应有的边界，作为政权的一部分直接介入政治权力的运作。实践证明这样做在当时是有效的。但是，这种情况也不可避免地导致了以党代政、党政不分的后果，越来越与民主政治的要求发生冲突。

解决矛盾的出路，在于同时从合法性和科学性两个视角来设计党政关系。从这个意义上讲，我们党提出"把坚持党的领导、人民当家做主和依法治国有机统一起来"的社会主义政治发展路径，概括得是十分精辟的。以往的一个严重教训，就是一强调党的领导，往往意味着人治色彩强烈，意味着弱化人民当家做主，或者干脆实行政党包办式的民主。而一强调民主，似乎总是和资产阶级自由化、和削弱党的领导相联系。党政关系不顺，实际上就是这种三者对立状态的具体反映。

强调三者的统一，不能理解为其中的两个方面统一于另外一个方面。比如说，人民当家做主和依法治国统一于党的领导，或是党的领导、依法治国统一于人民当家做主等等，都是不对的。三者统一的基础是合法性和科学性。或者说，三者的统一，体现为合法性和科学性的统一。具体说来就是：按照民主政治的基本原则，确定政府运作的法理边界，在公众政治参与的条件下，构建现代政府的基本框架，规范政府的运作。在这个基础上，一方面，党通过对整个政府过程施加影响来体现领导。例如：通过组织选举，把党的精英推荐给公众，进入权力机关掌握政权；通过组织和动员民众，表达民意和利益诉求，对政府施政进行监督，对施政结果进行评价；通过进入政府的党员，来体现政党对政府决策和执行的影响；等等。另一方面，党的活动不能越过政府运作的法理边界，要依法执政。作为一级组织和政府及其部门发生行政从属关系，或是代替政府行使任命、撤职、调动等权力等，都是有违民主政府规则的。总结历史的教训，可以肯定地说，党组织作为居于政府组织之外的一套系统而行使公共权力的体制，是造成推诿扯皮、无人负责、官僚主义盛行、行政效率低下、政府缺乏权威的一个根本原因。对此，党的十八届四中全会通过的《中共中央关于全面推进依法治国若干重大问题的决定》明确提出共产党的依法治国、依法执政，首先是要依宪治国、依宪执政，明确了执政行为必须在宪法和法律规定的范围内进行。

有的学者提出，可以按政府组成的前后划界，把党的活动分为两段。在政府组成以前和组建过程中，党组织在台前主持政治活动，以期形成体现民意、体现执政党意图的政府；在政府组成以后，执政党退居幕后，政府成为政务活动的主体，政党对政府的控制通过社会和参与到政府中去的个人来实现。仔细分析起来，道理是对的，但"台前"和"幕后"的说法似乎不尽科学。因为对组织和对个人，这两个方位是不一样的。对组织整体来说，看上去成了幕后；但对担任了政府职务的党员来说，无疑仍然是在台前。此外，在不同的领域，政党的位置也不完全相同。在行政领域，可能真应该退居幕后；但在思想政治领域，政党可能在任何时候都处在"台前"的位置。看来，关于党政关系的准确概念，仍在形成的过程中，需要进一步探讨。

四、整合功能的分析视角

从社会整合的角度认识党的功能，对中国共产党来说是很有意义的。这不仅因为它是政党运作普遍规律性的一个重要方面，而且因为我们党面临着新的重大的历史转折。这种转折，毫无疑问是由改革开放、发展社会主义市场经济和经济全球化的浪潮带来的。它使得对这个问题的探讨显示出了特殊的重要性。由于历史的原因，我们对党的整合功能的认识长期以来是不够的。所以，深化认识的过程，同时也是我们在思想、观念、体制等等方面进行创新的过程。中国共产党要完成从革命党到执政党的转型，必须研究执政党与非执政党的区别。在政党的功能上，执政党与革命党最大的不同点是，执政党追求社会的稳定和谐而不是社会的分裂，要充分发挥政党的社会整合功能。中国共产党应该怎样履行社会整合功能？

第一，扩大党的意识形态的包容性。

中国共产党是以马克思主义为指导思想的党。从这个意义上说，中国共产党是有比较强烈的意识形态取向的党。因此，在西方学者的著作中，至少在过去很长时间里，中共被列入"意识形态型政党"或"纲领性政党"的类型。与此同时，我们自己的一些学者和理论家实际上也附和这种观点，往往强调马克思主义理论和其他所有理论的根本对立，似乎只有这样，才叫做立场坚定。其结果，正如我们所看到的，马克思主义的概念被弄得极其狭窄，被弄成了僵死的教条，不是扩大、而是缩小了马克思主义的阵地；不是提高、而是降低了马克思主义的影响力。

其实，马克思主义本身具有强烈包容性。这一理论中体现的一系列基本价值，都是和人类基本价值共通的。马克思主义理论的科学之处，不在于它摈弃人类共有价值而另立了一套价值，而在于它建立在人类共有价值的基础之上，对这些基本价值进行了提炼、补充，使之进一步科学化，更反映规律性。像民主、自由、平等、公正这些东西，都在马克思主义那里得到了精辟而深刻的阐述。这一点实属常识，无须再作什么系统论证。马克思主义的三个来源，都是资产阶级学者的研究成果。马克思自己也承认，在他的浩瀚著述中，属于他的贡献主要是三条，即阶级的存在仅仅同生产发展的一定历史阶段相联系；阶级斗争必然导致无产阶级专政；这个专政是达到消灭一切阶级和进入无阶级社会的过渡。[①] 我们以往在这个问题上的错误在于，要么为了突出特有价值而否定共有价值，要么把一些具体情况下得出的具体结论作为基本价值来捍卫。这两条，丢掉的都是马克思主义的包容性。我们主张扩大党的意识形态的包容性。实际上，确切地说，这个"扩大"，应该叫做"恢复"，因为这种包容性本身就是存在的。

强调包容性，不是淡化意识形态，更不是放弃党的指导思想。马克思主义不能丢，是因为马克思主义揭示了人类社会发展的普遍规律，是因为它集中了人类先进思想的精华。从这个角度讲，正是因为马克思主义的这种包容性，才使它具有强大的生命力。所以，一方面，我们仍然要坚持马克思主义的指导地位；另一方面，十分有必要对这一理论进行反思，回到它的基本价值，对整个理论进行系统的清理，把那些理解上似是而非的、实践上被曲解的观点，还有那些在马克思主义那里没有的、实际上是后来人强加上去而并不符合马克思主义的东西，统统清除出去，还马克思主义以本来面目。

强调包容性，不能简单理解为对社会上形形色色的思想、思潮来者不拒，更不意味着把党的意识形态变成一个内容上无所不包、相互矛盾的大杂烩。意识形态的包容性，恰恰意味着在坚持自己主心骨的同时具有开放性。社会发展中出现的许多问题，往往不仅仅是向共产党，更是向全人类提出的挑战和考验。例如，面对经济全球化和新技术革命带来的一系列变化，世界各国、各政党都在寻找应对之策。强调开放性，就是要求我们对有关人类前途问题的各种有益探讨都持宽容态度，对站在严肃立场上得出的各种结论和观点都持包容的态度。就像我们党在十八大报告中所说的：

[①] 《马克思恩格斯全集》第28卷，人民出版社1973年版，第509页。

"包容互鉴，就是要尊重世界文明多样性、发展道路多样性，尊重和维护各国人民自主选择社会制度和发展道路的权利，相互借鉴，取长补短，推动人类文明进步。"①

第二，建立和拓宽利益表达和信息沟通渠道。

既然社会整合首先是利益的整合，那么，获得关于利益的信息，无疑是履行整合功能的前提。这就要求在党和公众、政府和公众之间有足够的沟通渠道。通过这些渠道，公众的利益、愿望和要求及时、准确地得到反映，执政党才能有效地综合这些利益、愿望和要求，社会整合才能真正得到实现。

计划经济时期，公众既缺乏利益表达的动力，也缺乏利益表达的渠道和信息沟通的途径。由于体制上高度集权，党和国家制定的计划又被赋予了过多的政治意义，人们不可能广泛地参与到计划的制订中。这样一来，计划是不是科学，是不是符合社会主义方向，往往不是由公众来判断，而是由党（事实上具体化为执政党的领袖）来判断。即使对计划有反馈意见，也由于它和执行计划共用一个渠道而混杂起来，大大降低了信息的真实性。比如说，党的代表大会通过了五年计划。既然通过，它就是代表人民根本利益的。落到各级党组织的头上，完成五年计划就成了他们的政治任务。既然是政治任务，那么，不完成就意味着违反人民利益，因而最后的结果通常是完成。而完成又表明这个计划是正确的、科学的，新的五年计划也照此办理。这样一个循环，基本上没有普通公众的参与。而且由于和公众的个人利益不挂钩，公众也没有什么参与的积极性。离群众的真实愿望越来越远，到最后导致国民经济背离客观规律，走到崩溃边缘，恐怕也是必然的。

市场经济改变了这一切。公众有了自己的利益，相互之间有了利益博弈，执政党作为利益协调者、整合者的身份凸现出来了。但是，在利益表达诉求呈爆炸性增长的情况下，如果没有足够的合法渠道和途径，公众可

---

① 胡锦涛：《坚定不移沿着中国特色社会主义道路前进，为全面建成小康社会而奋斗》，新华网，2012 年 11 月 19 日。

能会寻找其他方式，进而形成参与危机。各级党委和政府信访量的大量增加，围困党委和政府等事件的大量增加，都表明这种危机已有现实可能。所以，我们党的一项重要职责，就是不断拓宽利益表达和信息沟通的渠道，增加公众反映自己愿望和要求的途径，探索党联系人民群众的新机制和新办法。

对利益表达和信息沟通渠道的开发是多方面的。例如，积极利用非政府组织，往往是执政党整合社会的一个重要渠道。非政府组织随着利益的分化而出现，具有必然性。强行压制或视而不见都是不明智的。最科学的方式，就是正视现实，尊重规律，积极引导，把它们从政党在一定领域的潜在的竞争对手，转变成党整合社会、实现领导的得力而有效的工具。又如，学会利用现代传媒来获取和传递信息，也是执政党整合社会的一个重要途径。高度发达的信息传播技术，特别是手机网络普及之后，每个用户都是自媒体上信息的发布者，使过去那种控制成为不可能。唯一有效的手段，就是掌握传媒活动的规律，利用这些规律，使它们更有利于体现公众的意志和党的意图。

为了及时准确地对公众的表达诉求作出回应，越来越多的政党建立了利用专门机构进行专项工作的机制。其中，对思想库的利用最为突出。许多国家的政府都设有专家组成的专业化的快速协调咨询机制，如美国的总统经济委员会，经济顾问委员会，国家安全委员会，总统贸易代表办公室，法国总统的40人委员会，德国总统的7人委员会等。这些委员会的人员不是来自行政部门，而是各领域的享有权威的专家。他们在专门的民间（或半官方）研究机构，如美国的布鲁金斯研究院、传统基金会、兰德公司、国际问题战略研究所中从事独立的研究工作。他们的信息，也绝大部分不是来自行政部门，而是开展独立研究的结果。这种机制的好处在于，它能够比较客观地得到信息，只根据研究结果确定方案，很少受官僚系统的左右，因而能最大限度地减少决策的失误。看来，对我们党而言，这也是一条早晚要走的路，应当加紧探索。

第三，发展党内民主，推进党的民主化。

中国共产党已经有党员8600万之众。这些党员，来自社会的方方面面，具有广泛的代表性。因此，要保持对社会的回应，首先有一个把党内力量充分调动、整合起来的问题。从这个角度讲，发展党内民主既是党自身发展的根本途径，也是党进行社会整合的重要途径。

发展党内民主对于中共的整合功能还有特殊重要的意义。在我国，共产党是建设社会主义民主政治的领导力量，担负着发展社会主义民主的历史责任。领导民主政治的党，自身也应当是民主的。民主政治所要求的一系列原则，首先应当在党的活动中体现出来。自身缺乏民主的党，往往意味着党员和党员所在人群的利益、愿望、要求得不到恰当的表达，往往意味着各种信息在执政党内无法得到传递和沟通。在这种情况下，要想完成建立民主政治的任务是很难的。因此，党内民主不但对自身的活力，而且对推动和带动社会民主，增强整个社会的向心力，都是意义非同寻常的因素。

发展党内民主，最根本的是要保障各级党组织和普通党员各项民主权利的实现。党员是党内权利主体。但是，这一观念的体现是远远不够的。在一些党组织中，普遍存在把党员作为"驯服工具"，作为被管理、被监督的对象，漠视党员的主体地位的现象。为改变这种局面，十分需要把落实广大党员的参与权、选择权、决策权、监督权作为方向，探索具体的可操作的途径，如拓宽党内民主渠道，增强党内工作的透明度，提高广大党员参与党内事务的积极性，把对党内重大问题的充分讨论经常化等等。但是，必须十分清醒地认识到，在党员所有权利中，最重要的是落实党员对党内掌权者的选择权，以及对不称职的领导干部罢免或撤换的权利，使党员成为"管干部"的真正主体。离开了这一条，其他权利都无从谈起。

党的民主化是和党内民主相关的另一个重大问题。作为唯一的执政党，要想保持长期执政的地位，又要靠公众的支持、而不是靠强权执政，就必须想方设法把社会各方面的精英吸收、整合到党内，让更多的公众参与党的事务。在这方面，不应该再有任何犹疑。中共已经确立了这样的理念，标志着观念上的巨大进步。毫无疑问，作为执政党，观念的转变使我们对公众产生了更大的吸引力。问题在于，在这种情况下，我们通过什么途径保持这种吸引力，如何保证被吸收到党内的大多数是最优秀、最有代表性的。在这方面，仍然存在很多问题。例如：我们还缺乏公众了解和参与党的事务的途径，党的活动在某些方面依然带有战争年代的神秘色彩；党内实际存在的等级制依然妨碍党和群众之间进行及时、有效的沟通；党员标准和实际的脱离依然难以防范投机钻营者，而往往使真正优秀的人不愿接近党；我们的党员数量甚至已经超过欧洲许多大国的人口，但对平庸者的淘汰依然非常艰难；等等。这些问题，对党的整合功能起着一种消解的作用，迫切需要我们去探索和解决。

五、体制和机制的分析视角

党的运作的制度化，是执政能力建设和推进党的执政系统优化的题中应有之义。党的执政能力建设的方方面面，最终都落实到制度上。所以，邓小平在改革之初就旗帜鲜明地提出了制度改革的问题，强调制度问题是决定性的因素，更带根本性、全局性、稳定性和长期性。这个论断，确实体现了一个伟大政治家的远见卓识。推进党的执政能力建设和党的执政系统的优化，必须始终牢牢把握住制度这个中心环节。

从体制和机制上加强党的执政能力建设和党自身的建设的重要性在四中全会的决定里得到了进一步的确认，和前所未有的高度重视。在这里我们要着重强调的是，在推进党的自身活动和党的领导的制度化的过程中，要革除一段时期以来在党的制度建设方面存在的制度设计和实施过程中出现的缺乏系统性和整体性的流弊，要按照制度成长运作的规律性要求来做党的制度建设的工作。

制度建设的关键，主要不在于有更多的关于根本制度的阐述和具体条例的规定，而主要在于体制和机制的健全和完善。体制和机制强调构成党的制度的各个要素，更强调这些要素之间的联系。因为单个的要素固然不可缺少，但若要素之间缺乏联系，那么要素本身再好，也很难发挥作用。推进制度建设，就是要针对党的活动制定一系列要求、规定和规范，把它们环环相扣地连接起来，形成网络，构成体制和机制。可以这样说：进行制度创新，非常重要的一条，与其说是要去发掘新的制度要素，不如说是要探索把这些要素连接起来的方式，建立这些联系，去除相互矛盾、相互抵消的内容，补充形成体制和机制所需要、而过去又没有的内容，使每个党员干部坚持求真务实既成为一种自觉的行为，又是制度本身的内在要求。体制和机制的功能在于，谁遵守这些要求、规定和条例，谁就得到鼓励，得到褒奖；谁违背这些要求、规定和条例，谁就要冒形象受损、信誉下降乃至丢官丢职的危险。

突出体制和机制问题在党的制度建设中的地位，就要在党的制度建设实践中注重它的整体性和系统性。事实上，把党的制度建设的各个要素联系起来的要求是客观存在的，例如对党员干部廉洁自律的要求同时必须有相应的纪律来约束，有相应的思想教育作基础，有对干部使用权力进行监督的制度作保证；普通党员参与党的重大问题决策和管理既需要有关于参与范围的确切规定，又需要设立参与的具体渠道，还需要充分保证广大党员的知情权；防止过度集中、个人专权要有集体领导制度、干部选举制度、干部任期制度、干部定期考核制度、干部流动制度等具体制度之间的配合；等等。这些要求，为我们推进党的运作的制度化、从整体上提升党的执政能力提供了动力。

第六章　执政能力建设与执政系统的优化

在政党执政的过程中，作为执政主体的执政党与作为执政载体的政府以及作为执政对象的民众共同构成一个完整的执政系统。党的执政能力实际所指的应该是党的执政体系实现其自身目标，发挥其自身功能的效能。执政体系的结构应该包括执政理念、执政方略、执政体制、执政方式、执政资源、执政环境和执政基础等方面。这些理论范畴的提出为政党执政理论研究开拓了很大的空间。

一、执政党的功能与执政能力

对党的执政能力的分析首先要研究政党运作的基本原理，还要深刻把握执政党的基本特点，"执政党掌握权力后，功能、目标和任务、活动方式、国家权力与党的关系等都发生了变化，更应体现为'整合的工具'，防范被权力腐蚀的风险"①。与没有掌握政权的政党相比，执政党具有一些特有的功能，执政党只有充分履行了政治体系为其赋予的这些特殊功能，才能保持其执政地位并谋求长期执政。在一定意义上来说，所谓执政能力就是执政党履行其执政功能的能力。

---

① 王长江：《执政党建设前沿问题研究》，《中共天津市委党校学报》，2012 年第 1 期。

（一）执政地位与执政能力

只有执政党，才有所谓执政能力。要分析执政能力，首先要搞清楚什么是执政党，执政党需要履行什么功能，执政党与非执政党在定位和功能方面有什么区别。

政党是政治文明发展到现代民主社会阶段的产物，对政党的定义和功能有很多种说法，不过，大家一般都认同：政党是代议民主政治必不可少的制度载体，是公民参与政治的工具。政党具有意见表达、意见综合、政治录用和政治社会化的功能。在现代政治体系中，政党是连接公民社会和公共政府的有机纽带。政党只有充分发挥上述功能，才能维持生存，求得不断发展，才算是具有其应有的政党能力，才能为民众认可和取得执政地位。我们现在关心的是，执政党和非执政党有什么区别？政治社会对执政党有什么特殊要求？

上述的政党的几种功能是就作为整体的政党体制而言的，具体针对不同地位的政党，其功能是具体的和各有侧重的，执政党与在野党、革命党的功能有共同的地方，然而更有意义的是在他们功能不同之处。执政党直接控制政府，需要发挥一些与在野党和革命党不同的功能。

首先，执政党要履行公共政策的供给的功能。执政党要管理政府，决定国家的经济社会政策，执政党要对政府运行的绩效负责，政绩成为了评价执政党的最主要的标准，因此意见表达与综合的功能体现为具体的政策制定与实施。

其次，执政党要履行社会整合的功能。政府的公共属性要求执政党以公众利益的代表执政，相比革命党和在野党而言，执政党在代表本阶级阶层的利益的同时，需要兼顾其他群体的利益。执政党需要以公众利益的代表的面目出现和运作，执政党活动的目的不再是激化社会的政治分化和对立，而是努力协调社会各方的利益，发挥社会整合的功能，扩大执政党的代表性，构建和谐社会。

其三，执政党要履行合法性危机管理的功能。执政地位增加了政党受到权力腐蚀的可能性。一方面执政资源给党的运作和发展带来很多便利，另一方面增加了执政党脱离代表对象的危险。所以，执政党需要保持在与政府和民众联系的关系中的平衡。在实行多党制的国家，这种平衡是通过政党间的竞争与相互制衡来实现的，执政党受到在野党无时不在的监督，迫使其保持与基本群众的联系。但在实行一党制的国家，执政党几乎掌握了全部的政治资源，缺乏对等的政治监督实体。在这种情况下，政党脱离群众、由民众政治参与的工具变成国家机器的一部分，造成政党错位的可能性大为增加。[①] 政党的这种错位，有可能大大降低其执政的合法性，削弱其执政能力，在一定程度上造成执政危机。因此执政党始终要加倍注意党群关系与党政关系之间的平衡，抵制削弱执政合法性的自然倾向，建立管理和规避执政的合法性危机的机制。

根据以上的分析，党的执政地位的特殊性要求执政党具有至少三个方面的能力：政策供给的能力、社会整合的能力和规避执政危机的能力。

1. 政策供给的能力

执政党的政策供给能力是指党在执政过程中制定和实施纲领、路线、方针、政策的能力。在政治市场中，执政党与民众之间形成一对供求关系。民众的公共利益需要组建公共政府，需要政府制定和实施政策，维护社会的公共安全，保障社会的公共利益。掌握公共权力的执政党，需要为社会提供有效的公共政策，以满足社会对公共产品的需求。执政党实行有效的政策供给是保证政府有效运转，从而实现社会的稳定和发展的前提。我们党一直认为政策和策略是党的生命，政策供给的能力是政府从而也就是执政党首要的执政能力。十六届四中全会《关于加强党的执政能力的决定》着重阐述了执政能力的五个方面：驾驭市场经济的能力、发展社会主义民主政治的能力、建设社会主义先进文化的能力、构建社会主义和谐社会的能力和应对国际局势和处理国际事务的能力。在论述这五个方面的执政能力的时候，突出了执政党在经济、政治、文化、社会和外交等方面的政策主张及政策供给的体制和机制。此后，五种能力随着对中国特色社会主义认识的深化拓展为我们党对社会主义现代化五位一体建设的政策供给能力。在十八届三中全会决议中，就指出，"必须更加注重改革的系统性、

[①]　参见王长江：《现代政党执政规律研究》，上海人民出版社 2002 年版，第 21 页。

整体性、协同性，加快发展社会主义市场经济、民主政治、先进文化、和谐社会、生态文明"。

2. 社会整合的能力

利益整合是政党必须履行的职责之一。政党进行利益整合的职责要求执政党必须具有充分的社会整合的能力。

为政治社会学做出重要贡献的美国著名政治学者李普塞特有一个重要的观点：社会政治运作的基本条件是社会分歧和共识。分歧在一定范围内有助于社会和组织的统一，共识有利于社会政治的协调发展。但是，分歧超过了一定界限会对社会政治的发展构成威胁，而在社会利益分化的条件下，达成共识又往往有相当的难度。因此，政治社会学的主要任务，就是要研究如何达成共识，如何使分歧有利于社会的发展。正是在这个意义上，李普塞特把政党称作"冲突的力量和整合的工具"。

我们党越来越意识到执政党的社会整合能力的重要性。随着对党的执政地位和领导社会主义市场经济的任务的清醒认识，我们发展了党的性质的理论，扩大了党的意识形态和组织发展的包容性，要不断增强党的代表性，代表最广大人民群众的根本利益。构建社会主义和谐社会的任务，突出了党的利益整合、社会整合的任务和职责。针对利益多样化和阶层多元化之后社会问题、社会矛盾凸显，十八大以来，我们党又提出了社会管理创新的战略举措，强调由原先政府单向度的社会管理转变为多元主体协同参与的社会治理，提出"加快形成党委领导、政府负责、社会协同、公众参与、法治保障的社会管理体制"，"加快形成政社分开、权责明确、依法自治的现代社会组织体制"。① 十八届三中全会又提出要创新社会治理体制，"坚持系统治理，加强党委领导，发挥政府主导作用，鼓励和支持社会各方面参与，实现政府治理和社会自我调节、居民自治良性互动"②。社会管理创新和社会治理创新都体现我们党对社会整合任务的新的认识，也

---

① 胡锦涛：《坚定不移沿着中国特色社会主义道路前进，为全面建成小康社会而奋斗》，新华网，2012 年 11 月 19 日。

② 《中共中央关于全面深化改革若干重大问题的决定》，新华网，2013 年 11 月 16 日。

对党的社会整合能力提出了新的要求。

3. 规避执政危机的能力

执政危机指政党执政过程中存在的问题，如官僚主义、腐败等，这些问题的出现具有一定的自然发展倾向，如果不加遏制就会逐渐导致执政系统的衰败以致崩溃，如果采用积极的危机管理措施，系统的衰败则可以减弱、系统的崩溃则可以避免，合法性危机是最为典型的执政危机。在世界政党中，成功地规避执政危机的例子和执政危机管理失当的例子都很多。是否具有足够的规避执政危机的能力关系执政党的生死存亡。

党的十六届四中全会、十七届四中全会决议都对潜在的执政危机有清醒的认识，从党的领导方式和执政方式、领导体制和工作机制，领导干部和领导班子，党的基层组织，腐败现象等方面概括了党执政过程中存在的问题，对已经出现的和潜在的执政危机都有了比较清醒的认识。

十六届四中全会指出："无产阶级政党夺取政权不容易，执掌好政权尤其是长期执掌好政权更不容易。党的执政地位不是与生俱来的，也不是一劳永逸的"。"我们必须居安思危，增强忧患意识。"① 这里所讲的"居安思危"、"忧患意识"，用政治学的术语来说就是危机意识。十七届四中全会指出："党内也存在不少不适应新形势新任务要求、不符合党的性质和宗旨的问题，主要是：一些党员、干部忽视理论学习、学用脱节，理想信念动摇，对马克思主义信仰不坚定，对中国特色社会主义缺乏信心；一些党组织贯彻民主集中制不力，有的对中央决策部署执行不认真，有的对党员民主权利保障落实不到位，一些党员干部法治意识、纪律观念淡薄；一些领导班子整体作用发挥不够，推动科学发展、处理复杂问题能力不够，一些地方和部门选人用人公信度不高，跑官要官、买官卖官等问题屡禁不止；一些基层党组织战斗堡垒作用不强，有的软弱涣散，有的领域党组织覆盖面不广，部分党员党员意识淡化、先锋模范作用不明显；有些领导干部宗旨意识淡薄，脱离群众、脱离实际，不讲原则、不负责任，言行不一、弄虚作假，铺张浪费、奢靡享乐，个人主义突出，形式主义、官僚

① 《中共中央关于加强党的执政能力建设的决定》，新华网，2004 年 9 月 26 日。

主义严重；一些领导干部特别是高级干部中发生的腐败案件影响恶劣，一些领域腐败现象易发多发。这些问题严重削弱党的创造力、凝聚力、战斗力，严重损害党同人民群众的血肉联系，严重影响党的执政地位巩固和执政使命实现，必须引起全党警醒，抓紧加以解决。"① 这些论述表明了党中央正视而不是回避执政危机出现的可能性，表明了中央对政党发展规律和执政规律的科学认识。中央把党的执政能力建设作为今后一段时期政治体制改革和党的建设的重点，正是从规避已经出现或者将来有可能出现的执政危机出发来考虑问题和解决问题。

（二）执政能力的不同层次

以上所述的执政能力是从党的执政系统的整体功能的角度来说的。在执政过程中，执政能力具体表现为领导干部的个人能力、组织机构的领导能力和执政党整体的执政能力三个层次。执政党的整体的执政能力上文已经有了比较详细的分析，这里着重分析执政能力的另外两个层次：领导干部的个人能力和组织机构的领导能力。

1. 领导干部的个人能力

在执政系统中，领导干部是最为活跃的因素，所有领导干部的个人能力加起来构成政党执政能力的主要部分。领导干部的个人能力主要由其知识结构、政治品质、领导经验和群众的支持程度组成。

要从整体上提高党的执政能力，首先要加强干部的教育、培训和锻炼，增加执政能力的总量。但是，需要注意的是，高素质干部培养需要比较长的时间，和比较高的成本，若要在较短的时间里，以较低的成本提高党的执政能力，就必须加强在既有的党员和干部中选拔领导干部的工作。在假定干部的能力和数量既定和不变的情况下，通过科学的选拔机制，把更有能力的干部配置到更为重要的岗位上，是在短期内在总体上提高党的执政能力的有效途径。

---

① 《中共中央关于加强和改进新形势下党的建设若干重大问题的决定》，新华网，2009 年 9 月 27 日。

2. 组织机构的能力

党的组织机构包括党的各级委员会和组织部、宣传部等办事机构。政党是有组织的政治团体，由各级组织和具体的办事机构组成，因此，要从整体上提高党的执政能力，必须想办法提高其组织机构的领导能力和办事能力。

民主的政党地位要求政党和人民保持密切的联系，并且不断提高为人民服务的能力，但是，组织学原理让我们知道，组织是由具有个人利益的个人组成的，而又拥有个人所不具备的权势，组织机构面临的最大的一个问题就是容易在执政过程中谋求法定界限以外的利益，损害公众利益，出现官僚主义、形式主义和腐败现象。这种情况会削弱而不是加强党的整体的执政能力。因此，要从组织机构能力的角度谋求执政能力的提高，首先要通过科学的制度安排，对组织的权力进行合理的配置、对组织的责任进行明确的界定，加强对权力运行的制约和监督，从体制和机制上改革党的组织机构的配置和党的领导体制。

二、执政系统的优化与执政能力的增长

执政理论是一个系统工程，包括执政理念、执政方略、执政体制执政方式、执政资源、执政基础和执政环境等方面。在这些表述中，执政能力与执政系统被联系在一起来考虑。可以说，执政能力是整个执政系统的能力，执政能力的增长或者提高依赖于执政系统的优化。优化执政系统的目的在于维护执政系统的有效运转和合法运转，增强执政系统对社会变化发展的适应性。执政系统的优化既涉及到党的思想、组织、作风的变化，也涉及到党的执政体制执政方式、党联系代表对象和人民群众的体制机制的转变。

（一）优化执政系统的基本要素

作为民主政治工具的执政党是一个完整的系统，这个系统由许多有机的部分组成。我们可以把构成执政党系统的各个有机部分称作政党的基本要素。分析构成执政党的要素可以使我们清楚地认识执政党本身以及政党

与政党环境的关系，有利于进一步分析执政系统运行发展的机制。在执政系统运行的框架中，政党处于民众与政府之间，发挥沟通民众与政府的功能。这就决定，在执政系统中有政党、民众、政府三个基本要素。为了分析的方便我们把其中的政党要素分为政党目标和政党组织两个要素，这样，为了了解执政系统，我们就有四个要素需要分析：执政党的目标、执政党的组织、作为执政基础的民众、作为执政客体的政府。

1. 执政目标

政党的目标是构成政党的基本要素之一。从政党的定义可以看出来，政党的最为直接的目标就是执掌公共权力，在取得执政地位之后，政党的目标就转化为执政目标。

政党的根本的目标则应该是社会目标，是代表人民执掌政府或者监督政府。政党存在的价值在于满足人民组建一个良好的政府并对政府实施监督的需要。在这个意义上，政党的社会目标也就是政党的纲领。政党的纲领深受以政党的意识形态为主要内容的执政理念的影响。意识形态倾向比较强烈的政党的纲领往往比较系统，对当前和将来的社会发展都有一套比较正式和详细的勾画，如共产党；相比较而言，那些奉行实用主义价值观的政党的纲领则往往表现为一些具体的政策，如西方保守主义政党。

相比非执政党而言，执政党的目标同样可以分为两个层次，其一是巩固执政地位，争取长期执政；其二是维护和实现代表对象的利益，实现党的理想和纲领。

执政目标优化的指标有两个：一是目标的科学性。主要是指执政党的纲领必须确立在对社会形势和社会发展方向的科学判断的基础上，对具有系统纲领的共产党来说，还要妥善处理政治理想与政治现实的关系，共产主义远大目标与社会主义建设的实际的关系。二是目标的民主性。政党是表达和综合民意的工具，因此政党的纲领和政策必须是代表对象利益和要求的反映，必须对代表对象具有足够的吸引力，惟有如此才能保证民众对政党的支持。

2. 组织

政党组织的研究的是党的内部结构及其运作问题。与此相关的因素包括：党员与入党条件、党的干部、党的领袖、政党规模、政党的结构、组织制度、组织系统等。政党组织形式的优劣直接影响执政系统的效率。

入党条件。有的政党坚持非常严格的入党条件，普通人进入党内要经过严格复杂的审查，有的政党对党员只有一般的道德要求，没有其他方面的特殊要求，手续也简单，还有的政党甚至以投票作为判定党籍的标志，如美国的两党都把投本党票的选民算作党员，不履行任何入党手续。对党员资格的要求，政党之间也是各不相同的。有的政党为保证党员的质量，只招募个人党员；有的政党则重视数量，不但招募个人党员，还招募集体党员。在英国，工党经常采用某个工会集体入党的方法，来扩大党的队伍。与入党条件相关的一个问题是如何保证党的代表性，力求代表最大数人的利益的执政党必然要不断增加党员，扩大党的队伍。

教育培训。西方保守主义政党对党员基本采取迎合的态度，社会民主党以民主社会主义为目标，对道德品质和政治倾向有一定的要求，但出于竞争和选票的考虑，这种要求通常是最低限度的。共产党明确以共产主义为目标，不但对申请入党者提出了很高的要求，而且对进入党内的人如何进一步提高素质有一整套培养和训练的体制、机制、方式和方法。在党员数量膨胀的情况下按照执政目标对党员提出相应的要求，有利于提高党员质量从而优化执政系统。

党内民主。政党组织是建立在党员自愿加入的基础上的，建立组织的目的是为了能够统一行动，实现共同的利益和意志。然而无论如何党员与党员之间的利益和要求都不可能完全一致。而且由于组织本身具有的寡头倾向，政党的领导阶层需要维护自身的权位和与之俱来的相关利益，从而存在损害普通党员利益的可能性。因此党内意见的协调统一与如何克服官僚主义、发展党内民主是政党组织需要解决的主要问题。

对从政党员的管理。与非执政党相比，执政党组织需要解决的一个特殊问题是如何处理党的组织与从政党员的关系。取得执政地位之后，执政党必然就会有一部分党员进入政府，政府是国家的公共机构，与作为自愿政治组织的政党在功能和运行规则上有很大不同，从政党员必须按照政府的运行规则行事，依法行政。在这种情况下，如何促使从政党员与党组织保持政策主张上的一致就成为了一个问题。

优化政党组织需要研究的问题还有：中央组织、地方组织、基层组织之间的权责配置、党组织的设置形式和活动方式等等。

3. 政府

我们分析执政系统的时候所指的政府是大政府的概念，与公共权力同义。作为公共权力的政府可以分解为立法机关、行政机关、司法机关。根据政治学的理解，公共权力是为了协调社会矛盾和维护公共秩序而产生的，公共权力运行指向的目标是保护公民的自由、平等和正义。但是，正如恩格斯指出的那样，国家是阶级矛盾发展的产物，但是反过来又有可能凌驾于社会之上，成为一个独立的自主性的势力。这种势力如果不加控制就会反过来侵害人民的权利，违背组建公共权力的初衷。为了解决公共权力的这种官僚化问题，早期的思想家提出了直接民主的设想。然而，在人口规模庞大的现代社会，每一个人都直接管理国家事务在技术上是不可能的，也是不必要的。因而人们设计出了代议制度，由一部分人专门从事国家管理，与此同时，为了防止职业官员的官僚化，发展出了政党制度，人民期望通过政党代表民众的意愿，执掌政府或者监督政府。可见执政党虽然掌握居于整个社会之上的具有相当自主性的公共权力，仍然不能不顾人民的意志独立行事，执政党在与政府发生联系的过程中需要处理好代表人民与管理社会的关系。执政党同时受到政府运行规则和政党代表机制的制约。

与处理执政党与政府之间的关系相联系的概念是执政机制、执政方式和执政模式。不同政治体系下执政机制、执政方式和执政模式都不尽相同。有的党权大于政权，有的政权大于党权。但是不论各国执政方式如何不同，政党在执政过程中都必须体现民主和法治的原则，政党必须在人民的认同和支持下执政，政党执政不能单纯依赖法律赋予的行政权力，而要同时依靠建立在政党执政的合法性基础上的权威。换句话说，执政系统的优化要求政党科学执政、民主执政、依法执政。

4. 民众

民众的政治参与，民众对政府的控制，民众对政府的监督，民众改变政治现状的要求，都要通过政党来实现。在民主政治中，公民通过政党作用于公共权力，政党代表民众执掌或者监督公共权力的运行。

对执政党来说，执政系统中的民众可以分为两个部分，一部分是执政党的基本群众包括执政党的普通党员，毫无疑问，执政党首先必须代表这一部分人的利益、意见和要求；第二部分是执政党基本群众以外的民众。讨论执政党的代表性并不是说执政党可以仅仅反映基本群众的意见而完全不顾其他群众的利益和要求。政府的公共权力属性决定，政党执政以后必须以全民利益代表的面目出现，遵行社会公共利益的要求行事。这恐怕也是西方资产阶级政党都争先恐后地标榜自己是全民的代表的原因所在。

政党与民众的关系主要体现在：政党既然是民众控制公共权力的工具，那么，政党必须首先取得民众的授权。而要取得民众的授权，政党必须想方设法体现民众的利益、愿望和要求。这意味着在政党和公民之间建立一种相关的联系：公民通过选择政党来表达意愿，这将大大降低民主的运作成本；政党通过向公民提供满意的人选而获得他们的支持，这迫使政党在选择时充分顾及选民的要求。为此，政党必须建立一整套能联系民众和了解民众需求的有效机制。此外，民众的要求是随着社会的发展而不断发展变化的，因此，政党又必须随时调整自身的机制，以便能比较迅速地反映民意的变化。

（二）要素变化及其相互平衡

执政系统变化发展的原因首先可以在执政系统的基本要素中找到答案。在不考虑其他要素的假定前提下，任何一个要素的发展都意味着执政党整体力量的增强。以政党的规模为例，只有 50 名党员的政党与拥有 8600 万党员的政党在政党的发展程度上当然不能相提并论。因此，执政系统的优化首先要求政党在其构成要素的各个方面的发展，如党的意识形态的科学化、党员人数的增长，党的干部素质的提高、党的组织的制度化、党的社会基础的扩大、党政联系与党群联系的制度化等等。

其次，执政系统的四个基本要素相互联系而又相互矛盾。它们相互之间的协调和平衡是执政党正常运作，稳定发展的前提条件；然而，组成执政系统的各个要素都有自身变化发展的固定逻辑，使得一个要素与其他要素之间经常发生矛盾，破坏执政系统既有的均衡状态，造成执政党的危机。在政党政治的实践中，我们经常看到由于政党的意识形态、组织规模、组织结构、组织制度、社会基础、党政联系模式、政策任务等诸多因素中一个或多个发生变化而造成政党组织的不稳定的现象。例如，公民社会的发展会导致政治参与的膨胀，要求政党调整组织策略，及时吸纳新兴的政治力量，实现政治参与的制度化。政党组织如果保持不变，就会危及政党政治的稳定。当这种不稳定严重地影响到执政党的正常运作，使得政党执政的效率和政党执政的合法性大幅度下降的时候，我们就可以说执政党遇到了危机，必须对各个要素进行较大幅度的调整，实现执政系统的均衡。

第七章　国外学者对执政能力建设的相关研究

　　中国经济发展的奇迹以及背后中国共产党执政能力的支撑，一直是国外学者关注和探讨的问题。在中共提出执政能力建设这一问题之后，同样也在国外研究中国问题的学者中引起反响。来自不同国家、不同研究领域的学者以不同的形式发表了他们对中国共产党加强执政能力建设问题的研究和评价。依据其学术背景和研究领域，我们大致可以把关注我党执政能力建设问题的国外学者分为三类。一是长期研究中国政治变化的学者，他们主要从政治体制改革的角度研究改革开放以来的中国共产党的变化。二是一些从事公共政策和社会问题研究的学者，他们主要从政治治理和公共政策的角度研究中国的社会和政治变化，着力于讨论中国的市场经济道路或者说成功的经济发展模式与政治和社会机制之间的互动关系。三是一些来自转型的前社会主义国家的学者或研究这些转型国家的学者把中国的社会经济发展模式纳入到了他们的对比研究之中。相对来说，这三类学者各有其独特的研究视角。这种不同的学术背景和视角也影响了他们对我党加强执政能力建设问题的研究倾向和评价。这些学者对中国共产党执政能力的关注和探讨涵盖了执政能力建设的提出背景、执政能力的主要内容、存在问题以及反腐败、政治民主等方面。

一、对中国共产党提出加强执政能力建设的背景认识

关于中国共产党提出加强执政能力建设的背景，或者说内在动力，国外学者的观点大致可以概括为以下三类。

1. 应对内外挑战

这类观点认为，中国共产党提出执政能力问题是出于两方面的考虑，一方面是在认真总结了前苏联和东欧地区的教训后提出加强执政能力问题的。中国从这些国家的共产党统治崩溃中认识到，这些国家的共产党失去执政地位主要是由于它们未能应对国际形势的变化，未能解决国内经济和社会发展中的一些事务。同时，党失去了凝聚力和抵制腐败的能力，腐败的蔓延和既得利益的增长最终导致人民拒绝共产党。另一方面是认识到了过去二三十年间中国社会的急剧变化趋势，包括人们的经济生活、社会结构以及政治环境的变化，以及与之相应的政府与社会的关系变化。这些结构性的变化不仅改变了共产党的执政基础或者说合法性基础，而且对其提出了一系列新的要求，尤其是如何管理日益市场化的经济和多元化的社会的要求。现在，这些问题越来越多地集中在体制问题上。美国哈佛大学教授托尼·赛奇从四个方面概括了中国在新世纪所面临的主要挑战。一是环境的挑战；二是由腐败问题造成的内部挑战；三是由于信息社会的发展所造成的外部挑战；第四、也是最大的挑战是政治改革的挑战。后三者都直接与党的执政能力问题联系在一起。

2. 执政能力的提出是党的自身变化的结果

新加坡国立大学的郑永年从中国共产党的两次转型的角度来论证执政能力建设问题。他认为，改革开放以来，转型问题一直是中国共产党的一个主题。改革开放以来，中国已经发生巨大变化，不仅表现在党内组织和意识形态方面，也表现在党和国家政治生活的关系方面。概括地说，在邓小平和江泽民时代，中国共产党已经从一个革命党转型到执政党。这是共产党的第一次转型。这次转型使得共产党从改革前用革命的方法治理国家的政党转变为一个用行政方法治理国家的政党。这一转型产生了一系列积

极正面的效应，但也存在很大不足。如何提高执政能力实际上是党的第二次转型，即如何从一个侧重于行政管理的政党转型为一个用政治方法执政的政党。这种转型不仅关系到党本身的发展，而且关系到国家的以人为本的总体发展方向。而他指出，"三个代表"的提出为这种大转型提供了动力，也是它的一个起点。对于中国共产党的转型如何完成，郑永年认为，还是要走法治的道路，"归根结底的问题是，执政党如何容纳已经是高度复杂的社会，无论是物质利益上还是意识形态上。如果物质利益和意识形态的分化不可避免，那么越来越显示法治社会的重要性，因为只有法治才能包容社会的复杂性。"①

还有的学者从党的基础和领导变化的角度来论证该问题，认为执政能力建设问题的提出是两种变化的结果。一是党的阶级基础发生了变化。一度真正的"共产主义"政党现在开始接受企业家，并实际承认它是全中国人民、包括发展中的资产阶级的党。为了保持其合法性，党迎合了来自那些希望经济增长、更多的行政效率和更大的社会公正的人们的压力。二是党的领导层变化。他们认为，目前中国共产党领导的指挥棒已实现代际之间的和平交接，现领导层的集体性比任何时代都强。领导层的转变带来了一些思想上的变化。美国波士顿大学教授傅士卓（Joseph Fewsmith）把胡锦涛时代提出的贯彻科学发展观、加强执政能力建设、反腐败的新规范、对党员先进性建设的强调，认为是中国共产党面对经济市场化和社会多元化，正在努力更为综合和深思熟虑地保持和加强党的控制。

3. 执政能力提出的背景在于党的执政危机的显示

卡内基国际和平基金会的研究人员裴敏欣认为，目前中国存在三个方面的令人担忧的执政危机，即领导党的腐败，国家能力的恶化，该体制与社会之间紧张关系的发展。这种执政危机源自中国共产党坚持的政治垄断目标与它通过面向市场的改革来这样做的方式之间的不兼容。它不可避免发展了一系列的病态现象，如恩赐体制、组织营养不良和反应迟钝。在此背景

---

① 郑永年：《中国共产党意识形态的当代转型》，共识网，http://www.21ccom.net/articles/zgyj/gqmq/2011/0712/39201.html

下，诸如腐败盛行，地方官员的串通，精英的犬儒主义和大众的不抱幻想等一系列问题随之出现。它们是执政能力下降的典型征兆。他认为，可以从三个方面来衡量中国共产党的衰落：其组织渗透性的收缩，其权力和在公众中的受欢迎程度被侵蚀，以及其内部纪律的涣散。由此他认为，中国正面临一种隐藏的政治危机。如果不通过政治改革改变这种现象，这些趋势将威胁到中国的经济现代化的可持续性，甚至威胁到它的内部稳定性。尽管中国的领导人做了一系列的调整来冲淡许多新的社会—经济挑战，但这些动作并没有代替重振执政党和重新确立合法性所需要的真正的制度改革。

这种观点虽然在总的印象上显得极端些，但对它所涉及的有关问题的讨论并不少。例如，许多学者也都谈到了中国社会的市场化是对中国共产党的组织能力的一种根本挑战，谈到了中国共产党（以及整个政治体制）受到腐败和享乐主义的威胁，以及马克思列宁主义信念缺失对党的威胁。他们认为，党之所以现在能够生存是因为它提供了一种向上发展的途径，因为至少从政治上说其他的途径被阻止了。

二、对腐败的根源及反腐败制度的认识

腐败问题是国外学者普遍讨论的问题。讨论集中在腐败的根源、后果及其解决办法方面。以下观点具有一定的代表性：

学者们强调，腐败是中国的一个日益严重的问题，它损害了政府形象，破坏了国家政权（包括政府和法院）的合法性；腐败会降低政府的决策质量和司法的质量；高速经济增长中出现的特权官僚的渎职和腐败行为，已经成为了贫富不均的象征；如果官僚腐败与商人勾结、榨取国民财产的观点在中国得到广泛认同，就可能引起人们对外国企业的反感，甚至会影响到外企来华投资，由此而重创高速增长的中国经济。因此有的学者认为，腐败问题是中心的问题。干部贪污腐化和玩忽职守是中国继续发展以及共产党执政面临的最大障碍。

导致腐败的重要原因是中国缺乏监督领导干部的独立监督机构，缺乏不受政府权力影响的独立司法体系。原本应该起监督作用的机关发挥不了多大作用。因此，在反腐败问题上，中国人需要一种他们能够依赖的司法机制。

要使目前的反腐败体制有效，只有法院位于政治进程之上才能确保该体制的完整。中国领导人的任务是不仅要改进法律体制的原则，而且还要改进它的基础。这是从强劲的经济增长中获得社会稳定的利益所要求的。不过，健全司法体制涉及一个问题，即司法公正问题。针对高薪养廉之说，有国外学者强调，公正的司法更多取决于内部准则和执法人员的职业责任感，而不是取决于外部监督，更不是取决于给执法人员发高工资。因此，加强立法不是中国彻底解决腐败的最终办法。应该用比较全面的方法解决这个问题。

腐败是所有转型体制存在的问题，中国也没有避免。伴随改革开放的是腐败的蔓延。但中国的腐败并不是改革开放后才有的，只是改革开放以来的中国呈现一种新的现代腐败模式，即把重点放在财富的积累上。这种腐败模式的原因大致有以下几种：一是经济体制转轨过程中出现的制度漏洞，或者说结构性漏洞。中国的经济转型加上政府没有完全同商业和金融部门分开，这为官员提供了更多的机会。政治和社会控制的放松以及财政权力下放为官员提供了更大的参与腐败活动的动机。局部改革加上法律体制的虚弱是腐败的一个结构性原因。二是对腐败现象缺乏道德约束。三是在思想上官方鼓励赚钱。这与党把经济增长放在首位的指导思想不无关系。针对这些问题，中国政府应做出协调一致的努力，以便彻底消除新的结构安排中的漏洞，为此有人强调必须减少党对经济财产的控制，要摈弃对金钱和财富的盲目崇拜，要加强官方以及民众的健康的价值观。有的学者针对高速增长中出现的腐败问题指出，反腐败的成就取决于中国能在多大程度上修正经济增长一边倒的路线。为此，中国社会要建设更加稳定的市场经济体制。

还有的学者提出了中国目前存在的两种形式的腐败：一是政府官员求好处的"寄生性"腐败；二是企业人士的"创造性"腐败。这种观点的持有者认为，发展目标和反腐败目标之间的矛盾、共产党领导层内部的分歧以及国家面对社会问题的软弱无力都使得中国反腐败的努力效力大减。

三、政治民主建设问题

执政能力建设问题的提出再次引发了国外学者对中国政治民主进程问题的关注。他们的兴趣点集中在以下几个方面。

1. 党所面临的挑战

有学者强调，转型时期中国共产党面临的最大挑战是政治改革的挑战，即提供好的治理，并控制自己的经济改革计划的政治后果。目前这方面的主要问题是以党代政。这削弱了政治进程中的任何公正观。为了改革的成功，中国共产党必须降低对城市工人阶级的期望。同时，必须寻找一种方法，把新出现的社会力量融入到经济以及最终融入到政治权力的结构之中。中国的领导人能否应对这些治理的挑战将考验它能否在 21 世纪保留在中国发展中的领导地位。

人们还具体讨论了社会发展对共产党的传统统治方式的挑战。例如，由于信息革命的发展，中国政府传统的控制信息方式，即用一套复杂的等级信息体制控制信息流通渠道的体制难以为继了。目前，中国共产党的领导层对待互联网的态度就像他们的传统方式一样。它试图建立一种控制体系，既从快速信息流通中获利，又不开放信息体制和允许那些可能挑战到中国共产党对信息的解释权的不利信息。但无疑，中国与国际社会联系的日益广泛将使得中国共产党难以控制信息体制。

还有人强调，中国政治体制缺少释压阀，它妨碍了该体制降低和控制国家—社会紧张关系的能力。国家—社会关系的紧张的积累将最终导致中国的无能力。而紧张关系的发展也增加了实行任何改革可能引发革命的风险。近期的一些改革，如村委选举和改进法律体制证明是不够的。

另有一种观点用"共产主义"（dot communism）[①] 来表示转型时期的中国政治体制，其特征是把一种列宁主义的政党与带着全球主义眼镜的官僚资本主义结合起来。这种体制没有改变中国共产党体制转型固有的矛盾，即由于党坚持的政治垄断目标与它通过面向市场的改革来这样做的方式之间的不兼容所带来的各种问题。现在，由这些矛盾所导致的转型代价开始表面化，这意味着共产党不仅要深化市场体制的自由化改革，还意味

---

① 注：原文"dot communism"，借用了互联网用于表示域名的". Com"，意识是中国把自己所有的变化都与某种"共产主义"联系在一起，其实后者（即"共产主义"）已经没有实质意义。在此，该观点的持有者将中国的"dot communism"解释为把一种列宁主义的政党与带着全球主义眼镜的官僚资本主义结合的体制。

着实行政治改革，而这些改革可能危及到中国共产党对权力的垄断。

2. 对过去 20 年中国政治体制改革的判断

在该问题上，有两种代表性的观点。一种认为中国迄今进行的是没有政治改革的经济改革，这类观点的持有者尤其指责上个世纪 90 年代和 21 世纪最初十年是被浪费的时光。但另一种观点则认为，中国的政治变革其实是在中国的经济体系剧变中渐进进行的，诸如指导思想上的意识形态变化，拨乱反正，选举制度等。在此过程中，党对经济的直接控制显著减少；党和国家不再干预人们的大多数生活；尽管政治仍然是集权的，但国家的活动不再是共产主义的；甚至党的用词也已经在改变，不再单只是一个无产阶级的政党。因此，将中国自 1978 年以来的历程描述为"重大的经济改革和较小规模的政治改革"才更准确。这类观点的持有者特别注意到了中国共产党内部刊物对党内民主的大量讨论，认为它们对党的程序，特别是干部选拔和提升有重要影响。也正是从这一角度，他们认为，中共对"党内民主是党的生命"的强调，将该问题提高到了一个新的层次。

3. 中国民主政治的道路或模式

对此有不同的观点。一种谨慎的观点认为，中国的变革是大势所趋，但其变革方式可能像经济改革一样，是渐进、务实和累积式的。这种方式从易到难推进改革，并吸取国外一切优秀的思想和经验。中国人似乎更加欢迎这种循序渐进甚至是局部性的政治革命。持这种观点的人认为，从本质上讲，中国政治改革的目的有二，一是加速经济发展而并非加快民主化进程；二是提高现行政治制度的功效而非抛弃这种政治制度。美国哈佛大学肯尼迪政府学院教授达尼·罗德里克的研究从另一个角度印证了这种观点。他在比较了中国和俄罗斯的改革进程后指出，大规模的体制改革几乎从来就不是发展起步的先决条件。虽说可持续经济发展最终将要求良好的体制，但最初的高速发展可以通过体制的最小变动来实现。一旦发展起步，由于发展迅猛和体制变革互相推动，因此维护良性循环变得更加容易。同时他指出，一些例子表明，在促进经济发展的过程中，一些政治领导人的态度——主张更多地以市场为导向、对私营部门采取友好的政策——经常与推行真正的体制改革同等重要。所以他认为，在中国，"小改革作用大"。目前中国需要建立一种能够查明在哪里即使小改革也能大有助益的"发展诊断"框架。

另一种观点把中国的民主政治道路与新加坡的政治民主发展道路联系起来。一些学者指出，新加坡发展模式，即严格控制民主和高效发展经济的模式会引起中国共产党的注意。但这些专家同时指出，不应将一个拥有几百万人口的城市国家发展模式硬搬到中国，中国庞大的面积和各省份发展的不平衡决定了不可能有一种简单划一的解决办法。

4. 中国的政治改革战略

虽然研究中国问题的国外学者们都不大认为中国会走西方民主道路，但强调这并不等于中国不要政治改革。中国共产党必须改变它与社会和国家的关系，将不得不给社会更多组织自己事务的自治权。否则它可能会看到更多它力图避免的动荡。有人把中共领导人的民主发展的优先次序作了一个排列。第一是通过党内民主来进行执政党的自身建设。其次是宪政民主，强化全国人大系统对政府的监督功能，让人大逐渐成为人民参与政治的间接管道。第三是社会民主，也就是人们时常所说的自上而下的社会政治参与。

在党内民主的问题上，国外学者强调，民主机制要解决的主要问题不仅仅是要防止权力过分集中，更重要的是要解决两个问题。首先是如何防止党本身成为利益集团的问题。如果党控制了所有政治资源，党的干部在行使政治权力的过程中可以获取利益，如果不加注意，党本身很容易变成一个利益集团。二是如何协调各阶级的利益问题。利益是互相冲突的。如果党不能协调不同的利益，或者党只代表某一阶级或者党的不同领导人代表不同阶级的利益，那么党的分裂就不可避免。

还有的学者提出，为避免政治灾难，中国的新领导人必须毫不耽搁地执行一种渐进的政治改革战略。中国政府可以利用政治反对派微弱、大众对稳定的欢迎以及稳定的中美关系来奉行这种战略。中国的新领导人可以将渐进改革战略建立在过去20年建立起的制度框架——即立法机构正在加强，一种法律体系正在形成——基础上。作为起点，中国政府可以考虑四步：改革立法机构，改革法律体系，扩大选举和授权公民社会。另有人更强调党的改革要集中在制度程序建设，以及增加体制的透明度方面。

5. 对民主政治前景的认识

虽然执政能力建设问题的提出引发了国外学者对中国政治民主问题的关注，但大多数学者认为，中国的民主化进程道路漫长。有学者强调，对于中国这样一个几乎没有民主传统而人口又超过美国、欧洲、俄罗斯和日本人口总和的大国而言，行事审慎而且果断是明智的。另有人从中共党内观点分歧的角度提出，党内观点的分歧，以及中国共产党习惯的自上而下的方式都说明，政治改革，或者贴切地称之为党的调整将进展缓慢。例如，党内的普遍参与问题，直接选举的范围等改革进程，都取决于党内的观点冲突。从这个意义上说，他们更强调中共领导层对提高执政能力建设的政治发展倾向。但也有学者将执政能力解读为中共将继续专家治国者的精神，将集权政治结构与进一步的自由化和国际经济一体化结合起来。

相对来说，新加坡学者郑永年从党的转型角度所做的分析，对执政能力建设所表示的政治意义予以了更为充分的肯定。他认为，执政能力建设问题的提出表示了党的第二次转型，即从一个侧重于行政管理的政党转型为一个用政治方法执政的政党。而所谓的政治方法首先表现为不是一些阶级统治另外一些阶级，而是阶级的和解和利益的协调；它也不是现存的专业阶层和技术官僚的统治，而是各个阶层通过政治参与的统治。其次，政治方法下的政党对社会来说是一种有限政治，即党的权力空间会有所收缩，让出一些空间给社会自治团体。再次，党对政府的关系逐渐从直接政府转型为间接政府，即党通过参与政府事务来影响政府，而非直接主导政府。从党内部的权力结构来说，因为容纳了不同阶级的利益，党就需要发展党内的民主机制，来表达、代表和协调不同阶级的利益。很多问题会诉诸于政治讨论而非等级权力而得到解决。而协调、调和和政治讨论等也构成了政治方法的主要内容。

从研究方法来看，国外有关中国政治民主的研究实际渗透了两种倾向，一种更多的是用资本主义民主发展的历史经验和逻辑来解释中国的政治民主进程，而另一种则倾向于从中国的现实出发来分析中国的实际改革进程，分析其中存在的主要问题。前者对中国的政治民主改革持悲观态度，而后者的态度则更为乐观些。

四、领导者在领导能力和执政水平方面存在的问题

国外学者分析了面对新的形势，中国的领导者在领导能力和执政水平方面存在的以下主要问题：

1. 中国目前面临的真正挑战是为迅速变化的经济和社会提供良好的治理

可从各个方面来看，目前的治理结构过时了，使得一些紧迫的问题更难以解决。为此，国家需要进行一些结构性的调整，包括通过减少政治干预来停止国家的政治性银行借贷和不良贷款，通过减少党对经济财产的控制来真正应对腐败问题，通过赋予那些被边缘化的群体以更大的政治声音来缓和日益不平等结果，通过理顺权力与责任的关系来为人们提供更好的公共服务。

2. 官员的低素质；不熟悉自己的角色

中共提出加强党的执政能力这一问题，并在中央全会决议中列举了大量的执政能力不符合经济社会发展需求的现状，事实上承认了中国执政机构面对的问题以及许多官员的低素质。而中国的领导层似乎相信，良好的加强技巧的行政培训计划加上有限的提高透明度和责任心的措施就足以应对这些新的挑战，抵制腐败和控制公民的不安定因素。但国外学者认为这些并不足够，他们往往强调一些制度的改进，包括以提高责任心为目的的规则和程序的建立。

3. 党以及地方政府的领导者缺乏新的治理技巧

目前的社会变化以及正在进行的一系列改革在对地方政府提出了新的要求的同时，也要求政府官员发展一些新的技巧。例如，减少行政干预和减少直接提供行政服务，这些使得治理变得更为复杂。中国加入 WTO 使得国家在其现有的垄断功能之外又增加了新的调控职能，而且比过去更加广泛也更为复杂。可目前的行政人员不大熟悉他们作为一个间接的提供者或一个规范者的作用。这些新的作用要求他们获得一些在一个市场化的不

同行政框架体系中进行管理的新的技巧和能力。例如，地方政府显然缺乏对养老金等福利基金的管理技巧，管理过程中的透明度和规范性显然不够。许多部门和地方政府宁愿坚持那些易于理解的任务和角色，而不是适应新的角色。

4. 执政理念与执政政策之间的不一致

从江泽民的"立党为公、执政为民"、胡锦涛的"权为民所用，情为民所系"再到习近平的"建设服务政府、责任政府、法治政府、廉洁政府"，显示了中共对公民关注问题的更多考虑，并试图提高许多未从改革中获益的人们的生活。这种精神也得到了一些政策的支持，如提高对农村地区的资源分配，减轻农民的负担。但实际上却缺乏相应的政策体系。而且，目前的政府体制也限制了这种政策精神的贯彻执行。例如，虽然中央政府公布了许多政策来提供公共服务，但真正筹集资金和提供服务的是县和乡镇。而后者显然又缺乏提供这种服务所需要的能力。这显示了目前我们的政策和分配资源结构的不合理。哈佛大学肯尼迪政府学院亚洲项目就中国公民对各级政府的满意度问题与中国的一家公司进行了合作调查。调查结果显示，人们对越是接近于他们的政府，满意度越低。这与发达国家恰恰相反。在那里，政府越是接近人民，满意度越高，这表明人们感到他们对地方政府有更大的控制力，能够影响地方的政策和资源分配。中国目前则是相反。

五、政府的作用：职能转型

政府职能转型是国外学者讨论中国的执政能力建设时谈论较多的议题。以下一些观点具有代表意义：

1. 政府职能转变要围绕政府转型进行

目前中国正处在完成转型时期，即从一个控制共产主义国家和市场经济的政府转向一个能够运行市场经济的政府。在有些领域（如财政和工业政策领域），它意味着减少作为，而在其他领域（如农村医疗），它意味着增加作为。国家必须更多依赖间接的经济杠杆和调控，同时在其他一些领域，如对新的弱势群体采取更多干预态度。

2. 为解决服务提供问题，政府不得不更多有效地利用市场和非政府组织

为了更好地利用市场和公民社会机构，必须就政府应该提供什么样的服务、哪些是需要在公共服务之外得到私人服务支持的等问题展开讨论。改革的一个显著特征是非政府组织（社会组织）和公民的非营利机构的扩大。

3. 许多发展中国家地方政府面临的主要问题是地方政府机构负担太重，地方政府承担的责任已经超过了他们的能力范围

这样，地方政府就缺乏能力解决自身存在的问题。这一问题在中国也很严重，它直接影响到了政府提供公共服务的效率。像大多数国家一样，中国实行的是一种提供公共服务的供方方式。中央政府确定政策目标，但筹资和执行的负担落到了地方政府头上。地方政府既没有资金也没有动力去有效地执行这些政策。而按照目前中国的财税体制，财政不平等的扩大转而导致提供公共服务的巨大不平等。这样一种存在机能障碍的财税体制严重削弱了政府积累公共服务基金的能力，导致国家效率的下降，同时却为腐败创造了大量机会。因此人们提出，需要用一种可行的方式来从上面改革有问题的财政体制和从下面重建地方政府，使它们更为有效率也更负责。

同时国外学者还指出，中国的公共服务过多考虑供应方而缺少对需求方即服务的接受者需要的考虑。所以他们提出，中国应该完全重新考虑政府在提供服务方面的作用，考虑可以形成什么样的伙伴关系来实现政策目标。更好地理解市民如何看待政府，他们期望什么样的服务，以及他们如何看待优先事项，这些将澄清对变化中的政府作用的认识。

4. 一位欧洲学者根据欧美在公共服务政策方面的经验提出，中国是一个存在自身矛盾的国家，必须考虑自己的政府/社会服务和市民决定社会模式

他提出了6个要考虑的主要问题：（1）国家、政府与经济的角色；（2）国家、政府与社会的角色；（3）为全民提供的各种服务的重要性；

（4）公民在经济、社会和提供服务方面的角色；（5）市民与政府之间的关系；（6）如何处理这一复杂关系。他特别强调这其中涉及"市场"及其理解上的误区。应该从公共服务的需求（或预期结果）出发找到符合实际的解决方法和建议，而不是停留在谁应当和怎样提供服务此类的问题上。而可行的解决办法应当是建立在良好平衡基础上的政治决策，包括时间和地区的平衡。

可以将多种服务类型简化为三种：（1）基本社会服务，主要是教育和健康责任，这些是公共部门之外的其他主体难以满足的基本责任。（2）"经济型"的公益服务（公共利益的经济服务），包括公益服务、公益经济服务（如交通、能源、通讯等）以及公众服务。（3）政府服务。在中国的体制下，公共利益是由中国共产党自上而下来确定的，其合理性不同于西方政党。在选择说明体制方面也不存在唯一的做事方式。

政府希望通过自身的体制以最小的成本和较好的质量提供服务，但提供公共服务的改革除了经济和效率的考虑外，还有其他动机，如更好的管理吸引投资者或确保社会稳定或减少腐败，或者完成政治目标，如扶贫。一些学者特别强调，市场机制可以使服务更有成效，但不能缺少政府监管。"政府失灵"比"市场失灵"更糟糕。因此他们强调规则和独立监控的重要性，认为规则在把握政策的过程中，不仅在公共服务方面，而且在整个社会服务中都是关键的。

5. 在政府转型方面，一些前社会主义国家的转型经验教训无疑对中国具有启示意义

波兰学者、前波兰副总理兼财政部长科勒德克根据波兰转型的经验指出，政府转型的关键在于提升效力。他提出政府职能转变应注意以下问题：其一，政府职能转变应考虑两个方面的问题。一方面，要考虑政府如果从某些服务领域退出速度太快的话，是不是有替代的部门接替？政府退出某些领域的速度越快越好，但时间上要把握合适。另一方面，要考虑政府职能转变的可操作性。其二，中国机构改革的关键是能不能发展非政府组织。如果政府不承担一些社会的管理职能的话，可以由非政府组织来承

担，但要给它们以支持。其三，要讨论政府职能转变的具体内涵，包括政府应该监督什么，哪些应该由市场去做，哪些应该由非政府组织去做。其四，政府职能转变的问题不在于政府的"大小"，而在于效率。小政府意味着必须降低税收，并且剥夺政府掌握的一些资源，使它们不能提供更多的公共服务。像中国这样的转型国家，如果要缩减政府的规模的话，缩减的速度应视能力而定。只有在有些政府职能已经由其他机构来承担了的情况下，政府才能退出。有些部门政府是否要退出，要考虑到历史和文化传统的因素。其五，中国的未来取决于中国政府是不是有能力自我约束，进行自我改革。政府不光要注意经济增长率，同时要注意经济增长的成果如何在人民群众中公平分配的问题。

6. 要因地制宜地学习国外的政府机构改革经验

许多改革政府机构的发展中国家都希望从国外获取相关的经验。而来自挪威城市与区域发展研究所的挪威学者约·诺斯达则强调，虽然这是可以的，但其他国家的经验也许不适合该国的国情。根据挪威在政府分权方面的经验，他提出了两点：第一，政府改革如果与社会和经济变化结合起来则成功的机会更大。第二，与一般所理解的中央和地方政府之间的利益冲突不同，挪威的分权过程中央和地方之间的斗争并不就是地方政府保护地方利益，而中央政府则与地方政府斗争，而是相反：中央政府在历史过程中的作用是不断增加地方政府的职能，并发展新的地方政府机构。中央政府试图使地方政府机构在中央政府制定的法治框架内解决地方自己的问题。这种措施缓解了中央政府的压力。此外，他还就发展中国家加强地方政府与地方民主提出了两点看法：首先是他所强调的地方政府机构负担太重的问题。其次是政府改革应该与公民社会的发展同步进行，因为政府改革主要指将中央政府的权力分权到各地方政府机构。这就意味着要培训并鼓励非政府组织的发展。而且，地方政府不应该承担一些它们绝对不可以犯错误的工作。他认为，草根级别的民主应该通过如下方式促进：将普通的工作交给更小一级的机构，以使其承担更多的责任。只有这样才能鼓励地方渐进式发展并促进民主自下而上推进。我们不能够采用自上而下的方式将民主强加给人们，这里没有近道。

六、驾驭市场经济

提高驾驭市场经济的能力需要有对经济体制的进一步改革。对此，有一种观点认为，中国的经济体制改革愈改愈难，而这恰恰是导致过去30多年中国经济成功的"避难就易"的改革战略的结果。该战略的确促进了中国经济的高速增长，但从体制改革的角度看，高速增长并没有推动结构性调整和改革，同时却导致进行结构性改革所必需的政治压力的降低。而且，如果一些政治逻辑（如被改革的往往是缺乏政治保护的部门）不改变，真正的结构性改革就不可能被实施。

关于经济政策，科勒德克向中国提出以下建议：（1）强调经济政策方面制度建设和学习的重要性。制度包括了受法律和风俗制约的程序和行为规则；服务于不同市场实体需要的组织和行政结构；以及广义上说的市场文化和观念。他特别强调，制度不仅是被制定或建设的，而且是可以被理解的和可以学习的。除此之外，这个学习过程一定是渐进的和有一定时间长度的。（2）要注意"灰色政治"对政策的影响。如同在经济领域有灰色领域一样，在政治领域也有灰色领域（影子政治）。一些公开决策通常是从属于政府和党的私下决策，这些决议作出后转到正式的决策程序，成为公开政策。"灰色政治"也是一种博弈，但却是一种具有消极的有害特征的博弈。政治灰色领域的范围大小取决于民主国家和公民社会制度的成熟度，以及市场经济的发展情况。（3）在具体的经济政策方面，政策要有目的，要体现远景，但一定要有现实性。因此，"好"政策必须是符合现存环境的。（4）经济政策的有效执行需要坚定的政治领导。决策者必须清楚他们需要什么。决策中，政治领导者要清楚，政治是协调的艺术，为此决策者要找出问题的轻重缓急。同时，政治又是妥协的艺术，任何时候都要有创造性地寻找一致，在必要性和可能性之间找到平衡，协调不同时期社会的不同利益关系。避免因为局部冲突而危及到整个发展。那时候更加难以妥协。这种政策需要知识和各种不同的技巧。

七、对分化社会的治理

一些学者指出，由于从计划经济到市场经济的转变，以及既得利益集团的形成，中国正在快速演变成为一个高度分化的社会，表现为社会阶层的封闭性，即社会阶层间社会流动性不是扩大而是在缩小；新创造的社会财富流向了社会的少数。这些导致了中国社会呈现出高度的等级性，出现了人们所说的社会阶层关系的"断裂"。分化社会的标志不仅仅是利益多元性，更为重要的是它表现为一方面是一些社会阶层对日益增长的经济利益的垄断，另一方面表现为政府分配功能和社会利益协调功能的衰落。这两个方面构成了各个社会阶级或者阶层的高度对立，互相的不信任和敌视。利益的多元性以及基于这种多元性之上的政治制度构成了社会均衡稳定的经济政治基础，而社会的分化及其随之而来的政府调节无效则是社会失去均衡而最终导致社会秩序动乱的经济政治根源。

学者们根据资本主义的发展经验指出，纠正高度分化的社会需要走经济和政治双重改革的道路。西方国家也曾有过社会分化的经历。而它们从分化到多元社会的转型是通过工人阶级的组织化和福利经济的双重变革来实现的。中国现在面临的问题很大程度上类似于早期资本主义。所以，纠正高度分化的社会需要有社会底层的组织化，需要有来自社会的强大压力。

另有学者指出，公平与公正是社会成败的重要之事。假如政府的投资不能到达接受者手里，不管是因为腐败或是低效率，对社会稳定都存在威胁。不过，各国对不公平的容忍程度是不同的。每个社会在不平等的基础上确定自己的政策。决策同时也受到保证和谐社会的服务与公共产品的成本的影响。人们为自己能够和应该付出多少，缴多少税，多少是强制的，多少应是自愿的，多少是经济可以支付得起的，这些都是中国应尽快找到答案的问题。

第八章 执政能力建设：问题与对策

市场经济的发展，所有制结构的多样化，融入全球化进程，社会思想的多元化，网络使用的普及，民间社会组织的发展，这些执政环境的变化，加上政治体制的弊端引发的腐败问题、法治不彰问题、政绩考核机制扭曲问题等，使中国共产党的执政能力包括党的领导干部的个体执政能力，与中国经济社会发展的现实需求以及人民群众的期盼还存在着相当的距离。对此，应从转变观念、澄清认识着手，把具体问题应对与整体改革推进结合起来，围绕提高执政能力建设逐步加以解决。

一、执政能力方面存在的问题

（一）思想政治工作和理论武装工作还存在一些不足、困难和薄弱环节

受苏东剧变的影响，受市场经济负面因素以及一些腐朽消极的东西的影响，一些党员干部丧失了理想和信念，一味地追求功名利禄，人生观、价值观、世界观、权力观发生了扭曲和变形。从一些领导干部的言行不一来看，从一些出了问题的干部案例来看，他们之所以出了问题，首先是理想信念发生了动摇，放松了理论学习和世界观的改造，共产主义的理想、马克思主义和社会主义的信念、为人民服务的宗旨与他们渐行渐远。

有的学者认为，尽管我们的理论宣传在"三贴近"下了很大工夫，取得了很大成绩，但是还有不少的问题，一些假、大、空的东西，车轱辘话来回绕、报喜不报忧、大轰大嗡、一味的灌输情况并不少见，长此以往，可能导致群众的腻烦心理，使得问题解决起来更加困难。

在党员教育方面，内容比较空泛，缺乏针对性；形式比较保守，缺乏吸引力。有的党员概括：现在宣传的道理，每句都是对的，但在实践中不好用，是无用的真理。不少基层党组织对上级安排部署的学习内容照抄照转，生搬硬套，应付差事，搞得上下一般粗。某地在43000多名党员中进行问卷调查，其中认为党员教育"内容空洞，与现实距离太大和联系主观世界解决思想问题不够"的，占82.6%。有32.4%的党员认为教育方式呆板单一。25.9%的党员认为学习教育是"搞形式走过场"。由于思想政治工作不利，结果在开展群众工作方面，很多场合不少领导干部出现了"失语"状态："在开展群众工作方面，有的领导干部不会说话：与新社会群体说话，说不上去；与困难群众说话，说不下去；与青年学生说话，说不进去；与老同志说话，给顶了回去。"一方面，干部感叹"不知道群众在想什么"。另一方面，群众又抱怨"不知道干部在干什么"。

有的高校老师反映，对于青年学生思想政治教育，尤其是大学思想政治教育也存在一些问题。一是讲授马克思主义基本理论教育的课程的优秀教师紧缺。二是互联网和娱乐媒体上的一些不太健康向上的东西特别是各种道听途说的小道消息，玩世不恭的各种段子，歪曲历史、嘲笑革命、颠覆传统的奇谈怪论对青年学生影响很大。三是在课堂教学中，有的照本宣科，理论脱离实际，回避问题，学生睡倒一大片；有的则是为迎合学生的热闹、猎奇心理，一味的发泄对现实的满腹牢骚，甚至不负责任的发表一些错误的非理性的观点，难以发挥正面引导的教育作用。四是高校中的一些教师特别是青年教师轻视政治理论学习，对马克思主义和社会主义理论的研究的成见和误解仍然不同程度地存在着，津津乐道于西方的三权分立、多党制和多元化，泛泛而论或者抽象的谈论所谓的自由、民主、平等，存在着政治改革的浪漫主义和浮躁倾向。

有的地方新闻媒体部门的人士强调，目前我们的主流媒体，尤其是党报党刊实际上在思想意识教育方面有被边缘化的倾向，这主要是因为我们自己的办报、办刊方式越来越脱离老百姓的生活，显得空洞。这种状况实际上是对资源的严重浪费。还有学者认为，我们的宣传和思想教育没有能够跟上信息时代的发展。教育是前沿，但我们的育人者却不懂得前沿问题。

不少学者和基层干部还对共产党员的先进性和纯洁性问题以及走群众路线发表了意见。人们普遍认为，群众路线教育实践活动对加强党的执政能力来说是十分必要的。但问题是坚持下去，防止雨过地皮湿，一阵风，不良作风再次反复滋长，既要注重实效和针对性，又要注重长效机制的建立。

（二）政府职能的转变还有很长的路要走，政府缺位、越位、错位、不到位的现象仍然存在

我国的政府改革贯穿了体制改革的全过程。1982 年以来，重大改革已经进行了 7 次，但人们普遍认为政府改革仍滞后。

一是有的部门和单位机构臃肿、人员庞杂、财政负担沉重。我国是五级政府，每级政府都有庞大的班子。1949 年新中国成立后，政务院的编制控制在两万人之内，现在的情况发生了很大的变化。据统计，我国财政供养人员截止 2009 年已超过 5700 万，这个数字已经逼近英国的人口规模，并且仍在递增之中，以官民比例来看，平均 23.5 个中国人就要供养 1 名公职人员，官民供养比例已经跨入发达国家行列。① 如此沉重的财政负担，使政府财政成了"吃饭财政"。以某县为例，总人口 3.2 万，就有 2300 多人吃财政饭。公务车已经成为压在各级政府身上的巨石。某省公务用车占财政收入的 15.5%。公务车每公里成本费是市场成本的 8—10 倍，使用效率只有市场运营车辆的十分之一。在一些国家级贫困县，老百姓连吃饭、穿衣问题都没有解决，政府机关却大肆购买超标豪华轿车，甚至不惜挪用扶贫款、救灾款。

---

① 《中国财政供养规模调查》，《凤凰周刊》，2013 年第 10 期。

二是人员的增加不是提高了政府的效率，而是增加了摩擦和扯皮，降低了政府的效率，徒然加大了执政成本。领导职数过多，造成分工重叠，各个职能部门和负有专责的领导搞不清楚自己的职权范围和职责，甚至要么争权夺利、决策困难、互相打架；要么在工作中畏首畏尾，不敢放手工作，事无大小，都要一层一层地上报，一级一级地审批。

三是权力寻租仍然存在。"政府权力部门化，部门权力个人化，个人权力商品化"。多年来，利用权力搞创收仍然没有控制住，以行使正当权力为幌子，要么增设审批事项、提高审批难度，要么彼此靠山吃山、靠水吃水，各显神通，波及面既广且深。既有推卸责任的不作为，也有滥用权力的乱作为。虽然国家多次重拳出击治理"三乱"，以及坚决清理和废除不合理审批项目，收效也仅仅是"阶段性成果"。从近年来的国家审计报告中可以看出，政府权力滥用的行为在与政府改革和治理中玩"游击战"，此消彼长，新变种层出不穷。值得注意的是，经过多年的蔓延演化，政府权滥用已经形成两大"集体无意识"：一是政府部门领导成为解决部门办公条件和职工福利的主体，只要是用于部门硬件建设和职工待遇，即使践踏规则、破坏制度，其行为也会被认为是"合理合法"的。二是经过数十年经济利益的"滋润"，不少公务人员的行政伦理道德丧失殆尽，甚至助纣为虐，在分享部门非法所得时没有丝毫的犯罪感，对党纪国法置若罔闻。这些"集体无意识"的存在，会本能地拖延政府职能转变。

四是中央宏观调控的权威性受到挑战。充分发挥中央和地方两个积极性，形成既有中央宏观布局又有地方创造活力、上下左右"运转协调"的新的行政运行机制，是"放权"改革的初衷和目的。但是，在改革实践中，地方"争权"、"越权"行为愈演愈烈。这从 2009 年来应对西方金融危机影响下，中央宏观调控治理与地方反治理的较量中，就足以看见博弈的激烈场景。逐级"放权"之后，中央宏观调控的权威性受到挑战，直接恶果是形成了更多的"将在外，军令有所不受"的"地方集权"、"部门集权"和"诸侯经济"。管理不力、执行不力，已到了非常严重的程度。比如，在微观经济监管方面，可谓千孔百出，官商合谋下的企业违规行为比比皆是，假冒伪劣充斥市场和社会。这从近年来的食品安全危机以及严重生产事故、环保灾难接连不断的发生中可见一斑。在社会管理方面，总是把难题逐级上推致使越级上访事件越来越多，甚至出现了一些地方官员勾结黑社会私设"黑监狱"截访的恶劣现象，一些地方黑势力居然敢于挑战司法机关，等等。人们有理由追问：有关政府领导到哪里去了？政府职能部门干什么去了？那么多行政人员、执法人员忙什么去了？

（三）对非政府组织重视和引导、管理不够

改革开放以后，政治经济体制改革为中国的民间组织（社会团体和民办非企业单位）蓬勃发展提供了契机。社会发展、制度框架和社团的内在发展逻辑等三种力量推动着中国民间组织的形成与发展。截至2014年6月底，全国共有社会组织56.1万个，其中社会团体29.4万个，基金会3736个，民办非企业单位26.4万个。中国的民间组织按其法律地位，可以分为四种类型：一是在民政部门合法登记注册；二是以企业法人身份在工商管理部门注册；三是经本单位批准成立，在单位内部开展活动；四是其他类型，包括工、青、妇等不需要在民政部门登记注册和无法人地位的次级团体。事实上，在第四类团体中还包括大量"非法"独立开展活动的团体，它们没有任何部门登记、也没有挂靠在任何单位或合法登记团体之下。深圳、安徽部分地区进行调查时发现，经过正式登记的民间组织数量只占民间组织实际数量的8%—13%。另外，保守估计，全国已经登记和未经登记的乡村两级的民间组织至少有300万个，占全国民间组织总数的2/3以上。

还要看到，国际性非政府组织在中国开展活动，给中国的非政府组织的发展带来了巨大影响。早在20世纪80年代初，一些国际性的慈善组织，就已经进入了中国的边远省份，90年代初，一些国际性的环保组织和卫生保健以及儿童救助组织进入中国，90年代后期，一些关心中国民主进程的组织，也开始对一些项目进行资助。随着我国改革开放的深入，境外非政府组织在我国境内的的活动日益增加，已成为影响中国经济、政治、文化、社会发展的一支重要力量。据不完全统计，目前在我国长期活动的境外非政府组织有1000个左右，加上开展短期合作项目的组织数量，总数可能多达4000—6000个。每年通过境外非政府组织流入我国的活动资金可达数亿美元，其活动范围涉及扶贫、助残、环保、卫生、教育等 20 多个领域。中国人民公安大学教授王存奎认为，这些境外非政府组织给中国带来了国际资金、先进技术和管理经验，有利于中国科技、民生、公益事业的发展进步，对促进中国非政府组织向着正规化和国际化发展发挥了积极作用，其主流是好的。同时也应看到，少数在华境外非政府组织的活动存在一些不容忽视的情况和问题。①

对党和政府来讲，民间组织是一把双刃剑，政策法规和行为措施得当，就容易与党和政府合作，成为政府有效的"减压阀"、"稳定器"，有利于社会的和谐稳定，否则就走到对立面，影响社会的团结和稳定（民间组织在东欧中亚的"颜色革命"中发挥重要作用）。

因此，一方面这些组织往往容易忽略其理应满足社会需求的功能，另一方面，这些组织也容易偏离公益目标而成为满足私益的工具。政府能够通过有效的制度安排使这类组织接受统一的管理并获得必要的运作知识与管理经验、使这类组织获得足够的资源开展活动、使这类组织得到有效的监督，从而促进民间组织的健康发展。然而，现实情况是：目前中国存在着一些制度上的不利因素，这些不利因素成为了民间组织进一步健康发展的制度"瓶颈"，这些不利因素至少包括：控制型登记管理制度的阻碍、资助型税收制度的缺失、社会监督机制的不健全。中国民间组织的现实法律地位以及大量非法运作的事实是与中国控制型登记管理制度密切相关的。这种控制型管理导致 3 个不利结果：一是民间组织的"行政化"运作方式，二是民间组织"官附性"的利益取向，从而偏离了其公益及社会利益的服务初衷；三是民间组织的内部管理混乱。在某些因素干扰或某些条件存在的情况下，民间组织同样也会出现价值目标的偏离。民间组织为了筹集到更多的资金，自然也就会牺牲部分原则立场。这样一来就使民间组织陷入了一种循环："花钱是为了申请到更多的钱，而得到的钱又为了以基金会满意的方式花出去。"换句话说，公众或企业捐的钱花在哪些方面、怎么花的、结果如何等等情况除民间组织自身以外没人知道。

---

① 《王存奎：辩证看待境外非政府组织》，《中国社会科学报》，2014 年 5 月 14 日。

如何积极应对非政府组织的快速发展，我们还需要更积极主动前瞻一些。

（四）腐败现象仍然是人们关注的热点问题之一

我们党和政府高度重视反腐败斗争，不断加大反腐力度，反腐败斗争取得显著成效。一个寓教育、制度、监督并重的惩治和预防腐败体系将逐步完善起来。但是，根据有关调查问卷，腐败仍然是"最厌恶的社会现象"之一。例如，2002 年—2015 年，人民网连续举行 14 年的"两会调查"网民关注的十大热点话题评选中，反腐倡廉话题居于首位、第二位和第三位的年数分别为 5 年、5 年、3 年，只有 1 年不在十大热点话题的前三位。① 当前，人民群众关心的社会热点问题主要有：关注社会公平，缩小贫富差距；反腐倡廉，惩处腐败分子；关注教育乱收费，警惕教育腐败；解决看病难，建立健全医保体系；关注国企改革，防止国有资产流失；依法行政，打造法治政府；重视信访，解民疾苦；打击假冒伪劣，重塑社会诚信；维护公平正义，树立司法权威；城市住房价格居高不下。应该讲，上述问题绝大多数都与"反腐倡廉"有着密不可分的联系。

因此，我们在充分肯定反腐败取得巨大成绩的同时，必须充分认清中国反腐败所面临的严峻形势。一是腐败案件总体数量增长速度居高不下。二是大案要案、窝案、串案、集体腐败突出。个别地方出现"官场逆淘汰"现象。

三是腐败分子顶风作案突出。个别地方上演"腐败接力赛"。四是渎职的腐败行为相当严重。由行政腐败直接造成的重大安全事故每年导致 10 万人死亡，造成直接经济损失数百亿元。从近年来查处安全生产事故所揭露出来的大量情况看，几乎每起特大事故背后，都与某些腐败案件有牵连。五是腐败向各个行业蔓延，发案呈网状伸展。六是腐败形式花样翻新。一些腐败分子，吃喝嫖赌黑"五毒俱全"。近年来，腐败出现了智能化、低龄化的趋势。七是反腐败的难度和成本加大，查处腐败的任务相当艰巨而繁重。被查处的一些大案和要案大都是由中纪委直接查处的，否则

---

① 人民网，"两会调查"，http：//npc.people.com.cn/GB/28320/392528/index.html

很难查下去。在一些地方，腐败分子盘根错节，能量相当大。在个别地方有这样一种说法：查处一个科级干部，要得罪半个县城。在查处的一些大案要案中，绝大多数是群众举报，而且犯罪手段由单一向复杂、隐蔽、智能化发展，已经从过去简单的以权谋私和监守自盗，转向利用专业知识、利用技术性很强的业务程序和制度漏洞进行作案，一般人很难发觉和进行查处。

同时，社会转型中一些腐败现象值得注意。

一是贪官外逃、资本外逃和贪官洗钱现象猖獗问题。据有关资料显示，中国内地每年通过地下钱庄"洗"出去的黑钱高达 2000 亿元，其中腐败收入洗钱达 300 亿。二是部门和行业不正之风还没有刹住，外企腐败严重。一些地方利用公款进行奢侈性消费和挥霍浪费之风也愈演愈烈。目前国内已批准成立 80 多万家外资企业，相当数量的外企通过各种避税手段转移利润，造成账面上大面积亏损，年亏损金额逾 1200 亿元。三是"一把手"腐败不容忽视。四是会计信息失真和假账范围涉及各行各业。五是禁赌成为反腐败的新战场。最近不断揭露出的党员干部出境赌博、挥霍公款，乃至豪赌狂输之后畏罪潜逃的多起事件，触目惊心。在我国周边地区，一张庞大的赌博网已经悄然形成，并如同抽水机一般将巨额资金掠走。有数据显示，我国每年外流的赌资高达 6000 亿元人民币。据统计，每年以旅游名义出境赌博而造成的资金外流，达数千亿元之巨。六是国有资产流失还未能得到强有力的遏制。与 20 世纪 90 年代的"炒地皮"相仿，各煤炭资源区的"炒资源"之风悄然蔓延，而所谓煤炭企业"改制"更成为资源炒卖的幌子。显然，"圈资源"之祸甚于"圈地"，因为土地不会消失，而资源不会再生，不仅导致国有资产的流失和"竭泽而渔"式掠夺性开发，而且生产安全也会没有保障。七是"村官腐败"不能小视。村干部是国家庞大行政机器中的"末梢神经"，全国村级组织有 60 万之多。当前"村官腐败"现象已经成为农村"内伤"，制约着农村的经济发展和社会文明。一是将社区公共权力资本化。二是集体资产私有化。三是生活腐败化。反腐败绝不能"抓大放小"。八是"跑部钱进"现象。每次人大会议期间，或者每到年终岁尾，各大管钱、管投资、管项目的部委门前，就聚满了前来"跑部"的地方官员。有的地方领导鼓吹"大跑大项目大发展，小跑小项目小发展，不跑没项目没发展"。地方官员为了"跑部"，八仙过海，各显神通，真可谓是"有条件要跑，没有条件创造条件也要跑"，以至于"公贿"成了人们关注的热点问题。有学者直指"这是在冠冕堂皇地搞腐败，最起码也是一种无序竞争"。人们普遍认为，这一现象至少有三大弊端：一是影响资源合理配置、项目合理布局及投资效益；二是腐蚀了干部；三是败坏了政府形象。九是"家族式腐败"。一些有权有势的官员，其家族的全部或大部分成员依仗权势侵吞国家、社会财富。近年来因经济问题被查处的省部级领导干部中，与配偶和子女相关联的占大多数。最近，"腐败期权化"也引起人们的关注。十是黑社会和有组织犯罪问题。公安部门的同志指出：黑恶势力已成为近年来一些地方重大刑事案件发案率上升、社会混乱的祸根。据专家估计，中国黑社会成员至少有100万人左右。黑社会在合法交易的掩护下，进行违法犯罪活动之外，还通过各种手段逐步向党政机关和执法部门渗透。

（五）法律和法规的制定与实施中的一些问题

一是法律和法规的起草、制定充满部门和机关性，许多部门通过立法的形式，随意设置审批、特别许可和收费等规定，将部门甚至处室的利益内含其中。二是各部门法律和法规之间相互矛盾和冲突。各部门在制定法律和法规过程中，都想扩大自己的行政事务的管辖范围，都想扩大自己的审批权力。三是许多法律和法规带有明显的高度公有、计划经济僵化的行政管理色彩，而许多新的事物和社会及经济关系还没有被法律和法规所管辖。四是法律和法规制定得较为原则性，这为随意解释法律和法规留下了余地，甚至有的法律和法规不可操作，并且一些法规审批、收费和罚款的范围弹性太大，一方面形成执法不严，法不责众；另一方面，通过各种关系可以从轻处理，或者法外处理，为执法腐败设置了条件。五是部门的一些法律和法规本身就违宪或违法。全国人大通过的许多法律是部门法。法律的动议和形成过程，几乎掌握在部门和政府的手中，人大在很大程度上，只是一个通过法律的机器。一是一项法律，先是由政府相关部门的政策法规司或者研究室会同业务司起草，在起草这项法律的时候，已经加进去部门的审批、收费、检查、处罚等包含部门权力和利益的条款；二是涉法公民、团体和企业，无权和没有资格参与法律的制定过程，有的法律甚至以保密为由，直到颁布，企业和公民才知道法律的内容。一些专业性的法律，由于人大代表业务知识和信息的有限性，在人大讨论通过时，得不到涉法个人、企业和事业单位的参与。可能这些法律公权太大，民权太小，并使涉法自然人和法人受到损害，但是还是被通过。特别是一些法律原则性很强，又要有部门细则性的法规来解释，其中充满了部门的权力和利益。而部门的法规，则更是这样。因此，中国目前的许多法律法规是国家和政府单边权力很大而主要针对管制老百姓和企业而设定的。

（六）当前市县领导政绩考核指标体系普遍存在不足

对领导工作导向上存在一定的误导和偏差。当前各个地区对市县领导的政绩考核，是按照德、能、勤、绩、廉五个方面对市县领导干部进行考核。德、能、勤、绩、廉是从自身素质和自我要求方面对干部进行的考核，具有很大的伸缩性和随意性；从导向上看，考核过于注重行政的效果，这一现象的突出表现就是市县领导对 GDP 指标的迷恋。"德能勤绩廉"的考核内容较为空泛化，与政府公共管理职能不相配套。

当前市县领导政绩考核对区域经济发展情况，对区域社会发展情况考核得比较少，也不够细致。从结构上看，在现行市县领导的政绩考核的指标体系中，一方面考核了过多的经济发展指标，比如 GDP 增长率、地方财政增长率、经济效益等指标；另一方面考核公共服务和公共管理方面的指标比较少，对政府提供服务的数量和质量，公众满意程度等指标缺乏关注，比如说，没有考核政府的公共卫生职能的指标，也没有考核政府的市场监管职能的指标等。无法确保区域经济社会发展的可持续性结果造成有的地方经济发展和社会发展"一条腿长、一条腿短"。

如果单纯以 GDP 增长为引导，相关行政领导就会采用粗放型的经济增长方式，不注重生态环境的保护工作，宁愿牺牲生态环境换取经济的高速增长。根据中国科学院可持续发展战略课题组的计算，在我国的经济增长中扣除生态损失后，GDP 只剩下 78%。

（七）目前土地制度的一些问题

一是集体土地所有权的虚无性衍生出土地实际村长所有、以亩计费使农民负担沉重、承包期短使土地无法向规模化农场集中；二是集体土地被强制征用为国有土地的不平等性及其衍生的对农民补偿太少、形成越来越多的无耕地无就业无保障的"三无"农民；三是政府的土地管制过度和管制失效并存，不应该管的管了不少，应该管的没有管好；四是土地使用年期较短，使土地使用者在使用权终止时，有巨大的财产归属的不确定性风险，特别是地上附着资产有充公的危险；五是土地所有和管制制度，阻碍着农村剩余劳动力向城市顺利转移，不适应以市场机制为基础有效和合理地配置土地资源；六是在一些由私人和法人使用，但国有和集体使用权没有出让给私人与公司的领域，或者集体和国有让渡给私人或法人使用的土地使用权快到期时，往往发生"公地的悲剧"。

（八）整顿和规范市场经济秩序的任务仍然十分艰巨，社会信用体系亟待加强

应该清醒地看到，目前无论是生产、建设、流通、财税、金融领域，还是社会经济生活的其他方面，无论是商品市场，还是生产要素市场，市场秩序混乱的状况依然相当严重，地方保护、部门分割、行业垄断仍很突出，尤其是制售假劣食品、药品、农资等直接危及百姓生活、生产安全的事件时有发生。市场主体行为不规范，市场体系不健全，市场法治不完备，致使经济秩序混乱的一些沉疴痼疾还没得到根治，继续整顿和规范市场经济秩序的任务仍然十分艰巨、复杂。由于我国尚处在体制转轨中，信用缺失现象不仅普遍，而且相当严重。信用缺失不仅严重破坏了市场秩序，大大提高了交易成本，降低了经济运行效率，而且直接影响和制约着市场机制配置资源作用的正常发挥，使政府启动投资、扩大内需政策的效用大打折扣；大量的失信行为还破坏了经济主体之间以合同契约为基础的正常信用关系，造成了社会风气败坏，道德水平滑坡等社会问题。

另外，社会转型中，以下几个问题也不能忽视。一是个别地方出现了较大规模的农民有组织维权和抗争事件。这些抗争事件，往往与城市化进

程中的土地征收、房屋拆迁有着密切的关联。二是在中国目前的发展阶段，城市社会中正在产生着一种新的社会矛盾和社会冲突类型，即由社会价值观念的差异导致的社会冲突和社会阶层的隔膜。由体制不完善导致的不公正感和生活满意度下降才是导致冲突行为产生的直接根源。比如由"不公正感"导致的收入差距原因的价值认识，使得人们对收入差距的感受在心理上被"放大"了。社会中不满意程度较高、"相对剥夺感"较强、社会冲突意识较强烈的那部分人，往往并不是常识认为的那些物质生活条件最困苦的人，也不是那些收入低但利益曲线向上的人，而是那些客观生活状况与主观预期差距最大的人，是那些实际利益水平虽然不是最低但利益曲线向下的人。三是就业问题仍很严峻，尤其是随着高等教育普及化，大学生就业难问题日益严峻。2003 年，高校毕业人数达到 212 万人，2008 年，高校毕业人数达 559 万人，2009 年以来一直在 600 多万以上，2014 年，高校毕业生达到 727 万人，[①] 由此积累了为数众多的大学毕业生在社会上漂着。由于大学生就业难，在农村"读书无用论"重新抬头。有这样一种说法：因高校高额的学费和教育机会的不公平而导致，农家子弟没钱上不起，有钱也考不上，考上也没用（找不到工作）。四是党员的数量在不断快速发展和膨胀的同时，党员的出口不畅。例如，2010 年，中共出党的有 3.2 万名，大部分是因为违纪被开除的，而新发展的党员 307 万名，净增 220 多万名，[②] 分别是出党数的 96 倍和 69 倍。有人提出，数量要服从质量，我们党应当"减肥"，对于徒有其名的党员，白给也不要。

二、提高执政能力的对策

（一）完善、发展、创新党建理论，澄清一些模糊认识

自中国共产党提出加强执政能力建设并把这一建设作为党的自身建设的首要主线以来，对执政能力的认识不断深入，但仍存在一些模糊认识，

---

① 《2014 年更难就业季》，中国教育在线，http：//www. eol. cn/html/c/2014gxbys/
② 王秦丰：《去年出党人数为 3.2 万大部分是被开除党籍》，中国共产党新闻网，2011 年 6 月 24 日。

需要澄清。在对党的执政能力的各种理解中，不能把"党的执政能力"简单等同于"党的领导干部的执政能力"，也不能理解成掌握权力的个人——党的各级领导干部运用权力的本领，也不能看作党的各级领导干部的执政能力和党员能力的简单叠加和汇总，因为我们党是一个有机的整体，不是党员和干部组成人员的简单相加之和，不是"一袋马铃薯"。组织的整体力量应当大于组织内部个体力量的简单相加。有学者反映，目前我们党建理论研究还存在一些不足，如偏重于经典文本理论的演绎推理；政策阐释性味道浓厚，研究问题避重就轻，甚至回避问题和矛盾；有的研究大而无当，一些立论缺乏前提和想当然，甚至论证强词夺理，违背常识，搞循环论证和偷换概念；研究方法过于单调，话语体系缺乏生活气息和时代感。一些人由于绝对化地对待马克思主义传统党建理论，至今在以下六个方面仍然存在误解：把党纯粹作为进行阶级斗争的工具；把党代表工人阶级和广大劳动人民的利益看作天然的，而不是实践的结果；把共产党执政与非无产阶级执政的本质区别理解为国家权力本身特点的消失，由党的先进性推断党内的消极现象都是来自党外的思想、影响的结果；把"党管干部"等同于干部任命制或变相任命制；把不完全的民主集中制实践看作民主集中制的内容。党建理论要创新，就必须反思和梳理传统党建理论，走出认识误区。从事物发展的逻辑看，中国经济、政治、社会等领域的一系列深刻变化，皆由市场经济逻辑起作用的结果。因此，市场经济的逻辑，是我们研究党的执政能力建设问题的逻辑起点之一。

（二）探索着力解决人民群众最关心、最直接、最现实的利益问题的机制和办法，推动社会事业改革创新

这方面各地已有不少有益的做法。河南省有的地方行政村推行"村情民意恳谈会"制度，让干部走进村庄户院，与群众面对面进行恳谈，摸清群众的脉搏，建立起了"让群众说话，促群众沟通，为群众办事"的新机制。为了开好恳谈会，要求干部向群众承诺：无论什么事，群众都可以说；无论什么话，干部都要听；无论反映的问题有多难，都要认真去解决。同时，对参加恳谈的干部提出"五不准"：不准无故推迟或不召开，

不准中途打断群众提出尖锐问题和意见，不准顶撞群众的指责和抱怨，不准推脱不办群众提出的疑难问题，不准因此增加农民负担。这样村民的怨气少了，误会少了，心气顺了，锻炼了干部解决复杂问题、为民办事的能力。

为"零距离"倾听民声，浙江实行下访接待群众制度。在开展下访活动中，各地采取"事先预告、上下联动、分类处理、跟踪督办"等方式，省、市、县三级领导和有关部门负责人共同参加接访活动，对问题进行纠核处理，除了当场解决一些问题外，一些合情但不合理或者政策不允许的，则不厌其烦地宣传政策，讲清道理，解释疏通。对一些普遍性问题，如土地征用、房屋拆迁、社会保障等，则把问题搞清楚，统一研究解决，对一些违法违规、无理纠缠取闹的进行批评教育，给予明确定性，使之息访。各地按照"事事有回音、件件有着落"的要求，认真核理，及时交办，落实责任，集中调处，真正达到了解决一批、疏导一批、研究一批、息访一批的要求。领导干部下访活动，从源头上减少了信访问题的产生。以下访为契机，各级领导干部着眼于早发现、早处理，集中时间和精力妥善化解了一批信访难题，各地信访工作普遍出现了好转势头。在信访工作上，有人建议中央带头变上访为下访，各部委办局选派优秀后备干部进驻全国各地就近接待，一方面缓解北京压力，节约经费，另一方面也使后备干部得到锻炼。

重庆市有的地方实行"八步工作法"。凡涉及村级经济发展规划、村级财务预决算、村内兴办公益事业、重点项目和村民切身利益的大事，都要通过"八步工作法"，广泛听取村民意见，由全体村民和村民代表会议讨论决定。第一步，深入调查收集村民意见，由全体村民或村民代表会议讨论决定。第一步，深入调查收集民意（弄清大多数群众需要办什么）；第二步，召开会议初定方案（召开党员干部和村民代表会议，初步讨论具体怎么办）；第三步，宣传发动统一思想和认识；第四步，民主讨论确定方案（多次召开党员干部和村民代表会议，在初步方案的基础上，根据群众的意见修正完善，形成最终方案；并在会上推选工程建设领导小组人选，普通群众必须占到50%以上；为避免干部财务上不清白、群众不明白，成立群众财务管理委员会，所有钱均有群众代表管理，村组干部管事不管钱）；第五步，户户签字进行公决（赞同的达到85％，才予以实施，否则暂缓）；第六步，分解工程落实到户；第七步，各村民小组组织实施；第八步，竣工结算张榜公布（由群众财务管理委员会清算财务）。

在加强党的社区工作方面，有的地方实施了亲民工程，在社区设置了一些亲民救助超市，通过政府投入一部分和向社会募捐一部分的办法吸取资金和实物，为生活困难群众提供生活必需品，取得了良好的社会效益，并以良好的政府形象吸引了一部分投资，附带了一定的经济效益。

（三）以社会主义五位一体建设为方向，转变以单纯经济增速为指标的政绩考核指标体系

过分追求GDP的缺陷在于：不衡量社会成本、不衡量增长的代价与方式、不衡量效益、效率、质量和实际国民财富、不衡量资源配置的效率和价值的判断。只是对最终产品和劳务的计量，没能反映经济发展对社会的负面影响。它无法反映污染的增加，人们闲暇时光的缩短。有些GDP的增加甚至是毁灭性的，比如推倒重来的半拉子工程，因规划问题一年翻修好几次的马路。再比如，两辆行驶在马路上的汽车，如果二者相安无事，则GDP的贡献几乎为零。但是如果发生了撞车，那么救护、医疗、修车、诉讼、保险、新闻报道、清理现场等则使GDP在增加。

在考核的指标项目上，依据考核的主要内容细化设置。对市县的领导干部的考核，应该包括以下三个方面的内容。社会全面进步方面，包括社会保障：社会保障经费占财政支出比例；社会保障覆盖率；城乡低保面及水平；教育卫生：教育经费占财政支出比例；中小学入学率；学校危房率；卫生防疫经费占财政支出比例；农村卫生体系建设状况；男女性别比；城乡公共性基础设施建设：城乡道路交通状况；城市供排水系统普及和完好率；农村安全饮用水普及率；生态环境：人均森林和绿地面积；城市污水垃圾处理率；大气质量；水污染状况；社会管理：每万人刑事犯罪率；商业欺诈投诉率；治安环境群众（外来投资者）满意率。人民生活和经济发展包括人民生活：失业率；城乡人均居住面积；恩格尔系数；农村

和城市贫困发生率；结构转型：城市增长率；农业劳动力比率；第三产业劳动力比率；经济实力：按实际经济活动人口计算的人均 GDP；人均可支配财政收入；农村人均收入；城镇人口可支配收入。民主法制方面包括重大决策和地方法规制定听取专家、公民意见情况；城乡居民对执法机构的满意率；新闻调查机构调查的党政领导满意率。在从严治党的新常态下，各级党组织书记还要注重把抓好党建作为自己的中心工作，把党建视为第一政绩。

（四）积极引导中国民间组织健康发展，创新社会治理体制

面对民间组织的迅速发展，熟视无睹、放任自流，或者强管硬堵都是不足取的。对于促进社会组织发展，十八届三中全会决议指出，"激发社会组织活力。正确处理政府和社会关系，加快实施政社分开，推进社会组织明确权责、依法自治、发挥作用。适合由社会组织提供的公共服务和解决的事项，交由社会组织承担。支持和发展志愿服务组织。限期实现行业协会商会与行政机关真正脱钩，重点培育和优先发展行业协会商会类、科技类、公益慈善类、城乡社区服务类社会组织，成立时直接依法申请登记。加强对社会组织和在华境外非政府组织的管理，引导它们依法开展活动。"①

具体而言，要在深刻认识公民社会发展规律的基础上，对民间组织予以正确的定位和合理的分类，加紧修订和完善相关的法律、规章和政策，从审批、登记、注册、监管、经费、税收等方面，对民间组织既积极支持，热情帮助，又正确引导，合理规范，建立一个有利于公民社会健康成长的环境，防止民间组织成为政府的对立面，使其更好地与政府合作，齐心协力建设社会主义和谐社会。针对阻碍目前中国民间组织健康发展的不利性因素，政府应积极地建立起有利于中国民间组织进一步健康发展的制度框架。

一是建立一套完备的民间组织立法体系。根据调查显示，除合法登记的民间组织之外，仍存在大量非法独立开展活动的组织，它们没有在任何

---

① 《中共中央关于全面深化改革若干重大问题的决定》，新华网，2013 年 11 月 16 日。

部门登记，也没有挂靠在任何单位或合法登记团体之下。随着中国社会的进一步发展，这类非法开展活动的组织数量会越来越多，类型与开展活动的形式也将越来越多样化，加上控制型的登记管理制度也将迫使越来越多的民间组织转入非法运作的队伍。最后的结果可能是，大量非法运作的民间组织存在于法律的盲区。立法应该涵盖除政府、企业以外的所有的民间非营利组织，包括社会团体、民办非企业单位以及上述未登记或转登记团体在内的各种民间非营利组织。在这一基本法的制度框架基础上，建立一系列针对民间组织的专项法律，如培育服务型登记管理制度；资助型税收制度；完善的社会监督机制；非营利分配性评估制度等。

二是建立培育服务型登记管理制度。所谓"培育服务"，指政府基于培养、促进民间组织发展的角度去管理这一部门，并提供一切必要的政府服务，目的在于促进民间组织的健康发展，培养民间组织的主体意识及责任权利意识，提高民间组织的社会公信度，最终使该部门成为一个独立、有效运作的部门积极参与到解决各种社会事务问题中。

三是建立资助型税收制度，保障其活动的公益性。

四是建立完善的社会监督机制。民间组织有责任向社会提供详细资料来通告和解释包括财务状况、决策过程、具体计划安排和如何确立目标的优先级等方面内容。

（五）惩治腐败，防止既得利益集团成为深化改革的绊脚石

一是深化体制和制度创新，消除腐败滋生和蔓延的土壤。"扬汤止沸莫如釜底抽薪"。清除腐败，不仅仅是挑出一个"烂苹果"，而更应该检查放置苹果的筐子。因此，必须编制严密的体制之网。

二是对腐败的查处及时而且严厉，加大腐败成本，让腐败者觉得腐败是一件赔本的买卖。

三是改进追讨外逃贪官腐败资产的方式。建议采取先民事再刑事诉讼的办法。先断了腐败分子的"口粮"，使其难以在国外挥霍和逍遥自在，然后再引渡回国。

四是着力铲除腐败的温床——地方和部门保护主义。地方和部门保护主义是中国反腐的主要障碍之一。现在一些腐败案件之所以发生，之所以

查不下去，一些地方之所以假冒伪劣产品泛滥成灾，黑社会之所以猖狂嚣张，地方保护主义和部门保护主义从中作祟是一个极其重要的原因。某省一项问卷调查显示，在地方对中央路线方针政策的执行方面，认为"对党的路线方针政策贯彻不力"的有 64.5%，认为"贯彻走了样"的占 21.7%。

五是警惕既得利益集团成为中国反腐败和深化改革的强大绊脚石。中央领导同志多次强调，要警惕既得利益集团问题。中国经济学家吴敬琏在展望中国改革前景时曾说过："改革的两种前途严峻地摆在我们的面前：一条是权贵私有化的道路，一条是政治文明下的法治的市场经济道路。在这两条道路的交战中，面对前者咄咄逼人的来势，我们清醒地认识到这种潮流对于我们的前途和未来的威胁。改革开放 30 多年来一直存在这样一种情况：一方面，符合大多数人利益的改革经济遇到重重障碍，难于很快地推进，可是另一方面，只对少数有权有势的人有利的改革，倒可能进行得很快，也许几天几个月就能把成千上万的公共财产通通扫进少数人的口袋。"现在，一些立意很好的改革措施在实践中被扭曲或夭折，一些并不见得代表人民根本利益的部门和地方规章政策的出台，在很大程度上是既得利益者在兴风作浪。有学者指出，姑且不考虑既得利益集团干预社会政治的可能性，就其存在本身而言，就对我们党执政的理论基础提出了挑战，其危害性远远大于公开反对或公开违背法律所造成的危害。

六是抓住腐败的重点，以点带面。根据中纪委的调查，五大领域成为群众心目中的腐败"重灾区"：建设工程、公检法、医疗、教育、组织人事。显然，这五大领域应是反腐败的重点。

党的十八大以来从严反腐的实施取得了极其显著的成效，各项作风有了很大改善，腐败蔓延的势头被有效遏制，良性的政治生态逐步形成。作为全面从严治党重点的反腐败斗争，在十八大以来的两年多时间内，展现了如下特点：一是查处的官员数量特别多。仅 2013、2014 两年中，各级纪委给予党纪政纪处分 41.2 万人次，涉嫌犯罪移送司法机关 21600 余人。二是查处贪腐高官速度加快。截止 2015 年 3 月底，已有 99 名省部级以上高官落马，年均 42.4 名高官被查，是十七大至十八大年均 5.8 名的 7.3 倍。截止 2014 年底，各省被查处的厅局级官员也有 533 人。三是查处贪腐高官的层级有重大突破。共有 4 名副国级以上高官落马。对原政治局常委周永康的查处，打破了"刑不上常委"的惯例，对原军委副主席徐才厚的查处，也突破了军内反腐原先的最高层级。四是查处贪腐高官的覆盖面广。落马高官的地域分布中，涵盖中央机关、大型央企、军队和全国 26 个省市区，其中山西、四川、云南、江西等为重灾区。五是深挖出一系列腐败官员团伙。极具代表性的有"石油帮"（蒋洁敏等 6 人）、秘书帮（李崇禧等 6 人）、山西帮（令政策等 7 人），一些地方和部门窝案、串案不断，呈现"塌方式腐败"。六是严厉惩处军队腐败。共查处 31 名军级以上军官，涵盖中央军委机关、七大军区、军事院校、海军和二炮。七是对裸官和外逃贪官的处置力度加大。截止去年底，全国已清理了 3200 余名副处级以上裸官，对近千名在限入性岗位的领导干部裸官全部进行岗位调整。开展了海外猎狐行动，仅 2014 年追逃 500 多人，追赃 30 多亿元。① 持续高压的反腐败斗争，尤其是对贪腐高官的查处，产生了极大的震慑作用，扭转性地改变了官场政治生态，彰显了党中央全面从严治党的意志和决心，也赢得了广大人民群众的衷心支持。

（六）建设公共服务和社会治理型的政府

针对目前政府职能的缺位、越位、错位的现象，有学者提出了如下建议：

一是对不同层次的政府在功能体现上和责任上做出明确的界定，如中央政府的职能与责任，中央政府和地方政府交叉的职能和责任，地方政府的职能和责任，中央政府和地方政府事权和财政的划分和界定等。

二是政府体制和职能要做到四个转变。从生产建设型向公共服务和社会管理型转变（完善市场运行规则，强化监督管理，规范各类经济主体的行为，创造公平竞争的市场秩序，维护好社会治安）；从主要提供经济物品向提供制度环境转变（精心营造一个稳定、统一、公开、可预期的良好的制度环境，制定规则、充当裁判，保证各种创新机制有效运转）；从行政管理型向公共服务型转变（树立纳税人供养和服务意识，

变管理制为服务管理，变制造麻烦为方便百姓，着重提供教育、文化、娱乐、公共卫生、交通、水电、道路等公共或准公共产品，将服务寓于服务之中）；从集中管理型向依靠市场调控型转变（集中精力搞好宏观调控和创造公平、竞争、有序的环境，不能干预企业的经营，不再作为竞争行业的投资主体）。

三是依法行政，置政府于法律的制约制衡中。非经法律授权，行政机关不能具有某项职权。行政法规不得与法律相抵触，减少行政人员的自由裁量权。

四是行政行为在不危害国家安全和特殊规定的前提下，都要接受社会的监督、透明公开，减少政府决策不受审查、不可争论、不向社会开放的情况。政府的法规、信息资源、办事内容、决策程序和结果、人事录用和任免都应该公开透明，实行"阳光政治"，因为"阳光是最好的消毒剂"。

政府改革要求真务实，提高政府的执行力。要建立调查研究制度，建立和完善重大问题集体决策制度、专家咨询制度、社会公示和听证制度以及决策责任制度，以制度保证决策不失误。针对目前行政监督体制中存在的监督力度不够、行政监督法制化程度低、监督弹性大的弱点，有地方领导提出，加强行政监督的重点在于三个方面，即建立行政过错责任追究制度，加强评价监督体系建设，以及加强行政立法监督。另外，公开政务、公开政情是政府有效履行公共服务职能的重要保障。在政府改革，尤其是精简机构的改革时机问题上，专家学者倾向尽快改革。但来自地方政府的干部却提出了一些实际的问题，包括人员的疏散以及改革的成本等问题。他们认为，上面的改革所以好搞，是因为不存在丢饭碗的问题。可基层的改革则可能涉及丢饭碗的问题，所以必须考虑改革成本。例如，湖北省每一个县的改革至少要4000万（包括提前买断工龄），现在只能把三年的转移支付提前用完。所以，他们希望这样出台配套的政策支持改革。

有学者认为，要加强我党在陕甘宁边区局部执政历史经验的研究。通过这段历史经验的研究，对我们党提高全面执政能力具有借鉴意义。

（七）建立公开、民主、法治化的公共财政制度，形成事权与财权相对应的分级财税体制

在确定财政支出顺序和财力分配上，应优先满足三个方面：一是加强行政管理、公共秩序、基础教育、国家安全等领域；二是构建社会保障网络，加大对低收入者的转移支付；三是改善宏观调控。在投资方向上，应集中在缩小区域差距、解决城乡二元结构，环境保护、社会基础设施等领域。纳税人有权知道各级财政支出的结构和效率，各级政府财政的收入和支出应当公开，并接受社会的监督。要改变那种预算不完善，预算编制粗糙，预算执行随意性大的现象，形成控制地方政府借债的宏观调控机制，限制各级政府和各部门的税收外收费，适当调整中央集中制，增加地方政府可自主支配的财力，构建规范的政府收入体系。

（八）加大机构改革力度，逐步推进政权层次改革

世界上许多国家政权实行的是中央、省、县（或者说州）三级分层体制。我国建国后的一个相当时期，实行的也是中央、省、县三级分层体制。目前我国实行的是中央、省、市、县、乡镇五级分层体制。有学者认为，五级政权体制给中国行政、司法和政治的运转带来了一系列问题：不仅信息损失和信息失真的概率增大，而且政权运行的成本和机会成本大大上升，同时增加了自我膨胀和摩擦消耗。据《中国统计年鉴2014》统计，截止2013年底，全国四级地方行政机构的数量分别为：省级34个，地级333个（其中地级市286个），县级2853个（其中县级市368个，县和自治县1559个，市辖区872个），乡镇级40497个（其中镇20117个，乡12812个，街道7566个）。① 单就乡镇一级，4.05万个乡镇700多万吃财政的人和庞大公务支出以及权力衍生品，对财政供养造成严重负担。而目前的地级市，实际上是在财政分成的情况下，剥夺了一些县和县级市的财力在维持其政权运转。因此，从长期来看，应当形成中央—省—县三级分层政权体制。从近期看，应当撤乡并镇，或者县人民政府派出机构管理，

---

① 《1—1 全国行政区划（2013年底）》，《中国统计年鉴2014》，国家统计局网站。

取消乡镇人大、政协和其他政权机构和政府机构，一些外围机构应当走合作社、企业化和社会化，一些公共服务性质的事情，进行结构调整。远期采取分省、撤地战略，取消副省、地级和副地级政权层次。将一些大市改为中央直辖。考虑到多年来多少次党政机构和人员改革处于精简—膨胀—精简—胀的恶性循环中，应当起草一部《国家政权和事业人民供养法》。属于人民供养的各类机构和人员，需要定岗定员、规定标准，建立指标体系、严格控制经费拨款、制定审核监督办法和增加供养人员的程序。对于违规责任严格追究。

（九）改革干部人事工作，建设一支高素质的干部队伍

一些组织部门的干部认为，提高执政能力的关键在于提高人的能力，在于选拔和培训具有执政能力的干部和人才。在选人用人上，优化开发执政资源，把视野放到全国，公开招聘、选拔具有现代领导素质的领导干部。

有的地方对干部提名和选举制度进行了改革，实行自由、自下而上的提名办法。还有的地方为了防止"一把手"说了算，对常委会发言规定了细则。针对"一把手"定调、其他人附和、"一致赞同"的普遍现象，实行"一把手末位发言制度"，规定"一把手最后发言"，以利于其他人发表意见。

有的地方围绕干部的教育、管理、使用和监督各个环节，狠抓干部队伍建设，形成了行之有效的办法和措施。一是加强干部教育机制建设，连续3年在全区范围内开展以"和政、勤政、廉政"为主要内容的"三政"学习教育活动。二是严格干部管理机制建设，努力营造依靠法律、依靠纪律、依靠制度的"三依靠"工作机制。第三，完善干部任用机制建设。为了更广泛地加强对干部选拔任用工作的监督，在党委常委会决定前，先在两委委员中进行测评。同时，将测评的范围进一步扩大，把选拔任用领导干部的权力置于党代表监督之下，让党代表与两委委员一起参与对拟提拔的领导干部的测评，增强拟任人选的群众公认度。四是强化干部监督机制建设。邀请党代表列席党委常委会，对选拔任用干部实施全程监督。

（十）重视基层工作中的经验和问题，逐步推进党的执政能力建设

一些地方也在具体探索提高执政能力的方式方法。例如，很多地方为解决村委会和党支部的矛盾，推荐党支部书记和其他候选人一起平等地竞争村委会主任，倡导村委会主任和党支部书记一肩挑。一是既加强了党的领导，解决了因分工不明发生矛盾的可能。二是精简了机构，减轻了农民负担。三是增强了农民对党组织的信任。一方面改变了党支部不受监督的局面，另一方面也由于权力来源发生变化而促使干部对人民群众的认识发生变化，增强了权力来自群众的观念，转变了作风。

河北青县的探索别具特色。党支部是村中各个组织的领导核心；村代会是决策监督机构；村委会是村务管理执行机构，执行村代会的决策。村委会的权力受到了制衡，党支部与村委会的关系变得更加协调，村级各个组织的权力分配更合理，既体现了党组织的领导，又保证了村民自治。四川省率先在全省范围内实行农村党支部书记和委员的"公推直选制"。在选农村支部书记和委员的时候，放弃过去实际上是由上级党组织指定人选的做法，而采用党员自愿报名或群众推荐、通过演讲和群众测评、根据所得信任票报上级党组织审批、最后提交党员大会差额选举产生的方式。公推直选，收到了良好的效果。"公推直选制"不但能够选出群众自己所信任的党员，把权力交给他们来行使而且从四个方面促进了党内民主的发展：首先，党员在真正意义上行使了自己的民主权利，选举权和被选举权得到了充分体现；其次，被选出来的人有了强烈的对下负责的意识，竞争时的承诺使得责任感和工作的积极性、主动性和创造性都大大增强；再次，有了明确的权力授受关系，真切地感到了手中权力受到的制约；最后，还推动了乡镇领导干部的公选，对机关和企事业单位的干部制度产生了影响。正因为公推直选的办法对党内民主的巨大推动，除四川外，不少地方也先后在实践中总结出了"双推制"，"两票制"等形式，扩大广大群众和党员的参与，表现了党内民主革命和社会民主的不断发展趋势。近年来，各地在基层自治组织换届选举中，还开始推广"无候选人一次性直接选举"的做法，保障村居民对自治组织候选人的提名权。

一些地方为提高基层干部的素质推行了一些改革措施。针对目前机构

改革在基层基本封死、优秀大学生根本进不了乡镇的情况，政府从大学生中选拔选调生到基层锻炼，保留他们的学籍（或读教育硕士的资格）以解除他们的后顾之忧。目的是充实乡镇干部的结构，提高基层干部的素质。但其中也反映出一些问题，包括如何要为他们创造发挥作用的条件的问题。另外，一些地方还实行县乡党政机构的改革，乡镇党政领导一肩挑撤并一些乡镇。在县一级，除书记和县长分开外，副书记和副县长基本上一体。

一些地方党政部门为加强基层党的执政能力建设出台了一些措施，一方面从为老百姓做实事入手，改变人们对党组织的态度。如进行生态村建设，建一个生态村，农民对党的态度就不一样。另一方面，多关心基层干部，少甩包袱。

陕西有的地方突破了传统党员发展模式的局限性，由过去村党支部发展本村党员的惟一模式变为乡镇（街道）和村级的双平台，依托乡镇党校，开通发展党员的第二通道，公开、公平、开放地招考党校学员，发掘农村中的执政资源，为农村优秀青年的公平进步畅通渠道，为农村党组织培养储备了年轻后备力量。为解决农村党支部被边缘化的问题，提出并配套实施了"村账街管"制和农村财务双签制，找准农村党支部发挥领导核心作用的切入点。村务、财务公开制度化、街办村干部例会制度化、信访听证会制度化、乡规民约评理会制度化，有效解决了社会矛盾和群众上访问题，密切了干群关系，为构建农村和谐社会提供了制度保障。有的地方专门筹集资金，设立了"农村人才储备基金"，每年选派优秀应届大学毕业生到农村工作，实行"市县发财政、农村用人才"，这个办法既能够缓解就业紧张局面，又能够为农村储备一批高素质人才。针对农村干部任期过短、换届调整频繁的问题，有干部建议将农村"两委"干部任期延长为5年。

（十一）搞好党内民主，推动社会民主

有学者提出了新时期发展党内民主的对策和思路。主要内容包括：（1）确立党的民主原则，升华党的民主观念，主要是指确立在党的各项事务的管理中，以尊重党员的平等权利和多数党员的利益、意志为原则的一

种观念、制度和机制。其目的是限制少数人控制党的权力。（2）建立党的
代表大会常任制，构建党的民主体制。其基本含义，一是党的代表大会的
代表资格是常任的，任期同党的代表大会相同；二是党的代表大会实行年
会制，每年举行一次会议；三是常任代表参与党的重大事务决策和管理。
湖北宜都和罗田都进行过进行党代会常任制试点改革。（3）改革党的纪律
检查体制，建立制约有效的党内民主监督机制。提出在党内建立一个垂直
领导、相对独立、与同级党委并行的党内民主监督机制。（4）完善党内民
主程序，构建党内民主运行机制。包括完善党内选举程序（充实候选人的
条件，完善各级党的代表大会和各级党委候选人的提名制度，严密选举过
程和逐步扩大直接选举的范围），完善党内决策程序和完善党委集体领导
程序（建立一套重大问题的民主决策程序）。

在党内选举问题上，各地主要有以下几个办法：一是党代表的直选。
例如四川雅安市的雨城区和荥经县对党代表的选举，不再像过去那样由组
织提名，或由上级党组织授意，而是把提名权还给党员。在雨城区，82 个
地区全部采用直选方式。100 多个代表名额，参加竞争的有 1000 多人。湖
北罗田县把党代表直选的差额比例从 10% 逐步扩大到 30%。二是理顺党代
表大会和党的领导机构的关系。例如，湖北宜都市推行市委委员直选，把
提名权直接交给党代表。40 名市委委员、候补委员不由组织提名，而由党
代表推选产生，这在全国还是第一次。三是赋予全委会以实权。例如，湖
北省罗田县取消了县委常委会设置，实行县委委员制。由党代会直接选出
15 人的全委会行使领导机关的职责。规定全委会是党代会常设机构，领导
党的日常工作。强调全委会以无记名投票方式决定全县的政治、经济、文
化、社会生活、干部任免、监督等大事。在地方党组织的党代表常任制实
践中，浙江台州市椒江区的党代会常任制时间最长、影响最大。这里的党
代会常任制从 1988 年开始实行，已有 17 年，积累了丰富的经验。其基本
做法是：全区按区域或工作性质将党代表大会代表划分为 13 个代表团，在
本次代表大会前后和两次代表大会之间开展活动。在大会期间，代表团的
活动主要是组织讨论、形成提案、酝酿人事问题等。在大会期间，根据需
要，定期或不定期召开会议，讨论区委提交讨论的问题；形成提交党代会

的提案；讨论本代表团所在区域和工作系统在贯彻区委重要决策方面的有关问题；组织代表进行社会调研，提出工作建议等。在试行常任制后，由全委会直接负责闭会期间党的工作。区委还建立了党员代表联络办公室作为常设机构，负责组织、协调党代表的各项工作。各代表团都有一名联络员，负责本代表团的联络工作。

（十二）深化司法改革，规定法律法规的制定

来自地方司法部门的干部对司法部门的改革提出了一些建议。他们认为，十六大以来提出的公正司法的改革正处在磨合的过程中，部门利益直接影响着改革的进程。要实现公正司法，各个司法部门必须没有自己的直接利益。如检察院设反贪局，就是为了增加自己的经济来源（财政分成）。法院的职能就是审判，但它既审判，又执行，后者是它的主要财源。而不解决这些问题，要提高公正司法、提高执政能力是不可能的。司法公正和司法独立问题要从根本上解决，要走的路很长，但这并不意味着无所作为。同时，对冤假错案实行责任追究和曝光制度。为解决这些问题，立法程序和过程需要这样一些改革：（1）法律和法规的形成，可以由政府部门提议，也可以由居民和企业动议，由立法机关召集，一定要有有关各方人士参加，形成法律法规起草专门小组和联系人。（2）法律和法规草稿应当公开广泛征求意见，重大的法律和法规，应当实行听证制。法律和法规的制定要公开、透明、民主。（3）许多法律和法规是规范政府管理部门和企业及自然人双方行为的契约，可能法律和法规在公开民主制定过程中，否决了政府有关部门的审批和收费设置，并加大了政府部门的责任，这时，要避免政府有关部门阻挠和否决法律与法规的形成。（4）各部门法律，要与其他已经出台的法律进行协调，避免相互冲突；部门所出台的法规，也要由立法部门进行审议，一是避免各部门法规相互矛盾给法规管辖的企业和自然人带来不便；二是防止部门趁制定法规之机，设置审批、收费等寻租性条款。（5）过去出台的法律法规，其中不适应市场经济体制的，法律之间相互冲突的，有不合理审批和收费的，甚至损害企业和自然人权利的等，进行一次彻底的清理和修改。

2013 年 11 月，党的十八届三中全会通过的《中共中央关于全面深化

改革若干重大问题的决定》，明确提出："改革司法管理体制，推动省以下地方法院、检察院人财物统一管理，探索建立与行政区划适当分离的司法管辖制度，保证国家法律统一正确实施。"① 在保障司法审判权独立方面有了重大进展。2014 年 10 月，党的十八届四中全会通过的《中共中央关于全面推进依法治国若干重大问题的决定》，对于深化依法治国各项改革作出全面部署。在立法体制改革方面，提出："明确立法权力边界，从体制机制和工作程序上有效防止部门利益和地方保护主义法律化。对部门间争议较大的重要立法事项，由决策机关引入第三方评估，充分听取各方意见。"② 2015 年 3 月，全国人大对《立法法》进行修改，修改后的立法法呈现出授予设区的市地方立法权、规范授权立法、明确税收法定原则、界定部门规章和地方政府规章边界、加强备案审查和对司法机关制定的司法解释加以规范等六大亮点③，进一步提升了立法体制的规范性水平。

（十三）推进文化体制改革，创新宣传教育工作

对于宣传教育，许多从事教育和宣传工作的学者和干部指出，要改变我们传统的宣传教育形式，要达到"好吃又好看"、"叫好又叫座"，避免一味的大轰大隆运动式的灌输，要分门别类，有的放矢，既要成绩讲够，也要问题讲透，既不要无病呻吟，也不回避困难、矛盾和问题。要依靠理论的彻底性、真理的魅力、人格感召力、实践的穿透力，来回答人们的一些疑惑和困惑，消解人们的一些成见和偏见。不仅要大力宣传革命传统，还要发掘优秀传统文化。要加强主流媒体的地位和作用，要完善对主流媒体的管理方式，要通过贴近老百姓、适应适应市场规律的方式来巩固阵地。宣传教育要从管到导、从堵到疏，跟上信息时代的发展，树立成本和效果意识。同时，针对社会上蔓延着新自由主义、享乐主义、犬儒主义、庸俗主义、否定历史和革命、颠覆传统等倾向，要加强意识形态的调控和引导，处理好主流文化与非主流文化、指导思想一元化和社会思潮多元

---

① 《中共中央关于全面深化改革若干重大问题的决定》，新华网，2013 年 11 月 16 日。
② 《中共中央关于全面推进依法治国若干重大问题的决定》，新华网，2014 年 10 月 28 日。
③ 《中国 15 年来首次修改立法法六大亮点引关注》，中国新闻网，2015 年 3 月 15 日。

化、解放思想与统一认识、学术探讨与政治要求的关系，建设与时代发展、群众需求想适应的社会主流意识形态，增强意识形态的包容性和创新。要从研究课题、经费、机构、学科建设等方面进一步加强马克思主义理论和科学社会主义教学在高校中的地位。

（十四）以宽广的胸怀和世界眼光深入开展国外一些政党加强能力建设问题上的经验教训研究

有学者指出，西方国家是政党的发源地，一些大党、老党有丰富的执政经验，在创新执政理念、密切党群关系、扩大党内民主、处理党内纷争、整合社会资源、应对危机事件等方面也有一套行之有效的做法，值得我们研究。例如，少一些统治、多一些治理的新公共管理运动，重新阐释核心价值观，价值理念的中间化，遵循媒体政治的逻辑，敢于自我批判、反思和超越，善于社会谈判和政治对话协商，效率与公正的均衡，重视民意的务实外交。近些年，世界上一些新兴政党崭露头角，并上台执政，如印度人民党、墨西哥国家行动党等，他们的成功也值得关注。另外，世界上一些大党老党失去政权的现象，也需要关注，特别是苏联共产党，它对我党的影响相当大，应该讲我们对许多问题研究的仍然还不深不透，需要下大力气深入研究其中的经验教训。

第三部分 执政体系与执政能力建设

第九章 执政环境与党的执政能力

执政体系是一个围绕执政党的执政行为、由若干要素连缀而成的复杂政治系统，包括出于执政党外部、对执政行为提供要求或施加压力的执政环境，以及给执政行为提供支持的执政基础、指导执政行为实施的执政理念、规范执政行为与公共权力体系关系的执政方式、为执政行为提供物质和非物质因素的执政资源等。执政体系的各个构成部分对执政党的执政能力都产生了重要的影响，反过来，执政党也可以通过执政能力的提升来对执政体系的各方面要素施加影响和改变。

一、执政环境的基本内涵

（一）执政环境相对的主体是中国共产党

环境本身就是一个相对的概念，它总是以某些具体的主体为参照系而成立的。执政环境这一概念是首先包含了其限定的主体，这个主体就是中国共产党。之所以这样来明确执政环境的主体，首先在于，我们通常所说的执政环境一词是省略了它的定语的。当今世界是政党政治时代，无论在东方还是西方，政党政治都是世界民主政治发展一个重要支柱，执政也是世界各国政党为影响国家政权，普遍追求的目标。因而，我们必须首先明确我们所说的执政环境是中国共产党所处的执政环境，而不是国外政党或中国历史上曾经取得过执政地位的其他政党。

中国共产党作为执政环境所研究的主体，是一个整体的概念。从狭义上讲，对中国共产党作为主体的理解就是党的组织和机制的统一，我们一般把它称为体制。即包括了全体党员和党的各级组织以及联系这些组织，以维持其运行的规则。从广义来理解，中国共产党作为主体还包括了党的信仰、宗旨、理念、纲领、政策和作风等等。由于这些也是构成一个政党的十分重要的要素，因而，我们从广义上来把握中国共产党的作为研究执政环境主体的概念。澄清这样一个基本的范畴可以避免我们犯一些诸如把党的领导干部、党的体制或党的政策等局部问题，当成研究的整体的错误。以中国共产党作为执政环境的主体，是我们对这一概念的基本限定。

（二）从执政党的角度理解执政环境

如果我们从政党是否掌握国家公共权力的角度对政党进行分类，就可以把政党分为执政党和非执政党两类。从历史来看，中国共产党也经历了从非执政到执政的两个阶段。

对执政环境的理解是相对于非执政条件下，中国共产党所处环境而言的。在非执政条件下的中国共产党，也就是"领导人民为夺取全国政权而奋斗的党"[①]。从 1921 年建党到 1949 年执政，党长期处于这样的历史地位。虽然在这一阶段，党基本不存在所谓执政环境的问题，但后来的执政环境正是与其相对而存在的，所以对这一时期党的生存和发展环境，也是我们今天理解党的执政环境的一个重要参照。

在这一时期，党生存和发展于半殖民地、半封建的落后中国，基本处于"非法"和被围剿的状态，所得到的国际帮助也主要来自于前苏联（其中包括某些错误的指导），其生态环境可谓非常之恶劣。然而，就是在这样的环境中，党能够从中国的客观国情出发，经过锲而不舍的探索，找到了建党与革命的正确道路。最终赢得了政权。可以说，党在适应与改造生存环境的过程中，展现了其强大的生命力。

与上述环境相对应，由于党赢得了执政地位，执政环境发生了巨大的

---

① 江泽民：《全面建设小康社会开创中国特色社会主义事业新局面——在中国共产党第十六次全国代表大会上的报告》，人民出版社 2002 年 11 月 8 日，第 11 页。

变化。首先，党可以在合法的条件下，实现对整个国家和社会的统领。在由国家权力机构、行政机构和司法机构组成的政权体系中，党处于核心的领导地位。因而，党可以充分地利用所掌握的执政资源，全面改善其生存的环境。建国后，相当长的历史时期，党所取得的国家发展的巨大成就，也为自身赢得了良好的发展环境。当然，相反的情况也恶化了党的执政环境。同样是由于党赢得了执政地位，使得党所处的监督环境发生了重要变化。原有恶劣环境客观上所起到的监督作用消失，虽然，党也在思想上对这一问题给予了充分的重视。（诸如提出了人民监督、"两个务必"等深刻思想)，但由于没能将其落实于体制，新的有效监督还是没能真正得以建立和巩固。直到今天，这也仍然是党的建设值得高度重视的一个重要课题。如果从一般的意义上来理解，党的执政环境就是党执政后所处的客观环境。

（三）在当代中国特定的历史条件下，理解执政环境

中国共产党在取得执政地位之后，所处的环境也是不断变化的。但从相对稳定的状况来看，从建国到 1978 年改革开放，可以视为一个历史阶段；之后至今则是另一个历史阶段。

在前一个历史阶段，从国际环境来看，由于主客观的原因，党基本处于一个封闭和半封闭大环境之中。同时，当时的中国是处于一个受到战争直接和间接危险的环境之中。间接的危险来自于国际冷战的大格局，在社会主义与资本主义两大阵营对抗的国际政治格局下，中国也长期面临着战争的危险。直接的危险来自于一些周边的战争，如抗美援朝战争、中印边境战争、对越自卫反击战争。1956 年，苏共二十大后，随着中苏两党的关系的恶化，来自于北方的安全问题，同样给中国以巨大压力。因而，可以说，新中国所处的外部环境是充满挑战和压力的。

从国内环境来看，与建国初期一边倒的国际战略相适应，中国共产党的执政理论与大政方针是师从于前苏联的。虽然，党也一定程度地重视了从中国实际出发，但党所实施的领导战略构建了与前苏联大同小异的国内环境。从经济环境来讲，是以单一的公有制和计划体制为主要特征；从政治环境来看，是以党高度集中的政治权力为主要特征；从文化环境来看，

是以主流意识形态占绝对优势为主要特征；从社会环境来看，是以简单的城乡二元社会的状态为主要特征。相对集中化和简单化是当时党所处执政环境的总体特征。

相对于执政后前一个阶段党的执政环境，当今党的执政环境发生了本质的变化。从国际环境来看，第一，和平与发展成为世界的主题。虽然局部的冲突在世界范围内时有存在，霸权主义和强权政治并没有停止，恐怖主义有新的发展等等。但是，从世界的大局来看，和平与发展的仍然是世界的主题，相对稳定的国际环境给我国的发展提供了一个战略机遇期。第二，经济全球化、政治多极化、文化多元化以及高科技与信息技术的快速发展成为世界的主要特征。中国加入世贸组织加速了中国融入全球化的步伐。以经济全球化为先导，以高科技尤其是信息技术的发展为依托，世界在各个领域的交流越来越频繁，各种利益关系交织，各种思潮相互激荡。第三，国际社会政党政治有新的发展。社会民主党表现出较强的执政能力（如英国工党、瑞典社民党），一些多年执政的大党老党丧失其垄断的执政地位（如墨西哥革命制度党、印尼专业集团、日本自民党等），绿党在世界范围蓬勃兴起，并表现出较强的生命力。国际社会政党间交流日趋频繁等等。

从国内环境来看，党处于社会主义初级阶段和小康社会建设的环境之中。这种环境与改革开放之前比较，具有重大变化，主要体现于：在经济方面，单一所有制和计划经济体制，逐步被以公有制为主导多种所有制经济并存的社会主义市场经济所取代；在政治方面，由原来低水平政治参与向民主政治的转变，由"无限型"政府向"有限型"政府的转变，执政党与国家政权关系重新理顺等等；在文化方面，由原来主导型意识形态占绝对优势向多样化特点增强的方向发展，传统文化、西方文化与原有主导文化相互交织。人们的信仰、价值观正在发生巨大的变化；在社会方面，随着我国的社会经济成分、组织形式、就业方式、利益关系和收入分配方式等越来越呈现出多样化的趋势，原有二元结构受到很大冲击。社会阶级阶层日趋分化，社会成员流动性空前提高，社会身份的变化加速等等。总体而言，党处于复杂的、多元的，充满了各种机遇和挑战的环境之中。

上述 21 世纪中国共产党所处的国际和国内的具体环境，就是党的现实执政环境。加深对执政党所处的具体环境的认识，对当前提高党的执政能力具有重大理论和现实意义。

二、执政环境与执政能力的紧密联系

党的执政环境与执政能力分属两个不同范畴，执政环境是执政党的外部状况，执政能力是执政党本身所具备的执政本领。但是，两者又有着紧密的联系，相互影响，相辅相成。我们可以把中国共产党作为一个行为系统，在它与环境的作用与反作用中把握两者的关系。

（一）执政环境对党的执政能力的影响

1. 环境的支持是党执政合法性的源泉

政党作为"代表一定阶级或阶层的利益为实现自己的目标和理想力求取得和保持国家政权而进行活动的政治组织"[1]，它在社会和国家政治生活中的基本作用便是联系人民群众与国家政权，从这个意义上说，它是桥梁和纽带，是人民控制政权之手的延伸，是公民控制国家的工具。因此，政党的存在应该是源于人民的需要。作为执政党，即"领导和掌握国家政权的政党"[2]，它与一般意义上的政党的本质区别就在于，执政党是通过对国家政权的控制来达到其政治目的的。从法理依据来说，国家政权是受权于全体公民的，执政党如果不能获得与这种受权关系相适应的民众基础，它所控制的国家政权就会发生异化，执政党就将受到群众的反对，其政权就无法得到巩固。

2. 执政环境是执政能力的基本来源

总体上讲，中国共产党的能力无非来自于两个方面，一方面是它产生时所具有的基因（如马克思主义思想理论，阶级属性等）；另一方面则来自于后天环境的影响。党的执政能力是两方面的有机统一。先天的基因只

---

[1] 《世界政党大全》，贵州教育出版社 1994 年版，第 972 页。
[2] 《世界政党大全》，贵州教育出版社 1994 年版，第 974 页。

是为后天的能力提供了必要的物质基础，它需要在后天的环境作用下，才能生成实际的能力。如同，虽然人类具有特殊的语言能力，但一个脱离社会环境的人，却无法具备基本的语言能力。当前，执政环境为党提供的一切优秀文明成果，都是党提高执政能力的重要源泉。需要特别强调的是，执政环境还为提高党的执政能力，提供了丰富的执政经验。十七届四中全会指出，我们党在长期执政实践中，围绕建设什么样的党、怎样建设党这个重大课题，不断总结和运用自身建设正反两方面经验，借鉴世界上一些执政党兴衰成败的经验教训，探索形成了我们党作为马克思主义执政党加强自身建设的基本经验。这些经验包括：第一，坚持把思想理论建设放在首位，提高全党马克思主义水平；第二，坚持把推进党的建设伟大工程同推进党领导的伟大事业紧密结合起来，保证党始终成为社会主义事业的坚强领导核心；第三，坚持以执政能力建设和先进性建设为主线，保证党始终走在时代前列；第四，坚持立党为公、执政为民，保持党同人民群众的血肉联系；第五，坚持改革创新，增强党的生机活力；第六，坚持党要管党、从严治党，提高管党治党水平。① 中国共产党自身建设的这六个方面的主要经验，是党执政后所取得的宝贵财富，对于提高党的执政能力至关重要。

3. 执政环境制约着执政能力的内容与形式

能力是相对于主体所要完成的任务而言的具体能力，政党应该具有何种能力，达到什么程度，也来自于环境所提出的任务。中国共产党要完成推翻"三座大山"的任务，就相应的要具备运用"武装斗争"、"群众路线"和"党的建设"这三大法宝的能力。政党所应具备能力的内容，也是随着时代的变化而变化的。中国共产党执政后面临的一项重要任务就是恢复国民经济，党就必须学会新的领导国家经济建设的能力。在新的历史时期，党面对执政和改革开放的新考验，也必须具备对国家和社会有效统领，把握世界和国内大局的能力。而党执政的形式也是与环境的变化相适

---

① 《中共中央关于加强和改进新形势下党的建设若干重大问题的决定》，新华网，2009 年 9 月 22 日。

应的，在计划经济条件下，党执政的方式就是党管一切的"一元化"领导方式；而在市场经济的条件下，党执政的方式就是依法治国的方式。

4. 执政环境影响着执政党的内部凝聚力

任何政党的组成成员（从一般党员到党的领袖）都是生活于一定的社会环境之中的，他们也必然受到来自于社会的方方面面的影响。在执政党受到来自社会的正支持较多的情况下，党员就会增加对其所属政党的认同感，就更利于执政党的内部团结；反之，党员就会对党产生怀疑，当党员对党的不信任度增高的时候，就容易诱发党思想上或组织上的分裂。而一旦执政党发生了分裂，必然弱化其执政能力。执政了38年的日本自民党就是在不断分化的过程中，丧失其执政地位的。对于中国共产党这样一个超大规模的执政党来说，内部的团结一致尤其重要。正如邓小平同志所说："中国要出问题还是出在共产党内部"。[①]

（二）执政能力对执政环境的影响

1. 执政能力对执政环境状况的全面影响

执政党生存于一定的生态环境之中，自然要与之相适应。同时，执政的条件也使其能够更为有效地对环境实施影响。执政能力的强弱将全面影响它赖以生存的客观环境。

执政能力首先影响着政治环境。执政的地位使执政党在对政治系统的构建中，发挥着关键性作用。在当今世界多极化的大背景下，在中国政治参与不断扩展，地区、行业和民族矛盾不断变化的情况下，中国共产党要保持稳定的政治局面，建设中国特色的社会主义民主政治，实现党的领导、依法治国与人民群众当家做主的有机统一，就必须正确领导政治体制改革，必须理顺政治体系内部的权力运作机制，必须改善党的领导和执政方式，必须积极发展党内民主等等。只有加强党的建设，提高党的执政能力，才能为执政党造就良好的政治生态环境。

执政能力影响着经济环境。政治对国家经济发展和经济工作的"统

---

① 《邓小平文选》第3卷，人民出版社1993年第1版，第380页。

帅"和"灵魂"的作用，在当今中国社会显得尤为突出，而中国政治体系的核心就是中国共产党。因而，党对国家经济建设领导的有效性，直接决定着中国经济发展的现实情况。我们只需要比较一下中国改革开放前后，党的路线方针政策及其对中国经济发展的影响，就不难得出这一结论。而当今中国的经济发展战略的确定，经济体制改革，经济利益关系的调整等事关中国经济的重大问题，都与执政党有着紧密的联系。执政党只有不断增强驾驭市场经济、规避经济风险、科学确定经济发展政策等方面的能力，才能为自身创造良好的经济环境。

执政能力影响着文化环境。当今世界各种思潮相互激荡，中国传统文化和主流意识形态受到其冲击和影响。中国社会的全面发展，对软环境的需要越来越迫切。中国共产党必须积极推进理论创新，坚持马克思主义在意识形态的主导地位；必须领导文化体制改革的深化；必须正确引导社会舆论；必须加强与改进思想政治工作；必须优先发展教育和科学事业。党只有在这些方面不断提高能力，才能在建设中国特色社会主义文化的过程中，不断改善其文化环境。

执政能力影响着社会环境。当今中国城乡二元社会正在发生分化，社会各阶级阶层状况不断变化，利益矛盾错综复杂。为了实现对社会环境的成功塑造，党要全面贯彻尊重劳动、尊重知识、尊重人才、尊重创造的方针，正确处理各种利益矛盾，创新社会管理体制，加强和改进党的群众工作，维护社会稳定。这些都是执政能力的具体体现，提高执政能力对构建和谐的社会环境，起着关键性作用。

执政党积极营造和谐的国内环境，必将为它构建有利的国际环境打下坚实的基础。同时，执政党只有在积极参与国际事务的实践中，不断提高科学判断形势的能力，维护国家安全的能力，科学确立与实施对外政策的能力，才能为执政党创造良好的国际环境。

2. 提高党的执政能力，有利于充分了解和满足环境的要求

执政党掌握着巨大的政治权力，这也就意味着要承担相应的政治责任。其中最为核心的，就是要一定程度地满足环境的要求，否则它就失去了执政的依据。执政能力的提高有利于执政党满足环境的要求。

　　一方面，增强党的执政能力，有利于党充分了解社会意愿。环境会不断地对政治系统输出其要求，中国共产党是中国的唯一执政党，它必然承受来自这个超大规模社会的错综复杂的要求。如果这些要求不能够正常地进入政党系统，就会长期停留于愿望的状态，就将积累对执政党的信任危机。当前，我国"市场经济日益发展、社会阶层的逐步分化、利益群体的不断壮大，必须产生政治参与的要求"①。执政环境对执政党所提出要求的广度与深度都大大增加。党了解人民意愿的传统渠道仍然具有重要作用（如党的群众路线、群团组织等），但与以上政治参与的巨大发展仍存在着不适应。这就需要执政党不断拓展了解民意的渠道，增强了解民意的能力。了解民意的渠道很多，以下几个方面尤其重要。其一，党要畅通党自身直接从环境中了解要求的渠道。中国共产党的8600多万党员广泛分布于社会的各个层次、各个领域，他们是执政党了解系统外要求的最为直接的载体。本质上说，这是一个发展党内民主的问题。因为，只有党员的意愿和主张能够得到充分的表达，他们才会有能力和兴趣向党的各级组织表达来自社会的信息。其二，发挥新闻媒体的作用。在网络已经广泛进入社会的今天，通过它来了解社会要求，不失为一种快捷和有效的方式；同时，要转变把新闻媒体更多地仅作为宣传工具的观念，在一定范围内发挥其反映社会问题与思潮的作用，将其作为党的重要信息来源。其三，注意从新的社会团体和组织中了解要求。虽然还很难说中国当前已经存在着类似国外的利益集团式的组织，但随着社会的多样化发展，中国社会的群团组织将会逐渐发展。而它们所表达的要求往往是从某些集团的角度，就某类问题的集中的而不是零散的表达。因而，未来应更加重视。执政党只有发挥其执政能力，积极拓展这些了解社会的要求的渠道，才能充分了解社会要求。

　　另一方面，增强党的执政能力，有利于科学集约环境的要求。

　　如前所述，当今中国政治要求呈现扩大化和复杂化的特点。当大量的政治要求不断输入到执政党内部时，如果执政党体系容纳内容过多，以至

---

　　①　王邦佐：《中国政党制度的社会生态分析》，上海人民出版社 2000 年版，第 278 页。

于将要进行的转换不能将其处理为决策,这时,系统就不得不冒着崩溃的危险运行。这就是所谓"过分容量的压力"①。如果执政党对要求的转换能力达不到一个基本的低限,就会使得"要求表达者认定现在负有那种责任的角色承担者不愿对要求做出反应,那么,他们就会附议一项倾覆性的要求,即更换这些角色承担者"②。提高执政党的科学决策的能力和有效实施政策的能力,就能够有效缓解环境的压力。

第一,具备科学决策能力的执政党,才能对环境要求做出合理的整合。执政党决策能力来自于内外两个方面。从执政党内部讲,首先,党要有科学的理论作指导。党只有成为一个由马克思主义理论武装起来的党,才能运用正确的世界观和方法论,根据具体情况,制定科学的政策。其次,党要时刻坚持全心全意为人民服务的宗旨。环境要求的复杂性和矛盾性,要求党必须时刻从最广大人民的利益出发确定其政策。再次,党要建立和完善科学决策的机制。党既要强化专门化的决策体制的建立,又要发扬党内民主,调动全党的积极因素,使民主决策与科学决策有机结合。

从执政党外部讲,党要提高吸收建议的能力。民主党派、专家学者、专门决策咨询机构都能够给党的决策注入新的活力。更为根本的是,人民群众不仅向执政党提出政治要求,他们中也蕴含着最为丰富的智慧,"广泛的民意也可以成为政策议程的创始者"③,党坚持从中不断吸取营养,就会从根本上提高党的决策能力。

第二,具备有效实施政策能力的执政党,才能满足环境的要求。党只有具备有效施政的能力,才能使科学的政策得以落实。执政党要充分合理地发挥其执政优势,使党的意愿和主张通过法定程序上升为国家意识。这也是执政党执政能力的核心所在。同时,党还要加强新时期党的群众工作,增强人民群众对党及其政策的理解与认同,人民的支持将给党的施政能力以最大的支持。

---

① 参见 J. G. 米勒:《自组织系统》,斯帕坦出版社 1962 年版,第 61—78 页。
② [美] 戴维·伊斯顿著,王浦劬译,《政治生活的系统分析》,华夏出版社 1999 年版,第 45 页。
③ 胡伟:《政府过程》,浙江人民出版社 1998 年版,第 240 页。

提高党的执政能力，保障对要求的科学整合，就能使执政党对环境的输出有效满足环境的要求，使执政党系统与其所处生态环境之间，呈现良性循环的状态。

3. 提高党的执政能力，有利于赢得执政环境的支持

执政党要赢得环境的支持，从根本上讲，主要取决于两个方面，第一，就是取得良好的政绩。良好的政绩显然与执政能力密不可分。"在机遇和挑战并存的国内外条件下，我们党要带领全国各族人民全面建设小康社会，实现继续推进现代化建设、完成祖国统一、维护世界和平与促进共同发展这三大历史任务，必须大力加强执政能力建设。这是关系中国社会主义事业兴衰成败、关系中华民族前途命运、关系党的生死存亡和国家长治久安的重大战略课题。"[1]

第二，就是保持自身的清正廉洁。良好的政绩只是执政党赢得人民支持的一个必要条件，如果执政党不能把政治上的腐败控制在一定范围，它依然无法得到人民的认同与支持。日本自民党在其单独执政时期，可以说是创造了世界公认的经济发展奇迹。但自民党内贪污受贿、偷税漏税等政治丑闻接二连三，20世纪70年代的洛克西德贿赂案，80年代的里库路特贿赂案，90年代的佐川快件贿赂案，都牵连到自民党权力的核心人物。这也就注定了其最终被人民所抛弃的命运。所以，执政党只有具备了有效克服自身腐败的能力，才能获得执政的合法性。当前，党必须坚持"标本兼治、综合治理"的方针，完善反腐败的机制，从源头上克服腐败。增强执政党的拒腐能力，必将极大地为党赢得人民群众的支持。

三、正确对待党的执政环境，努力增强党的执政能力

党若想提高其执政能力，必须对正确地认识、适应与营造良好的执政环境，使其与环境之间形成良性的互动关系。

（一）科学认识执政环境是增强党的执政能力的基本条件

政党所处的环境，是历史与现实共同作用的结果，具有其形成的客观

---

[1] 《中共中央关于加强党的执政能力建设的决定》，人民出版社2004年版，第2页。

性。执政党虽然具备了对环境进行改造的有利条件，但首先它要以客观的态度看待与分析它所处的具体环境。没有对环境的清醒认识，执政能力的提高将无从谈及。

科学认识执政环境，执政党才能明确其目标和任务。政党能否提出科学的奋斗目标和基本任务，显然是其能力的重要体现。但任何正确的目标与任务的确定，都必须建立于对客观环境的正确认识的基础之上。中国共产党正是基于旧中国人民深受阶级压迫、民族压迫的现实，才提出了推翻三座大山，建立新中国的奋斗目标和历史任务。当前，也正是基于中国处于社会主义初级阶段的环境现实，党的十六大才提出了全面建设小康社会的奋斗目标和新世纪的三大历史任务。党的十八大基于本世纪前十年中国社会主义建设取得的成就和存在的问题，提出如期在建党 100 周年实现全面建成小康社会，为建国 100 周年实现中华民族伟大复兴中国梦的目标而奋斗。

科学认识执政环境，执政党才能制定正确的方针政策。能否科学地制定与实施方针政策，是政党执政能力最为突出的体现。而正确的政策一刻也离不开对环境的认识。土地革命时期，正是基于对中国社会各阶级状况的科学认识，党才制定了"工农武装割据"的大政方针。而建国后，错误的"以阶级斗争为纲"的方针，也是源于对中国社会阶级矛盾的错误估计。改革开放以后，在社会主义初级阶段理论的基础之上，党的基本路线和基本纲领才得以提出和不断完善。

科学认识执政环境，执政党才能避免和化解各种风险。任何政权都存在着现实的或潜在的危机，如果不能有效地防止危机，政局就无法稳定，甚至导致执政党执政地位的丧失，这就要求执政党对环境具有敏锐的洞察力。当前，帝国主义的和平演变、民族分裂主义、恐怖主义、自然灾害等等都存在着对中国共产党和国家的危险。执政党只有对这样的环境给予充分的认识，才能有效规避其风险。

党的执政能力是多方面的综合能力，还包括把握执政规律、利用执政资源、巩固执政基础、协调国家机构等等的能力，其中任何一个方面能力的提高，都离不开对执政环境的正确认识。因为，执政党的任何行为都要以客观现实为依据。

执政党要对执政环境具有科学的认识，最根本的是坚持马克思主义的认识论，坚持实事求是的思想路线。当前，党要在改革开放、全面建设小康社会的实践中，不断加深与检验对执政环境的认识。

（二）努力适应执政环境是增强党的执政能力的必要条件

衡量政党能力强弱的一个重要方面就是其对外部环境的适应性。任何政党的生存与发展都离不开它的外部环境，能否依据外部环境的状态对政党本身进行合理调整，对政党的生存与发展具有决定性的影响。良好的环境相对容易适应，恶劣的环境也可能用相应的方法加以适应。但如果不能依环境的状况与变化，做出自身的调整，就会最终被环境所淘汰，自然界适者生存的道理，对政治系统是同样适用的。

一般而言，一个政党所以能够取得执政地位（无论它是以革命夺取政权的方式，还是以民主竞选的方式），他一定是得到相当程度的外部环境的支持的。换言之，政党对环境的适应性也是达到相当程度的。但是，政党在取得执政地位之后，依然需要保持对其外部环境的适应性。

首先，这是由于环境的客观性。任何特定历史时期，执政党所处的环境都具有其客观性。只有尊重客观环境，才能从中总结出科学的执政规律。在这一点上，"大跃进"和"人民公社"已经留给我们足够的教训。

其次，这是由于环境的变动性。客观环境也是不断变化发展的，对客观环境的适应也不可能一劳永逸。执政党只有牢牢把握时代发展的脉搏，才能与时俱进。当今中国社会的环境正在发生巨大的变化，中国共产党的十八大提出："发展中国特色社会主义是一项长期的艰巨的历史任务，必须准备进行具有许多新的历史特点的伟大斗争。我们一定要毫不动摇坚持、与时俱进发展中国特色社会主义，不断丰富中国特色社会主义的实践特色、理论特色、民族特色、时代特色"。[1] 这充分体现了执政党坚持与时俱进，适应环境发展的理念。

---

① 胡锦涛：《坚定不移沿着中国特色社会主义道路前进为全面建成小康社会而奋斗》，新华网，2012 年 11 月 19 日。

再次，这是由于权力的腐蚀性。革命战争年代，由于党所处的恶劣环境，党必须自觉地时刻注意保持对环境的适应，这是无可选择的。但执政党由于它所处的有利环境，即使不能基本与环境相适应，其后果也不会马上表现出来。这样，权力的腐蚀性就容易被忽视，如果执政党不能建立起对党自身新的监督机制，就难以取得环境的支持，甚至丧失其执政的合法性。

执政党要充分地适应执政环境，根本的是，根据客观环境变化的特点，完善其执政理念与政策。在这方面，瑞典社会民主党堪称典范。从上世纪 20 年代起，该党根据社会发展的客观环境的变化，不断修正其执政战略，相继提出了"人民之家"理论、"职能社会主义理论"、"基金社会主义"理论和科技福利社会主义等思想。可以说较为充分地体现了对环境的适应性，该党也由此成为瑞典政坛的常青树。中国共产党十六大修改的党章，确定了党的"两个先锋队"性质，并把"三个代表"重要思想作为党的指导思想，这充分体现了党与执政环境相适应的自觉性。

（三）积极改善执政环境是增强党的执政能力的外在动力

党不仅要努力适应执政环境，而且要积极改善执政环境。执政环境的改善将促进党的执政能力的增强。唯物辩证法认识，内因是变化的根据，外因是变化的条件。执政党内部作用的发挥，固然是增强党的执政能力的根本，但这也要以必要的外部环境为基础。更为有利的执政环境将为增强党的执政能力，提供强有力的推动作用。

当前，党要围绕"四个全面"战略①，从经济、政治、文化和社会几个方面，建立起有利的执政环境。第一，党要坚持把发展作为执政建设的中心任务，保持新常态下中国经济的稳中有进的发展，营造繁荣稳定的经济环境；第二，党要坚持"党的领导、人民当家作主和依法治国三者有机

---

① 习近平总书记在 2014 年 12 月视察江苏时，提出要"协调推进全面建成小康社会、全面深化改革、全面推进依法治国、全面从严治党，推动改革开放和社会主义现代化建设迈上新台阶"，即"四个全面"战略，这是新一届中央领导集体治国理政总体框架，使当前和今后一个时期，党和国家各项工作关键环节、重点领域、主攻方向更加清晰，内在逻辑更加严密，这对推动改革开放和社会主义现代化建设迈上新台阶提供了强力保障。

统一"，营造开放民主、依法治国、从严治党的政治环境；第三，党要坚持党对意识形态的统领，营造科学健康的文化环境；第四，党要坚持充分调动一切积极因素，营造和谐的社会环境；第五，党要把握国际政治的大局，营造和平有利的国际环境。良好执政环境，有利于巩固执政党的执政基础；有利于执政党有效运用与开发执政资源；有利于规范党的执政行为等等。

总之，执政党只有在深刻理解执政环境内涵的基础上，正确认识执政环境与执政能力的关系，并以科学的态度对待党所处的执政环境，才能形成执政环境与执政能力之间的良性互动关系。

第十章　社会转型期中国共产党执政基础的建设

一、从党的基础到党的执政基础

自本世纪初以来，在党的文献和和学术界的著述中，传统党建理论中"党的基础"的概念逐渐让位于执政党理论中"党的执政基础"的概念。从党的基础到党的执政基础，不仅是一个概念转换的问题，更重要的是它反映了中国共产党对自身定位与历史使命的新觉醒。这是一种革命党思维向执政党思维的转变，是从计划经济时代执政党的思维向社会主义市场经济时代执政党的思维的转变，体现了强烈的时代性、紧迫感和忧患意识。

（一）党的基层组织是党的全部工作和战斗力的基础

不论是中国共产党的自身建设、社会主义政权的巩固还是中国特色社会主义建设事业，都是宏大的系统工程，因此从不同的角度看，它们就存在着不同的"基础"。党的文献中曾经运用过多种含义不同的"基础"的概念。例如，毛泽东在《论人民民主专政》一文中讲道："人民民主专政的基础是工人阶级、农民阶级和城市小资产阶级的联盟，而主要是工人和农民的联盟，因为这两个阶级占了中国人口的百分之八十到九十。"①

党的第三代领导人经常直接运用"党的基础"的概念，大多是将其与

---

① 《毛泽东选集》第 2 版第 4 卷，人民出版社 1991 年 6 月，第 1478 页。

党的基层组织联系起来加以阐发。例如，十四大报告指出："党的基层组织是党的全部工作和战斗力的基础。"① 这个论断从整个党的建设的高度对党的基层组织及其地位、作用作出了概括，传递出时代前进对加强党的基层组织建设的强烈要求。2001 年，江泽民进一步强调："加强和改进新时期党的建设，必须高度重视加强基层组织建设。基础不牢，地动山摇。党的基层组织，是我们党领导和执政的重要基础，是党的全部工作的重要基础，也是社会主义国家政权的重要基础。如果基层组织软弱涣散，没有战斗力和凝聚力，那是十分危险的。"② 这里，江泽民明确地肯定了，党的基层组织不仅是党的基础，也是党的领导和执政的基础。胡锦涛也从党的纯洁性、党群关系的角度对执政基础作了强调，"实践证明，我们党作为马克思主义执政党，只有不断保持纯洁性，才能提高在群众中的威信，才能赢得人民信赖和拥护，才能不断巩固执政基础，才能实现党和国家兴旺发达、长治久安"③。

（二）党的执政基础概念的提出是党的执政意识新觉醒的体现

具体提出执政基础概念，是江泽民对"执政之基"的论述。"始终做到'三个代表'，是我们党的立党之本、执政之基、力量之源。"④ 这里党的"执政之基"，即是党的执政基础。这就把党的执政基础问题，首次鲜明地摆在了中国共产党面前，引起了社会各界热烈的探讨。

党的基础与党的执政基础，其内涵和着眼点是不同的。中国共产党作为政治组织，可以从静态和动态两个角度来考察。从静态的角度来看，党仿佛是一座宏伟的建筑物，必须有其根基和柱石。基层组织和党员，特别是党的基层组织就是这座宏大建筑物的根基和柱石。从动态的角度来看，中国共产党要从事执政活动，要创新执政理论，要制定和贯彻执行纲领、路线、方针、政策和策略，要选拔干部等等，从而完成自己的执政任务和

---

① 江泽民：《论党的建设》第 1 版，中央文献出版社 2001 年 11 月，第 70、121—122 页。

② 江泽民：《论"三个代表"》第 1 版，中央文献出版社 2001 年 8 月，第 140、7.162 页。

③ 《胡锦涛：保持党的纯洁性》，新华网，2012 – 01 – 10，http：// www. sc. xinhuanet. com/ content/2012 –01/10/content_24507934. htm

④ 江泽民：《论"三个代表"》第 1 版，中央文献出版社 2001 年 8 月，第 140、7.162 页。

执政使命，推动中国经济、政治、文化和社会的良性发展，实现国家富强、民族振兴和人民幸福的执政目标。党在执政的全过程中始终要代表最广大人民群众的根本利益。党的代表性是党赢得人民群众的信赖、支持、拥护，赢得执政权威的力量之源。党要执好政，要长治久安，最根本的是要获得人民群众的认同和支持。

理论界"对党的执政基础内涵与外延的认识，尽管有所不同，但有一个共同点，就是都十分关注党掌握全国政权后赖以巩固政权、加强自己、保证事业成功所必须具备的根本条件，核心是加强阶级基础和扩大群众基础，始终保持党与人民群众的血肉联系"①。这些关于执政基础的表述，回答了执政基础涉及到哪些方面的问题和应该朝哪个方向巩固执政基础的问题，但是我们还是缺少一个执政基础的比较明确的定义。综合以上两个方面，可以说，一个具有足够的代表性的党的组织体系，包括党的各级组织尤其是基层组织和外围组织，就是党的执政基础。执政基础理论是中国共产党执政党建设理论的一个重要组成部分。执政基础概念的提出与运用，从一个侧面表明中国共产党真正开始从执政党的视角来审视自己，开始了由革命党思维向执政党思维的自觉转型。

二、中国共产党的执政基础与民众的政治认同

对党的执政基础的研究，已经有了相当多的研究成果。但是，对这个概念的内涵，似乎并没有真正弄清楚。"基础"是一个比喻性的用词，从语义学和词源学的角度来讲，它由基本意义和衍生意义构成多种词义。在《现代汉语词典》中，我们可以查到它的三个用法。在这三个语义项中，与"执政"一词可以结合的义项是"事物发展的根本或起点"。由此可知，政党的"执政基础"就是一个政党执掌国家政权，履行执政职能，实现执政使命，维持执政地位的根本条件或出发点。那么，中国共产党执政的根本条件和出发点是什么呢？可以说，中国共产党执政基础的根本条件和出

---

① 《增强党的阶级基础——全国党建研究会理论研讨会观点综述》，载《党建研究》，2002年第6期。

发点，只能是中国最广大人民能够接受、认同和支持的组织体系。

实际上，不仅是中国共产党，所有的政党以至于所有的执政者，其执政的组织体系都需要民众的认同。民众对一种政权，对一个政党的统治的实际接受方式，可以有两种情形。一种是发自内心的景仰、拥护，是一种基于基本政治信念之上的赞同。另一种是被强力所迫的接受。民众对执政者持反对甚至敌对的态度，只是由于感到自己的力量无法改变统治状况，所以无奈地接受这种统治。显然，前一种接受有着坚强的根基，能够经受各种风险和挑战的考验。后一种接受是脆弱的，一旦社会发生动荡，民众就会起而反抗，力图将统治者赶下台。消极接受与积极认同是存在很大区别从而对一个政党的执政地位产生及其不同的影响的。毫无疑问，无产阶级执政党只能将自己的执政基础建立在人民真诚的拥护、支持、认可上。只有将人民的认可转化为党执政的权威，党才能拥有稳固的执政基础，党的执政地位才能得到长久保持。

从现代民主政治的一般原理来看，民众、政党和公共权力是民主政治的基本要素，它们之间的关系构成了民主政治的基本框架。在民主政治中，民众通过政党作用于公共权力，执政党与民众的关系是执政党与公共权力的起点。公共权力的所有权属于公民，民众与公共权力的关系是现代民主政治的内核。政党既然是民众控制公共权力的工具，那么，政党必须首先取得民众的授权。而要取得民众的授权，政党必须想方设法体现民众的利益、愿望和要求。政党必须建立一套能联系民众和了解民众需求的有效机制。此外，民众的要求是随着社会的发展而不断发展变化的，因此，政党又必须随时调整自身的机制，以便能比较迅速地反映民意的变化。

对执政党来说，获得来自执政基础的认同是巩固执政地位的关键。执政党可以利用手中掌握的权力进行统治。但是，如果权力不能不能变成权威，这种统治就不可能长久。权力变成了权威之后，情况就完全不同了。权威表示自觉的服从，而自觉的服从意味着一种协调、稳定和良性互动的体系和状态。因此，可以这样说：政府的统治可以靠权威，也可以靠权力；政党实现领导（包括执政）则只能靠权威。有了权威，就有了自觉的服从，就有了民众的认同。由此而论，靠权威执政，其意义至少体现在两个方面：第一，它能够使执政党更加持久地维持执政地位。第二，它能使掌权者在控制的过程中花费较低的成本。有了民众的心理认同，政府推行自己的政策就顺利得多。①

从现代民主政治的视角来看，政党执政的基础稳固与否关键在于民众对其执政的认同，那么，影响民众对政党的执政认同的因素也就是影响党的执政基础巩固与否的因素。影响执政基础建构与巩固的因素很多，以下几点是最需要值得注意的。

（一）文化背景

政党都是植根于一定的社会背景之中，一个国家和民族的文化背景构成了政党生存和发展的基本空间。由历史传统发展而来的文化背景不同，生存于其间的政党，无论是其性质、目标、活动方式以至执政与否和如何执政都会有着很大的不同。例如现代政党首先诞生在英美国家，并较早地建立起比较成熟的政党制度模式，是与其独特的文化背景密切相关的。

（二）政党自身的传统

一个政党自身的历史传统也对执政基础的稳固与否产生一定的影响。基于一个政党过去的所作所为，民众会对其产生一定的评价和印象，这种评价和印象影响民众对政党执政的状况的评价。中国共产党在漫长的革命过程中，为国家、民族和人民付出了巨大的牺牲，创造了可歌可泣的英雄业绩，也赢得了人民群众的衷心爱戴，党和党的领袖在人民群众中享有崇高的威望。这一点对我们党在执政之初加强执政基础是极其有利的，人民群众也的确和党一起经历了种种艰难的曲折和考验。

（三）自身建设的状况

执政党自身建设的优劣，是民众对执政党作出评价的直观标尺。一个理论、纲领、路线、方针、政策正确，勤政廉洁，办事高效的政党，会受到民众的衷心爱戴，即使偶尔出现一些失误，也会得到民众的谅解；在遇到困难时，民众也会与党共渡难关。而一个腐败现象弥漫的党，即使它的

① 参见王长江：《现代政党执政规律研究》第 1 版，上海人民出版社 2002 年 12 月。

执政成绩斐然（当然，一个高度腐败的党能否做到这一点是可以怀疑的），也会遭到民众的唾弃。

（四）执政绩效

影响民众对执政认可度高低的最关键的因素当然还是执政党的执政绩效。政党在执政期间，是否成功地促进了经济的发展，是否改善了人民的生活状况，是否推动了先进文化的发展，以至是否保护了生态环境等等，都是民众对执政党做出评价的最切实的因素。其中特别是执政的经济绩效如何，是民众对政党打分的最重要的依据（需要引起足够重视的是，现代政党既要以经济发展为中心，又不能仅仅依赖经济方面的执政绩效来巩固执政基础，保持执政地位）。

三、社会转型期中国共产党执政基础的建设

（一）社会转型期党的执政基础面临的新问题

中国共产党执政已有 66 年，改革开放也已有 30 多年，社会主义市场经济获得惊人的进步，中国已经进入全面建设小康社会的发展阶段，与此同时，中国社会也进入深度转型时期。中国共产党的执政基础因而面临诸多新的问题。从世界范围来看，人均收入在中等收入水平的发展阶段，对一个国家来说是一个潜伏危险的转折阶段：要么政策措施得力，平稳过渡，为实现腾飞奠定坚实的基础；要么政策措施失误，导致经济停滞，社会动荡。在这个关键阶段，执政党的政策的重要性就格外显现出来。

1. 社会阶层分化加剧，利益冲突烈度加大，利益整合难度增加

执政党与革命党的根本区别在于，革命党的任务是夺权，这就要团结一部分阶级、阶层来反抗束缚生产力发展、阻碍社会进步的另一部分阶级、阶层及其执政者；而执政党的任务则是建设，那就必须团结一切可以团结的力量，进行经济、政治、文化和社会的建设。执政党不能再延续革命党的思维方式，而要整合全社会各阶级、阶层的利益要求，避免社会冲突与动荡，在社会稳定中实现执政的使命。

转型期中国社会结构不断变迁，社会阶层的分化日益加剧，中国社会

阶层已经从原来的两个阶级一个阶层分化出多种阶层。例如民营企业的经营者及其科技管理人员、受雇于外资企业的经营人员和科技人员、私营企业主、自由职业者、中介组织的从业人员等等。这种分化趋势还将继续下去。这一次社会阶层的分化，发生在市场经济的背景之下，利益的追求是它的根本动力与动因。因而新旧阶层之间、新兴阶层之间以至传统的阶层之间，在利益的追求上，虽然有社会主义建设者共同的一面，也各自有着重大的差别。利益主体间的矛盾加大，特别是先富阶层与贫困阶层之间，市民与农民之间，东部与西部之间，利益的矛盾和冲突十分尖锐，已经影响到社会的稳定。这就给执政党的利益整合带来了前所未有的困难。

2. 作为工人阶级先锋队与代表最广大人民群众根本利益之间的张力

在领导人民实现国家富强、民族振兴的伟业的过程中，中国共产党既要做工人阶级的先锋队，又要做中国人民和中华民族的先锋队。这是历史和时代的要求，也是人民的愿望。但是，市场经济社会是利益高度分化的社会，任何一个阶级和阶层都有着自身无可替代的利益诉求。中国共产党没有自己的特殊利益，但这并不意味着工人阶级和其他阶级和基层之间不存在利益上的差异和冲突。尤其是工人阶级与新社会阶层中的民营企业主阶层之间的利益矛盾，日益凸显。据媒体分析，本世纪以来东南沿海外向型产业中频发的劳工事件，已经显露出许多新的特点：其一，行动主体虽然仍是弱势的农民工，但属于新一代不能再回到城市的农民工；其二，劳工事件已经有了主动抗争的色彩；其三，集体行动有了更多的理性成分；其四，年轻的行动者在实践中学习谈判、学习妥协。① 中国共产党在实现、维护和发展好工人阶级的利益的同时，如何实现、维护和发展好中国最广大人民的根本利益，是巩固执政基础内部关系要解决的一个现实问题。

3. 执政的经济绩效对加强执政合法性作用的弱化

从世界政党执政的情况来看，不能单纯依靠执政带来的经济发展一个方面来巩固执政基础。如果其他方面发展不理想，如果不能解决社会不公

---

① 《我国劳资矛盾高发，有生产无生活成为部分工人现状》，腾讯网，2010 – 06 – 21，http://news.qq.com/a/20100621/001789_3.htm

问题，执政基础就会遭到削弱，执政地位就有丧失的危险。有些执政党领导人民进行经济建设，卓有成效，国家经济取得了良好的发展，综合实力和科技水平得到了提高。但是，由于经济发展的成果没有，至少是很大一部分没有为普通民众享有。普通民众得不到经济发展的好处，因而并不认可执政党的政策，对经济发展造成的贫富不均反而更加不满。其结果是执政党遗憾地下台。在这方面，印度人民党在 2004 年大选获胜和在 2014 年大选失利，为我们提供了警示。所以，如果不能实现社会的全面发展，不能实现社会公正，经济方面的执政绩效在强化人民的政治认同上的作用就会大大弱化。

在改革开放初期，中国百业待举，经济发展的重要性空前突出。党在邓小平理论的指引下，制定了"一个中心，两个基本点"的基本路线，受到了全社会的拥护与支持。人民群众对党领导的中国特色社会主义现代化事业充满了信心。但是，随着社会的不断发展，人民群众的利益要求也在分化，逐渐呈多元化状态。毫无疑问，经济发展仍然是我们解决其他一切问题的关键，仍然应当是我们的中心工作，但是一定要落实科学的发展观和正确的政绩观，实现社会的全面发展和人的全面进步。

4. 执政党自身建设的不足

在执政 60 多年之后，中国共产党已经成为拥有 8600 万党员的大党。党的自身建设任务繁重。总的来说，党的自身建设是适应社会发展的需要的。但是，还存在着很多的问题需要解决。比如，在改革开放之初邓小平就指出的官僚主义、权力过分集中、特权现象、家长制、领导职务终身制等等不良现象，有的已得到了较好的解决，有的还继续存在。特别是愈演愈烈的腐败风，严重败坏了党的形象，损害了人民群众对党的信任，削弱了党的执政基础。要争取人民群众持久的支持与拥护，就要解决好自身建设的问题。

（二）社会转型期加强党的执政基础建设的主要途径

既然党的执政基础的稳固在于人民的认可与支持，因而新时期中国共产党的执政基础就要从满足人民的利益诉求，树立良好的执政形象出发来建设。

1. 树立以人为本的执政理念

为谁执政、靠谁执政，这是一个执政党必须首要解决的执政理念问题。中国共产党明确提出了"立党为公，执政为民"的执政理念，既是体现了党的性质和宗旨的，也反映了时代的要求和人民的愿望。习近平同志在担任总书记时发表讲话，"这个重大的责任，就是对人民的责任"，"人民对美好生活的向往，就是我们的奋斗目标"。① 人民群众既是先进生产力和先进文化的创造主体，也应当是社会发展成果的享受者，对政党的执政具有最权威的评价资格。党的各项方针、政策，都必须符合人民群众的利益，党作出的一切决定都必须从实现人民群众的利益出发，党的一切行动，都要以人民的利益为标尺。只有这样，党的执政才能得到人民群众的永续认同。党的各级组织都要树立科学的政绩观，以是否符合人民利益的要求为评价自己政绩优劣的评价标准。所有损害人民利益的执政决策都要坚决加以改变；所有不符合人民利益的执政行为，都要坚决纠正。

2. 处理好科学执政、民主执政、依法执政三者之间的关系

民主执政是现代民主政治的内在要求。民主执政的关键是要真正树立一切权力属于人民的思想。要变对上级负责为主为对人民负责为主，对上级负责应以对人民负责为最终依归。科学执政与民主执政具有互补性。严格地说，它们本质上是相通的。科学执政就是执政要符合客观规律的要求，要在此基础上讲究效率。实践证明，民主执政是最科学的执政方式。民主执政的程序化、规范化，离不开科学原则的指导；离开了民主执政来谈科学执政，也必然陷入误区。这两者的结合和制度化、规范化就是依法执政，科学执政和民主执政最终都要落实到依法执政上，并以依法执政作为保障。

3. 维护社会公平、公正，构建利益的协调与整合机制

市场经济社会是利益分化的社会，也是充分尊重人的利益、积极保障

---

① 《习近平：人民对美好生活的向往就是我们的奋斗目标》，新华网，2012 年 11 月 15 日。

人的利益实现的社会，因而也必然是崇尚竞争的社会。现代民主政治框架下的执政党，不能做民众利益的赐予者。执政党最重要的工作就是制定维持公平竞争的规则，创造公平竞争的环境，维护公平竞争的秩序。当然，公平竞争要以公正为前提。对在竞争中处于不利地位的公民和竞争的失败者要给以一定的补偿，使他们不因竞争失败而丧失基本的生活条件。这是获得民众支持，保持社会稳定的必要措施。特别是在社会转型期，各种新的社会阶层仍在不断产生，新的利益诉求仍在不断提出，这对执政党提出了更高的要求。市场经济的发展，要求执政党变自己原有的利益分配功能为利益协调功能，构建起强有力的利益协调与整合机制。

4. 建设全社会崇尚社会主义民主的先进政治文化

邓小平说过："旧中国留给我们的，封建专制传统比较多，民主法制传统比较少。"① 中国传统文化中有许多优秀的成分应当继承，加以发扬光大。但是，由于几千年的沉淀，我们的政治文化中包含了很多封建主义的因素，对今天的先进文化特别是先进的政治文化建设造成了不良影响。消除这些不良影响绝非一朝一夕所能完成。这将是一个漫长甚至是极其痛苦的过程，需要我们付出巨大的努力。当然，西方文化中也有很多消极、腐朽的东西，在我们的对外开放过程中传入并对我国产生消极影响。中国共产党的重要任务之一就是带领人民建立以马克思主义为指导的崇尚社会主义民主的先进文化。中国共产党只有在这种先进文化的环境中才能执好政，才能长久保持执政地位。

5. 以改革的精神创新执政党的自身建设

中国共产党作为中国惟一的执政党，党的自身建设具有特别重要的意义。中华民族的振兴系于党的建设，人民的幸福系于党的建设，中国特色社会主义事业系于党的建设。做好中国的事关键在党。党要完成自己的历史使命，赢得人民群众的长久的支持和拥护，关键也在于党的自身建设。新世纪中国共产党必须增强执政意识，加强执政能力建设，使自己成为熟

---

① 《邓小平文选》第 2 卷第 2 版，人民出版社 1994 年 10 月，第 332 页。

练掌握现代执政艺术、保持良好执政形象、能够最大程度为人民谋利益的政党。

执政基础有几个层次。首先，从执政基础作为一个整体来看，它由全体民众构成，即通常所说的群众基础。其次，执政党的阶级基础构成了执政基础的坚实的内核。再次，执政党自身的基层组织和党员队伍，则既是党的阶级基础和群众基础的中坚力量，又对巩固党执政的阶级基础和群众基础具有极其重要的作用，是一个政党与民众之间保持联系的能量转换器。因此，加强党的基层组织建设对建构强固的执政基础具有特殊重要的意义。

第十一章　执政理念与执政合法性

一、政党长期执政要具有政治合法性

从本质上说，政党是特定阶级利益的集中代表者，是特定阶级政治力量中的领导力量，是由各阶级的政治中坚分子为了夺取或巩固国家政治权力而组成的政治组织。[①] 在政治过程中，政党实际上发挥着两方面的作用：一方面它是民众参与政治的工具，是沟通民众与政府（即国家政权）联系的桥梁；另一方面又是民众控制政府之手的延伸。[②] 这是政党政治最基本的定位，即使是掌握着公共权力的执政党，也不能把自己直接等同于国家政权，必须仍然是代表民众意愿和要求对公共权力施加影响、控制公共权力运作的政治组织，这是现代社会政党执政过程中最基本的要求。如果执政党将自己等同于公共权力，哪怕是把自己变成国家机器的一部分，都是政党功能的错位，会引发政党的变质和各种危险。换言之，执政党尽管手中掌握了强制性的力量，但作为一种政治组织，却不能完全靠这种强制性力量来长期维持其执政地位，相反地它必须证明和寻找自身执政以及让民众接受其执政的正当性。这种"正当性"就是政治学中的"合法性"。

---

① 王浦劬主编：《政治学基础》，北京大学出版社 1995 年版，第 265 页。
② 王长江：《现代政党执政规律研究》，上海人民出版社 2002 年版，第 40—42 页。

政治合法性（political legitimacy）是现代政治学和社会学中十分重要的问题之一，它不同于守法性（legality），是指政治系统是否以及为何应该获得社会成员的自愿服从、支持和忠诚。"合法性是一种特性，这种特性不是来自正式的法律和法令，而是来自由有关规范所判定的、'下属'据以（或多或少）给予积极支持的社会认可（或认可的可能性）和'适当性'。"① 德国著名学者哈贝马斯说，不能随随便便地使用合法性概念，"只有政治制度才拥有或者才可能失去合法性；只有它才需要合法性。"因此，合法性是"同一种政治制度联系在一起的、被承认是正确的和合理的要求对自身要有很好的论证。合法的制度应该得到承认"。"合法性就是承认一个政治制度的尊严性。""统治制度的稳定性，甚至取决于对这种要求的（起码的）事实上的承认"②。美国学者迈克尔·罗斯金认为，合法性"意指人们内心的一种态度，这种态度认为政府的统治是合法的和公正的"③。这些解释无非是说，掌权并不仅仅以公共权力的归属为标志，还必须以对这种归属或政治共同体、政治秩序的认同意识为基础，要获得社会上大多数人的普遍承认、支持和尊重，具有一种合法权威性。否则，这个政权就会因缺乏统治的合法性而难以巩固和持久，甚至导致败亡的命运。

最早从理论上提出并研究政治合法性问题的学者是法国启蒙思想家卢梭。他在分析"政治秩序何以持久"的问题时，就谈到政治合法性问题。卢梭说："即使是最强者也绝不会强得足以永远做主人，除非他把自己的强力转化为权利，把服从转化为义务。""强力并不构成权利，而人们只是对合法的权力才有服从的义务"④。也就是说，政治统治者要长久地维持自己的统治地位，需要把强力转化为权利，把被统治者的服从变成义务。怎样才能达到这个目标呢？卢梭提出了人民主权学说，认为人民拥有的"公意"（即全体人民的意志）是政治合法性的惟一基础，是当权者应该忠于

----

① 邓正来主编：《布莱克维尔政治学百科全书》，中国政法大学出版社1992年版，第410页。

② ［德］尤尔根·哈贝马斯：《重建历史唯物主义》，社会科学文献出版社2000年版，第262页。

③ ［美］迈克尔·罗斯金等：《政治科学》，华夏出版社2001年版，第5页。

④ ［法］卢梭：《社会契约论》，商务印书馆1980年版，第12—14页。

的最终价值。如果政府行为符合公意，那么政府就是合法的；如果政府行为不符合公意，那么政府就是非法的。

此后，韦伯、帕森斯、哈贝马斯、李普塞特等都从不同方面对政治统治中的合法性问题作了论述。如韦伯从社会学的角度即从人类历史上存在过的政治统治秩序事实出发，考察了被统治者何以服从统治者的统治问题。他认为，历史上任何现实的政治统治秩序的持久性均以两方面的有效性（即合法性）为基础：一是外在的客观的有效性，如服从的习惯、习俗或强制性的法律；二是内在的主观的有效性，即被统治者发自内心地认为统治者有权指挥他们，而自己也有义务服从统治者。在韦伯看来，人们服从掌权者的命令，是因为人们有信守法律的观念，人们相信法律是良好的政治生活的基础，他们服从命令，但只服从拥有合法政治职位的人的命令，如果某个人没有合法的政治职位，或者丧失了合法的政治职位，人们就不再服从这个人的命令。[①]

其实，道理也很简单，正如历史经验反复验证的那样，"得人心者得天下，失人心者失天下"。政治统治固然不能离开暴力或物质的强制力，但是纯粹的暴力强制只能带来短暂的军事性的"征服"，而不可能实施有效的统治。单纯的暴力强制需要持续地投入大量的镇压力量以惩治公开的反对者和威慑、监视其他社会成员。但任何社会具体承担统治或管理职能的人总是少数，而处于被统治或被管理地位的人总是多数，即使在号称"警察国家"的地方也不可能每人身边站一个警察。所以，这种政治合法性不足而靠赤裸裸的暴力的统治最终会因代价高昂或者直接引起民众的反叛而难以为继。因为，"当合法性受到侵蚀时，政府的麻烦事就来了。人们感到没有太多的必要去交税和遵守法律。不遵守法律不再被认为是肮脏的和不诚实的，因为政府本身就被看做是肮脏的和不诚实的。更有甚者可能爆发大规模的内乱。"[②] 相反，有了民众的认同和支持，权力才能转化为权威（权威是一种基于心理认同的精神的力量，能够带来自觉服从的效

---

① 引自毛寿龙：《政治社会学》，中国社会科学出版社 2001 年版，第62—63 页。

② ［美］迈克尔·罗斯金等：《政治科学》，华夏出版社 2001 年版，第5—6 页。

果），政党才会有凝聚力和号召力，才能够顺利地推行自己的方针政策，党执政的成本就会降低，执政地位也就会长久而巩固。迈克尔·罗斯金说得好："即使我们对政府并没有什么特别的好感，我们通常也要服从它。大多数人都不想交个人所得税，但我们基本上都交了，而且是老老实实地交的，因为我们觉得政府有向我们征税的合法权利。"①

寻求多数民众的普遍承认和支持，具有政治合法性资源，这是现代政党长期执政的先决条件。不论是资本主义国家的政党还是社会主义国家的共产党，概莫能外。在西方，实行的是竞争型政党体制，执政党地位是在几年一次的全国大选中通过赢得多数选票而获得的，其执政地位的巩固与保持，也依赖于再度选举的结果。如果本党的议员、首相和总统让多数选民满意而再次当选，就可以连续执政；如果他们没有达到多数选民的要求，就不可能再次当选，执政党的地位也就不复存在。这样，选民人数的支持、选票的多少就成为政党执政的合法性标志。而在一些非竞争型政党体制的国家包括社会主义国家，由于特定的历史条件，执政党地位的获得，往往是通过政党带领民众用革命的手段推翻专制统治或者取得民族解放斗争的胜利而赢到民众拥护的结果。在这里，执政地位的保持和巩固，表面上看不像西方选举制下选民的选票表现得那么直接和明显，但是，它同样有赖于民众的心理认同和信任。人心的向背、公众信任与支持的程度同样决定这些国家执政党的前途命运。前苏共的兴衰就是一个很有说服力的例证。

由此可以得出结论，执政党要想长期执政，仅仅通过公共权力所带来的强制性服从是不行的，必须有社会多数成员的自愿服从，他们在心里觉得这种统治是"适当的"、"正当的"，从而是"应该服从的"。正如哈贝马斯所说："任何一种政治系统，如果它不抓合法性，那么，它就不可能永久地保持住群众（对它所持有的）忠诚心，这也就是说，就无法永久地保持住它的成员们紧紧地跟它前进。"②

---

① ［美］迈克尔·罗斯金等：《政治科学》，华夏出版社2001年版，第5页。
② ［德］尤尔根·哈贝马斯：《重建历史唯物主义》，社会科学文献出版社2000年版，第264页。

二、执政理念是政治合法性的重要基础

政治合法性可以建立在不同的基础上，如世袭地位、法律、领袖人物的个人魅力、意识形态、政绩、甚至某种宗教仪式等。不同的政治学者把这几方面概括为不同的层次。如韦伯就把它划分为三种类型：一是基于传统的合法性，即传统合法性；二是基于领袖人物超凡感召力之上的合法性，即个人魅力型的合法性；三是基于合理合法准则之上的合理性，即法理型的合法性。美国政治体系理论创始人戴维·伊斯顿认为政治合法性有三个来源：意识形态的、结构的和个人的，由此构成三种合法性类型：意识形态合法性、结构合法性、个人合法性。

在现代民主社会，建立在世袭地位、宗教仪式上的政治统治，不会得到民众的普遍认同，没有丝毫的合法性可言。法律虽具有使某种制度合法化的功能，但如果立法行为没有得到社会多数成员的赞同和承认，缺乏罗素所说的起码的"情感度"，或者说外在的法律规范不能内化为社会成员的道德信念，不能由"他律"内化为一种"自律"，那么就会在实际生活中发生对法律、政策的"集体规避"的现象，法律制度就会形同虚设，政治统治就难以收到实效。领袖的个人魅力，当领袖在世时，对政权还会有一定的合法性基础，而在领袖逝世之后，这种合法性基础就会随之而去。所以邓小平说："一个国家的命运建立在一两个人的声望上面，是很不健康的，是很危险的。不出事没问题，一出事就不可收拾。"[1]

至于良好的政绩，一般认为是合法性的重要来源，但要长时期地保持较好的政绩并不是一件容易的事情。而且，政绩也好、经济增长也好，并不能自动地确保执政党的执政地位的稳固。世界上有很多经济发展较好但执政党下台的事例。如2004年印度人民党在大选中败给了国大党，这其中的根本原因是，尽管印度人民党使经济连续以5%的速度增长了六七年，但人民并没有从中受益，民众并不认同执政党的执政行为。李普塞特就对

[1]　《邓小平文选》第3卷，人民出版社1993年版，第311页。

经济绩效与合法性的关系作过很好的阐述。他认为，有时候经济增长的有效性会带来合法性，有时候合法性会促进有效性。但是，有时候有效性并不见得能增加合法性。这是由于，民众在看待、评价政绩的标准是不一样的，某些人可能会运用诸如生活水平或经济繁荣等经济标准，而其他人则可能强调诸如经济平等和社会正义等社会标准；某些人可能会运用诸如公民权利和自由等政治标准，而其他人则用诸如公共秩序或国家安全等标准；某些人可能会综合地看待这些标准。从各国历史发展情况看，当人们的生活水平达到一定程度后，他们对政治方面的各种诉求开始增加，对执政者的期望值随之越来越高，一旦某种诉求得不到及时的满足，就会引起他们的不满。我国改革开放以后人民生活水平在不断提高，但社会上还是出现过"端起碗吃肉，放下筷子骂娘"的现象，就是这种情形。因此，一个执政党如果把执政的合法性完全建立在经济绩效上是危险的。当经济还在发展的时候，合法性可能没有问题，一旦经济出现问题，政权就面临危机甚至倒台的危险。

那么，政党执政牢固的合法性基础是什么呢？这就是政党的意识形态。对于执政党而言，最直接的就是执政理念。

执政理念是同执政行为紧密相连的。执政理念，是指导政党执政实践最基本的理论观念、价值取向和是非标准，属于执政党意识形态中最核心的内容。简单地说，就是为谁执政、靠谁执政——是为少数人执政呢还是为大多数人执政。执政理念是政党执政过程中一个带根本性和方向性的原则问题，是执政党一切行为的出发点和落脚点，是执政的立场问题和执政的价值取向问题，不仅直接决定着执政的目标，决定着执政党的方针政策，同时还影响和左右着执政的方式。执政党成熟的标志之一，就是有着明确而固定的执政理念。

与绩效、制度结构等因素相比，意识形态作为一个社会或阶级的思想体系，一直被视为合法性的一个主要来源和最可靠的基础。如前所述，政治合法性是社会成员在合乎理性选择的基础上对政治系统的自愿认可、服从与支持状况，是存在于社会公众主观意识中的概念，是心理意识内化的结果，偏重于民众心理的、伦理的或理性的支配。"真正合法性的试金石是，当主子没有力量惩罚反对者时，他的下属是否还愿意服从他的命令。"① 为此，韦伯认为民众对一个政权的合法性认同主要地取决于其内在的信仰、信念。社会学大师帕森斯认为，政治统治的合法性的最终和最重要的基础就是政治统治者的统治或指挥得到该社会最高价值的支持。② 政党的意识形态所发挥的作用就是培育社会成员的这种信仰、信念或价值观念。通过执政者系统的论证和宣教，意识形态能够逐渐深入到民众的心灵和精神活动中，变成他们进行社会实践的价值取向，成为一种坚定的信仰。故伊斯顿特别强调政治合法性的意识形态来源，毛泽东早年也把"主义"比喻为指导人们前进的"旗子"。他说："主义譬如一面旗子，旗子立起了，大家才有所指望，才知所趋赴。"③ 尤其重要的是，意识形态能够直接为统治者的政治行动提供合法性的依据，使社会成员相信统治集团所采取的政治行为是有道理的、是合法的、也是合理的，是代表社会整体的利益的。因此，美国政治学者达尔说："政治体系中的领袖通常维护一套多少持续和统一的信条，这些信条有助于说明和证实他们在体系中进行领导的合理性。""领袖们弘扬一种意识形态的一个原因是显而易见的：赋予他们的领导以合法性，即把他们的政治影响力转换成权威。""意识形态不仅证明其领导的合理性，而且证明政治体系本身的合理性。"④

翻开世界政党发展的历史，我们不难发现，当社会民众相信政党的意识形态或执政理念的合理性时，不论该国处于多么恶劣的环境，也不管人民的生活条件多么艰苦，民众还是会认同这个党并自觉地支持党，不会发生执政的合法性危机；相反，一旦民众对执政党宣称的那套思想理论不信任、不认同，发生普遍性的信仰危机，即使国家处于和平的环境，人们的生活水平比较富裕，最终也是会发生执政的合法性危机的。比如，对于前苏联的瓦解，我们可以从经济、政治、社会方面举出许多原因，但那恐怕都不是根本的原因。如果谈经济问题，1917—1920 年的俄国要比 1990 年

---

① ［英］弗兰克·帕金：《马克斯·韦伯》，四川人民出版社 1987 年版，第 124—125 页。
② 引自毛寿龙：《政治社会学》，中国社会科学出版社 2001 年版，第 65 页。
③ 《毛泽东早期文稿》，湖南出版社 1990 年版，第 554 页。
④ ［美］罗伯特·A. 达尔：《现代政治分析》，上海译文出版社 1987 年版，第 78 页。

的苏联落后和困难得多，1942 年列宁格勒、斯大林格勒被围困时期也比
1990 年的苏联困难得多，但那时苏联并没有崩溃。因此，有学者认为，导
致苏联解体的一个根本原因是，从 20 世纪 20 年代末 30 年代初开始，苏共
向老百姓宣传并希望他们接受的是一套僵化的、把马克思主义教条化的思
想理论，结果不是巩固和坚定了人们对共产主义和社会主义的信仰，而是
对它的科学性产生了怀疑，对马克思主义的指导地位发生了动摇，从而削
弱了苏共和苏维埃国家存在的合法性基础。"一个党被人民所抛弃，首先
在于它所主张的意识形态被抛弃。对苏共来说亦是如此。苏共失败的深层
原因在这里。"①

有人认为，政治合法性应当建立在良好的制度和体制上，一套良好的
制度和体制如民主制，能够保持牢固的政治合法性。表面上看，这是正确
的。但作者以为，制度、体制是由执政者的执政理念决定的，有什么样的
执政理念就会产生体现执政理念的相应的各种制度和机制。比如，为少数
人执政的理念是不可能真正实行广泛的民主制的，而只有奉行为大多数人
执政的理念，才会建立并实行真正的民主制。

所以说，意识形态是政党执政合法性资源结构中最为基础的部分，它
为政治体系的合法性提供道义上的诠释，它通过培育社会成员对于政治体
系的合理性认同和情感来起作用，有助于政治权威的形成。②

三．创新共产党人的执政理念，为人民长期执好政掌好权

政党长期执政要有足够的政治合法性，执政理念是政治合法性最重要
的基础，因而从根本上说，执政理念直接影响着执政效果，影响着政权的
稳固程度。为少数人执政，就会从少数人的愿望和要求出发，为少数人谋
利益，这样的政权只能得到少数人的认同和拥护，缺乏足够的政治合法
性，自然也就不会长久；为大多数人执政，就要考虑大多数人的意愿和要
求，为大多数人谋利益，这样的政权就会获得社会多数人的认同和支持，

---

① 王长江：《苏共：一个大党衰落的启示》，河南人民出版社 2002 年版，第 165—167 页。
② 王邦佐等编著：《中国政党制度的社会生态分析》，上海人民出版社 2000 年版，第 202 页。

其政治合法性就强，政权也就稳固而持久。因此，寻求并拥有一种多数民众支持和认同的执政理念，是历代统治阶级和各个执政党的首要任务。中国历朝开国封建君主总不免要讨论"创业和守业孰艰难"、"马上得天下，安能马上坐天下"之类的问题，为的就是要找到一条能安邦治国、长治久安的策略。中国共产党夺取政权前，毛泽东在回答黄炎培先生的中共如何跳出历史"兴亡周期律"的问题时，郑重地提出了"人民当家做主"，那实质上就是中共未来最重要的执政理念。

执政理念体现着政治统治的本质。不同阶级的统治，有不同的执政理念；不同性质的执政党，有不同的执政理念。封建神权统治和资产阶级统治，基本的理念是维护本统治集团的利益，是少数人统治多数人、为少数人谋利益的政治统治。尽管资产阶级政党打起"平等、自由、民主"等旗号，标榜代表社会大多数人的利益要求，但本质上它们都是资产阶级在政治上的代言人，实行的是资产阶级的剥削统治，为资产阶级少数人谋利益。相反，无产阶级政党，本身是在反对资产阶级少数人统治多数人的政治斗争中诞生的，是以工人阶级和其他劳动人民作为自己的阶级基础，从诞生的那天起，就明确把为劳动人民谋利益作为根本的立党宗旨和行动理念。马克思、恩格斯在《共产党宣言》中明确指出："过去的一切运动都是少数人的或者为少数人谋利益的运动。无产阶级的运动是绝大多数人的、为绝大多数人谋利益的运动"①。立党为公、执政为民，是共产党人区别于一切剥削阶级政党最本质的东西，它"准确而集中地体现了共产党执政的本质和目的，决定并体现了共产党执政的合法性、正义性、优越性和强大的生命力"②。党的十七届四中全会在总结党的建设的基本经验时，认为"坚持立党为公、执政为民，保持党同人民群众的血肉联系"是一条基本经验，要"坚持全心全意为人民服务根本宗旨，坚持以人为本，贯彻马克思主义群众观点和党的群众路线，实现好、维护好、发展好最广大人民根本利益，做到权为民所用、情为民所系、利为民所谋，不断增强党的阶

①　《马克思恩格斯选集》第 1 卷，人民出版社 1995 年版，第 283 页。
②　秋石：《中国共产党执政的基本经验》，载《求是》，2002 年第 9 期。

级基础、扩大党的群众基础，使党始终得到人民群众支持和拥护。"①

执政理念是发展变化的，不同的时代，有不同的执政理念；就同一个政党而言，不同时期，其执政理念的具体内容也是不相同的。以中国共产党而言，"立党为公、执政为民"的理念虽然一以贯之，但是它所包含的内容在民主革命时期不同于和平建设时期，计划经济时期不同于社会主义市场经济时期。因此，随着时代的进步和社会的发展，随着人们的思想观念的转变，执政党必须与时俱进，开拓创新，及时概括和提炼出合乎时代潮流的执政新理念。否则，即使是科学的执政理念，也会逐渐落后于时代发展潮流而为民众所抛弃，出现政治合法性危机，从根本上动摇党的执政地位。最典型的莫过于前苏联和东欧各国共产党。

创新执政党的执政理念和意识形态，是上世纪50、60年代特别是80年代后各国政党所面临的共同性问题。面对社会结构的变动、经济全球化浪潮、科技革命的兴起和信息传媒技术的进步等客观环境的变化，世界许多国家的政党，包括资产阶级政党如美国的民主党和共和党等、民主党如英国工党和德国社民党等、民族主义政党如新加坡人民行动党等，纷纷对自己的意识形态作出调整，把许多不同的思想和价值观念整合进来，把体现民众愿望的"发展"、"公正"、"和谐"、"平等"、"民主"等作为执政的基本理念，从而使它们在政治舞台上显得特别的活跃，有的重新走上政坛，有的连续多年执政。近20多年来世界政坛风云启迪我们，在执政理念上，跟得上时代变化潮流的执政党，就能够维持住自己的执政地位；跟不上时代变化潮流，甚至是逆潮流而动的执政党，则会毫不留情地被淘汰掉。

就中国共产党而言，执政理念的创新同样是执政过程中始终不容忽视的一个大问题，是保持长期执政、并执好政的首要问题。中共的执政理念，不论是"立党为公、执政为民"，还是"人民当家做主"，都是包含着极为丰富的时代内容的，应当根据时代的发展不断充实崭新的思想和价值

---

① 《中共中央关于加强和改进新形势下党的建设若干重大问题的决定》，新华网，2009年9月22日。

观念，否则，重蹈苏东共产党后尘，不是没有可能的事情。

经过 90 多年的革命、建设和改革历程，中国共产党已经成为一个掌握着全国政权并长期执政的党，成为一个在全面改革开放条件下领导国家建设的党。这种历史性的大转变，使它的执政理念面临着不同的时代环境。我们今天谈论"执政为民"和"人民当家做主"，它所包含的内容，同建国初期有很大不同，同 60、70 年代的计划经济时期不同，同改革开放初期不同，甚至同 90 年代也不同。正是在把握这种时代发展潮流和中共面临的全新环境的基础上，以江泽民为核心的第三代党中央领导集体创造性地提出了"三个代表"重要思想，以胡锦涛为总书记的党中央领导集体提出了"以人为本"的科学发展观，这是对"立党为公，执政为民"的执政理念的创新和发展，包含着丰富的时代内容。以习近平为总书记的新一代党中央领导集体提出实现中华民族伟大复兴的中国梦，指出，"中国梦是民族的梦，也是每个中国人的梦"，"生活在我们伟大祖国和伟大时代的中国人民，共同享有人生出彩的机会，共同享有梦想成真的机会，共同享有同祖国和时代一起成长与进步的机会"，强调"中国梦归根到底是人民的梦，必须紧紧依靠人民来实现，必须不断为人民造福"。[1] 习近平总书记对中国梦的阐释，更是体现了中国共产党执政为民理念在新时期的彰显与升华。

如何科学把握当代中共的执政理念的时代内涵？一些学者们把它分解为四种意识：执政为民的公仆意识、执政兴国的发展意识、依法执政的法制意识、执政图治的忧患意识。[2] 基于此，可以把新时期中共的执政理念概括为"为民"、"发展"、"法治"、"廉洁"等内容。

牢固树立执政为民的理念。为民服务、为民执政、为民掌权，是共产党人执政理念最核心的内容。共产党区别于其他政党的本质，就是它来自于民、根植于民、服务于民，时刻同人民群众保持着血肉联系。新时期中共的为民理念，核心就是要把人民群众的政治、经济和生活等方面的愿望、需要放在党和政府各项工作的中心位置，深切关注人民群众的生存、

---

① 《习近平阐述中国梦：人民共享人生出彩的机会》，新华网，2013 年 3 月 17 日。

② 参见《透析十六届四中全会与中共执政新局》，载《瞭望东方周刊》，2004 年 9 月 20 日。

发展和人的价值，做到"权为民所用、情为民所系、利为民所谋"，做到"人民对美好生活的向往，就是我们的奋斗目标"，切实维护好、实现好、发展好人民群众的根本利益。

始终坚持发展兴国的理念。和平与发展是时代的主题。发展，是人心所向，是大势所趋。当今世界的竞争，越来越取决于国与国之间发展的速度、发展的实力和发展的水平。对于执政党来说，发展是执政兴国第一要务，解决一切社会问题的根本出路在于发展。共产党的发展理念，就是以人为本的经济社会的全面、协调、可持续的发展，让人民群众在经济社会全面发展中切实受益，那种为发展而发展、只讲发展不考虑群众的生活水平、甚至为了经济的一时快速发展而断了老百姓活路的做法，是与共产党人的"立党为公，执政为民"的价值取向根本相违背的，必须坚决禁止。

不断增强民主法治的理念。民主是现代社会政治制度的核心理念，新一轮的民主化浪潮正以迅猛之势席卷全球。执政的共产党的法制理念，就是要顺应民主政治的发展潮流，大力发展社会主义民主政治，领导和支持人民当家做主，使人民拥有的民主选举、民主决策、民主管理和民主监督权利制度化、规范化。要坚持依法治国、依法执政，使党的执政行为具有规范性，党的执政政策具有稳定性。要树立法律权威的观念，坚持法律面前人人平等，法律裁决为最高裁决，保持司法独立，谨防"以党代法"、"权大于法"的现象。

坚决奉行廉洁从政的理念。共产党是靠艰苦奋斗起家的，清正廉洁是共产党人的政治本色。中共的廉洁理念，就是要具有艰苦奋斗、勤俭节约的优良作风，具有谦虚、谨慎、不骄不躁的作风。具有勤政高效、求真务实的品格，多为人民群众办好事办实事办成事，杜绝形式主义、官僚主义恶习。具有廉洁奉公的本色，正确对待手中的权力，树立正确的权力观、地位观、利益观，诚心诚意为人民谋利益，反对和禁止各种以权谋私、贪污腐化的行为。

第十二章　执政方式的改进与民主执政的制度化

执政，通常指"政党以一部分人（或全体人民）的名义对公共权力实施占有和运用的行为"①。政党控制公共权力的途径、手段和方法，就是执政方式。在执政方式中，最为关键的是如何处理执政党与政府的关系。中国共产党的执政方式，总体上包含了依法执政、民主执政与科学执政的原则要求。这些要求在价值取向上与社会主义民主政治的基本方针即党的领导、人民当家做主和依法治国相契合，在制度建设上要求遵循这种价值取向不断改善执政党与政府、人大、政协、社会的关系。

一、中共民主执政制度建设的进展和成就

所谓民主执政，就是坚持为人民执政、靠人民执政，支持和保证人民当家做主，坚持和完善人民民主专政，坚持和完善民主集中制，以发展党内民主带动人民民主，壮大最广泛的爱国统一战线②。这一定义既包含了民主执政的价值特征和发展动力，也体现了民主执政的具体实现途径。为人民执政，即党的执政活动，对公共权力的控制和行使，其价值取向都是为了实现全心全意为人民服务的根本宗旨，为了实现好、维护好、发展好

---

① 王长江：《现代政党执政规律研究》，上海人民出版社 2002 年版，第 5 页。
② 《中共中央关于加强党的执政能力建设的决定》，新华网，2004 年 9 月 26 日。

最广大人民的根本利益。靠人民执政，即必须坚持人民群众的主体地位，在党的执政活动中坚持群众路线的工作方法，密切联系群众，尊重群众的首创精神。支持和保证人民当家做主，即执政党应当坚持作为国家权力和人民群众桥梁的定位和作用，对国家权力的控制和行使，必须与引导和组织人民群众通过多种途径依法参与国家和社会事务的管理相结合。

执政六十多年来，尤其是改革开放以来，中国共产党在民主执政制度建设方面取得了一定的进展，主要体现在民主执政的理念形成、基本制度完善、党政关系协调、公民政治参与等方面。

1. 中国特色的民主执政理念逐步形成

早在民主革命时期，毛泽东提出了以发展民主、让人民监督政府来避免中国封建历史上的王朝周期律问题。在建国前夕，毛泽东提出人民民主专政理论，要求在人民内部实行广泛的民主，对破坏社会主义制度的敌人实行专政。这一理论奠定了社会主义国家制度的国体基础。在建国后，作为中国共产党自身组织原则的民主集中制也被确立为社会主义国家制度的基本原则。民主集中制的基本要求，如保障人民权利，充分发扬民主，集体决策，严格执行等都体现在人大制度、政府行政制度的设计理念之中。改革开放以来，对于民主执政的认识逐步清晰，提出了民主是社会主义的本质要求，没有民主就没有社会主义，就没有社会主义的现代化，人民民主是社会主义的生命等重大论断。近年来，针对选举民主的弊端，社会主义协商民主的相关理论得到了不断丰富和发展。

2. 社会主义民主基本制度逐步完善

人民代表大会制度作为我国的政体，也是人民行使民主权利的基本的途径。随着政治体制改革的不断推进，人民代表大会制度不断得到完善。差额选举、无记名投票等民主规则普遍实施于人大代表的选举。历经改革，到 2010 年实现了城乡居民同比例选举人大代表。宪法赋予的人大各项权力不断落实。通过立法权的充分行使，全国人大于 2010 年实现了建立中国特色社会主义法律体系的目标，使我们党的依法治国、依法执政，政府的依法行政以及广大公民的经济社会文化生活都实现了"有法可依"。人大对同级一府两院的监督权不断真实化，2001 年，沈阳市人大否决了沈阳市中级人民法院的工作报告，实现了人大监督史上否决一府两院工作报告零的突破。人大的人事任免和重大事项决定权，也在一定程度上得到了充实，对党委的相关决策权形成了一定的把关和制约作用。中国共产党领导的多党合作与政治协商制度是我国的政党制度和独具特色的协商民主制度。中共和民主党派秉持"长期共存、互相监督、肝胆相照、荣辱与共"的合作理念，通过高层定期的座谈会、协商会，以及各级政权中民主党派的政治参与和政治监督，构建了和谐的政党关系。民族区域自治制度保障了少数民族的自治权，体现了"少数服从多数，尊重和保障少数的合法权利"的民主价值。基层民主自治蓬勃发展，广大人民群众通过村委会制度、居委会制度和职工代表大会制度，直接行使民主管理权利。

3. 对党政关系的认识逐步明晰并有一定程度的制度化

改革开放以来，我们党逐步对革命党时期形成的在计划经济时代得到强化的党的一元化领导体制有了新的正确的认识。邓小平在 1986 年就指出："党管政府怎么管法，也需要总结经验。党政分开，从十一届三中全会以后就提出了这个问题"，"党要善于领导，不能干预太多"。[①] 党的十三大对于改进党政关系明确了提出了党政职能分开的主张，包括党应当在宪法和法律的范围内活动，党应当保证政权组织充分发挥职能，应当充分尊重而不是包办群众团体以及企事业单位的工作，党的领导是政治领导，即政治原则、政治方向、重大决策的领导和向国家政权机关推荐重要干部，党对国家事务实行政治领导的主要方式，是使党的主张经过法定程序变成国家意志，通过党组织的活动和党员的模范作用带动广大人民群众，实现党的路线、方针、政策等，并对改革党政关系体制提出要求：划清党组织和国家政权的职能，理顺党组织与人民代表大会、政府、司法机关、群众团体、企事业单位和其他各种社会组织之间的关系，做到各司其职，并且

---

① 《邓小平文选》第 3 卷，人民出版社 1993 年版，第 163—164 页。

逐步走向制度化。① 党政分开的主张在 20 世纪 90 年代以来，逐步被党政关系规范化的理念所替代。关于党政关系规范化，主要体现在对党委议事规则的明细化，党委决策权、政府执行权、人大政协监督权的相互协调与统一等方面。在 2007 年前后，通过减少地方党委副书记的办法，一定程度上减少了以党代政、党政不分、党委干预和包办政府事务以及政出多门、政府职能部门无所适从的弊端，明确了党委和政府之间决策和执行的权力关系。

4. 公民政治参与的渠道不断拓展，参与程度有序提升

公民政治参与形成了三个方面的渠道。一是参与各类选举活动，包括县乡两级人大代表选举，村社区自治组织选举等。在基层人大代表选举中，出现了一批自荐竞选并通过选民联名成为候选人而当选的人大代表。村民委员会选举中发明的海选等方法，打破了党组织垄断候选人提名的惯例，保障了农民的选举权和被选举权。在城市社区中，开始推行无候选人直接选举，不断充实社区民主自治。二是通过民情恳谈会、市民听证制度、政风行风评议等方式参与决策和监督。由党政职能部门深入村社区开展的民情恳谈会发源于浙江温岭，使基层群众有较为直接的利益表达渠道，参与恳谈会的干部也认识到了自己认定的民意和真实民意之间的误差。政风行风评议由群众代表、服务对象代表、人大代表、政协委员对政府职能部门的工作和服务指出问题，直接评分，起到了很好的监督作用。三是通过舆论传媒等方式影响政府行为。在传媒的影响中，除了传统媒体外，BBS 论坛、微博、微信、QQ 群等平台也成为社会热点话题的发源地、聚集地，成为重要的政策议题输入途径。

二、现行的民主执政制度存在的问题及其原因

虽然改革开放以来我们党的民主执政在理念、制度、途径等方面取得了一定的进展，但是现行的民主执政制度与人民群众的政治参与要求仍有相当大的距离，执政党在行使公共权力方面也存在着很多不协调、不规范

---

① 《沿着有中国特色的社会主义道路前进——在中国共产党第十三次全国代表大会上的报告》（1987 年 10 月 25 日），中国共产党新闻网。

的地方。

（一）现行的民主执政制度存在的问题

1. 党政关系还不协调、不规范，职责分工不明确

党委和政府的关系是当代中国政治体制中的核心问题，虽然对党政关系规范化有较为明确的认识，但在实践中，党政关系仍然存在一系列不规范、不协调的问题。一是党委书记和行政首长的权力之争。党委书记习惯上是党委的"班长"，是"一把手"，如前所述，许多地方存在着一把手专权的问题。行政首长统领庞大的政府系统，而且在党委两个副书记中排名靠前，从权力划分来看，行政首长既负责执行权，也是决策权的主要参与者。在权力运行规范化不足、人格化色彩浓厚的情况下，党委书记和行政首长的权争呈现普遍多发性和局部尖锐性的情况，影响了地方党政关系的团结，难以形成合力。二是党委集体领导与政府执行权统一的矛盾。在地方党委中常委副行政首长数量较多，这些官员在政府系统中应是协助正职行政首长处理政府相关事务，但在常委会中又是分管某一方面重要工作的常委，并因常委身份与党委书记建立直接工作关联，加剧了党委职责"前置"、政府职能弱化的弊病。

2. 党委与人大的关系未能保证人大充分行使依据宪法应有的权力

人大是宪法规定的国家权力机关，也是人民当家做主的基本途径。但在实践中，人大并未充分行使宪法赋予和人民授予的应有权力。人大的权力行使更多地体现为对党委相关决策的合法化，而且在这种合法化的过程中，人大理应拥有的审议权、监督权和否决权也难以实质性地保障。法律法规和地方性条例的制定过程中，部门立法即政府相关职能部门提出法案草案的现象仍普遍存在。重大事项如发展规划、重大工程等议题设置和决策过程仍由党委进行，人大的决定权呈现一定的形式主义倾向。人事任免权中，由于缺乏必要的候选人介绍和宣传程序，人大代表对相关人选及其与所任职务的合适度缺乏应有的了解。很多待表决人员的介绍材料仅简单罗列了工作简历，而在任免理由上多数仅是"工作需要"寥寥数字。因而人大对相关人员的表决也难以体现真实的选择权。人大未能充分行使宪政

权力，除了党委体制横向集权外，也和人大组成人员的结构有关。在地方，人大常委会主任多数由同级党委书记兼任，而党委书记的主要工作精力都集中在党委这一核心权力机构，对于人大的工作重视不够。这种状况实际上使人大对党委工作的监督和制约权更为虚化。在人大常委会中，多数常委也是党政职能部门卸任的官员，与党政部门有着极为密切的联系，缺乏与人民群众之间实质性的代表与被代表关系。

3. 党委与司法机关的关系影响了司法机关独立审判权的行使

司法机关从属于同级人大是我国人大制度议行合一的重要表现，这也体现了人民对于司法权的掌控，是人大制度优越于西方三权分立之处。但在实践中，对于司法机关的掌控与纪委系统一样，存在着上级司法机关与本级党委政法委双重领导的体制，而党委通过政法委对司法机关的控制更为紧密。这种领导体制，一方面影响了地方和基层司法机关独立审判权的行使，不利于司法公正，是近年来涉诉上访事件不断增加的重要诱因。另一方面，也使得法理上法检"两院"对人大的负责关系被扭曲，削弱了人大制度体现人民全权的优越性。

4. 执政党与基层民主自治组织的关系定位不明确，影响了自治权利的行使

以村民委员会和居民委员会为主体的基层民主自治在实践中仍存在着角色定位的偏差。在理论上，村居委会是基层群众履行直接选举、民主管理的机构，乡镇街道与其的关系属于指导与协助的关系。但是，一方面，乡镇和街道的党（工）委、政府（办事处）依然把村居委会视为自己在基层社会中的"腿"和"脚"，习惯于对村居委会下达工作任务，依靠其完成大量需要深入群众、动员群众才能完成的行政事务。另一方面，很多村居委会缺乏基层自治组织的意识，不自觉地把乡镇、街道视为自己的上级，在自身运作所需的资源方面也存在着对上依赖的问题。

5. 执政党与民间社会、新兴媒体的关系尚未理顺，社会组织和舆论的监督的法律化制度化有待加强

民间社会的发育，社会组织的发展繁荣，既是提高公民组织化程度，

增强公共意识和参与意识的必要条件，也是对党的执政行为形成有效监督的重要外部环境。由新兴媒体形成的互联网公共舆论空间，是群众表达意愿、宣泄情绪、交流信息的场所，也是公共意见形成的重要平台。但是，执政党与民间社会的关系尚未理顺，向社会组织放权的改革仍需进一步深入，对社会自组织的行为仍抱有一定的疑虑心态。许多从事社会事务的民间组织因找不到主管单位无法正常登记，只能在未登记状态下或是登记为企业类组织开展活动，发展受到限制。执政党对于意识形态倾向呈现总体多元化、偶有极端化的互联网舆论空间也存在抵触心态，而隐蔽性、随意性、多点式、互动性等特点，也使得互联网中的信息难辨真伪。因而政府以法律手段规制互联网舆论存在合理性，但对互联网舆论的干预程度、干预范围、干预手段等仍需谨慎确定，避免对民众的意愿表达和言论自由造成伤害。

（二）党的民主执政存在问题的原因

党的民主执政受到了权力高度集中的政治体制的约束，对于如何深入推进民主执政也缺乏统一认识和顶层设计，干部和民众的民主意识、民主素养仍有待进一步加强。

1. 党委集权的权力体制缺乏明确的制度约束

对于党委制的权力运作，仅规定了内部实行集体领导、集体决策，据此制定了一些规章制度，但对于党委的领导范围、领导权所受的限制并无明确规定，事实上形成了党委"领导一切"的状况。人大、政府、政协、司法机关均在党委领导之下，但缺乏对党委权力反向的有效制约。对于党委的领导方法，虽然也规定了一些规则，相关法律法规对于被党委领导的各类政权机关的职能运作也做了具体规定，但出于保证领导地位、防范可能风险的需要，这些规则和规定很多被实际运作中的潜在规则所替代，并形成惯例，使党委权力行使的方式难以制度化、规范化。

2. 对于民主执政缺乏统一认识和顶层设计

对于如何推进民主执政，缺乏明确的顶层设计，当前主要依靠政治体系的缓慢进化，以及基层民主发展的局部创新。但这种自发渐进式的进展缓慢、层次较低，难以满足经济转型升级、社会文明进步的发展要求。而且，许多所谓的民主执政创新并不符合政治发展的规律，如对于一些权力执行的职能部门，盲目地引入"民主选举""公推公选"等做法，损害了执行权的统一性要求，以"民主"方式产生的干部也不得不服从于原有的权力运作格局，难以有所作为。还有一些民主执政的创新因缺乏相应的配套举措，甚至陷入"形式不合法"的困境。例如1998年出现的四川省遂宁市步云乡乡长直接选举，因不符合宪法的规定，即乡长只能由乡人大选举产生，而被制止。

3. 一些干部的民主意识、素质和能力与民主执政的要求不相适应

干部的民主意识、民主素养和民主能力是实行民主执政的必备条件。但在民主意识方面，有些干部思想僵化，对于民主思想有抵制情绪，或是出于对一些发展中国家民主进程受挫的认识，对推进民主执政抱有过度的忧虑。在民主素养方面，有些干部也热衷于搞民主创新，但对民主带来的意见多元化、结果不确定等缺乏应有的宽容应对心理，千方百计地用各种隐蔽手段保持民主发展的"可控性"，造成了一个又一个形式主义十足、缺乏生命力、更谈不上推广性的民主试验，其结果反而伤害了民主创新的公信力。在民主能力方面，很多干部习惯于以一言堂的方式进行决策，以强制性手段加以执行，以暗箱操作防范可能的监督，缺乏驾驭民主决策、组织民主管理和应对民主监督的能力，因而不愿、不敢推进民主执政。

4. 公众民主意识普遍薄弱，公众民主的民主习惯尚未养成

相当多的民众虽然具备朴素的民主意识，但并不强烈。许多民众没有真正认识到政治过程中自身的利益所在，在利益未严重、直接受损的情况下，对参与政治十分淡漠，即使是接受了较高层次的教育，理应具备相关民主知识的人群，其公共意识、参与意识、纳税人意识、主人翁意识并未因文化层次而同步提升。而在利益受到直接且严重的损害之后，一些民众仍然秉持传统文化中的清官、明君思想，热衷于非正式的参与举动，如越级、聚众上访，甚至参与带有一定暴力性的群体性事件等。基层民主的广泛开展，虽然一定程度上培育了民众参与投票、参与管理、参与监督的民

主习惯，但是多数民众对于一些破坏民主的行为或是限制权利的不当做法，由于个体行动在收益和成本上的困境，缺乏足够的维权和抗争行为。

三、推进民主执政制度化规范化程序化

推进民主执政制度化规范化程序化必须厘清执政党在现代国家治理体系中的角色定位和权力边界，把民主执政和依法执政、科学执政结合起来，在执政过程中秉持民主精神，自觉遵循民主的制度、规则和程序，尊重人大、政府、政协、民主党派、民间社会法定的权利，处理好与这些机构及民间社会的互动关系，不断提高执政的民主化、科学化水平。

1. 坚持依照宪法和法律执政，提高民主执政的规范化水平

依法执政和民主执政是改进党的执政方式的两个侧面。法治为民主提供制度化、法律化的保障，依照宪法和法律行使权力，为在执政过程中引入民众参与和监督提供了可操作的、稳定的运行和发展空间，可以防止民主发展可能带来的参与剧增、多数暴政、无序和非理性等弊端。民主也是法治所遵循的宪法和法律的实质内涵。执政党严格依法执政，权力行使必然受到宪法和法律的严格制约，在权力法定边界范围内运作，权力高度集中、滥用权力、权力行使不规范的现象必然受到遏制。相应的，宪法和法律规定的人民民主权利才能得到应有的保障。

2. 党委与人大关系的制度化、民主化，保障人民群众通过人大制度行使民主权利

人大制度是人民当家做主的根本政治制度，各级人大虽然接受同级党委的领导，但这种领导必须受到法律法规的严格约束，否则，就会限制乃至侵害人民的民主权利。首先，保障人大代表选举的民主性。提升人大代表直接选举的层次，保障选民自荐或联名成为候选人的被选举权，保障选民平等、无记名的投票选择权。党组织应当鼓励党员参选人大代表，而不是通过各种不规范手段来操控人大代表选举。其次，尊重人大的审议权和决定权。人大既是将党委的领导意志合法化的重要途径，也是对党委决策进行合法化审查的职能机构。而且人大代表来自社会各阶层、各领域，具

有广泛的代表性，能够对小范围决策的党委意志按照人民的意志进行修正，以实现两者的统一。因此，应当制定明细规则，保证人大对党委重大决策、重要人事任免的审议修改权和最终决定权，杜绝"二次选举"、做工作强行通过等违宪违法行为。再次，保障人大代表依法履行职责。完善人大代表闭会期间联系群众的工作机制，督促党员人大代表带头联系群众，向群众征求意见建议，汇报工作。建立和完善人大代表在闭会期间对一府两院提出批评、建议和意见的工作制度，使人民的意见随时能通过人大制度输送到政治体系之中。

3. 党委与政府关系的制度化，尊重政府与同级人大之间的权力授予与行政负责的关系

党政关系的协调是执政方式改进的核心内容。首先，要尊重人大和政府之间的权力授受与监督制约关系。保障人大对于政府工作报告、财政预决算报告、重大事项报告的审查与通过权。保障人大代表依照相关法律规章和程序规则对政府领导人员进行询问、质询乃至罢免。其次，要尊重政府执行权的完整性和内部权力关系的运作。党委和政府在职能上有分有合，重大决策权通过党委集体决策，但政策的执行以及常规性的属于政府职能部门权限范围内的决策，应当由政府及其所属职能部门依照程序自主进行。党委包括党委书记要尊重非常委副职行政首长在分管范围内的权力，不能越过分管领导直接指挥政府职能部门。再次，明确党政各部门、各领导岗位的权力事项，保障权责统一。借鉴权力公开透明试点中制定权力清单、明确权力事项的做法，对党委及其职能部门、政府及所属职能机关的权力领域、权限范围，各级各类党政领导的权力事项明确清单，明确行使细则。在权力越界、滥用或是谋私等不规范行为的追究中，严格按照权责统一的原则进行问责，避免当前出现的重大事故后，书记是实际决策者分毫无损，而分管副职行政首长引咎辞职的不合理现象。

4. 提升政协和民主党派的建议权、参与权和监督权行使的制度化、规范化程度

协商民主、党际民主是民主执政的重要内涵，也是社会主义民主政治

的重要特点。应当完善政协和民主党派开展各项协商民主活动的相关制
度。如党委在重大决策之前与政协、民主党派的事前通报与协商制度，政
协与民主党派对党委决策的意见反馈及党委对反馈意见的吸纳处理制度。
政协在会议期间、政协委员在闭会期间对党委、政府的意见和建议的提出
制度、回应制度。突破既有惯例，明确民主党派成员参选一府两院及政府
职能部门领导人的程序规则，以及对与党员候选人可能的竞争处理程序
等。通过这些明确的制度规范，提升政协和民主党派建议权、参与权、监
督权行使的制度化水平。

5. 提升执政党内部运作的民主化水平，以党内民主带动人民民主

民主执政的重要前提是执政党自身的民主化运作，如果执政党内部运
作不民主，那么党在人民群众中的代表性就很难体现在党的决策、干部任
免等具体政策方面。这种不民主的政策只能通过所谓强化领导权的专断手
段加以推行，所谓民主执政也就成了一句空话。因此，在民主执政方面，
也应当坚持以党内民主带动人民民主。如前文所述，推动党内民主选举制
度、民主决策制度、民主监督制度的规范化、程序化水平，进而以自身的
民主性适应人大制度内在的民主性、适应基层自治组织的自治性，实现整
个国家治理体系的民主化。

6. 提升执政党的各级干部的民主素养，增强以民主方式行使权力的
能力

做到民主执政，关键在于有一支具备较高民主素养、拥有民主执政能
力的干部队伍。除了要按照民主的方式选拔干部，使干部认识到权为民所
授这一民主的根本原则之外，还应当通过教育培训和实践锻炼相结合的原
则，不断增强干部的民主素养和民主能力。通过教育培训，帮助干部自觉
增强宗旨意识，牢固树立正确的权力观、地位观和利益观、政绩观，自觉
抵制官本位思想。通过群众路线的教育和实践，帮助干部牢固树立人民群
众创造历史的唯物史观，学会从群众中来、到群众中去的工作方法，尊重
群众的首创精神，学习总结群众的实践经验，从群众的意见中掌握决策的
信息依据，从群众的反馈中不断修正政策。

7. 执政党的基层组织把带领和组织人民群众依法有序行使民主权利作为重要职责

党的基层组织是党的全部工作和战斗力的基础，推进民主执政，也离不开党的基层组织的角色定位和功能发挥。基层党组织在履行推动发展、服务群众、凝聚人心、促进和谐的基本职能的基础上，应当发挥党组织的政治核心作用，带领和组织人民群众依法有序行使民主权利，在党员中遴选既有实际工作能力又有广泛民意基础的优秀党员，参与基层自治活动，参选基层人大代表。同时，基层党组织还应当在群众中发现、培育有公共意识、参与意识以及一定支持者的优秀分子，按照程序将其及时吸纳到党组织中来，不断增强党的群众基础。街道、乡镇党政机关在处理与基层自治组织的关系时，一方面要尊重其民主自治权利，不任意摊派各种行政事务，使其职能异化，另一方面，要依托基层党组织与自治组织的渗透关系，通过党组织来体现执政党对基层社会的有效领导。

8. 规范执政党与民间社会、公共舆论的关系，实现良性互动

民主执政也要处理好非制度化的民间社会和公共舆论与执政党的关系。对于民间社会，执政党应当摒弃疑虑心态和限制手段，通过鼓励和引导社会组织成长的方式，推动其迅速发展。通过民间社会的成熟，使其能够承担政府转变职能之后转移到社会中的各项服务职能、自律职能，使政府与社会的关系真正厘清。对于公共舆论，一方面应当秉持相对宽容的态度，保障其应有的信息交流、公共话题、舆论监督等正向职能，执政党还应当就公共舆论形成的话题以及提出的监督，及时回应，形成互动；另一方面完善公共舆论空间行为规制的法律规章，对于意识形态极端化、制造谣言、以金钱操控舆论等不良不端行为，依法制止或惩处，保障舆论空间的公共性和纯洁性。

第十三章　优化中国共产党的执政资源体系

一、资源、执政资源和中国共产党的执政资源

资源是一个常用的经济学概念，其定义有狭义和广义两种。狭义的资源即自然资源，如联合国环境规划署认为资源是"在一定时间和技术条件下，能够产生经济价值、提高人类当前和未来福利的自然环境因素的总称"[①]。广义的资源又称"泛资源"，是"对人类或非人类有用或有价值的所有部分的集合"[②]，除自然资源外，还包括人力资源、信息资源、科技资源和管理资源等。资源是社会经济生产的物质基础，有效性和稀缺性是资源的两个基本特征。资源概念被借用到政治学中形成了政治资源、权力资源、执政资源等许多衍生概念，成为政治学分析的一种重要方法。

执政是政党以一部分人（或全体人民）的名义对公共权力实施占有和运用的行为。政党在执政活动中为巩固执政地位、完成执政使命可资利用的各种物质和非物质因素的总和就是通常所说的执政资源。执政资源除具有有效性和稀缺性的特征之外，作为政治学概念还应具备阶级性、可变性等特点。执政资源可分解为经济资源、政治资源、文化资源等，范围极为

---

① 转引自宗寒：《资源经济》，人民出版社1994年版，第6页。
② 周德群：《资源概念拓展和面向可持续发展的经济学》，载于《当代经济科学》，1999年第1期。

广泛，其中政治资源是执政资源的中心部分。根据形态不同执政资源还可划分为有形的物质资源和无形的非物质资源，前者包括财富、传媒、警察、军队等，后者包括体制、规范、经验、传统等。执政资源在整个执政系统中处于基础性的地位，一个政党潜在的和现实的执政资源的数量、质量、构成、开发利用的方式、利用的程度与水平在很大程度上决定了这个政党的执政能力和长期执政的前景。

中国共产党作为当代中国的执政党，由于其独特的政党性质、执政方式和执政使命，执政资源有着自己的特点。首先，中国共产党的执政资源与科学执政、民主执政和依法执政的执政方式紧密相关。党的执政资源的范围有宪法和法律的限制，执政资源的开发必须遵循共产党执政的客观规律，执政资源最根本的源泉植根于人民之中。其次，中国共产党的执政资源与其实现最广大人民根本利益的执政使命紧密相关。执政资源的利用目的有两个层次，一是巩固执政地位，二是完成执政使命，对中国共产党来说最根本的是以完成执政使命来巩固执政地位。因此，纯粹用来维护政权的特务统治、黑恶势力和不切实际、欺骗民众的宣传等不能作为中国共产党的执政资源。第三，中国共产党的执政资源与提高执政水平、加强执政能力紧密相关。执政能力从另一个角度来说也是对执政资源进行合理开发、可持续利用和实时更新的能力。目前党的执政能力存在的一些问题和执政资源的闲置、浪费甚至随意破坏是分不开的。如腐败现象的蔓延就严重损害了党执政的合法性资源。由上可见，中国共产党的执政资源可界定为：党在科学执政、民主执政和依法执政的前提下，为提高执政水平和增强执政能力，从而有效实现执政使命可资利用的各种积极因素与有利条件的总和。

二、中国共产党执政资源体系的构成

中国共产党之所以能够执政和长期执政，本身拥有着丰富的意识形态、组织人才、统一战线等资源，在取得执政地位之后，党又掌握了包括政治权力资源和合法性资源在内的更多执政资源。这些执政资源虽然形态不同、种类复杂，但相互之间存在着内在联系，相互影响和制约，构成一

个完整的体系。

（一）党自身所拥有的执政资源

1. 党的意识形态资源

意识形态就是使特定政治秩序合理化的理论体系[①]，它为人们提供特定的价值判断和改造世界的行动计划，具有激励、阐释、辩护、批判、监督等功能。政党执政后，意识形态与国家权力相结合，上升为占统治地位的国家意志，并通过国家宣传机器广泛灌输、渗透，使民众形成与之相适应的理想、信仰、价值观念、道德准则、法律意识和社会心理等，是执政党实现社会控制和社会整合的基本手段之一。但成型的意识形态具有一定的惰性，容易僵化，并可能产生压制创新、政治分裂等消极影响。中国共产党是一个典型的意识形态型政党，在改革开放前，我国曾出现过一段泛意识形态化的时期，对马列主义、毛泽东思想的理解、宣传扭曲和泛化，意识形态的功能发挥到极致之后又出现严重的意识形态危机。改革开放以来，邓小平理论和"三个代表"重要思想、科学发展观、"中国梦"的相继提出，使党的意识形态逐步与社会发展的形势相符合，趋于成熟，既科学地解释了当前社会主义现代化建设的重大问题，又在实践中给人们提供了行动的准则；既坚持了马列主义、毛泽东思想一以贯之的理论精髓，保持了稳定性，又与时俱进，提出新见解，兼收并蓄一切先进文明成果，体现了灵活性与开放性。

2. 党的组织资源和人才资源

组织资源是执政党开展活动的载体和依托，包括组织规模、党员素质、作风纪律、组织原则与方式等因素。中国共产党正是凭借完善有力的党组织取得革命胜利并保持社会长期稳定的。改革开放以来，一方面党员数量稳步增长，党员的知识文化水平逐步提高，党组织的覆盖面更为宽广，另一方面随着市场经济的发展和社会控制的放松，党的基层组织的政治动员能力有所弱化，同时腐败现象在一定程度上败坏了党的作风。人才

[①]　毛寿龙：《政治社会学》，中国社会科学出版社 2001 年版，第 133 页。

资源包括党的干部队伍和各方面的管理人才、技术专家等。高素质的干部队伍是提高执政能力的关键，各方面人才的创造活动是社会进步的源泉。中国共产党将自己的性质定义为"同时是中华民族和中国人民的先锋队"，新社会阶层中涌现的人才逐渐被集聚到党和国家的各项事业中来。"人才强国"战略更是坚持三支人才队伍一起抓，为党执好政提供了坚实的人才保障。

3. 党的统一战线资源

统一战线是中国革命胜利的三大法宝之首，也是党长期执政、为人民执好政必不可少的执政资源。中国共产党领导的多党合作与政治协商制度是中国执政党社会生态政治方面的中心内容之一。基础广泛的爱国统一战线不仅有利于充分整合国内的执政资源，也有利于尽量地吸收利用分布于国外的一切积极因素和有利条件。

(二) 党在执政活动中产生的资源

1. 政治权力资源

政治权力在整个执政资源体系中地位相当于生产力中的生产工具一般。政治权力是执政党把自己的意志转变为国家意志从而实现执政使命的最主要的手段。执政党在政治体系中充当的是联结民众和政府的中介，一方面执政党把民众有序表达的民意加以综合，形成自己的纲领和主张；另一方面执政党通过法定程序，把这种主张转变为政府的政策。因此执政党掌控的政治权力有两个层次，直接的一层是一种领导权力，最根本的是思想政治领导，也包括法定程序内的人事权力，间接的一层是政府直接管理经济、社会事务的行政管理权力。无论领导权力还是行政管理权力在现代社会中都是有限的权力。改革开放以来，党所掌握的政治权力发生了重大变化：由单个领导人控制政治权力转变为中央领导集体共同控制；由中央高度集权转变为中央集权与地方分权相结合；由党和政府掌握一切资源配置的权力逐步转变为国家、市场、社会在各自的领域内分别配置资源。当然目前党的政治权力资源运用方面仍有两个基本问题未得到根本解决，一是党的领导权力与政府的行政管理权力未能清晰划分，二是政府的权力边界模糊，常常侵犯了运行仍不规范的市场经济和自治功能弱小的公民社会。

2. 合法性资源

政治学概念的合法性是指"政治系统使人们产生和坚持现存政治制度是社会的最适宜制度之信仰的能力"①。在政党政治中，合法性的本质就是民众对执政党掌握公共权力的政治认同，是政党执政的核心资源。从执政主体即执政党的角度来看，执政合法性的关键问题在于权力的来源与行使的方式，从人民群众的角度来看，合法性问题最终表现为民众对党总体执政效果的满意程度，也就是最广大人民的根本利益的实现程度，这两个方面是密不可分的，是执政党与民众多方沟通、协调，不断互动的结果。合法性资源的积累和维系来源广泛，在改革以前，中国共产党的执政合法性建立在领导革命成功的历史功绩之上，并主要由意识形态的教化和领袖特别是毛泽东的个人魅力维系，经济发展的绩效也很重要，但很不稳定。改革开放以后，党的执政合法性的提高主要依靠经济迅速发展的执政绩效，意识形态教化的功能有所弱化，民主和法治的作用逐步增强，但仍未取得主导地位。

以上所列举的各种执政资源构成了中国共产党执政资源体系的主体部分，也是党在执政活动中直接使用的经常性资源。党正是依靠自身先进的意识形态资源、完善的组织资源和丰富的人才资源以及广泛的统一战线资源，具备了执政资格，在执政活动中，一方面掌控政治权力资源，对政府进行领导以管理国家事务和经济社会事务，另一方面通过各种途径积累合法性资源，以赢得民众的政治认同，从而长期执政，为人民执好政。

此外，范围广泛的经济资源、社会资源和文化资源构成了中国共产党执政资源体系的外围部分。经济资源指党通过控制政府利用公共权力依法可以支配的各种经济因素，既包括自然资源、资本、劳动力、科技管理等经济生产要素，也包括生产资料所有制、经济体制、分配方式等制度要

---

① ［美］西摩·马丁·李普塞特：《政治人——政治的社会基础》，上海人民出版社1997年版，第55页。

素。社会资源指与党的组织或成员有联系的，在指导思想或发展方向等方面接受党的领导的各种基层自治组织、民间社团、行业协会、社会中介组织等社会力量。文化资源指建设社会主义先进文化可以吸收利用的思想道德、民族精神、社会舆论、科学教育、文学艺术等文化因素。这些外围资源的利用频度、强度与直接程度不如前述主体资源，但在整个执政资源体系中，外围资源对主体资源起着基础性的支撑作用，而且某些外围资源的构成要素与主体资源是可以互相转化的，它们的变化会对主体资源乃至整个执政资源体系产生深远的影响。

三、合法性资源是党的执政资源体系的核心

现代政党是政治文明发展到现代民主政治阶段的产物，是民众参与政治的工具，是现代民主政治体系的核心的制度安排。政治运作的合法性是民主政治的基础，也是现代政党政治运作的基础，以民众的认同和支持为基础执政是对政党政治的普遍性要求，并不以政党制度的不同而改变。由此可见合法性资源是现代政党执政资源中最为基础和最为核心的部分。

首先，合法性资源是党的执政资源体系中最优良的资源，在整个执政资源体系中所占的比重将会越来越大。在执政资源体系中，各种资源的分布比例是有规律的，并且随着党的执政使命、执政方式和执政环境的演变而此消彼长。有的执政资源其功能具有两面性，过分提高其比重会造成适得其反的效果，如意识形态一经形成，就具有相对稳定性，如不及时根据变化着的实践进行调整，就会僵化，其在执政资源体系中的比重过高，会导致整个社会生活的泛意识形态化。又如不受制约的权力一方面容易越过其应有的边界，侵犯公民社会的自主性；另一方面具有腐蚀性，容易导致官员腐败。对合法性的追求虽然也有客观条件的限制，但就目前党的执政资源分布的具体状况而言，合法性资源的稀缺程度最高。而且随着社会主义市场经济、民主政治和和谐社会的不断完善，意识形态将渐趋淡化，更富有包容性，权力的运作也会被严格限制在宪法和法律的范围之内，合法性资源在整个执政资源体系中的绝对值和相对比重将越来越大。

其次，合法性资源是降低执政成本、提高执政收益和效率的必要条

件。执政必须讲成本，执政成本就是执政党为维持执政地位和政权运行，为推行自己的纲领与政策而耗费的各种资源的总和，包括有形的物质成本和无形的政治成本。政党在执政过程耗费资源的同时也会产生和积累新的资源，这些新的资源就是执政的收益。执政收益也是政治、经济等多方面的综合。如果再考虑执政效率（即执政的时间成本），那么在一定时期内，执政总收益/执政总成本的公式就比较明确地反映了执政党的执政成效。政治合法性对执政成本和执政收益双方都有一定的放大作用。合法性资源的实质是民众的政治认同，这种认同一方面可以大幅度减少民众对于政府政策或明或暗的抵制，还可以大大增强党和政府的政治动员力，另一方面在党和政府出现失误和挫折的时候，能使民众予以宽容和谅解。因此合法性资源能够对运用其他执政资源的执政行为产生一种乘数效应，使执政成本和执政收益大幅度增值。当然，对于执政效率，合法性与之有一定的矛盾，因为追求合法性必然要求充分协调各方利益，会产生一些时间成本，但各方达成共识之后，新增的合法性资源一般都能够予以弥补这些成本，而且这种共识一旦上升为制度、规范之后会产生更为深远的影响，从根本上有利于提高执政效率。

第三，强大的合法性资源是实现执政资源总供给积极平衡和可持续发展的基础。同社会再生产一样，执政党在执政过程也要保证执政资源的总供给和总需求平衡，而且为了巩固执政地位，执政资源的增长应高于执政成本的投入，实现一种积极平衡。这就需要执政资源能够在新资源的开发与旧资源的更新和补充两个方面可持续发展。随着市场经济的深入发展和公民社会的逐步形成，可为中国共产党执政所利用的各种新资源不断涌现，如新社会阶层中的管理和科技人才，网络传媒受众、大量的非政府组织等等。这些新资源一般都与原有的政治体制保持一定的距离而蕴藏在民众之中，党只有不断增强自己的合法性，赢得他们的政治认同才能为己所用。与此同时，党旧有的执政资源也需要不断更新和加强，如怎样加强和改进党的基层组织建设，无论是调整组织设置，改进工作方式还是创新活动内容，扩大覆盖面，其关键还是要增强凝聚力，也就是党员和群众对组织的认同与支持，仍然离不开合法性资源的开发和利用。

四、发展社会主义民主与法治，不断积累和优化党执政的合法性资源

一个政党要取得执政地位，无论是通过暴力的还是民主的手段，必须积累一定量的合法性资源才能赢得民众的支持，这种合法性资源就是该政党执政的初始合法性，从时间的角度来说也可称为历史合法性。但合法性资源不是静态的，永久不变的，而是处于一个由历史到现实不断演进的动态过程。党的执政地位不是与生俱来的，也不是一劳永逸的①。一方面，初始合法性一经建立，就随着时间的推移处于折旧状态，民众特别是新生代的民众对执政党的历史功绩感恩戴德的感情会逐渐淡漠；另一方面，合法性资源在执政过程中也会作为执政成本的一部分被消耗，尽管这种消耗是无形的，难以准确测量，具有隐蔽性，有时不易察觉，但却是客观存在的②。同时，合法性资源也有质量的不同，民众热烈拥护共产党执政，赞同共产党执政和不反对共产党执政是有很大区别的，这种差异可以用合法性资源的丰饶度来表示。随着合法性资源不断折旧与消耗，其丰饶度也不断降低。因此执政党必须不断积累新的合法性资源加以补充，必须不断优化合法性资源的质量，使合法性资源总量始终保持在一个较高的水准，以确保执政使命的完成。

改革开放以来，中国共产党执政合法性主要来源于不断创新的意识形态与迅速发展的经济绩效，但这两种合法性来源既有自身的不足，在实践中也日益受到挑战。意识形态要转化为合法性资源必须符合两个条件，首先意识形态要随着实践的发展不断调整、创新，既能科学阐释现实社会中的各种问题，又能提出正确的解决方案；更重要的是意识形态的内容必须由执政党付诸实践，这种实践一方面与政绩有关，另一方面则表现为执政党的组织、党员能保持意识形态所宣扬的良好道德形象，符合民众的价值判断。代表人民的利益，是中国共产党意识形态的核心内容，但如果执政党一方面高喊群众路线口号，另一方面腐败现象越演越烈，政治的"实

---

① 参见《中共中央关于加强党的执政能力建设的决定》，新华网，2004 年 9 月 26 日。

② 王长江：《执政必须讲成本》，载于《瞭望新闻周刊》，2004 年 7 月 26 日第 30 期。

然"状态与"应然"状态反差巨大，只能招致民众的怀疑和反感，反而会严重削弱党的合法性资源。政绩作为合法性也有很强的消极性：一是政绩很不稳定，经济增长有自身的周期性规律，随着我国经济体制改革进入攻坚阶段以及经济全球化的深入，经济持续高速增长会越来越困难。特别是2008 年金融危机影响我国以来，经济持续高速增长难以为继，出现了经济中高速增长的"新常态"。中国共产党通过推动经济高速增长的空间逐步受限①。二是经济增长并不必然导致合法性资源的增加，各阶层受益程度不均，贫富分化加剧，部分社会阶层产生强烈的相对剥夺感，严重时甚至会导致执政合法性危机。科学发展观和正确政绩观就是针对政绩合法性的这些消极方面提出的。可见，党要长期执政，为人民执好政必须开发和利用新的更为优良的合法性资源，主要是法理型合法性资源。

法理型合法性资源的基本来源在于发展社会主义民主政治，最主要的就是建立制度化的民主选举程序，让执政党定期从民众中直接获取合法性资源。民主选举的过程是合法性资源不断转化、不断增值、不断更新的过程。如前文所述，执政过程是旧的合法性资源不断被消耗，新的合法性资源伴随着执政收益不断产生的动态平衡过程。但通常新的合法性资源蕴藏于民众之中，表现为一种潜在和不稳定的形式，执政党必须每隔一段时期通过特定的方式让民众把这种政治认同表达出来，使之转化为现实可用的合法性资源，这种方式就是民主选举。同时，在选举过程中，由于民众被广泛地动员，自身利益充分表达，政治主体地位明确，政治积极性高，政党平时蕴藏在民众之中的合法性资源还会大幅度地增值。更重要的是，民主选举是民众与执政党之间依照宪法和法律进行权力委托与授予的过程，这个过程本身会产生大量宝贵的执政初始合法性资源，使已经严重消耗的以前形成的初始合法性资源得以实时更新。但长期以来，我国的选举制度由于党组织控制过于严密，干预过多，在候选人推选、代表作用的发挥、选举表决程序等一系列方面存在着诸多的弊端，严重削弱了党通过民主选

---

① "新常态"，习近平 2014 年 5 月视察河南时，针对中国经济步入中高速增长，提出要以平常心，适应中国经济新常态。

举积聚合法性资源的能力。民主选举制度也是优化合法性资源质量的重要途径。合法性中的政治认同对象包含三个层次：对政治共同体的认同、对政治制度或体制的认同、对执政当局的认同，后者又可细分为对执政党的认同和对各级领导人的认同，在当代中国这些不同层次的政治认同都集中为对中国共产党特别是具体的政治领导人的认同，这是不合理的，也是不稳定的。合理的做法是通过建立党领导下的党政领导人民主选举制度，将民众对党的认同固化为对政治体制的认同，而与对具体领导人的认同分开。这就使得党执政的合法性免于受具体领导人政绩和政治威望起落的过分影响，更具有稳定性和持续性。这种建立在对社会主义民主制度衷心认同的基础上的合法性质量更优。

法理型合法性资源也是与社会主义法治国家的建设分不开的。合法性的一个重要方面就是"合法律性"，如果所"合"的法律确实是民众通过民主程序制定的，切实反映了多数民众意愿和社会公正，那么这种"合法律性"在本质上和"政治认同"是相通的。由于一方面政治认同在中国共产党的执政实践中难以准确、及时的测量，另一方面我国社会人治色彩浓厚，法律权威不够，党政官员凌驾于法律之上的事例屡见不鲜，"合法律性"作为合法性的一种表现形式就显得更为重要了。建设社会主义法治国家的根本要求就是执政党必须坚持依法执政。依法执政首先就是依宪执政，在当前主要表现为执政党应坚持在人民代表大会体制内执政。宪法规定人民代表大会制度是我国的根本政治制度、政权组织形式，人大在整个政权体系中处于最高地位，拥有广泛的权力。然而由于长期以来党政双轨运行，没有正确理顺党的领导与人大行使法定职权之间的关系，基本政策过程一直采取"党委决策、政府执行"，有关重大事项的决策基本上游离于人大制度所规定的"人大决定、政府执行"的体制之外。这种执政党直接对政府发号施令的做法危害很大，一方面使得党的执政行为难以受到宪法和法律的严格规制，"党与政权的关系、党与社会的关系、国家与社会的关系无法在制度的结构内依照法律来调整"①，从而损害了党执政的形

---

① 石泰峰、张恒山：《论中国共产党依法执政》，载于《中国社会科学》，2003 年第 1 期。

式上的合法性；另一方面，会使执政党发生功能扭曲，"由民众政治参与的工具变成国家机器的一部分"①，同时人大作用的虚化使得民众通过国家民主进行政治参与的渠道也被堵塞，人民当家做主无法实现，从而损害了党执政的实质上的合法性。因此，党的执政行为必须严格依照宪法和法律，在人民代表大会制度的构架内通过提出立法建议、推荐重要干部、监督政府和司法机构等方式施行。惟有如此，才能真正使党的领导与人民当家做主直接结合起来，实现党执政的实质合法性与程序合法性的统一。

党的十八届四中全会通过的全面推进依法治国的决议，明确提出"坚持依法治国首先要坚持依宪治国，坚持依法执政首先要坚持依宪执政。全国各族人民、一切国家机关和武装力量、各政党和各社会团体、各企业事业组织，都必须以宪法为根本的活动准则，并且负有维护宪法尊严、保证宪法实施的职责。一切违反宪法的行为都必须予以追究和纠正"，要求"各级党组织和领导干部要深刻认识到，维护宪法法律权威就是维护党和人民共同意志的权威，捍卫宪法法律尊严就是捍卫党和人民共同意志的尊严，保证宪法法律实施就是保证党和人民共同意志的实现。各级领导干部要对法律怀有敬畏之心，牢记法律红线不可逾越、法律底线不可触碰，带头遵守法律，带头依法办事，不得违法行使权力，更不能以言代法、以权压法、徇私枉法"②，体现了我们党对增强执政的法理型合法性资源的高度重视。全面推进依法治国，并以此推动全面深化改革、全面从严治党，保障全面建成小康社会目标的实现，对于优化党的执政资源结构而言，不仅使党的执政地位建立在更为牢固的法理型合法性基础之上，而且进一步促进了执政的意识形态资源、政治形象资源和政绩合法性资源的稳固增长，使党的执政资源体系更为优化。

总之，一个执政党所拥有和控制的执政资源对其执政能力与执政前景起着基础性的作用。执政资源的重要性不仅体现在其数量与质量之上，

---

① 王长江：《现代政党执政规律研究》，上海人民出版社2002年版，第43页。

② 《中共中央关于全面推进依法治国若干重大问题的决定》，新华网，2014年10月26日。

更与执政资源的开发利用、优化配置和实时更新密切相关。现阶段，中国共产党应以发展社会主义民主与法治为中心，不断积累和优化党的执政合法性这一核心执政资源，顺利完成实现最广大人民根本利益的执政使命。

第四部分　党建科学化与政党发展

第十四章　党建科学化需要科学的政党观

一、党建科学化需要确立科学的政党观

党的十七届四中全会提出的以科学理论指导党的建设、以科学制度保障党的建设、以科学方法推进党的建设，从而不断提高党的建设科学化水平的新论断是对"科学执政"理念的拓展和提升。党的十八大进一步要求，"形势的发展、事业的开拓、人民的期待，都要求我们以改革创新精神全面推进党的建设新的伟大工程，全面提高党的建设科学化水平"①。科学发展观，不仅要贯穿于我国的经济社会发展，也要贯彻在政治发展和党的建设领域，要确立科学的政党观，包括科学的执政观和科学的党建观。

提高党的建设科学化水平，就要在深刻认识和把握政党建设、执政党建设一般特点和规律的基础上，全面认识和自觉运用马克思主义执政党建设规律，推进党建理论创新，为加强和改进新形势下党的建设提供科学指导。党建科学化呼唤科学的政党观，这实际上就是十七届四中全会和十八大倡导的"不断提高党的建设科学化水平"的理论意义。

确立科学的政党观要求政党研究突破传统党建理论思维方式和党建研

---

① 胡锦涛：《坚定不移沿着中国特色社会主义道路前进为全面建成小康社会而奋斗》，新华网，2012 年 11 月 19 日。

究套路的束缚，在研究的过程中，贯穿党建研究的问题意识，把对党的政策的阐释与对党的实践中出现的问题的分析结合起来。例如，要正视当前党建方面制度很多却又实效不大的问题，增强党内生活和党的建设制度的严密性和科学性，既要有实体性制度又要有程序性制度，既要明确规定应该怎么办，又要明确违反规定该怎么处理，减少制度执行的自由裁量空间。要改进党建研究的方法，在研究中遵循科学研究的一般规则，注重党建研究的学术规范和实证性，把党的建设理论当做一门科学理论来研究，而不是自觉不自觉地把党建理论搞成一堆禁锢人思想的教条。科学方法的运用，对提高党的建设水平至关重要。既要继承和发展党在长期实践中积累的成功方法，也要积极探索运用现代政治学、管理学、组织学、心理学等现代科学方法，借鉴外国政党的有益做法。要用科学研究的方法构建科学的政党观。

十七届四中全会对执政党建设所总结的"六条经验"，以及对加强和改进党的建设所部署的"六大任务"；十八大报告提出的党所面临的四大考验和存在的四大危险，即"党面临的执政考验、改革开放考验、市场经济考验、外部环境考验是长期的、复杂的、严峻的。精神懈怠危险、能力不足危险、脱离群众危险、消极腐败危险"，党的建设的主线，即"党的执政能力建设、先进性和纯洁性建设这条主线"，党的建设的科学化的目标，即"增强自我净化、自我完善、自我革新、自我提高能力，建设学习型、服务型、创新型的马克思主义执政党"① 等，都是促进党建科学化的理论结晶，体现了科学政党观的精神实质。

二、结合政党的一般原理，树立科学的政党观

（一）政党的共性与个性以及如何认识中国共产党

1. 看似截然不同的政党定义

马克思认为，政党是阶级斗争的工具。无产阶级政党是无产阶级革命

---

① 胡锦涛：《坚定不移沿着中国特色社会主义道路前进为全面建成小康社会而奋斗》，新华网，2012 年 11 月 19 日。

的工具。资产阶级政党是资产阶级统治的工具。可以概括为：政党是阶级斗争或者阶级统治的工具。西方政治学家的政党定义是：政党是促进国家利益的工具（柏克）。政党是竞选公职的工具，政党目标是争取选票最大化。

如何定义中国共产党？从历史看，中国共产党是工人阶级先锋队，是无产阶级革命的工具。从现实看，中国共产党是工人阶级先锋队＋中国人民和中华民族先锋队＋执政党。也就是说，中国共产党是包括工人阶级的中国人民执政（统治）的工具，政党目标是争取包括工人阶级在内的中国人民和中华民族利益最大化。

之所以对政党的定义各不相同，是因为至少两个影响政党定义的因素：其一，政党的定义与政党定义人的背景紧密相关：当事人定义。

其二，政党定义还与政党的道德评判有关：政治家的政党还是政客的政党。一个政党的支持者总倾向于美化同类政党而丑化敌对政党。明确这一点有助于人们理解许多看似截然不同的政党定义，同时也促使人们去寻求一个符合逻辑讲求证据普遍适用的科学的政党定义。

2. 政党最基本的共性

不管其社会基础和政治倾向如何，所有的政党都有一个共同的目标：争取政治权力的最大化。因此可以下一个具有共性的政党定义：动员民众支持以争取政治权力最大化的政治组织。

从客观和中立的角度看，以下两点可以看作政党政治的两个副产品：其一，大众利益随着政党政治的发展不断增加。其二，民主伴随政党政治发展不断增加。

这就是政党政治的基本原理，可以通过这个原理做一个推论：

怎样才是好的政党？其一，能代表和增加大众福利的政党。其二，能获得民众支持和信任的政党。这种政党评判标准超越了政党的性质、社会或阶级基础、政党的政治倾向或意识形态以及政党的制度环境，有利于人们理解政党的一般规律。

3. 科学认识中国共产党：

十七届四中全会《关于加强和改进新形势下党的建设若干重大问题的

决定》在重复坚持党的领导的正当性、合理性和必要性的同时，再一次强调党的先进性和党的执政地位都不是一劳永逸、一成不变的，过去先进不等于现在先进，现在先进不等于永远先进；过去拥有不等于现在拥有，现在拥有不等于永远拥有。习近平总书记也强调："我们共产党人的忧患意识，就是忧党、忧国、忧民意识，这是一种责任，更是一种担当。要教育引导全党同志特别是各级领导干部坚持'两个务必'，自觉为党和人民不懈奋斗，不能安于现状、盲目乐观，不能囿于眼前、轻视长远，不能掩盖矛盾、回避问题"①。

坚持党的领导的要求无疑是正当的，按照上述政党标准，能否坚持和改善党的领导的关键是能不能搞好党的建设，持续获得民众的支持和信任，持续的增加做大多数人的最大福利。

按照政党的一般原理，中国共产党和所有政党一样要坚持自觉的民主的倾向，遏制政党的自发的寡头倾向。政党是民主的工具，任何政党的活动都要有利于增强政治体系的民主性而不是损害政治体系的民主性，否则政党统治的合法性就会受到损害，长久下去，政党就会失去民众的支持。然而政党并不是自发地发挥其作为民主的工具的作用的，相反，由于人的利益最大化的动机政治组织本身的垄断性，政党在实际运作中往往有脱离民众、违背民主的自发倾向。西方研究政党的政治学者把这种倾向称作政党的寡头统治铁律。因此在政党实践中，就要自觉地采取防范其寡头倾向的措施和相应的制度安排。

结合中国共产党来分析，这就要求在党的建设和党的领导中要体现民主的要求，要把党的领导和依法治国有机结合起来，要避免党的活动损害政府的法治结构的权威性；又要通过主动的制度安排来密切党和群众的联系，坚持全面从严治党，主动防范党的组织和党的领导干部的集权倾向和官僚化倾向，从各方面来加强监督，从而更有效地遏制腐败现象。

党建科学化的任务提出以来，中国共产党的自身建设在用人和反腐败

① 《习近平在中共中央政治局第十六次集体学习时发表讲话》，新华网，2014 年 6 月 30 日。

方面实施一些新的措施，反映了中央对政党科学认识的深化，体现了科学政党观的精神实质。例如，扩大选人用人民主，建立健全主体清晰、程序科学、责任明确的干部选拔任用提名制度。完善公开选拔、竞争上岗等竞争性选拔干部方式。完善差额选拔干部办法，推行差额推荐、考察、酝酿。扩大干部工作信息公开，健全干部选拔任用监督机制和干部选拔任用责任追究制度。建立健全决策权、执行权、监督权既相互制约又相互协调的权力结构和运行机制，推进权力运行程序化和公开透明。以零容忍的态度从严惩治腐败，提升纪委监督的独立性，加强党内法规建设，把从严治党与依法治党、依法治国结合起来等。

（二）什么是政党制度以及如何认识中国共产党领导的多党合作和政治协商制度

政党运作需要处理的几个关系：政党与政党、政党与政府、政党与民众、政党与民间组织、政党与媒体等等。

以上关系的不同组合形式导致不同的政党制度：一党制、两党制、多党制；竞争性的政党制度、非竞争性的政党制度；法治的政党制度、人治的政党制度等等。

政党制度是规范政党与政党、政党与政府、政党与民众关系的一系列的法律制度的综合。

1. 什么样的政党制度是好的政党制度？

对政党制度的价值判断首先取决于是谁来评判政党制度。不同的人群有不同的评判角度：政党的角度、政府的角度、民众的角度、外国的角度。首先是政党的角度，包括执政党的角度、反对党的角度、参政党的角度，革命党的角度。政党对政党制度的评判标准主要看该党分享权力的机会，机会多则比较肯定，机会少则倾向于持否定态度。

其次是政府的角度，所有的政党制度都指向同一个目标：稳定而有效率的政府。政党活动能够产生和维持一个稳定而有效率的政府，这种政党制度则被视为一个好的政党制度，反之亦然。

最后是民众的角度，包括大众的角度，主要看政党制度是否能够促进人民利益最大化和民主，为民众提供充分的利益表达的机会。还有不同人群的角度：既得利益人群和利益受损或机会受损人群，对政党制度及其变革的态度也会不同。

综合考虑以上三个方面的因素可以得出一个评判政党制度的综合标准：好的政党制度应该是有利于组建一个最大多数民众满意的稳定而又高效的政府的政党制度。

2．科学认识中国共产党领导的多党合作制

完善中国政党制度，就是要使中国共产党领导的多党合作制成为一个好的政党制度，也就是成为一个有利于组建一个最大多数民众满意的稳定而又高效的政府的政党制度。

政党间关系是政党制度的基本问题之一。中国共产党领导的多党合作制度属于非竞争性政党制度，这种政党制度允许执政党外的其他政党合法存在并分享政治权力，但不允许其他政党竞争执政地位。

中国共产党领导的多党合作制度有突出的优势，"这既避免了多党竞争、相互倾轧造成的政治动荡，又避免了一党专制、缺少监督导致的种种弊端"[1]。党的十八大对于加强多党合作与政治协商，强调"坚持和完善中国共产党领导的多党合作和政治协商制度，充分发挥人民政协作为协商民主重要渠道作用，围绕团结和民主两大主题，推进政治协商、民主监督、参政议政制度建设，更好协调关系、汇聚力量、建言献策、服务大局。加强同民主党派的政治协商"[2]。这说明中央高层对不同类型的政党制度的优势和缺点有清醒的认识。

相对于单一党制，中国现行的政党制度为政治精英提供了多种参与政治的选择，为民众提供了更多的利益表达的渠道，建立了一定程度上的政党间监督制约机制，为政党政治的进一步发展和完善增加了一个便利的途径，在一定程度上遏制了体制外政党的产生，对于维护政治体系的稳定意

---

[1]　《贾庆林在政协成立60周年理论研讨会上的讲话》，中国新闻网，2009年11月1日。

[2]　胡锦涛：《坚定不移沿着中国特色社会主义道路前进为全面建成小康社会而奋斗》，新华网，2012年11月19日。

义重大。相对于竞争性的多党制，这种政党制度能够有效避免在民主政治发展不充分的条件下的恶性政治竞争，有可能发展出一种合作性的政党制度和一种新的民主形式——协商民主，减少了现代化过程中的政治不稳定因素。

根据政党制度理论，这种政党制度也有其固有的缺陷。相比竞争性的政党体制，非竞争性的政党制度下，政党的意见表达功能难以充分发挥，而且长期执政的政党自我革新的机制由于缺乏充分的权力制衡而相对稀缺。不受竞争刺激和权力制衡的执政党可能产生巨大的惰性，不受竞争刺激和权力制衡的参政党同样如此。如果任由体制内政党的惰性蔓延，则可能导致整个政党制度的衰败。

我们不主张西方那样的多党制，但是并不妨碍我们可以吸收其政党制度中的一些工具性的经验，建立起执政党和参政党的自我革新机制。我们通过对竞争性政党体制和非竞争性的政党体制的考察发现：民主和政治的革新是要靠政治组织和从政人员之间的良性竞争来维护的。采用多党制，从而保持政党间的竞争并不是实现民主的唯一途径，不合时宜的滥用竞争性的政党制度导致危及政治稳定的先例在世界政党史上并不鲜见。但是竞争性的政党体制在体现权力制衡原则和公开择优的政治录用原则上确实有其独到之处。所以我们完全可以在坚持我们的政党制度的同时，在党的领导干部选择中引入竞争机制，从整体上提高从政官员的素质，从而增强党的领导的合法性，提高党的执政能力；在设计监督权力的制度中引入权力制衡的机制，注意权力监督主体的对等性，调整党际关系，更多的发挥民主党派的利益表达和民主监督作用，推动政党制度的法制化，构建政党间良性互动的法治基础。基于对中国政党制度的深刻认识，中国共产党近年来在发展党内民主和党际民主，选拔和推荐更多优秀党外干部担任领导职务，推进多党合作和政治协商的制度化、规范化、程序化等方面做出了很多值得称道的努力。

按照政党制度的综合标准来看，中国共产党领导的多党合作和政治协商制度的稳定和高效不是一个问题，需要解决的突出问题是如何做到中国共产党的执政让最大多数民众满意。竞争性的政党制度下，对这个问题的最根本解决办法是选举，获得多数选票的政党上台执政。那么一党制下如何解决这个问题？客观的民意调查和经常性的制度化的群众工作也许是一个可行的选择。

第十五章　用科学的政党观指导党的先进性建设

先进性和纯洁性是马克思主义政党的本质属性，也是我们党赖以取得革命胜利和社会主义现代化建设成就的根本所在。先进性也随着中国共产党的执政融入中国发展的内在逻辑之中，"从而使中国发展离不开这种本性的要求，中国越发展，越需要党的先进性支撑与保证，党的先进性不仅是中国共产党建设的根本，而且也是中国国家建设的根本，这是中国发展之理"。① 研究党的先进性建设理论，推进党的先进性建设，关键是要搞清楚先进性建设的理论实质，搞清楚先进性建设面临的新问题，并提出推进先进性建设的战略措施。

一、先进性建设的核心是执政党发展

坚持不懈地开展和加强党的先进性建设就是中国共产党保持和发展党的先进性的关键所在。对于党的先进性建设，自保持共产党员先进性教育活动以来，历经创先争优活动，到把先进性建设与纯洁性建设联系起来，具体内涵不断丰富和发展，但一直贯穿着执政党发展这一核心理念。

第一，党的先进性建设的核心概念是党的发展。胡锦涛强调，"党的

---

① 林尚立：《中国之理：党的先进性决定中国发展前途》，《江苏行政学院学报》，2012 年第 6 期。

先进性建设是关系马克思主义政党生存发展的根本性问题"。在此党的领导人在"党的建设"这个概念之外，第一次明确提出了"党的发展"的命题。党的发展或者执政党发展研究应该是党的建设研究的重要内容。与党的建设研究比较注重静态分析不同，执政党发展研究应着重分析影响政党发展的内外因素，从中探索政党发展的规律、关注政党的动态变化和发展。习近平对于党的先进性和纯洁性的论述也充分体现了执政党发展的观念，强调"这种先进性和纯洁性，不是固定不变的，而是与时俱进、随着形势和任务的发展变化而不断丰富与发展的；不是一劳永逸的，而是必须通过坚持不懈地加强党的自身建设才能保持与发展的"①。

对于执政党来说，如何减少政权对执政党造成的不利影响、密切党和人民群众的联系、避免政党的衰败；如何顺应社会发展和现代政党发展的规律性要求、改变党的纲领、政策、组织和执政方式，推进党的先进性建设，不断实现执政党活动的科学化、制度化、规范化和民主化，或者叫推进执政党自身的现代化，是执政党发展研究的基本课题。

第三，党的先进性建设的目的就是，要通过党的先进性建设，顺应全球化和社会现代化的要求，不断推进执政党的发展。胡锦涛同志在阐述党的先进性建设的含义的时候明确了这一点：开展党的先进性建设，就是要使党的理论和路线方针政策顺应时代发展的潮流和我国社会发展进步的要求……使我们党保持与时俱进的品质、始终走在时代前列。十八大报告进一步指出，把党的先进性和纯洁性建设作为党的建设的重要主线，目的就在于"坚持解放思想、改革创新，坚持党要管党、从严治党，全面加强党的思想建设、组织建设、作风建设、反腐倡廉建设、制度建设，增强自我净化、自我完善、自我革新、自我提高能力，建设学习型、服务型、创新型的马克思主义执政党，确保党始终成为中国特色社会主义事业的坚强领导核心"②。

一个领导社会主义现代化和致力于社会发展的执政党，其自身毫无疑

---

① 《习近平强调：切实加强党的先进性和纯洁性建设》，新华网，2012 年 5 月 21 日。
② 胡锦涛：《坚定不移沿着中国特色社会主义道路前进为全面建成小康社会而奋斗》，新华网，2012 年 11 月 19 日。

问也有一个不断发展的问题。从党的十五大开始，中央在阐述党的建设的总目标时，一直强调党要走在时代的前列，十六大明确地提出了先进性建设的命题，十七大以来强调党的纯洁性建设，十八大以来提出"全面从严治党"方略。可见，中央对执政党的发展问题有越来越清楚的认识。实际上，综观世界各国政党的兴衰成败，任何政党都有一个不断地通过自我改革，促进自身发展的问题。对中国共产党来说，党的先进性既不是与生俱来的，也不是一劳永逸的，必须通过坚持不懈的先进性建设才能得以保持和发展；党的先进性不是一成不变的，而是历史、具体的、与时俱进的，必须结合不同历史时期的任务和特点来加强党的先进性建设。中国共产党的发展至少面临三重任务：其一是完全实现从革命党到执政党的转变，消除革命时期遗留下来的一些不合时宜的意识和做法，清除历史上"左"倾错误的消极影响，明确执政党意识，从执政地位的实际出发来分析和解决政党遇到的新问题，如腐败问题、官僚主义问题等。其二是要适应领导市场经济和法治国家的要求，以此来重新定位政党的地位和功能、规范执政党的运作。其三是执政党要适应全球化和信息化对政党生存发展环境的改变，改进党的活动方式和组织方式，实现党的思想理论建设的与时俱进。例如，互联网的发展使得公众更容易获得与权威来源不容的资讯，要求党的思想政治工作对社会思想变化做出更为迅速和更为科学的反应。

第四，党的先进性建设的目标是，提高执政能力和增强人民群众对执政党的认可和支持程度。党的执政能力与政党执政的科学性和执政效率密切相关，执政能力是执政科学性和执政效率的体现。人民群众对执政党的认可和支持程度与政党执政的合法性密切相关，政治学所谓的执政合法性的基本意义就是人民对执政者的认可和支持。执政党赖以生存和发展的因素主要包括两大方面：政党执政的合法性和执政效率。研究先进性建设理论或者党的发展理论的基本目标应该是寻求不断增强政党执政的合法性和提高执政效率的有效途径。

党的先进性建设命题的提出，向全党提出了按照政党执政规律的要求，通过先进性建设，全面加强党的建设，推进执政党的发展的任务。中央在阐述党的先进性建设理论的时候，实际上也阐发了增强执政科学性和执政合法性的问题，并把它们作为党的先进性建设的目标和先进性建设成效的衡量标准：任何政党的兴衰存亡，归根到底取决于它在推动历史前进中的作用，取决于人民群众对这种作用的认可程度。一个马克思主义执政党是否先进，必须通过其执政能力和执政成效来体现、来检验，衡量一个政党的进步与落后，最终要看能否得到人民的拥护和支持。

政党执政的科学性和合法性在执政实践中主要体现为三点：第一，执政党的建立和运作必须建立在对社会发展潮流的要求的基础上，执政党应该有科学的指导思想，执政党的政策是大众公共利益的真实反映。在这一点上，马克思主义执政党从一开始产生就建立在唯物主义的历史科学的基础上，具有资产阶级政党不可比拟的优势。第二，政党的执政行为应该遵行民主和法治的程序，应该具备程序上的合法性。程序合法是对实质合法的保障，人民对执政党的认同和支持只有在程序合法的基础上才能得到真实的反应，才可以通过选票等指标量化。第三，政党执政的合法性和执政效率归根到底要体现为政府的良好政绩，体现为执政党在维护社会稳定和推动社会发展方面的有效作为。因此，应当把党的先进性建设和党的执政能力建设联系起来考虑；同时应当在党的先进性建设中走群众路线，应当引入适当的群众评价机制，始终关注人民群众对党的先进性建设的了解和评价。

二、新时期党的先进性建设面临的新问题

党的先进性建设是新时期党的建设理论新的重大命题。但是新命题针对的是党的建设的老问题。这正是党的发展问题的重要特点，因为党的发展不是能够一劳永逸的，时代总是向政党提出新的问题，要求政党做出新的反应。所不同的是，新世纪新阶段，党的先进性建设的时代背景、形势和环境不同，因此，新时期先进性建设的目标任务不同，同时党的先进性建设面临的问题也不同。

首先，党的先进性面临权力腐蚀的考验。胡锦涛同志指出：加强党的先进性建设，在执政特别是长期执政的条件下任务更为艰巨。权力对领导干部和执政党具有强大的腐蚀作用，有可能导致执政党脱离群众，甚至在

执政党内形成既得利益集团，减少对群众利益的关注甚至损害群众的利益。这是一个政治常识。党的历代领导人都多次对这个问题有过一针见血的论述。例如，邓小平同志指出，执政党更有条件脱离群众；江泽民同志提出要防止执政党内形成既得利益集团；胡锦涛同志多次指出，党越是长期执政，反腐倡廉的任务越艰巨，越要坚定不移地反对腐败，越要提高拒腐防变的能力。西方观察家也对国内的腐败问题很关注，例如，美国哈佛大学教授托尼·赛奇从四个方面概括了了中国在新世纪所面临的挑战，其中之一就是由腐败问题造成的内部挑战①。

其次，党的先进性面临执政环境变化的挑战。在改革开放和发展市场经济的环境中，党的先进性面临着新的历史考验。中国共产党已经由一个相对封闭的国际环境和计划经济条件下执政的党，转变到了在全球化、市场经济和改革开放条件下执政的党。经过三十多年的改革开放，党的建设和发展在获得更大的动力的同时，也承受了更大的，与以前不一样的压力。公民社会的逐步兴起、社会的利益分化和阶层分化，全球化、社会主义市场经济发展、社会主义法治国家的建设等因素，既对党的执政能力形成了考验，也对党的先进性和党执政的合法性基础形成了新的挑战：党要学会领导市场经济，按照市场经济发展的规则妥善处理政府与市场的关系、党与政府的关系；要合理利用全球化的发展趋势和国际经济规则，同时规避全球化带来的经济和政治风险；要学会运用法治的规则和体制协调社会各阶层的利益关系，同时按照法治的要求规范执政党自身的活动方式和领导方式；要适应人民群众日益增长的民主要求，在推进国家民主化的同时发展党内民主，实现党的民主化；要适应时代条件的变化和党员状况的变化，更新党的理论、组织和活动方式。

新挑战决定新课题。清醒地认识党的先进性面临的新挑战，有助于我们党明确党的先进性建设的问题何在，风险何在、机遇何在。把防范和遏制权力腐蚀作为重点，从党的理论建设、组织建设、作风建设特别是制度

---

① 资料来源：中央编译局课题组：《国外学者关于加强党的执政能力建设的主要观点》，2005 年。

建设等方面有的放矢地设计和部署党的先进性建设，构建党的先进性建设的科学格局。

三、新时期党的先进性建设和纯洁性建设的发展战略

习近平同志对党的先进性建设的战略进行了论述，他强调，先进性和纯洁性建设，要从思想教育、群众工作、干部建设、组织基础、制度机制等方面系统化推进。他还指出，保持党的先进性和纯洁性是党的建设一项长期而又常新的战略任务，需要不断地结合新形势新任务从理论和实践加以结合①。

首先，要从思想上政治上加强党的先进性和纯洁性建设。坚持从思想教育入手，教育引导党员和干部认真学习并实践中国特色社会主义理论体系特别是科学发展观，加强党性修养和党性锻炼，模范践行社会主义核心价值观，做共产主义远大理想和中国特色社会主义共同理想的坚定信仰者和忠实执行者。党的十八大报告提出，要大力弘扬民族精神和时代精神，深入开展爱国主义、集体主义、社会主义教育，丰富人民精神世界，增强人民精神力量。倡导富强、民主、文明、和谐，倡导自由、平等、公正、法治，倡导爱国、敬业、诚信、友善，积极培育社会主义核心价值观②。共产党人理应在核心价值观的培育和践行方面，期待先锋模范和带头作用，体现出应有的先进性和纯洁性。

其次，要从巩固党的阶级基础和群众基础上加强党的先进性和纯洁性建设。始终把实现好、维护好、发展好最广大人民根本利益作为检验先进性和纯洁性的试金石，进一步建立健全联系群众、服务群众的长效机制，在时时处处为群众排忧解难、造福人民的实践中体现党的先进性和纯洁性。对此，十八大之后，中央自上而下开展了历时一年的群众路线教育实践活动，活动以为民、务实、清廉为主题，各级党组织和广大党员、干部积极响应党中央号召，高度重视、踊跃参与，广大人民群众热烈响应、热

---

① 《习近平强调：切实加强党的先进性和纯洁性建设》，新华网，2012 年 5 月 21 日。

② 胡锦涛：《坚定不移沿着中国特色社会主义道路前进为全面建成小康社会而奋斗》，新华网，2012 年 11 月 19 日。

情支持，整个活动进展有序、扎实深入，达到了预期目的，取得了重大成果。通过群众路线教育实践活动，广大党员、干部受到马克思主义群众观点的深刻教育，贯彻党的群众路线的自觉性和坚定性明显增强；形式主义、官僚主义、享乐主义和奢靡之风得到有力整治，群众反映强烈的突出问题得到有效解决；恢复和发扬了批评和自我批评优良传统，探索了新形势下严肃党内政治生活的有效途径；以转作风改作风为重点的制度体系更加完善，制度执行力和约束力得到增强；影响群众切身利益的症结难点得到突破，党的执政基础更加稳固①。

再次，要从提高领导骨干素质上加强党的先进性和纯洁性建设。建设好领导干部队伍，坚持在实践中培养、考察、锻炼、使用干部，推动领导干部以率先垂范的实际行动体现党的先进性和纯洁性。习近平指出，我们党历来高度重视选贤任能，始终把选人用人作为关系党和人民事业的关键性、根本性问题来抓。好干部要做到信念坚定、为民服务、勤政务实、敢于担当、清正廉洁。党的干部必须坚定共产主义远大理想、真诚信仰马克思主义、矢志不渝为中国特色社会主义而奋斗，全心全意为人民服务，求真务实、真抓实干，坚持原则、认真负责，敬畏权力、慎用权力，保持拒腐蚀、永不沾的政治本色，创造出经得起实践、人民、历史检验的实绩。习近平还强调，要把加强党的领导和充分发扬民主结合起来，发挥党组织在干部选拔任用工作中的领导和把关作用②。

第四，要从夯实组织基础上加强党的先进性和纯洁性建设。把抓基层、打基础作为一项永久的战略任务坚持不懈地抓下去，不断提高基层党建工作科学化水平，充分发挥基层党组织的战斗堡垒作用和党员的先锋模范作用。针对基层党组织建设的实际情况，以村、社区为重点选好、用好、管好基层组织带头人。结合村、社区"两委"换届，选优配强基层党组织书记。加强后备人才队伍建设，着力解决基层组织后继乏人的问题。认真落实从优秀村、社区党组织书记和大学生村官中选拔乡镇街道领导干

---

① 习近平：《在党的群众路线教育实践活动总结大会上的讲话》，新华网，2014年10月8日。
② 《习近平强调：建设一支宏大高素质干部队伍》，新华网，2013年6月29日。

部、考录乡镇街道公务员、招聘事业编制人员的有关规定。加强对基层带头人队伍的监督管理，严格考核奖惩，健全民主评议、述职述廉、离任审计等制度①。

最后，要从完善党内制度及工作机制上加强党的先进性和纯洁性建设。坚持党要管党、从严治党，严厉惩治腐败，整顿党的作风，增强自我净化、自我完善、自我革新、自我提高能力，健全以党章为根本、以民主集中制为核心的制度体系，为保持党的先进性和纯洁性提供制度保证。对于制度建设，习近平强调，制度不在多，而在于精，在于务实管用，突出针对性和指导性。如果空洞乏力，起不到应有的作用，再多的制度也会流于形式。制定制度要广泛听取党员、干部意见，从而增加对制度的认同②。制度建设要搞好配套衔接，各个环节、各项机制要做到彼此呼应，增强整体功能。制度的权威关键在于执行。要增强制度执行力，制度执行到人到事，做到用制度管权管事管人。要坚持制度面前人人平等、执行制度没有例外，不留"暗门"、不开"天窗"，坚决维护制度的严肃性和权威性，坚决纠正有令不行、有禁不止的行为，使制度成为从严治党的硬约束。

---

① 《关于在第二批党的群众路线教育实践活动中进一步加强基层党组织建设的通知》，新华网，2014年6月28日。

② 习近平：《在党的群众路线教育实践活动总结大会上的讲话》，新华网，2014年10月8日。

第十六章　党管干部的科学化

研究党管干部问题首先要认识到政党在现代政治体系中的重要位置。现代政府基本上都是政党政府。在当代世界，除了为数极少的传统君主政体国家没有政党以外，绝大多数国家都存在名目繁多的政党组织。政党已经成为当今政治舞台上最为活跃、最为关键的角色。政党是各个国家政治生活中最为基本、最为重要的力量。政党的活动和影响现已渗透政府过程的各个环节和层面。立法机关主要由政党成员组成，行政机关由政党或政党联盟组织，政府政策由政党制定，政府官员由政党推荐或指派。因此，人们把各国政府称为政党政府，例如，英国保守党政府、美国共和党政府、新加坡人民行动党政府、中国共产党政府等。世界上政党根据不同的分类标准可以分为多种类型，例如保守党、社会民主党、共产党、民族民主政党，又如资产阶级政党、小资产阶级政党、无产阶级政党等等。尽管各种类型的政党之间有着或多或少的区别，然而，它们在各自的政治体系中却有着相同的或者相似的功能，如利益表达和利益综合的功能、政治录用和输送政治精英的功能、政治整合和政治维持的功能、政治教育和政治灌输的功能等。

在上述政党的几种功能中，最基本的功能是利益表达和利益综合，而政治录用和输送政治精英则是政党表达和综合利益的组织保证。政党的这一功能主要是通过参加和组织各类选举，争取使本党推荐和提出的候选人当选政府公职来实行的。现代民主社会排斥专制和独裁的任意统治。但由于现代社会大多是大型社会，不像古希腊城邦社会那样小国寡民，因而不可能实现它们那样的直接民主。而必须实行间接民主，按照民主程序委托一批政治精英来治理国家。这种选拔和录用政治精英的职能正是通过现代政党这一伴随着政治选举而产生的政治组织身上。

政党的政治录用和输送政治精英的功能（有的学者把它简称为政治录用功能）是当代民主政治体制的一大创新，是当代民主政体赖以运作的重要基础，因为在一个民主社会中，政府的统治权的取得和运作必须获得合法性，而这种合法性大都是通过政党选举来取得的。而政党正是通过其政治录用功能为这种政治选举提供政党候选人。

在很多国家，政党的政治录用已经具备了一整套的比较完善的制度性原则和操作性程序。例如，日本自由民主党提名国会议员候选人，就要经过基层支部、个人后援会、县联合支部、中央党本部选举委员会直至党总裁的一系列推选环节，有一套比较规范的操作程序。

中国特有的党管干部问题所要研究的，实质上就是中国共产党的政治录用功能的实现。如前所述，世界上一些国家在处理党政关系，处理政党与政治录用的关系上已经有了一套比较成熟的做法。在严格意义上来讲，这些国家的党政关系问题和党管干部问题并不成为一个"问题"。中国共产党在党政关系和党管干部上的问题既来源于中共执政实践经验的不足，也来源于理论上对党政关系和党管干部问题的不太正确的认识。本文正是力图在总结中共执政实践经验教训和比较借鉴国外在这些方面的一些成功的做法的基础上，阐明执政的中国共产党参与政治录用的理论根据，以及中共在中国的政治录用过程中如何适度有效地参与。

中共参与政治录用过程的理论根据，也就是执政党选拔干部、组织和参与政治选举，争取本党候选人当选国家公职人员的合法性依据。这种合法性至少包括两方面的含义：其一指逻辑推理上的合理性，其二指形式上和程序上的合法性。从这方面来看，中共参与政治录用过程的合法性首先在于政党功能的普遍要求，任何真正意义上的政党组党的目的就在于获得和执掌政权，从而实现其政党特有的施政理念，而要做到这一点，政党就有必要选拔政治人才，并在政治选举过程中争取本党候选人能够当选，担任国家公职。在这一点上，中国共产党与世界上其他政党并没有太大的不同之处。其次，中共参与政治录用过程的合法性也在于中共在中国政治关系和政治过程中的特殊地位，如现在的政权是中共领导革命建立起来的，又如中共已经成功地领导了中国现代化多年。根据政治社会学家马克斯·韦伯的政治权威合法性理论，政治革命本身以及在政治革命过程中产生的魅力型权威就是政治权威的合法性来源之一，而且以往特别是最近三十多年来中共成功领导中国现代化的经历恰恰就是中共的执政地位获得中国人民普遍认同的最根本的政治资源。

这里讲的中共参与政治录用过程既要有效又要适度，是指中共参与中国政治录用过程的结构上的合理性和程序上的合法性。其中，"适度参与"就是要科学界定政党参与政治录用的范围，即要在对"国家干部"进行科学分类的基础上，根据政党的功能定位和运行规律，确定党组织应该参与哪些类别的干部录用，以及在何种程度上参与；"如何参与"主要指中共参与行为的形式上和程序上的合法性，也就是指中共在参与政治录用的过程中如何把"坚持党管干部原则与改进干部管理方法"、"坚持党管干部原则与在干部工作中走群众路线"、"坚持党管干部原则与坚持依法办事的原则"充分有效地结合，努力探索依法治国条件下党管干部的合法形式和合法途径。"有效参与"主要指参与效率而言，这是研究党管干部问题的最终目标，而党管干部的效率毫无疑问与党管干部的合法性和科学性密切相关。本章旨在探究党管干部的历史由来和党管干部实践中出现的问题，党管干部体制改革在政治体制改革中的重要地位，以及党管干部体制改革的方向和基本思路。

一、"党管干部"的由来和党管干部的实践

（一）"党管干部"命题的权威来源

目前理论界在使用"党管干部"这个概念时，很少对这个概念的确切含义进行分析界定，根据自身的理解和行文的需要任意解释和运用这个概念的现象相当普遍。那么"党管干部"这个概念是在怎样的背景下提出来

的？它的权威的含义是什么？遍查党的经典著作，发现邓小平在 1962 年 11 月 29 日接见参加组织工作会议和全国监察工作会议的干部时的讲话中有这样的表述："党要管党，一管党员，二管干部。"① 这应该是党的领导人第一次比较正式地涉及党管干部这个概念。不过，邓小平在这里使用党管干部的概念，主要是指党组织要加强对干部的管理和监督，与现在广泛使用的"坚持党管干部原则"中的"党管干部"的含义有着很大的不同。现在意义上的"党管干部"是江泽民 1989 年 8 月 21 日在全国组织部长会议上的讲话中提出来的，江泽民说："党的领导只提政治领导不够，还应该有思想领导和组织领导。党不管思想管什么？党不管干部管什么？""党组织还是要管干部。"② 江泽民 1990 年又在阐述党的领导和人民代表大会的关系的时候正式使用了"坚持党管干部的原则"这个说法。③

江泽民主要是针对党的十三大提出的党政分开取向的改革，从加强党对国有企业、高等学校和国家机关的领导的角度，强调在国家机关中恢复设置党组，党组织在国有企业、高等学校和国家机关的干部选拔和选举中积极介入和实施控制的必要性。在这种思想的指导下，中共恢复了国务院各部门在十三大后被撤销了的国务院各部门党组和纪检组，在一定程度上改变了十三大后实行的政府、企业和事业单位的行政首长负责制，重新强调了党组织在企业、事业单位和政府机关中的直接领导地位。此后，这种意义上的"党管干部"概念在党的文件和传媒中被广泛使用。例如，1995 年 2 月 9 日公布的《党政领导干部选拔任用工作暂行条例》第二条，讲到选拔任用党政领导干部必须坚持的若干原则的第一条原则就是"党管干部的原则"；2000 年 8 月公布的《深化干部人事制度改革纲要》，在谈到深化干部人事制度改革的指导方针和原则时，强调"必须坚持党管干部的原则"。2005 年颁行的《中华人民共和国公务员法》第四条，明确规定："公务员制度坚持以马克思列宁主义、毛泽东思想、邓小平理论和'三个

---

① 《邓小平文选》第 1 卷，人民出版社 1994 年版，第 328 页。

② 《毛泽东、邓小平、江泽民论党的建设》，中央文献出版社、中央党校出版社 1998 年版，第 523—524 页。

③ 同上书，第 556 页。

代表'重要思想为指导，贯彻社会主义初级阶段的基本路线，贯彻中国共产党的干部路线和方针，坚持党管干部原则。"① 2014 年新修订的《党政领导干部选拔任用工作条例》第二条明确规定："选拔任用党政领导干部，必须坚持下列原则：（一）党管干部原则。"②

（二）对"党管干部"的通常理解

虽然党管干部原则和党管干部的概念被广泛地使用，但是党的正式文件中和领导人的讲话中却没有比较完整的解释，江泽民所谈的党管干部，不过是对中共过去领导行为的一个实事性的描述。中共自从 1921 年建党以来，已经有了 90 多年的历史，在这 90 多年中，无论是革命时期还是在执政和现代化建设时期，党一直直接管理党的各级组织和党所领导下的群众团体的干部，一直直接参与甚至直接决定政府机关各种干部（包括领导干部和非领导干部）的选拔任命。在中共历史中相当长的时期，我们一直较多地关注共产党领导的理论上的合法性，比较多地强调党的历史使命和党的意识形态上的先进性，而一直较少地关注的党的领导和党管干部的形式上的和程序上的合法性，较少地关注社会公众对党的领导和党管干部的感受，较少地关注在形式上和程序上使党的领导和党管干部合法化。因而，也一直疏于从法理的角度来对党管干部作一个比较完整的解释。现在所能找到的关于党管干部原则比较完整的表述是，"在现代化建设时期，党管干部的原则主要包含以下内容：1. 党制定干部人事工作的路线方针政策，并使其通过法定的程序变为国家的意志，以立法的形式颁布实施。2. 通过党组织的活动和党员的模范带头作用，带动广大干部群众实现党的干部人事工作路线方针政策。3. 党组织向国家机关推荐重要领导干部，并负责组织对党员干部的考核。4. 党直接管理党组织的各级各类干部，管理群众团体干部。"③

此处关于党管干部原则的解释，同样较多地从原则上界定而较少地从

---

① 《中华人民共和国公务员法》，中央人民政府网站，2005 年 6 月 21 日。
② 《党政领导干部选拔任用工作条例》，新华网，2014 年 1 月 15 日。
③ 《深化干部人事制度改革问答》，中央文献出版社 2000 年 10 月，第 62 页。

形式上和程序上规定，如果从抽象的原则来看，这些界定无疑是正确的，但是如果从形式或程序合法的角度来看，这些规定无疑是存在很大的不足的。可以说，上述四项规定中，第三条是最根本的：党组织向国家机关推荐重要领导干部，并负责对党员干部的考核。如前所述，政党选拔和推荐干部参加选举、参加国家机关公务人员的录用，在法理上是没有问题的，但是这里仍然存在至少两个问题：其一，如何界定党组织向国家推荐的领导干部的范围？什么样的干部是重要干部？对于这个问题没有明确的界定，导致党管干部实践中的许多混乱现象。实际上，由于权力自我扩张的倾向，各级党组织总是极力扩大而不是缩小党管干部的范围。其二，如何规定党组织向国家机关推荐领导干部的程序？这里所讲的程序既包括选举过程中党组织向选举机关提名候选人的法律程序，也包括党内产生候选人的制度性程序，在党组织向国家机关推荐委任和聘任的领导干部的场合，更需要做出明确的规定。在有关党管干部的制度安排中，缺乏规范政党参与政治录用过程的具体的法律的和制度上的规定，正是中国共产党党管干部理论和实践中最为根本性的问题所在。除此之外，需要特别指出的是，正是由于有关党管干部的制度和法律安排中程序合法的精神的匮乏，导致了党管干部的实践中偏离党的群众路线的行为的泛滥，导致了党管干部实践中的依法办事的精神的稀缺，也导致了党管干部实践中，把坚持党管干部原则与实行党政分开取向的改革和干部制度的民主化和法制化割裂开来、对立起来的现象相当普遍。

（三）党管干部的实际运作

把坚持党管干部原则与实行党政分开和干部制度的民主化法制化强行地割裂开来、对立起来，把坚持党管干部原则等同于坚持确立于斯大林时期的干部任命制，在党的干部工作中排斥选举或者蔑视选举的合法化功能，认为党管干部，就意味着要直接控制政府、企业、事业一切干部的任免升迁，认为在党管干部的过程中走群众路线仅仅是征求群众的意见而不是把民意调查的结果作为选拔干部和提名候选人的一个必要的评判标准，认为所谓依法办事仅仅是在形式上走过场而不是把法律程序看做是人民授权的不可或缺的过程，肆意干涉依法选举的结果，轻视党内选拔干部和提名候选人的必要的制度化的程序，这种观念起源于共产国际特别是苏共的执政模式的影响，形成于党长期领导革命战争和计划经济的实践，是和中共长期以来党政不分、以党代政的执政实践紧密联系在一起的。战争时期和计划经济时期政党之所以能够这样做，与当时的政治和经济形势对民主和法制的需求相对减弱有关，然而，这种观念以及在这种观念指导下的政治实践，损害了党管干部的合法性，损害了共产党政府的合法性权威。

考察当前党管干部的实际运作，就不能不研究当前干部管理方面的法律制度，并且在研究有关法律制度的同时，着意考虑这些法律制度的实际效用。现在的干部工作的运行主要依据以下两个条例：一是《党政领导干部选拔任用工作条例》，二是《中华人民共和国公务员法》。另外，从动态地把握党管干部体制的发展方向着眼，2009 年公布的《2010—2020 年深化干部人事制度改革纲要》也是反观当前干部工作中存在的问题的重要材料。

根据《党政领导干部选拔任用工作条例》，现行的干部选拔、选举往往要经过下列程序：由党委或组织人事部门主持的民主推荐，党的组织部门对拟任干部的考察，在一定范围内的酝酿，党委会对所推荐、提名的人选的讨论决定，党组织向人民代表大会或人大常委会的推荐、提名或者与有关政治团体（如政治协商会议）的民主协商，在实行委任制的政府机构中，直接向政府部门行政负责人推荐拟任人选，人大对党组织推荐的人选进行选举或对行政负责人提名的人选进行任免。本来这些组织人事运行程序是完全正常、无可厚非的，关键是由于受传统党管干部观念的影响，在上述过程中，与对党管干部原则的错误认识相关，往往容易出现党组织过分参与和忽视法律程序，削弱民主的倾向。主要表现为：

1. 党管干部的范围过于宽泛

《党政领导干部选拔任用工作暂行条例》第四条说，"本条例适用于选拔任用中共中央、全国人大常委会、国务院、全国政协、中央纪律检查委员会工作部门或者机关内设机构领导成员，最高人民法院、最高人民检察院领导成员（不含正职）和内设机构领导成员；县级以上地方各级党委、人大常委会、政府、政协、纪委、人民法院、人民检察院及其工作部门或者机关内设机构领导成员；上列工作部门内设机构领导成员。选拔任用民族区域自治地方党政领导干部，法律法规和政策另有规定的，从其规定。选拔任用参照公务员法管理的县级以上党委和政府直属事业单位和工会、共青团、妇联等人民团体及其内设机构领导成员，参照本条例执行。"① 这里有几点值得注意：其一，这里所涉及的党管干部的部门类别既包括政府部门、党务部门又包括党委政府所属的事业单位，其二，这里所涉及的干部类别既包括选任制的领导干部又包括委任制和聘任制的领导干部，其三，本条例适用的干部类别并不包括中共中央、全国人大常委会、国务院、最高人民法院、最高人民检察院等最高一级的党和国家机构的选任制的领导人员，也就是说，我们还缺乏有关规范这一最高级别的党和国家领导人的选拔和选举的制度性的文件或者法律。关于目前党管干部的范围，在《2010—2020 年深化干部人事制度改革纲要》中有更为明确的分类，该纲要提出，"深化分级分类管理，健全干部人事制度体系。建立健全统一领导、科学分类、分级管理、调控有效的宏观管理体制，完善符合党政机关、国有企业、事业单位各自特点的分类管理制度，深化分级分类管理，健全干部人事制度体系。建立健全统一领导、科学分类、分级管理、调控有效的宏观管理体制，完善符合党政机关、国有企业、事业单位各自特点的分类管理制度"②。从以上的党管干部的分类中，我们很容易看出仍有党管一切干部的痕迹，很容易看出党管干部的范围过于宽泛。

2. 党管干部的民主和法制程度不够

在《党政领导干部选拔任用工作条例》中将群众公认、注重实绩的原则，民主、公开、竞争、择优的原则，民主集中制的原则，德才兼备、以德为先的原则，五湖四海、任人唯贤的原则和依法办事的原则和党管干部的原则并列，从原则上规定了党管干部的民主化和法制化。然而在实际工作中，重视党管干部原则而轻视其他原则，片面地理解和执行民主集中制原则的现象却屡见不鲜。该条例规定了民主推荐、考察、酝酿、讨论决定

① 《党政领导干部选拔任用工作条例》，新华网，2014 年 1 月 15 日。
② 《2010—2020 年深化干部人事制度改革纲要》，中办发〔2009〕（43 号）

和依法推荐、提名与民主协商的领导干部选拔任用的程序，然而在这个程序所经过的大多数环节却明显地存在任意性过强，缺少具体的和可操作的程序性的规定，缺少比较客观的量化的衡量标准的问题。例如参加民主推荐的人员明显局限于现任党政领导人员的狭窄范围，实际上排斥群众和普通党员、基层组织的有效参与。在民主推荐的效用上，只是规定把民主推荐的结果作为确定考察对象的依据之一，同时还规定要"防止简单地以票取人"。这就进一步弱化了民主推荐的作用。又如，条例规定党委向人民代表大会或人大常委会提名的候选人未获通过时，党委可根据工作需要和本人条件，在进一步酝酿后继续推荐。这项规定明显地成为很多地方党委不尊重人大选举结果，甚至公然违反选举法轻率地推翻依法选举的结果，加剧党组织和民意机关之间的矛盾的制度性借口。

在上述有所偏颇的党管干部观念指导下的干部选拔、选举，往往比较容易导致政党领导行为的混乱和政权运行的无序，造成一方面党不管党、削弱政党建设，一方面官僚主义盛行、行政效率低下、腐败之风滋长，人民民主极端匮乏的不良后果。因为传统的党管干部体制的一个突出表现就是事实上的干部委任制（或者叫干部任命制）盛行，在共产党执政的条件下，长期实行对权力机构领导职务的事实上的委任制，必然下级对上级养成一种敬畏、自卑的心理，一些干部必然只对上级负责而无视人民群众的利益和愿望。这样，官僚主义难免要应运而生，甚至还会在共产党内部复活封建主义的君臣和主仆式的人身依附关系。再则，由于中国封建社会的历史特别长，封建主义的遗毒还严重存在，又加上一般群众的物质和文化生活水平还比较低，长期实行自上而下的干部委任制，必然使人民群众不能从法的角度去认识自己的基本的民主权利，日益在政治上变得冷漠起来，日渐淡薄自己在国家政治生活中的主人翁责任感，丧失对政府和执政党的信任和拥护。这种情况一方面助长了官僚主义的滋生蔓延另一方面也使执政党面临执政的合法性基础不断被削弱的危险。再说这种现象与中国共产党的宗旨和人民民主政权的性质也是极不相符的。

要纠正这些政治运行的失序和政治观念的偏颇，就要从法理上对党管干部问题进行一番研究，搞清楚党管干部的科学含义，就要把党管干部问题放在坚持和改善党的领导，依法治国、建设社会主义法治国家的大背景中进行系统的考察。

二、党管干部体制的改革是政治体制改革的核心

（一）"党管干部"的法理内涵

随着时代的变迁和政治环境的变化，传统的政党和政党体制受到普遍的挑战，各国政党相应地采取一定的措施来回应这种挑战，克服政党的危机。这并不是中国和中国共产党的特有现象，而是一个世界性的进程①。因此，我们在试图对政党的学术含义及其运行规律、政党发展对政治现代化的作用这些问题做出回答的时候，发现如果跳出我们现有的党建理论的局限，对西方政党政治学的一些普适性的概念、原理和相关学术成果做一些引进、借鉴和比较，对于我们比较科学地理解政党，探索政党管理和改革的规律是很有帮助的。对比西方政党政治学和中共党建理论，我们所使用的党管干部的概念，大致相当于西方政党学中所说的政党在政治录用过程中的参与。研究党管干部问题也就是要研究执政的中国共产党在中国的政治录用过程中，一是执政党要不要参与国家公务人员政治录用过程？二是在何种程度上参与和如何参与？

其一，根据一些得到普遍认同的现代政党政治学的理论和世界各国的政党政治实践，政党尤其是执政党有权和有必要参与本国的政治录用过程。这既反映在政党的定义中，也反映在现代政党学对政党功能的概括中。西方一些研究政党的学者本身就是从参与政治选举的角度来定义政党的，例如美国政治学家哈罗德·D.拉斯韦尔认为："最好把政党定义为：在选举时以自己的名义提出候选人和问题的特殊化组织"②，又如，美国现代政治学家戴维·杜鲁门干脆就认为政党是人们谋求公职的工具，他指出："政党被认为是一种工具，那些期望获得职位的人可以通过它来达到

① 参见王长江著：《政党的危机》第六章，政党的未来，改革出版社 1996 年版。
② V. B. 布欣：《政党》，1955 年英文版，第 5 页。

目的"①，意大利政治学家乔凡尼·萨托利经过对不同的政党定义的分析比较，给政党下了一个比较完整的定义："政党是一部分国民，以政见、主义相结合，通过竞选的方法，取得政权，从而实现其主义和政见的政治团体"②。由此可见，西方政治学家认为政党本身就是为参加选举、竞选公职而存在的，参与政治录用是政党的题中应有之义。从政党的功能来看，西方政治学家比较一致的看法是政党的最为基本功能是利益表达和利益综合，而为了给这一最为基本的政党功能提供组织保证，就派生出了政党的另一基本功能，就是执行政治录用的职能，日本学者冈泽宪芙称之为"补充和选出政治领导人的功能"③。经过上面的分析，可以说在政治录用过程中的参与是政党参与政治过程的最重要的部分，同样地，我们可以说党管干部体制是中国政治体制中最为核心的内容。

当然，这里所讲的政党参与政治录用的理论上的合法性是针对一般的政党而言的，而对某一个具体的政党来说，其参与政治过程，包括参与政治录用过程的合法性，还要看这个政党在具体的政治体系中所起的实际作用和实际地位。中国共产党参与中国政治过程和政治录用过程的合法性，首先来自于一般政党的共同属性，其次来自于中共自己所有的独特属性，中共在对自己的性质定位时，有一条就是"中国社会主义现代化建设的领导核心"，中共对中国政治录用过程的有效参与，毫无疑问是保障其领导核心地位的必要手段。中共参与政治录用的资格，也来源于它在中国政治体系中独一无二的执政党地位，和它成功领导中国革命和建设的历史功绩。

其二，世界上大部分政党都是以民主政治为价值取向的政党，在它们的政治实践中，都十分强调政党参与政治过程，尤其是参与政治录用过程的合法性。这里所讲的"合法性"包括实质合法和程序合法。实质合法主要是指政党的价值取向和从政理念，比如自由、民主、人权，又如平等、公正和共同富裕等；其程序合法指政党参与政治录用过程必须有法可依和

---

① 戴维·杜鲁门：《政府的过程》，1951 年英文版，第 270 页。
② 乔凡尼·萨里托里：《政党和政党体制》，1976 年英文版。
③ 冈泽宪芙：《政党》，经济日报出版社 1991 年版，第 4—7 页。

依法办事。西方有些国家有专门的政党法规来规范政党行为，如德国、意大利，其他国家也有相关法律或者惯例来指导政党政治运作。这些国家的政党大多认同这样的一个观点：如果没有科学的和规范的参与途径，政党参与政治录用的合法性就会受到削弱。

回过头来看，中国共产党并不缺乏参与政治录用过程的实质合法性的理论依据，在这方面我们有比西方政党更为进步和优越的地方：如中共强调自己的宗旨是全心全意为人民服务，强调坚持任人唯贤的干部路线，坚持德才兼备和"革命化、年轻化、知识化和专业化"的干部选拔标准等。然而，在程序合法或者叫形式合法方面，在党建理论中就显得比较匮乏，我们规定了坚持党管干部原则与发扬民主和走群众路线相结合的干部选拔原则，却缺少法律化和制度化的操作性强的程序性的规范。因而在党建的实际操作中明显存在人治色彩过于浓厚，政党在政治录用中过分参与，在一定程度上排斥民众和政权机关的有效参与，从而损害民主价值和政府组成的合法性的情况。这一点是与我们历史上国家法治不够和党的制度建设不够紧密联系在一起的。

中共党管干部的合法性问题的凸现是执政以后特别是中共采取改革开放政策以来的事情，因为，改革开放本身就意味着党的执政目标和执政环境与以前相比有了很大的变化，政党政治学的基本原理表明，任何政党在自身的政党目标和政党环境发生变化的时候，都要在政党的自身结构上做出相应的变革，其中就包括党管干部的方式方法和体制上的变革。在新的政党政治环境中，政党的一些传统的运作方式有可能变得相对落后，在这种情况下，如果政党不能正视自身所面临的结构性危机，并且主动地采取应对措施，那些相对过时的组织结构和运作方式就有可能形成一种"障碍机制"，反过来阻碍政党目标的实现。因此，中共有必要适应新的执政环境的要求，对党管干部这个命题做出合乎现代民主和法治的理念的阐释，做到这一点，有助于改革传统的任命制色彩过于浓厚的党管干部体制和党管干部方式，从而把党管干部的范围限定在合理的界限内，把党管干部体制建立在民主和法治的基础上。

（二）依法治国对党管干部体制提出的新要求

现行的党管干部体制与今天的市场经济发展的要求和建设社会主义法治国家的政治体制改革的取向，有很多不相适应的地方。

十八届四中全会通过的《全面推进依法治国若干重大问题的决定》，明确提出"依法治国，是坚持和发展中国特色社会主义的本质要求和重要保障，是实现国家治理体系和治理能力现代化的必然要求，事关我们党执政兴国，事关人民幸福安康，事关党和国家长治久安"，要全面推进依法治国，"全面推进依法治国，总目标是建设中国特色社会主义法治体系，建设社会主义法治国家。这就是，在中国共产党领导下，坚持中国特色社会主义制度，贯彻中国特色社会主义法治理论，形成完备的法律规范体系、高效的法治实施体系、严密的法治监督体系、有力的法治保障体系，形成完善的党内法规体系，坚持依法治国、依法执政、依法行政共同推进，坚持法治国家、法治政府、法治社会一体建设，实现科学立法、严格执法、公正司法、全民守法，促进国家治理体系和治理能力现代化"①。

依法治国是一种与市场经济、民主政治和崇尚民主、法治和多元共存的社会文化共生共长的社会现象。成熟形态的法治国家是以市场经济的相当发展为经济基础、以民主政治的相当完善为政治基础、以发达的权利义务观为核心的精神文明为思想文化基础的。从这种意义上说，很早就有人提出过依法治国，作为一种治国手段也曾在前资本主义社会的个别地方个别时期部分地实行过，但由于在前资本主义社会的历史条件下，不可能完全具备真正实行依法治国的三个基本条件，因此，当时的思想家们不能对其做出全面的、深层次的科学分析，当时实行的所谓依法治国也往往不过是专制与人治的陪衬而已。因而滥用权力、野蛮专断、枉法裁判，在生产力和文化不发达的奴隶制与封建制时代几乎是不可避免的，成为那些不发达的政治社会的内在痼疾。

真正意义上的依法治国在资本主义社会才开始实行。随着资本主义市场经济和资产阶级政治力量的发展壮大，依法治国的政治主张和自由、平

---

① 《中共中央关于全面推进依法治国若干重大问题的决定》，新华网，2014 年 10 月 26 日。

等、民主、宪政等进步观念一起广泛传播。洛克、孟德斯鸠、卢梭等资产阶级启蒙思想家以自然法与社会契约论等思想为基础论证的资产阶级的法治理论，阐述了资产阶级的依法治国原则。资产阶级在夺取政权后，逐步将民主、法治的主张付诸实践。但是，正如资本主义社会没有真正的民主一样，资本主义也没有彻底的法治。在金钱主宰一切的社会里，有钱有势的人违法犯罪，往往可以逃脱法律的制裁。在阶级斗争激烈的时期，资产阶级政府往往置自己制定的法律于不顾，自己破坏法治原则，违背依法治国的方针，以残酷的非法手段镇压劳动人民和进步人士。至于二战前法西斯分子所标榜的"法治国家"，实际上不过是血腥的法西斯专政而已。当然，虽然资本主义国家实行的依法治国有很大的局限性、不彻底性，但资本主义毕竟在很大程度上开创了实行这种文明合理的治国方式的历史先河，并且在这方面为人类积累了不少有益的经验，这也无疑是人类文明的一大进步。正如列宁所指出的："资产阶级的共和制、议会和普选制，所有这一切，从全世界社会发展来看，是一种巨大的进步"①。

按照马克思主义经典作家的论述来推断，社会主义国家不仅应当是人民真正当家做主的民主国家，而且也应当成为真正实行依法治国的法治国家。社会主义的依法治国应当是人类历史上更新更高类型的依法治国。但是理论上的真理要转化为人们的信念，并转化为行动中的现实，要经过艰难曲折的历史过程。社会主义国家要真正实现依法治国方略，建成社会主义法治国家，也必须具备三个基本条件，即社会主义市场经济要相当发展，社会主义民主政治要相当完善，社会主义新文化要相当发达。

由于这些条件不是在短期内、特别是社会主义初级阶段所能完全达到的，所以，实行依法治国、建设社会主义法治国家，必然要经历一个很长的历史过程。单单是依法治国方略的提出就经历了相当的曲折。

在夺取和巩固政权的过程中，由于阶级矛盾异常激烈，社会关系剧烈变化，革命的暴力、党的政策和领导人的决策的作用非常突出，法律手段尚不可能被提到首要位置。随着无产阶级政权的巩固，阶级矛盾不再是社

---

① 《列宁全集》第3卷，人民出版社1986年版，第74页。

会的主要矛盾、经济建设已成为党和国家工作的中心任务，无产阶级政党应当适时调整治国方略，逐步实行依法治国。列宁就此曾深刻指出："我们的政权愈趋向巩固，民事流转愈发展，就愈要提出加强革命法制这个坚定不移的口号"①。但是，由于社会主义是一种全新的事业，无产阶级还缺乏足够的治国经验，长期来还未能对什么是社会主义和怎样建设社会主义这样的根本性问题取得完全正确的认识，由于人们对旧法制、旧秩序的仇视心理，也由于革命战争年代形成的思维定式的影响，特别是由于"左"倾思潮的泛滥，人们往往在不知不觉中夸大权力的作用，重视政策和领导人的决策、指示，而轻视、忽视甚至否定法律的重要意义，致使社会主义民主法制建设受到破坏，社会主义建设事业受到挫折。

在深刻反思"文化大革命"的动荡根源以后，邓小平一再强调法律和制度的重要作用，提出了"发展社会主义民主、健全社会主义法制"的治国方针。党的十一届三中全会以来，社会主义市场经济体制逐步建立，社会主义民主政治逐步发展，以科学的权利义务观为核心的社会主义法律文化也逐渐生长起来。在这种情况下，全面确立社会主义依法治国方针的要求越来越强烈。以江泽民为核心的党的第三代领导集体，继承邓小平的民主法制思想，反映人民群众的意愿，顺应时代发展潮流，明确提出了依法治国、建设社会主义法治国家的治国方略，确立了社会主义依法治国的理论。以胡锦涛为总书记的党中央把依法执政确定为党治国理政的基本方式，积极建设社会主义法治，取得历史性成就。十八大以来，以习近平为总书记的党中央高度重视法治建设，提出全面推进依法治国，坚定不移走中国特色社会主义法治道路，坚决维护宪法法律权威，依法维护人民权益、维护社会公平正义、维护国家安全稳定，为实现"两个一百年"奋斗目标、实现中华民族伟大复兴的中国梦提供了有力法治保障。

社会的法治意识的发展和依法治国方针的确立，全面推进依法治国方略的实施，必然要求立法规范政党的政治行为包括领导行为和政党自身的活动方式，必然要求立法规范政党选拔和提名候选人的民主过程，规范政

---

① 《列宁全集》第42卷，人民出版社1986年版，第353页。

党参与政治录用的范围和合法程序，必然要求传统的人治色彩过重的党管干部体制做出相应的改革。

（三）改革党管干部体制是改善党的领导的关键环节

党管干部问题是党的领导问题中的最为核心的问题。毛泽东说"政治路线确定之后，干部就是决定因素"①，邓小平说"思想路线政治路线的实现要靠组织路线来保证"②。说的都是这个意思。据此我们也可以说，改革党管干部体制是改善党的领导的中心环节。我们研究党管干部体制的改革，目的也就在于从这一中心环节入手，探究新形势下改善党的领导，巩固党的执政地位的有效路径。

在我们党的历史上，党的领导人在从总体上改善党的领导问题上谈得比较多，而具体地谈党管干部问题则比较少。邓小平指出："中国由共产党领导，中国的社会主义现代化建设事业由共产党领导，这个原则是不能动摇的；动摇了中国就要倒退到分裂和混乱，就不可能实现现代化。"接着他又指出："另一方面要看到，为了坚持党的领导，必须努力改善党的领导"③。对此进行认真总结，对于今后更好地改革党管干部体制，改善党的领导，加强党的领导作用意义重大。

邓小平提出的改善党的领导的思想，进一步丰富和发展了马克思主义关于执政党建设的理论。从执政党建设的实践看，我们党关于改善党的领导的思想概括起来有：

1. 阐述了改善党的领导的重要性

邓小平在 1980 年 8 月 18 日《党和国家领导制度的改革》的讲话中十分明确的指出，改革党和国家领导制度及其他制度，是"为了适应社会主义现代化建设的需要，为了适应党和国家政治生活民主化的需要……为了充分发挥社会主义制度的优越性，加快现代化建设事业的发展"④。又说：

---

① 《毛泽东选集》第 2 卷，人民出版社 1991 年版，第 526 页。
② 《邓小平文选》第 2 卷，人民出版社 1994 年版，第 190 页。
③ 《邓小平文选》第 2 卷，人民出版社 1994 年版，第 268 页。
④ 《邓小平文选》第 2 卷，人民出版社 1994 年版，第 322 页。

"党和国家现行的一些具体制度中，还存在不少的弊端，妨碍甚至严重妨碍社会主义优越性的发挥。如不认真改革，就很难适应现代化建设的迫切需要，我们就要严重地脱离广大群众"①。

2. 阐明坚持党的领导与改善党的领导的关系

"为了坚持党的领导，必须努力改善党的领导。""只要坚持并且改善党的领导，由此带动其他工作，我们的任务就能够完成"②。"坚持四项基本原则的核心，就是坚持党的领导。问题是党要善于领导；要不断地改善领导，才能加强领导"③。

3. 提出了改善党的领导的目的和目标

"政治体制改革的目的是调动群众的积极性，提高效率，克服官僚主义。"我们政治体制改革的总的目标是三条：第一，巩固社会主义制度；第二，发展社会主义社会的生产力；第三，发扬社会主义民主，调动广大人民的积极性"④。

4. 明确了改善党的领导的内容

从改革开放以来党的建设实践整个过程中可以清楚地到，坚持和改善党的领导，党中央、邓小平并不是仅仅针对某一具体问题要求做出孤立的个别的改进，而是要求从整体上，特别是从体制上对党的领导的各个环节进行全面改革。改善党的领导的内容概括讲包括：党的领导制度、组织制度问题，党的工作作风、工作方式方法问题，党员和干部素质问题，思想政治工作问题等等，党管干部问题贯穿于所有这些内容之中。

5. 制定了改善党的领导必须遵循的基本原则

这些原则是：党必须集中精力领导经济建设，组织、协调各方面的力量，同心协力，围绕经济建设开展工作；党必须实行民主的科学的决策，制定和执行正确的路线、方针、政策，做好党的组织工作和宣传教育工

① 《邓小平文选》第 2 卷，人民出版社 1994 年版，第 327 页。
② 《邓小平文选》第 2 卷，人民出版社 1994 年版，第 268、266 页。
③ 《邓小平文选》第 2 卷，人民出版社 1994 年版，第 342 页。
④ 《邓小平文选》第 3 卷，人民出版社 1993 年版，第 177—178 页。

作，发挥全体党员的先锋模范作用；党必须保证国家的立法、司法、行政机关，经济、文化组织和人民团体积极主动地独立负责地协调一致地工作；党必须加强对工会、共产主义青年团、妇女联合会等群众组织的领导，充分发挥它们的作用；党必须适应形势的发展和情况的变化，不断改进领导方式和方法，提高领导水平；其中最具有方向性的一条是，党必须在宪法和法律的范围内活动，这正是党的第三代领导集体提出依法治国方略和十八大以来全面推进依法治国的理论渊源，也是改革党管干部方式和党管干部体制的方向。

改革开放以来，在邓小平关于改善党的领导的思想的指导下，我们党做了大量的工作。对这些工作进行理论上的总结，有利于我们今后继续进行改善党的领导的工作，也有利于我们更好地从总体上把握党管干部体制的改革：

第一，正确理解和把握党的领导的内涵是正确改善党的领导的前提。从实践中看，在坚持和加强党的领导工作中，对党的领导内涵的认识曾经出现过片面性。突出的表现是把党的领导理解为各级党组织直接决定、处理各项事务，把党管干部理解为党组织直接决定任免一切党政干部甚至企业单位和事业单位的干部，忽视甚至放弃思想政治工作。这种认识和做法，严重影响了党的领导作用的正确发挥。为了纠正这种问题，我们党对执政以来的正反两个方面的领导经验作了认真总结，在此基础上，十二大党章对党的领导的内涵做出科学概括，指出："党的领导主要是政治、思想和组织领导。"我们必须在这种认识的指导下改善党的领导。这就是说，在改善党的领导的实践中，首先要克服过去以党代政的倾向，改革党管干部的方式方法和党管干部体制，同时要适应新形势的需要，克服单纯强调党的领导的某一方面而忽视其他方面的领导，这样才能得到全面加强党的领导。

第二，理顺党政关系是改善党的领导的首要任务。进入新的历史时期不久，邓小平同志对党和国家权力过分集中的现象作过深刻分析，他指出："权力过分集中的现象，就是在加强党的一元化领导的口号下，不适当地、不加分析地把一切权力集中于党委，党委的权力又往往集中于几个书记，特别是集中于第一书记，什么事都要第一书记挂帅、拍板。党的一元化领导，往往因此而变成了个人领导。全国各级都不同程度地存在这个问题"①。这种领导体制使得党组织混同于国家机关，甚至凌驾于国家机关之上，把本来属于国家机关的权力也包揽下来，代替国家权力机关、行政机关和司法机关的工作。

政治职能上的党政不分直接导致干部体制上的党政不分，这样做的结果，不仅没有加强党的领导，反而混淆了政党的功能，削弱了党的领导作用，影响了党的领导水平提高。因此，邓小平同志认为，一元化的领导体制不能适应当前和今后的任务，非改不行。如何改呢？邓小平说，要适应经济体制改革的要求进行政治体制的改革，首先是党政要分开，解决党如何善于领导的问题，并相应的改革党政不分的党管干部体制。"这是关键，要放在第一位"②。根据这个指导思想，我们党在改善党的领导的实践中进行了大量的探索，首先是对党的领导的内容进行调整。其次是对党的领导方式方法进行了改革，将过去直接的领导方式改变成间接的领导方式。再次是要求党要尊重国家政权机关的权力，支持、保证其独立负责地行使自己的职权，特别值得注意的是与总体上改善党的领导相适应，进行了干部制度的改革，推进各级领导班子的革命化、年轻化、知识化、专业化，完成了第二代中央领导集体和第三代中央领导集体的交接，巩固和发展了党的队伍和组织。

第三，改善党的领导，党必须做到在宪法和法律范围内行动。我们党在改善党的领导实践中的一条重要的基本的经验，就是党必须做到在宪法和法律范围内活动。在民主革命时期，党没有掌握国家政权，党主要是靠方针、政策的正确和自身的坚强有力来领导人民。党掌握政权以后，只停留在民主革命时期那样就不行了，正确的路线、方针、政策固然重要，但缺乏广泛的约束力和强制力。对此，我们党进行了改革，这就是把党的主张和路线通过法定程序变成国家的意志和法律。这样，党的主张和路线实

---

① 《邓小平文选》第2卷，人民出版社1994年版，第328—329页。
② 《邓小平文选》第3卷，人民出版社1993年版，第177页。

际上就成为人人都必须遵守的具有普遍约束力的行为规范。实践使我们认识到，这是实现党的领导的基本的有效的方式。坚持这一领导方式的逻辑的结果就是，党的一切组织、一切成员，都没有凌驾于宪法和法律之上的特殊权力，党的一切活动包括党参与政治录用的行为都必须受宪法和法律的约束。因此，十二大党章明确地规定："党必须在宪法和法律范围内活动"。这一改革为今后我们党领导人民群众走依法治国的道路，也为党管干部体制向民主化、法制化方向变革创造了重要条件。

三、党管干部体制改革的方向和基本思路

党管干部体制改革就是在坚持党管干部的原则的前提下，改革和完善党管干部的具体方式方法，以求在党管干部的实际运作中体现社会主义民主和法治精神，并且把这种党管干部的实现途径法律化和制度化，从而加强党执政的合法性，改善党的领导，巩固党的执政地位。

中国共产党整体的现代化和中国政治的全面现代化离不开党管干部体制改革。鉴于中国政治发展的政党主导模式，党管干部模式的现代化注定要寓于整个政党现代化的过程中，中国政党的现代化注定要寓于整个政治现代化的过程中。因而，党管干部模式的转变也需要与政治体制改革同步进行，渐进发展。在中国政治体制改革的路径设计上，如何处理好政党改革与政治改革的关系始终是学术界的一个颇有争议的问题，其中较为有代表性的一种观点是，由于中国共产党在中国政治体系中的唯一的执政党的特殊地位，在中国要发展政治民主，首先要从发展党内民主入手，认为从发展党内民主入手逐渐发展政治民主，既可以充分运用现有的政党政治资源，又可以减缓政治体制改革对中共的执政地位的冲击，比较好地处理"改革、发展和稳定之间的关系"。可以说政党改革是中国政治体制改革的关键环节，而党管干部体制的改革又是中国共产党自身改革的关键部分。

当然，强调党管干部体制改革在中国政党改革和政治改革中的关键地位，并不是说党管干部体制改革可以单独进行。党管干部问题之所以是中国政治体系中的核心问题，正是因为它和整体的政党问题和政治问题紧密地联系在一起，因此，在考虑对党管干部体制进行改革的同时，也必须注

意在政治体制的其他方面进行配套改革，例如，党的提名程序的改革就直接关联到人民代表大会的选举制度。

在探索党管干部模式的转型的过程中，要结合现代政党理论和中共的政治实践，遵循风险最小、效益最大的政治改革原则，准确寻找党管干部民主化、法制化的切入点，对中共党管干部体制实行增量改革。所谓增量改革，就是先在现行的法律制度许可的范围内，对党管干部的一些具体的制度进行必要的修正，对党管干部的一些具体做法进行改变，一步一步实行党管干部模式的转变。在此同时，尽量缓冲改革对中共执政地位的冲击和减少对中国政治稳定的威胁。

如前文所述，中国共产党无疑要坚持党管干部的原则，要坚持执政党在国家公务人员的选任、考核、监督、罢免过程中的参与。关键是政党在参与政治录用的过程中，如何把握参与政治录用的"度"，科学界定政党参与政治录用的范围，以及如何结合实质合法与程序合法，提高党管干部的民主化、法制化程度，从而加强党的领导的合法性。针对中共党管干部的运作流程，我们可以在以下几个环节上下功夫：

（一）保证政党在政治录用过程中的适度参与，科学界定党管干部的范围

中国共产党在长期的执政实践中，一直存在党政关系混乱，党政不分、以党代政的倾向。从而在干部管理上，倾向于把党管干部理解为，需要党组织直接管理一切干部，干预一切干部包括国家机关的主任科员以下的公务人员、甚至包括企业事业单位的所有干部的任免升迁。邓小平在1962 年的那次讲话中，谈到党管干部的问题时说："现在干部的数量已经很大，可能有几百万到千把万，包括生产大队、生产队的干部"。从邓小平的讲话中也可以看出当时党管干部的实际涵盖的范围。

改革开放以来，适应市场经济体制建立和发展的要求，中共逐渐减少在国有企业和事业单位的干部录用过程中的直接干预，国有企业的干部人事制度逐渐市场化，随着国有企业的法人治理结构的建立，"深化国有企业人事制度改革，要坚持党管干部原则，以改革和完善企业领导人员管理

制度为重点，逐步完善与公司治理结构相适应的企业领导人员管理体制，健全符合中国特色现代国有企业制度要求的企业人事制度"，事业单位的干部"按照加快推进事业单位分类改革的总体要求，以健全聘用制度和岗位管理制度为重点，创新管理体制，转换用人机制，形成权责清晰、分类科学、机制灵活、监管有力，符合事业单位特点的人事制度"①。

与此同时，自从 1993 年开始，随着公务员制度的逐步实行，国家机构中主任科员以下的干部录用，开始步入公开招考，平等竞争的轨道，正在逐步减少政党的过多的直接介入。2006 年《中华人民共和国公务员法》的施行，更加规范了公开、公平、公正的公务员考录程序。

不过，政党管理干部的范围仍然需要进一步科学界定。这里涉及政党的功能定位和人事管理自身规律。我们在研究政党管理干部的范围时，不妨借鉴国外在干部人事管理方面的一些成功经验，引进他们的一些理论成果。从公务员制度的发展趋势来看，政党恐怕还得把主要精力集中在需要选举产生的政务干部方面。

（二）实现党管干部体制的民主化、法制化

党管干部的民主化、法制化是党建科学化背景下的政党建设的必然要求；是以建设高度社会主义民主为目标的政治体制改革的题中应有之义；是实行依法治国、建设社会主义法治国家的重要内容。

党管干部的民主化法制化，涉及政党参与政治录用的两个方面：即政党的内部产生候选人过程的民主化、制度化和政党向民意机关提名候选人和向政府机关推荐候选人过程的民主化、法制化。

针对目前中国的选举制度，实现党管干部的民主化法制化就是要：

1. 在党内选拔候选人的过程中，贯彻民主和法制的原则，把现有的民主推荐候选人的制度加以完善，扩大民主推荐的参与范围，强化民主推荐的结果的运用，把民主推荐的结果作为考察提名候选人的必要的条件而不是所谓的参考条件，在此基础上，改革党内提名制度，逐步实行通过党内的逐层选举的程序来产生提名人，以保证政党提名的候选人的竞争力。

---

① 《2010—2020 年深化干部人事制度改革规划纲要》，中办发［2009］43 号。

扩大候选人提名过程中的群众参与，允许依法竞争提名。党组织在提名候选人之前，应通过一定的程序征求选民的同意，只有获得了相当数量的民意支持的人选才有资格获得党内提名。党内应该制定严格的候选人提名制度来保障候选人提名的公开性、竞争性和民主性。只有这样，才能保证候选人提名的竞争力。也只有这样，才能把党的群众路线制度化，在候选人提名中体现群众公认的原则。

2. 在向民意机关提名候选人和向政府机关推荐候选人的过程中，强化民主和法治的精神，尊重民意机关选举的法律程序和合法的选举结果，避免违反选举法，随意改变人大选举结果的情况出现，把政党参与选举活动的重点从干预选举的法律程序，转移到提高政党候选人的竞争力和通过党的宣传和组织活动争取政党候选人当选上来。

3. 在组织政治选举的过程中，扩大民众的参与程度，贯彻平等竞争的原则。在西方政党制度中，选举过程中的民众动员和平等竞争精神的体现，是通过政党之间的竞选来实现的。社会主义的中国坚持中国共产党的一党领导，排斥多党竞争，但并不排斥民主选举。在选举过程中进行充分的民众动员和平等竞争，有利于提高政治录用的效率，有利于政治社会化的实现，有利于增强公共权力产生的合法性。在政党现代化和政治现代化的过程中，中共完全可以探求一条在坚持一党领导的条件下，逐步提高政治选举的竞争性和民主化的道路。我们完全可以吸收西方政党制度中那些有利于社会主义民主建设的，既不姓"社"也不姓"资"的制度安排和具体做法。中国的村民自治和一些地方的基层政权行政长官的产生方式的改革，在这方面做出了有益的探索。

4. 用精确的立法和公正的司法来规范社会主义民主选举。社会主义民主需要相应的社会主义法制来保障。民主和法制的有机结合才可能有真正的社会主义法治。立法规范政党参与选举的行为，用公正的司法来保障选举结果的实现。中共虽然是中国的领导党，但是它也必须遵守宪法和法律，尊重和接受法律规范下的政治运作的结果。对于不合乎自己意愿的选举结果，不能利用领导党的超强的政治能量对其随意改变。只有这样，才能保证选举的合法性不受伤害，也只有这样，才能培育中国政治的法治精神，使党真正做到依法治国。

5. 规范间接选举并逐步扩大直接选举的范围。政党运作的现代化与整个政治体制的现代化是分不开的。党管干部体制的民主化法制化必须建立在整个政治体制首先是人民代表大会制度的改革和完善的基础之上。

长期以来，我国人大代表实行直接选举和间接选举相结合的方法。尽管从 1980 年开始，已把直接选举范围从原来的乡级扩大到县级，但县级以上的人大代表均由间接选举产生，全国人大代表则由多层间接选举产生。我国人大选举的显著特点也就体现为以多层次的间接选举为主。应该说这种做法在一定的历史时期内是由我国特定的经济、政治、文化等条件决定的，也是符合我国基本国情的。但是随着时代的发展，尤其是改革开放以来我国社会各个领域的巨大变化，这种选举的弊端也不断显现出来。一是过多层次的间接选举不能全面确切地表达选民意愿，有时甚至会歪曲选民意愿；二是靠少数人投票决定当选人，对选举权的普遍性和平等性造成损害；三是多层次的间接选举必然模糊代表与选民之间的责任关系，削弱代表与选民的联系，使选民难以对代表实行真正的直接监督。

可以说，只有民意机关建立在逐步扩大的直接选举的基础之上，与之紧密联系的党管干部体制的民主化和法制化才能真正实现。

第十七章　干部体制与反腐败

腐败是一种极为复杂的社会历史现象，在当前，也是人民群众十分关注和引发社会不满的重大问题。习近平总书记在十八大后首次政治局集体学习时，深刻地指出"反对腐败、建设廉洁政治，保持党的肌体健康，始终是我们党一贯坚持的鲜明政治立场。党风廉政建设，是广大干部群众始终关注的重大政治问题。'物必先腐，而后虫生。'近年来，一些国家因长期积累的矛盾导致民怨载道、社会动荡、政权垮台，其中贪污腐败就是一个很重要的原因。大量事实告诉我们，腐败问题越演越烈，最终必然会亡党亡国！我们要警醒啊！"① 官员滥用公共权力是腐败的主要表现，具有极大的社会危害性。导致官员腐败现象泛滥的制度因素是不合理的干部体制及其诱发的官场权力运作潜规则。因此，从干部体制的角度研究腐败现象，探讨如何遏制官员腐败意义重大。

一、腐败主要指官员对公共权力的滥用

广义上的腐败指为了私人利益而违背规则滥用受委托的权力的行为，除了政治腐败之外，还包括经济性腐败，如公司职员在经济往来中利用职务上的便利，索取或非法收受他人财物，为他人牟取利益的商业贿赂。此

---

① 《十八大以来重要文献选编》（上），中央文献出版社 2014 年版，第 81 页。

外，在现代汉语的语境中也经常被用来指称生活腐败，既可以指腐化堕落违背道德的生活方式，也可以是对超出日常生活水平的享受式消费的调侃性说法。狭义上的腐败，特指公职人员的政治腐败。例如，亨廷顿认为腐败是指"国家官员为了谋取个人私利而违反公认准则的行为"，腐败的"形式大都涉及政治行为和经济财富之间的交易"①。政治腐败的主体，一般指公职人员，尤其是掌握较多公共权力的政府官员，也有学者将"为个人或极少人的利益而剥夺和压榨绝大多数人的政权"也作为腐败的主体。②政治腐败的实质是一种在正式程序和规则之外，通过违背法律规范和社会公认行为准则的非正式途径运作公共权力的过程。这种非正式途径如果在事实上形成了对正式程序规则的替代，在权力运作中不得不被遵守时，那么政治腐败即已发展到弥散性的制度性腐败程度。

在当代中国政治生活和公众话语体系中，政治腐败主要指公职人员尤其是党政官员对公共权力的滥用，并以此谋取个人、亲友、小团体等的不正当利益的违纪违法行为。政治腐败在中国历史上由来已久，并带有浓厚的制度性腐败色彩，权力运作名义上的儒学规范与事实上的腐败"潜规则"③ 互为表里，是导致王朝周期律的根本性因素。江泽民曾指出："历史上的腐败现象，危害最烈的是吏治的腐败，由于卖官鬻爵及其带来和助长的其他腐败现象，造成'人亡政息'、王朝覆灭的例子，在中国封建社会是屡见不鲜的。"④ 中共建政之后，针对党政干部初露端倪的腐败苗头，通过严厉惩治和群众运动相结合的方式，辅之强烈的意识形态控制，较为罕见地抑制了腐败现象的滋生。改革开放以来，官员腐败现象不断滋长蔓延，成为影响执政党形象、损害党群关系的重大社会政治问题。根据透明国际组织的调查，中国内地的腐败属于比较严重的程度，在各国清廉指数

---

① ［美］塞缪尔·亨廷顿：《变革社会中的政治秩序》，三联书店，1989 年版，第 54、61 页。

② 刘纪新：《腐败概念与拉美国家的腐败界定》，中国拉丁美洲研究网：http：//ilas. cass. cn/u/liujixin/%7BCCD5A280 - FE0B - 4AE4 - 9826 - 075650DF0663%7D. pdf

③ 参见吴思对明清两代地方官吏权力运作和以权谋私行为的剖析，《潜规则：中国历史中的真实游戏》，复旦大学出版社 2009 年版。

④ 江泽民：《努力建设高素质的干部队伍——在纪念中国共产党成立七十五周年座谈会上的讲话》（1996 年 6 月 21 日），1996 年 6 月 24 日《人民日报》。

排名中大致处于 70 多位，居于发展中国家中流水平。中共官方也承认当前"一些领域的腐败现象仍然易发多发，有的案件涉案金额巨大，违法违纪行为趋于隐蔽化、智能化、复杂化"①。

据近年来不断披露的典型腐败案件以及舆论关注的腐败热点来看，中国官员政治腐败已呈现出一定的制度化和弥散性的趋势。从腐败行为的制度许可来看，既有正式制度许可但意识形态和公众舆论否定的特权行为，即"灰色"收入或待遇，如开支惊人且不透明的"三公消费"；也有正式制度否定但潜规则许可的以权谋私行为，如为亲友安排工作、收受礼金、小额受贿等；还有突破潜规则的严重腐败行为，通常情节特别恶劣、涉案金额重大。从腐败主体的层次和关联来看，一是高中级干部违纪违法现象越来越严重，很多干部长期腐败，但一直被"带病提拔"；二是一些地区和部门出现一把手腐败，进而恶化局部官场生态，造成较大规模的团体性腐败，即"窝案"，例如，山西、云南、江西等地的官场出现"塌方式腐败"；三是一些关键领域成为腐败重灾区，如交通、国土等部门，许多官职出现"前腐后继"的现象。从权力运行的过程来看，既有权力授予环节的腐败，如买官卖官和"跑官"现象；也有权力运行环节的腐败，包括阻挠当事人正当权益的吃拿卡要型、法定自由裁量权内操作的变通型以及严重触犯法律的犯罪型等；近年来还出现了期权型腐败，即在职时滥用权力，而退职时享受不正当利益。在中国的政治体系中，按照"党管干部"原则，官员的选拔、任用、升迁、管理、罢免遵循一套完整的干部体制。腐败的制度化和弥散性趋势使得人们对这套干部体制产生了严重的质疑。

官员腐败对当代中国社会政治生活带来了极大的危害。一是严重损害了政权的合法性。官员腐败恶化了党群关系、官民关系，民众对腐败问题极为关切。根据人民网的调查，自 2002 年以来，反腐倡廉成为网民最关心的两会热点话题。② 对腐败的痛恨，引发了民间强烈的"仇官"情绪，民众自发地以"体制内"和"体制外"作为划分官民的依据，国家与社会的

---

① 国务院新闻办：《中国的反腐败和廉政建设》白皮书，2010 年 12 月 29 日。
② 自 2002 年至今，人民网进行的两会期间网民关注的十大热点问题投票评选中，反腐倡廉始终处于前三位，仅 2008 年的调查中位居第七位。

断裂与对立倾向明显。二是削弱了执政党的意识形态功能。中共向以为人民服务作为政党宗旨，但愈演愈烈的腐败现象对党的意识形态宣传形成了极大的反讽。不仅民众难以认同，对政府有明显的不信任感，官员群体自身也形成了畸形的两面人格，即公开的意识形态话语表述与隐蔽的官本位、拜金主义价值取向合为一体。执政党意识形态应有的导向、辩护、凝聚、动员和约束等功能受到严重损害。三是导致整个社会趋于衰朽。官员的政治腐败通过政府对企事业单位的经济社会管理行为以及司法活动传递到社会之中，引发和加剧了商业、教育、科研、卫生、文化各方面的腐败。而经济社会领域的腐败又强化了政治腐败的土壤，相互促动，进而导致道德沦丧、公平正义严重缺失的境地。

二、官员腐败现象泛滥的原因分析

对于当代中国官员腐败现象泛滥的根源，学术界和理论界提出了多种观点，大致包括"转型说"、"发展说"、"文化说"和"制度说"等。"转型说"认为改革开放以来，中国经济体制的根本性转换和社会的剧烈变迁是腐败的根源。在转型过程中，旧有体制被废止或消解，新的体制尚不完善，权力运作失去强有力的规范，因而非正式运作的腐败现象难以避免。一些国外学者在分析发展中国家腐败现象时，也持类似观点，如詹姆斯·斯科特认为腐败作为非正式的影响过程，可能在正式的政治制度没有能力应对社会对它所提出的要求时最为猖獗。[①] 还有的甚至提出腐败功能说，认为腐败的成本如果低于遵循繁琐拖拉的公共秩序的成本，则便利了资本的合理流动。"发展说"认为中共实行的强政府推动主导的经济现代化是腐败泛滥的根本原因。作为后发现代化国家，政府公共部门必须扩充自身的权力与规模，在经济社会发展中发挥越来越重要的职能。一方面，政府广泛而深入的管理甚至直接投资的行为给官员以权谋私提供了更多的机会和便利；另一方面，公民社会尚未成熟，难以对公共权力进行有效的监督与制约。"文化说"认为华人社会固有的注重"情理"而非"法理"的

---

① 转引自周琪：《西方学者对腐败的理论研究》，载《美国研究》，2005年第4期。

"关系型文化"，是滋生腐败的土壤。方绍伟分析了中国人不同于西方的独特思维观念和交往方式，认为，以人情观念为纽带的"文化规则"是正式的"政法规则"在制度运行中无法摆脱的外在环境，是政治腐败的根源。①

这三种说法都从政治系统的外部环境寻找腐败产生的根源，而且都隐然包含着腐败存在的必然性与客观合理性，不过这显然违背了执政党的意识形态宗旨以及民众强烈的反腐诉求。这些观点的不同之处在于，"转型说"和"发展说"认为腐败泛滥具有暂时性，随着新的经济社会体制的完善和现代化进程的完成，腐败自然消退。但是，就当前中国官员腐败蔓延的现状来看，显然并未呈现出自然消退的乐观态势，而消极等待则必然丧失反腐败的良机。"文化说"则对消除腐败十分悲观。虽然这种观点揭示了中国官员腐败的社会历史性，但陷入了"文化决定论"的窠臼，难以解释文化自身的变迁以及制度变革对于重塑文化的重大影响。例如，新加坡、香港、台湾地区以及欧美发达国家的华人社会，腐败的程度和表象与中国大陆有着明显不同。因此，笔者更为认可从政治系统自身的权力运作规则探寻腐败根源的"制度说"。但"制度说"不能停留在如下两个已为实践反证的层面：一是"单纯禁令做法"，制定了若干个"十不准"，却流于一纸空文；二是"民主反腐论"，认为一党专制是腐败的总根源，而多党制是反腐败的灵丹妙药。

任何政治体制下都有腐败现象，任何官员都有腐败的可能。问题的实质在于何种干部体制下，官员腐败的成本较低、风险较小、收益较高，官员更可能演化为腐败分子。从中共党政干部体制来看，党管干部、发扬民主、依法办事、德才兼备、为民服务等原则性要求构成了最表层的制度规范。在实际运作中，围绕党管干部原则，形成了包括干部选拔任用、党内监督、纪律处分等在内的完整规则体系。这一套正式规则在干部体制运作中大体得到遵循，有着一定的制度化和规范化程度。这些正式规则及其包含的党管干部、权力集中的内在逻辑，既是中共赖以推动经济发展、维护

---

① 参见方绍伟：《腐败的中国人——关于"腐败是制度问题"背后的"文化密码"》，中国选举与治理网：http://www.chinaelections.org/Newsinfo.asp? NewsID=187059

社会稳定的体制性优势所在，又存在着纵容腐败滋生的体制性缺陷。

从干部选拔任用体制来看，中共《党政领导干部选拔任用工作条例》详细规定了从资格限定、推荐、考察、酝酿，到决定、任职（或向人大、政府提名），辅之以交流、回避、辞职免职、监督和纪律处分等的完整程序。透过这些规则程序，不难看出，中共干部选任体制凸显了如下特点。一是对上负责、以官选官。尽管规定了越来越多的发扬民主的做法，但干部选任的关键环节和决定权始终掌握在上级主要领导干部手中。如进入选任范围的第一步民主推荐，"民主"的范围并非是普通民众或人大这一法定代表机构，而是党委成员、纪委领导成员、一府两院、人大政协的党组成员或主要领导成员（条例第十七条）。在关键性的拟定为考察对象这一环节，由本级党委书记与副书记、分管组织、纪检等工作的常委对考察对象人选进行酝酿，然后由党委常委会提出建议名单（第二十五条）。常委会不仅有提名权，干部最终任命"全委会闭会期间急需任用的，由党委常委会作出决定"（第三十六条）。二是"以人为中心的逻辑"①和制度模糊。毛泽东说过，"政治路线确定之后，干部就是决定的因素"②。中共干部录用主要是通过以人为中心的考察办法来解决，强调择优，而不是通过创设公平合理并被广泛认同的制度来选人。这使得繁琐的选任程序在很多环节并没有制度刚性，而是充斥着模棱两可、操作空间极大的表述。如在民主推荐环节，推荐结果作为选拔任用的重要参考，但到底发挥何种程度的作用，并无具体说明。三是缺乏应有的程序监督和外在制衡。党委及其组织部门既是决定者，也是程序操作者。虽然规定了民主推荐和征求意见的范围，但带有浓厚主观专断色彩的酝酿和考察过程并不透明。人大作为名义上的行政区域最高权力机构，理应对党委行为进行有效制衡，却并无多少人事权。条例明确规定了人民代表大会临时党组织、人大常委会党组和人大常委会组成人员及人大代表中的党员，应当认真贯彻党委推荐意

---

① 桑玉成：《干部制度改革问题意识与价值取向》，载《文汇报》，2009年12月27日。
② 《毛泽东选集》第2卷，人民出版社1991年版，第526页。

见，带头依法办事，正确履行职责（第四十五条）。① 也就是说，人大代表中的党员必须贯彻党委推荐意见，不然就不是正确履行职责。

从干部权力控制体制来看，中共制定了《党内监督条例》、《党员领导干部廉洁从政若干准则》等党内规章，人大制定的相关法律、国务院出台的相关法规日益严密，但权力滥用仍然有诸多体制空间。首先，从权力分立与制衡方面来看，很多人简单归咎为权力过分集中，实际上中共干部体制对于干部权力也进行了某种程度的分割，但效果模糊。如党的常委会制度，形成了"一头多元"的格局②，每个常委既分享常委会拥有的决策权和人事权，又分别担任政府、纪检、公安等部门的负责人，在本部门内部享有不容挑战的权威，各常委之间往往互不干涉对方的"势力范围"。对于党委"一把手"，也规定了"三个不直接分管"，即不直接分管人事、财务、工程项目，但并不能对事实上拥有最终决定权的党委书记构成有效制约。党委与人大、政协、司法机构之间的权力分割也不明确，即使在显规则层面也无法形成应有的制衡。政协属参政和协商机构，并无法定权力。人大虽是法定权力机构，但受党委在其内部设立的党组操作，近年来较为普遍的党委书记兼人大常委会主任的做法，使人大的权力更为顺服地从属于党委。而司法机构则受党委之下的政法委领导。其次，从对权力运作的监督来看，虽然规定了多方的监督主体，但未成体系，各类监督大多流于形式甚至并不存在。上级监督本应最为有效，但由于存在信息不对称，而且上级需要信任和依赖下级完成政绩，再加上选拔任用责任制而诱发的对下属的维护，使得这一监督薄弱。同级监督，往往被权力长期博弈之后形成的"势力范围"均衡所化解，平时互不干涉、必要时交换利益，即官官相护。下级监督和群众监督因金字塔形权力结构而不可能，甚至招致严厉打击报复，如前河北省委书记程维高对科级干部郭光允长达八年的迫害。③ 纪委监督，作为专职机构并无独立性，受同级党委领导，其监督工作具有

---

① 以上条文详见中国共产党《党政领导干部选拔任用工作条例》，新华网，2014 年 1 月 15 日。

② 胡伟：《政府过程》，浙江人民出版社 1998 年版，第 44 页。

③ 《为了正义，他与程维高较量八年》，载《南方周末》，2003 年 8 月 14 日。

向下性和选择性。媒体监督和网络监督，具有很大的偶然性和受控性。新闻管制和言论不自由，使得媒体监督能量有限，往往对非常明显和严重的官员腐败现象无从揭露，但有时又能通过对"天价烟"之类的蛛丝马迹穷追不舍而收获偶然的监督成果。①

从干部贪腐惩治体制来看，中共坚持标本兼治、综合治理、惩防并举、注重预防的方针，建立了党委领导的由纪检机关、司法机关、监察机关、审计机关以及预防腐败局具体实施的，采用刑事处罚、党纪处分和政纪处分等手段的惩治和预防腐败体系，查处了系列大案要案，但官员腐败并没有得到实质性遏制。首先，缺乏整体性和彻底性反腐败的制度设计。如在境外反腐斗争中发挥显著效用的官员财产申报与公开、开放媒体监督等，虽在公众舆论中呼吁多年，但一直未能有相关制度出台。其原因在于高层存在政治顾虑，担心彻底反腐破坏执政党形象，动摇"官心"，导致政治体系运转失灵，危及经济发展和社会稳定。这种顾虑在查处高官贪腐的典型案件中也屡有体现。如许宗衡案中，广东省、深圳市两级书记多次安抚深圳官员，不愿牵连甚广。其次，反腐机构不独立，且缺乏足够公信力。纪检委作为主要的反腐机构，从属于党委领导，查处重要反腐案件需经党委批准。这种权力安排，一方面使反腐总体上受控制，不至于影响全体，另一方面，反腐一定程度上沦为清除异己、党同伐异的派系斗争工具。至于司法机构，对于腐败案件的审理，更流于事后过场，缺乏独立性。除司法腐败触目惊心外，纪检系统贪腐涉案也层出不穷，典型的如湖南郴州市纪委书记曾锦春②、浙江省纪委书记王华元等。再次，事后惩处虽然严厉，但存在显失公平。中国对贪腐官员的法律惩处十分严厉，除陆续有官员被判死刑外，因贪贿十多万元而被处以十余年有期徒刑的案例也屡见不鲜。但与此同时，也有相当多的贪腐更为严重的官员逍遥法外甚至

---

① 《党报评天价烟局长受贿案：贪官落马网民功不可没》，中国新闻网：http://www.chinanews.com/gn/news/2009/10 - 13/1907315.shtml

② 曾锦春掌控郴州市纪检大权 11 年，利用纪委对贪腐官员的合法伤害权，疯狂牟利，甚至连市委书记也对其极为忌惮。详见《"我当纪委书记，市委书记也不敢监督我"——死刑官员曾锦春对话反腐学者》，载《南方周末》，2011 年 3 月 24 日。

被带病提拔。这种显失公平使得严厉惩处失去了应有的警示和教育意义。

干部体制存在的固有缺陷与前述"转型说"、"发展说"和"文化说"分析的外部环境交互影响，形成了独特的官场腐败潜规则，成为官员对贪腐行为进行成本、风险、收益算计的基本依据。首先，出现派系和政治庇护现象。官场中最重要的激励机制是升迁，而干部任免权掌握在上级官员手中。下级官员要升迁至少是保住官位，必须投靠上级官员，而后者也需要前者的支持作为权力巩固的支柱。上级官员在面对更高层级官员时则发生角色转换。这样，至少在地方官场中，形成了自下而上的输送链条和自上而下的回馈链条。向上输送的内容包括忠诚、利益和才干。对上官个人的忠诚在意识形态衰落的情况下成为干部选拔"德才兼备、以德为先"标准中"德"最具实质性的内容，而清廉的分量并不大。表达忠诚除了唯马首是瞻外的派系行为外，实实在在的物质利益输送是重要内容。压力型体制和发展稳定的任务，也要求官员必须具备相当的才干，并能干出一定的"实绩"。向下回馈的内容包括升迁或维持官职等政治利益，以及免于被反腐机构惩治的政治保护。两个链条的结合形成了官场中的派系现象和派系内部上下级之间的庇护——支持关系。不过由于才干和实绩在其中仍是重要因素，因而并未根本性损害政治系统的效率，部分民众对腐败有为的官员比对庸官有更大的容忍度。十八大之后反腐高压态势下披露出来的周永康腐败集团，周永康任职的中石油系统、四川省、公安部，以及周永康自己的秘书、亲友，形成了腐败的团团伙伙，就是腐败潜规则和集团化的典型例证。

其次，出现潜规则许可的腐败低风险现象。经过长期博弈与演化后，形成了具有一定普遍意义的腐败潜规则：腐败利益按官员的职级及其庇护者的权势分配。小公务员只能分享有限的"三公"消费等灰色利益，大小领导按职务和部门类别获得自己"应得"的利益，但靠山不硬的应自觉有所收敛，而靠山强大的往往能获得超出自身职级的收益。官员腐败被惩处的情形，一是"情节过于恶劣"，获取了潜规则不许可的不"应得"利益，招致同僚妒忌，庇护者也不愿付太多代价保护，这种情形咎由自取。二是派系在权力斗争中失势，官员作为牺牲品或替罪羊被以贪腐名义惩处。由于中共高度强调团结统一，派系斗争隐性化且极易为了整体利益或防止两败俱伤而妥协，因而这种情形不会大面积、长时期发生。三是被网络监督、运动式的突击检查等曝光而被查处，这种情形偶然性强，概率很小，遇到了只能自认倒霉。

最后，出现清廉官员被逆向淘汰的现象。受意识形态或个人抱负的影响，仍有相当多的官员在体系内欲保持正直与清廉。但面对弥散性和制度化的腐败潜规则，这些官员经受着道德与利益博弈的折磨，要么屈从于潜规则同流合污，要么成为众矢之的，在干部体制中被清除或边缘化。腐败潜规则不仅剔除了官僚体系中地位低下的不合作者，也使政治最高层投鼠忌器，在反腐问题上顾虑重重，难以决断。

三、完善干部体制以遏制官员腐败的对策思考

中共干部体制的缺陷及其引发的官场潜规则，是官员腐败现象蔓延的制度性因素。但是，也要客观地看到，中共干部体制包含着从群众路线传统到民主法治理念等诸多合理因素，中共的反腐败理论建设和反腐体制的基本框架应该说还是比较健全的。中国模式的成功实践证明，中共干部体制在保证中央集权、维持社会稳定、促进经济发展等方面有显著优势。因此，虽然中共不可能对其干部体制进行根本性变革，但是通过调整干部体制的关键环节，调动内在合理要素，形成良性运作机制，以此打破乃至消除腐败潜规则从而有效遏制腐败现象，具备现实可行性。中共最高层官员具有集体行为模式"党权最大化"的取向，不仅对党忠诚，而且力图使更多的人忠诚于党权，即"鼓动忠诚"[1]，也一直坚持反腐败斗争，与地方官员更多地追求升迁与利益的行为取向有本质区别。这使得有着更多意识形态信念和宏大政治抱负的中共最高层，为了维护执政党的根本利益，改良干部体制以遏制腐败蔓延，具备现实可能性。

首先，增强选官体制中民主程序的制度刚性，对自上而下的选官权力

---

[1] 参见方绍伟：《中共政治局常委制度研究》，中国选举与治理网：http://www.chinaelections.org/NewsInfo.asp? NewsID=210702

形成制衡。其一，严格民主推荐程序，以此作为官员选拔的先决条件。民主推荐一律采用票决形式，根据职位的重要性明确通过标准。推荐会的参与者除现行规定的党委、纪委和一府两院领导外，应扩大至同级人大和政协常委以及与该职位关系紧密的同僚和下级官员。民主推荐结果应公示，未通过者不得列入考察名单。其二，常委的提名权和全委会的决定权、人大的选举任命权相互制衡。常委仍保留对干部人选的提名权，但决定任命权应由党委全委会充分审议并由无记名投票表决。严格官员任期制，在全委会闭会期间，发生的人事任命必须经下一次全委会票决认可。党委提名为候选人，而在人大选举过程中落选的，不得再次推荐为同一职务人选，并对落选者和提名者追究相应的政治责任。其三，公开选拔和竞争上岗制度化、规范化。以党内规章和行政法规明确规定必须进行公开选拔和竞争上岗的领导职务与岗位，改变目前仅作为选任制改革点缀的状况。对公开选拔和竞争上岗的资格条件、明细程序做刚性规定，杜绝为特定人"量身定做"资格与程序的人事腐败。2014年新修订的《党政领导干部选拔任用工作条例》新增了第九章"公开选拔和竞争上岗"，明确了程序和方式，有了很大的进步。但是，实行公开选拔和竞争上岗的干部选用范围仍有限。条例第五十条规定："应当从实际出发，合理确定选拔职位、数量和范围。一般情况下，领导职位出现空缺且本地区本部门没有合适人选的，特别是需要补充紧缺专业人才的，可以进行公开选拔；领导职位出现空缺，本单位本系统符合资格条件人数较多且人选意见不易集中的，可以进行竞争上岗"①。其四，严格干部选任责任追究制度。凡未严格按照干部选任程序而通过"个人决定"、"临时动议"、"突击提拔"等违规任命的干部，一律不承认其任职的合法性。作为程序破坏者的被提拔者、提名者、组织部门相关负责人，责令引咎辞职，并建立污点干部限制任职制度，防止被免职干部异地平调甚至升迁的规避惩罚现象。在新的《党政领导干部选拔任用工作条例》第十二章"纪律和监督"中，明确了十项不准，并且对违反条例规定的事项，要求严肃查处有关党委主要领导人员和领导成

---

① 《党政领导干部选拔任用工作条例》。

员、组织部门领导成员的责任。

稀释选官权力并对其进行制衡，对于下级官员而言，上级的提名只是升迁过程中的一个关键环节，而民主推荐、全委会和人大票决等环节，由于人数众多，无法通过派系化的方式以忠诚、利益的输送达成，极大地增加了买官行贿的成本。民主程序的刚性化，特别是公开选拔和竞争上岗的规范化，使升迁的官员不再认同是庇护者因为利益关系选人，而是更多地认同是制度选人，选择的依据是自身的才干、实绩和群众认可。对于握有提名权的上级官员而言，各方制衡改变了"一言堂"或"小圈子分赃"的环境，制度刚性减少了暗箱操作和随意化的运作空间。严厉的追责制度，极大地增加了上下级官员之间的买官跑官风险。这些制度设计用意在于摧毁派系化现象中自下而上的私人忠诚与腐败利益的输送链条。

其次，地方纪检、司法部门相对独立化，在监督和反腐过程中与人大相互制衡。中共的地方纪检委应在人、财、事方面独立于同级党委，直接对同级党代表大会负责，日常工作由上级纪委垂直领导。纪委的权力一方面着重于党内监督，另一方面对贪腐官员进行调查取证。地方法院和检察院也应相对独立化，直接对同级人大负责，业务上接受上级司法机构领导。纪委对官员的贪腐调查应将结果通报司法机构，由其决定是否达到需经司法程序进行惩治的标准。司法机关独立行使对官员贪腐案件的检察权和审判权。对于相对独立后的地方纪检、两院系统，其反腐工作必须接受同级人大的监督。地方党委和当事官员对相关案件处理或审判有异议的，除依法进行申诉、上诉外，还可通过人大进行独立调查。

反腐机构从属于地方党委，使地方或部门核心官员得以干预反腐工作，并为向其输送利益的下级官员提供政治保护。而现行的干部选任责任制又强化了官员的干预与保护意识，是腐败链条正常运转的关键。反腐机构的相对独立化，改变了这一利益算计，下级官员向上输送利益时，不能得到上级的政治保护，上级官员自身接受不当利益，也无法保护自己，这使得腐败成本与风险急剧增加，高于因选官民主化、制度化而稀释的预期收益，从而丧失腐败的动力。反腐机构独立化还能有效化解选择性反腐造成的权力斗争工具化和显失公平的问题，使官员认识到，被查处是因为自身腐败的原因，而不是前述没有靠山、站错队伍、偶然曝光等腐败之外的原因。另外，以人大来监督和制衡反腐工作，减少了反腐机构自身权力膨胀而凌驾于法律之上的可能性。

最后，发掘政党高层、社会公众、媒体舆论等多方力量，形成干部体制良性运作的外部压力与环境。政党高层对于反腐工作，应有政治决断，不仅主导反腐制度设计，还应对地方反腐工作施加强大的政治压力，推动体制运作。十八大以来的高压反腐态势证明，只要政党高层意识形态信念坚定、政治责任感强烈、与地方无实质利益瓜葛，完全有能力在较短的时期内改变官场生态，有效遏制腐败蔓延。执政党应充分挖掘自身的群众工作与群众路线优良传统，推广设立专职的党委群众工作部的做法，畅通群众揭发检举官员腐败的渠道，改善党群、官民间的信任关系。执政党应进一步推进党务、政务、反腐工作公开透明化，逐步实行官员财产申报与公开制度。香港肃贪的经验表明，财产申报制度是十分有效的腐败预防手段。① 中纪委高级专家也提出以"双新"——第一是新被列为后备干部的官员要公示家庭财产，其次是新被提拔的官员要公示家庭财产——的方式逐步推动这一制度的实施。② 在坚持基本政治原则的前提下开放媒体对官员行使公共权力的调查权、监督权和批评权，重视互联网、微博等新媒体在反腐工作中的重要作用。总之，一方面通过完善干部体制改变官员腐败的成本收益算计，另一方面通过公开监督和群众参与营造腐败难以隐蔽的社会环境，打破腐败现象依托的官场潜规则，消除官员腐败的体制性根源。

---

① 《香港廉政公署专员谈反贪手段：财产申报行之有效》，新浪网：http://news.sina.com.cn/c/2009-12-09/091219222357.shtml

② 《中纪委下一步》，载《南方周末》，2010年1月20日。

第十八章　党内民主的制度化规范化程序化

党内民主是党的生命，以党内民主带动人民民主也是现阶段社会主义民主政治的发展战略。本章从党内民主选举、民主决策、民主监督和党的民主执政四个方面，分别叙述党内民主建设的历史经验、成就与教训，着重指出目前存在的主要问题，分析导致问题的原因，并提出相应的政策性建议。

一、党内民主选举的制度化规范化程序化

选举是"一种具有公认规则的程序形式，人们据此而从所有人或一些人中选择几个人或一个人担任一定职务"①。选举是代议制民主中权力授予的基本环节，也是政治权力运作的起点。党内选举制度是现代政党内部权力运行机制的重要组成部分，也是衡量政党政治民主化程度的基本标尺。

（一）党内民主选举制度建设的进展和成就

1. 中国共产党党内选举制度的历史演进

无产阶级政党自一开始即强调党内选举的重要性，构建了以党的代表大会制度为依托的党内民主选举制度。马克思、恩格斯创立的第一个无产

---

① ［英］韦农·波格丹诺，邓正来：《布莱克维尔政治制度百科全书》，中国政法大学出版社 2011 年版，第 199 页。

阶级政党——共产主义者同盟，坚持将"代表大会"作为党的最高权力机关，同盟"组织本身是完全民主的，它的各委员会由选举产生并随时可以罢免"①。列宁也把党内选举置于党内民主的至关重要的地位，认为"党的一切事务由一律平等的全体党员直接或者通过代表来处理，并且，党的所有负责人员、所有领导人员、所有机构都是选举出来的，是必须向党员作工作报告的，是可以撤换的"②。

中国共产党建党伊始即明确了党内的选举制度，一大通过的党的纲领规定了党内选举的方式，凡党员"超过30人的，应由委员会的成员中选出一个执行委员会"③。党的二大制定的党章规定："中央执行委员会由全国代表大会选举五人组织之，并选举候补委员三人。"④ 但在大革命失败后，很长时期内，由于党所处的严酷斗争环境所限制，党的代表大会无法定期召开，党内选举陷于停顿。直到1945年召开的党的七大，才形成了较为正式的党内选举规则，762名党代表分代表团和代表小组提出中央委员初步名单，再"两上两下"选举出中央委员会。

建国后，党内选举制度有了和平的实施环境。1956年召开了党的八大，在选举中央委员会时，采取了先由各代表团的个人提名候选人名单的方式，然后经过由上而下和由下而上，最后提出正式候选人名单，一定程度上保障了党代表的民主权利。八大通过的新党章也详细规定了党内选举的具体制度和程序：党的选举必须能够充分表现选举人的意志。党的组织和候选人所提出的候选人名单，应当经过选举人的讨论。选举采用无记名投票的方式，并且必须切实保障选举人有批评、不选和调换每一个候选人的权利。⑤ 1957年之后，受左倾影响，党内选举制度名存实亡，九大、十大的党代表均由少数人推选产生，通过的党章也删除了党员的选举权和被选举权。

---

① 《马克思恩格斯选集》第4卷，人民出版社1972年版，第196页。
② 《列宁全集》第11卷，人民出版社1959年版，第418页。
③ 《中国共产党党章汇编》，人民出版社1979年版，第3页。
④ 《中国共产党党章汇编》，人民出版社1979年版，第6页。
⑤ 《中国共产党党章汇编》，人民出版社1979年版，第156—157页。

2. 改革开放以来党内选举制度建设的发展

十一届三中全会以后，党内选举制度逐步恢复，并有了突破性的进展，即引入了差额选举方式。1980 年党的十一届五中全会通过的《关于党内政治生活的若干准则》，在党的历史上第一次明确提出党内选举"应实行候选人多于应选人的差额选举办法，或者先采用差额选举办法产生候选人作为预选，然后进行正式选举"①。1982 年党的十二大修改党章，对于党内选举，可以经过预选产生候选人名单，也可以不经过预选，采用候选人数多于应选人数的办法进行选举。1987 年党的十三大在修改党章时，首次将差额选举作为党内选举的重要程序，规定：可以采用候选人数多于应选人数的差额选举办法进行正式选举，也可以先采用差额选举办法进行预选，产生候选人名单，然后进行正式选举。在十三届中央委员会、中央纪律检查委员会的选举过程中，在预选环节对候选人进行了差额选举。其中中央委员、中央纪律检查委员会委员候选人的差额不少于预提候选人的5%，中央候补委员候选人的差额不少于预提候选人的12%。在差额选举过程中，曾任中宣部部长的邓力群、朱厚泽等落选。

此后，差额选举办法在地方和基层党组织选举中逐步被制度化、规范化。1990 年颁行的《中国共产党基层组织选举工作暂行条例》规定，基层党代表选举中，代表候选人数应多于应选人数的 20%，党的委员会选举中，委员候选人的差额为应选人数的 20%。1994 年颁行的《中国共产党地方组织选举工作条例》规定，地方各级委员会委员、候补委员和纪委委员候选人的差额比例，不少于 10%；地方各级党委常委会和纪委常委会委员候选人数，应分别多于应选人数一至二人。这些文件的颁行，使差额选举办法从中央到地方再到基层各级党组织全面得以推行，并有具体规则可依据，是这一时期党内选举制度最重要的发展成果。

2002 年，《党政领导干部选拔任用工作条例》颁行，以及 2014 年对这一条例的最新修改，促进了党内选举制度的改进。条例明确了干部选拔任

---

① 《十一届三中全会以来党的历次全国代表大会中央全会重要文件选编（上）》，中央文献出版社 1997 年版，第 118 页。

用的原则、标准、程序和方法，规定了民主推荐、民主测评的程序，扩大了干部选任的群众参与，尤其是提出了"公开选拔和竞争上岗"的新规则，作为地方党委、政府工作部门的领导成员的选拔任用方式。这一规定，推动了以"公推公选"和"公推直选"为基本模式的地方和基层党内选举制度创新。

3. 近年来党内民主选举制度建设取得的成就

（1）从差额选举、候选人提名方式、基层党内直选等方面进一步规范党内选举程序

十六届四中全会通过的《关于加强党的执政能力建设的决定》提出，完善党内选举制度，改进候选人提名方式，适当扩大差额推荐和差额选举的范围和比例。严格控制选任制领导干部任期内的职务变动。逐步扩大基层党组织领导班子成员直接选举的范围。党的十七大报告对于党内选举制度，提出要改进候选人提名制度和选举方式，推广基层党组织领导班子成员由党员和群众公开推荐与上级党组织推荐相结合的办法，逐步扩大基层党组织领导班子直接选举范围，探索扩大党内基层民主多种实现形式。十七届四中全会通过的《加强和改进新形势下党的建设若干重大问题的决定》对于完善党内选举办法作出进一步的规定：改进和规范选举程序和投票方式，改进候选人介绍办法。推广基层党组织领导班子成员由党员和群众公开推荐与上级党组织推荐相结合的办法，逐步扩大基层党组织领导班子直接选举范围。党的任何组织和个人不得以任何方式妨碍选举人依照规定自主行使选举权。严格控制选任制领导干部任期内职务变动，维护选举结果严肃性。党的十八大报告也明确提出：完善党内选举制度，规范差额提名、差额选举，形成充分体现选举人意志的程序和环境。

（2）党内选举实践的民主程度和公开程度稳步提升

在中央委员会选举中，十六大中央委员预选差额比例为5.1%，候补中央委员预选差额比例为5.7%。十七大中央委员选举差额比例提升到8.3%，候补中央委员选举差额比例提升到9.6%。十八大中央委员选举差额比例提升到9.3%，候补中央委员选举差额比例提升到11.1%。尤为重要的是，在十七大召开之前，在党内选举史上，首次对中央政治局预备人

选进行民主推荐。参与推荐的有时任中央委员、候补中央委员和相关负责人四百余人。① 这不仅是党内选举程序的重大突破，也是执政党领导人交接班制度完善的重要标志。在选举的公开化方面，按照党务公开的要求，向媒体公布了党的十七大、十八大选举工作的安排部署、程序方法和具体要求，包括党代表的条件、选举程序、名额分配、选举单位划分、构成比例等。地方党内选举的差额比例、程序公开也有一定的进展。

（3）在地方和基层逐步推广了公推公选和公推直选的制度创新

公推公选，即"公开推荐、公开选拔"，已经从乡镇干部选拔的改革探索延伸至中央部委司局干部层面，在江苏、四川、浙江等省份成为干部选拔的常规程序。在江苏省，2003 年公选了全国第一位县长人选，到 2011 年底，江苏全省公推公选产生市厅级干部 336 名，县处级干部 2200 多名，包括 9 名省辖市党政一把手、7 名省辖市纪委书记和 8 名省辖市组织部长。② 与公推公选仅是为党内选举或干部选拔提供预备人选不同，公推直选，即"公开选拔、直接选举"，是党内选举的重要组成部分。十六大之前，在四川省平昌县、遂宁市等地，已经进行了乡镇长的公推直选试验。十六大至十七大之间，全国有 300 多个乡镇举行了领导班子直选。在江苏省，公推直选已经成为基层党内选举的基本程序，全省在 179 个乡镇进行了公推直选试点，共选出 1.2 万名各类基层干部。

（4）通过《中国共产党党员权利保障条例》对党员的党内选举权利加以保障

2004 年颁行的《中国共产党党员权利保障条例》，对党员的选举权和被选举权以及党内选举中党员权利的保障做了明确规定。条例第十条规定：每个正式党员都享有选举权和被选举权，参加选举的党员有权了解候选人情况、要求改变候选人、不选任何一个候选人和另选他人。第二十一条规定：党组织进行选举时，应当充分体现选举人的意志。选举采用无记名投票的方式。候选人名单要由党组织和选举人充分酝酿讨论，对候选人

---

① 《为了党和国家兴旺发达长治久安——党的新一届中央领导机构产生纪实》，新华网，2007 年 10 月 24 日。

② 《江苏：公推公选走向制度选择》，中国共产党新闻网，2012 年 2 月 8 日。

的情况应向选举人作介绍。对候选人可以投赞成票、可以投不赞成票，也可以弃权。投不赞成票者可以另选他人。对于选举权利的保障，规定党的任何组织和任何党员不得以任何方式妨碍党员在党内自主行使选举权和被选举权，不得阻挠有选举权和被选举权的人到场，不得强迫选举人选举或者不选举某个人，不得搞非组织活动妨碍选举，不得以任何方式追查选举人的投票意向。

（二）现行党内民主选举制度存在的问题及其原因

1. 现行党内民主选举制度存在的主要问题

虽然党内民主选举制度的基本框架已经建立，并在提高民主程度、保障党员民主权利方面有一定的创新举措，但当前的党内民主选举制度仍然存在诸多突出问题，尤其是制度的系统化、规范化程度不高，妨碍了选举功能的充分发挥，使党内选举一定程度上流于形式主义，其实际发展程度低于人大代表选举和行政领导人选举。

（1）党内选举中差额选举的范围与比例存在问题

虽然十三大以来引入了差额选举，但在党内选举中，差额选举的适应范围和差额比例仍然不足，难以保障选举的选择性。一是等额选举的存在，限制了差额选举的适用范围。目前，差额选举主要在党代表选举、党的全委会委员选举和基层党内选举中实行。在更具实质性的关键岗位选举，如中央政治局委员、常委选举，地方党委的书记、副书记、常委选举中，仍然实行等额选举。等额选举的做法，违背了选举的"选择性"要求，限制了参与投票的党员、党代表应有的民主权利，使党内选举难以摆脱"形式合法性"和确认性选举的弊端。二是差额选举的比例不足，限制了选举人的选择余地。在较高层次的党内选举，差额比例约在 10% 左右，而且是以整体名单进行投票选择，选举人难以对名单上数十位乃至上百位候选人通盘了解，因而差额选举最终的结果带有一定的随意和偶然性，"择优"的功能不明显。在地方和基层选举中，差额比例虽有提高，但仍不足 20%，具体到人数上不过一至三人。差额选举的程序规则不规范、不统一，较少的差额人数容易通过"陪选"进行操作。

（2）党代表、党委成员的结构比例与形成不够科学、民主

一是党代表的构成不够科学，干部代表过多。一些地方党代会中领导干部占党代表总数的70%至80%，尤其是在县党代表中，领导干部所占比例过高，使"党员代表大会"有异化为"党员领导干部代表大会"的误区。① 干部比例高，使党代会与党委会之间的权力授受关系异化为官僚系统内部的形式化授权，削弱了权力来源的合法性，也不利于党代表发挥监督作用。二是刻意的比例安排，损害了选举人的选举权和被选举权。为了体现代表性，一些地方对党代表具体结构做了刻意的安排，如保证"一线工人、农民"或是"妇女、少数民族"等的比重。这种做法虽然使党代表的结构看起来更加合理，但是具体到单个的选举单位，所分配到的党代表名额事先已确定身份或职业，因而事实上剥夺了该选举单位非此类身份或职业的其他党员的被选举权，党员的选举权也受到极大的限制。三是党的委员会尤其是常委会的选举仍属安排和任命性质。由于党委一头多元体制的需要，党的各级委员会的成员分别由各党政职能部门、下属行政区党政领导人担任，因而党委会的候选人名单具有完整性，需要组织部门"通盘考虑、统筹安排"，选举人很难作出实质性选择。这也反映了干部人事制度中选举制与任命制、党管干部与保障党员民主权利的内在冲突。

（3）党内选举中候选人提名、介绍制度不健全

一是仅有组织提名，缺乏选举人联名提名。党内选举中代表候选人名单按规定应由"选举单位组织全体党员酝酿提名，根据多数人的意见确定"，党委成员的候选人名单"要由党员或代表通过充分酝酿讨论提出"。但是"酝酿"的过程并未规范化，没有明确的程序可以遵循，选举人也难以进行监督。由于党内选举没有明确规定选举人联名提出候选人的程序，因而候选人大多由这种不规范、不透明的"酝酿"程序经组织提名产生。在干部人事工作的实践中，参与酝酿的只有少数领导人和相关职能部门。二是选举过程中候选人的介绍方式不合理，削弱了选举人的知情权。党内选举中，对候选人的介绍往往是很简单的教育经历和工作履历，形式呆板

---

① 张晓燕：《新一届党代表如何发挥作用?》，学习时报2007年8月12日。

单一。选举人对候选人的具体情况、参选意愿缺乏深入了解，很难对候选人进行横向比较，因而在投票时的取舍带有很大的随意性和盲目性。等额选举和比例很小的差额选举，使大多数候选人并不担心落选，相互之间缺乏竞争关系，因而也不具有向选举人宣传介绍自己的动力。而且，在党内选举实践中，候选人要是绕开组织部门直接对选举人进行竞选宣传，往往被视为"非组织活动"，违背了选举运作的潜规则。

（4）党内选举的无记名投票程序不规范

通过无记名投票自由表达对候选人的意愿，是保证选举真实性的前提。《中国共产党章程》第十一条明确规定：选举人有了解候选人情况、要求改变候选人、不选任何一个候选人和另选他人的权利，任何组织和个人不得以任何方式强迫选举人选举或不选举某个人。但是在党内选举实践中，为了确保少数领导人意志被选举人认可，采用了一些别出心裁的做法，阻止选举人自由表达意愿。例如，曾任黑龙江省委组织部长的韩桂芝发明了"选票监督法"，画票时：不同意的画"×"，弃权的画"〇"，同意的不用动手画任何标记。投票时组织部门的工作人员还在主席台或通道上巡视，紧紧盯着选举人的一举一动。[1] 也有的把票箱分成三个投票箱：赞成票票箱、反对票票箱和弃权票票箱，让选举人自主地选择三个票箱中的一个进行投票。[2] 这样的投票操作不仅压制了选举人自由投票的意愿，实际上也是对选举人应当拥有的民主权利的一种嘲讽。但是，现行的选举办法并没有严密的程序规则来防止这些不规范的控制手段。

（5）党内选举的直接选举层级低、范围小

按照现行的党内选举制度，党员只能直接选举所在党支部的委员和基层党组织党代会的代表。只有在公推直选的试点中，才有机会选举乡镇层级的党委会成员。广大党员作为选举主体，对于中央和地方各级党组织的产生，难以发挥直接的影响力。这种以间接选举为主的制度安排，在实践中割裂了党员与党的领导部门之间的权力授受关系，削弱了党员的主体地

---

① 史占旗：《带"病"者是如何被提拔的》，《检察日报》，2002 年 4 月 5 日。
② 许耀桐：《党内选举投票方式刍议》，《领导科学》，2011 年 10 月中。

位，也便利了一些地方对党内选举的操作。很多党员不了解也不关心在党代会系统中，自己将权利让渡给哪一名党代表。事实上，间接选举也使得这种代表与被代表关系虚化，使得较高层级的党代会以及各级党委会的权力来源缺乏党内民主基础。

（6）党内选举监督制度尚不健全，相关的弹劾罢免制度尚未建立

选举监督包括两个方面，一是专门机构或选举人、媒体等对选举过程的监督；二是通过罢免或撤换制度进行事后监督。目前党内选举缺乏独立的监督机构，组织部门为主的选举委员会既是选举的组织者，又是选举的实际监督者，存在角色的错位和冲突。关于选举监督的程序规则也过于笼统，如《地方组织选举工作条例》在"选举监督"部分仅规定了监督实施的主体即党的各级委员会和纪律检查委员会，对于选举中违规行为的处分做了原则性的规定，而对于选举过程中酝酿、提名候选人等关键环节的违规行为没有明确的事项列举和禁止性规定。由于目前党内选举的公开程度不高，舆论监督、群众监督和社会监督受制于知情权不足，很难发挥作用。对于当选后不作为、乱作为的党代表、领导人，也缺乏必要的程序规则，由选举人在其任期之内依照程序加以更换。监督的缺乏，一方面使选举过程中少数人暗箱操作的行为难以曝光和制止，选举人权利受损也难以得到应有的救济；另一方面在选举之后，当选的代表或领导人也缺乏密切联系选举人、了解选举人意愿的动力，使党内选举形式化的色彩更为浓厚。

（7）公推公选、公推直选的改革尝试显现出发展瓶颈

公推公选和公推直选作为干部选任制度改革的重要创新，一定程度上增强了党内选举中选举人的知情权和选择权，但存在着拓展的困境。一是公选与现行的党管干部体制、自上而下的权力运行体制存在内在冲突，使其在操作中难以避免领导个人意志的灌输，有时公选的标准条件按照特定人选"量身定制"，削弱了公选的公平性和权威性。二是公选干部的层级难以向上延伸，当前公推公选的干部主要以职能部门的副职干部为主，公推直选的干部以乡镇层级为主，向上纵向升级困难。尤其是公推直选只是在基层组织层面广泛试点，在政权组织的试点被限定在乡镇党委以下，呈

现"基层锁定"格局。三是制度创新与制度供给的矛盾，一些创新举措尤其是直选的举措与党内现有的制度、法律、条例相矛盾，形成"违法式"创新的现象，如成都市木兰镇的"组阁选"、平昌县的"倒着选"，即先选书记，再由书记提名委员等，均与现行党内选举规则相违背。① 四是公选程序存在适用范围的混乱和具体程序的繁琐化倾向。在适用范围方面，没有分清干部选举和选拔的差异，把笔试、面试等选拔程序前置于选举之前，损害了选举人的选择权。即使是非选举的公推公选干部，各种程序也五花八门，缺乏规范性，所占分值比重缺乏科学性。调查显示，公推公选并非适用所有的职位，也并非所有有能力的干部都能通过这种方式脱颖而出；有的职位需要丰富的工作经验，而这无法通过一次性的笔试、面试检验出来；有的干部工作扎实，但可能应付考试能力不强。②

（8）对党内选举产生的干部的任期制未能严格遵循

党内选举的法定周期一般是五年，相应地选举产生的干部任期为五年，然而在政治实践中，干部在任期内频繁调动却处于常态，而任完五年任期的干部却是少数。干部选拔任用中的异地交流机制，以及对重要干部的选拔资格要求多部门、多岗位经验是导致任期制难以遵循的制度因素，而买官卖官、突击提拔、任意免职等是任期制难以遵循的非制度性因素。任期制难以执行，一方面对选举人选举权造成实质性伤害，尤其是在党内选举中，党代表五年任期内往往只参加一次党代会，而选举出的干部却很快被调离，党代表及其所代表的党员的民主权利实际上被剥夺；另一方面，任期制不被遵循造成整个干部队伍弥散着浮躁情绪，任职行为充斥着急功近利、形式主义、表面文章，热衷于跑官要官，而干实事、谋长远的干部却因为调动频繁使好的政策难以为继，或是"长期"在一个岗位而丧失提拔的机会。

2. 导致党内选举存在问题的制约性因素

导致当前党内选举存在问题的因素既有历史性原因，也有现实的政治

---

① 陈家喜、刘王裔：《党内公推直选的改革困境与发展路径》，《理论视野》，2012 年第 4 期。
② 杨雪冬：《关于干部民主选拔改革的若干思考》，《新视野》，2012 年第 2 期。

考量，既有制度机制的缺陷，也有制度背后对于民主理论认识上的谬误，还有政治文化中传统观念的深刻影响。但总体而言，现有相关制度缺乏系统性、可操作性和严密性，对党员权利保障不够，而赋予领导过大和缺乏有效约束的权力，是导致党内选举形式主义化的根本性因素。

（1）现行党内选举制度规范落后于时代发展需求

现行有关党内选举的规章制度主要是 1990 年制定的《中国共产党基层组织选举工作暂行条例》和 1994 年制定的《中国共产党地方组织选举工作条例》。这些条例的产生时代为 20 世纪 90 年代前期，在当时对党内选举的实施和制度化起到了一定的规范作用。但现今党内环境与社会环境已发生巨大变化：在经济社会环境方面，社会主义市场经济取代了计划经济，社会阶层结构多元化，各阶层人民对于民主政治的发展要求有了更坚实的经济社会基础；在政治发展层面上，党内民主带动人民民主成为社会主义民主政治的重要发展战略，村居委会直选和自治为典型的基层民主、人大代表选举为主的国家民主和多党合作、政治协商为主的协商民主都有长足发展，要求包括党内选举在内的党内民主赶超式发展；在党内环境方面，党员人数迅速增加，党员的阶层结构、思想观念多元化，利益要求多样化，对于解决权力过于集中、权力腐败、权力运行不透明等问题的要求更为迫切。因而，对于施行已久、曾发挥积极作用但已落后于时代发展需求的党内选举规则进行与时俱进的全面修订是推进党内选举深入发展的必然要求。

（2）党内选举制度的具体程序规则缺乏可操作性和严密性

从具体程序规则来看，现行党内选举制度的各项规定缺乏严密的可操作性。这既包括宏观层面上党代表选举、委员会选举、党委领导人选举的分类及相应的程序区分不够明晰，也包括选举各环节程序规则的模糊性和不确定性。例如，候选人提名程序中的"酝酿"规则的模糊与不透明，使自上而下与自下而上相结合成为一纸空文。候选人介绍程序的粗线条，在实践中使这一关键程序流于形式。差额选举与等额选举的实施范围并无严格界定，使关键岗位的选举多采用控制性更强的等额选举。无记名投票程序未能严格细化，使各种威慑、限制选举人履行选择权的恶劣举措层出不穷。对选举监督和违规行为惩处的规定过于笼统，削弱了选举过程中各方严格遵循程序的动力和自觉性。总体而言，党内选举各项程序规则相对笼统模糊，是控制式选举、确认式选举大行其道的制度性因素。

（3）与党内选举相关的其他党内制度相互之间缺乏系统性

党内选举是党内民主的基础性制度，也是将党员权力向上收集的基本环节，但是，要使执政党的权力运行真正做到为民所用，符合广大党员群众的根本利益，必须将党内选举制度与其他各项党内民主制度如决策、参与、协商以及监督等制度紧密连接起来，形成环环相扣的机制。党内民主这些环节之间相互联系，缺一不可，而且相互之间的关系具有逻辑性，如果其中一些环节总是处于缺位状态，民主的运行可能会发生变形。其中，选举是民主的起点，选举环节控制起来有相当的风险和难度，因而渐进式的改革往往是先不去动选举民主，而更喜欢在后面的各个环节上做文章。但权力来自何处的问题若久拖不决，这些环节的改革便会逐渐流于形式，失去作用。[①] 当前党内选举与民主决策、民主协商以及权力运行公开透明等党内民主制度呈现出相互脱节的并行发展状态，而且相比较而言，党内选举的发展程度较低。这种状况，削弱了党内民主其他制度的权力来源合法性基础，也使党内选举发展的成效难以保障。

（4）对党内选举相关的理论认识带有鲜明的历史局限性

中共党内选举的相关理论渊源来自于马克思和列宁对于党的代表大会制度、民主集中制的相关阐释，付诸实践时又受到革命党特殊经历和艰难环境的严酷限制，因而存在着较为浓厚的控制化倾向。例如，对于党的代表大会制度的认识，有两个局限，一是认为党员只能通过逐级递进的党代表选举，才能有序地将民主权利集中起来，才能凝聚全党的意志和力量，而没有认识到党员直接参与党内高层选举的重要性；二是认为党员只有选举党代表的权利，而对于更为实质的委员会选举、常委会选举和党的各级书记的选举，更侧重于政治安排的考虑。再如，对于党代表职业身份的认识，停留在"只有从事某职业才能代表某类人群"的狭隘认识，没有意识

---

① 王长江：《党内民主须向纵深发展》，《当代世界与社会主义》，2012 年第 6 期。

到熟知政治运作规则的知识分子对社会各阶层的代言功能在民主政治中的重要作用，因而在候选人资格上陷入僵化的形式主义，追求"完美"的代表职业结构，限制了大多数人的被选举权。

（5）对党员权利保障不够，领导干部权力过大，缺乏有效约束

权力过于集中是我国政治体制的主要弊端，这也体现在党内选举过程中，各层级党代会选举均由本级党的委员会确定代表名额及其分配。由选举单位党的委员会提交代表候选人预备人选，并报上级党委会审查，正式选出的党代表也要报上级党委会审批。这种自上而下式的选举组织方式，使各级党委会及其主要领导人的意志在选举中得以充分贯彻，但违背了党代会自下而上逐级授权的制度本旨。关于党内选举中党员权利的保障，虽然《中国共产党党员权利保障条例》做了规定，但党员民主权利受损后，提供权利救济的纪委受同级党委领导，很难对本身就是限制党员权利的党委及其职能部门进行违规行为纠正和相关人员追责。在选举实践中，反而更多的是对积极主张民主权利的选举人所开展的"非组织活动"进行预防和制止。

（6）传统政党文化的影响使广大党员并未真正重视应有的民主权利

"四个服从"的党内纪律文化的长期熏陶，使多数党员自觉地按照组织意图履行选举投票程序。对"非组织活动"的预防和制止，使党员和选举人难以联合起来行使民主权利。而单独行使民主权利尤其是行使被选举权在成本收益核算上对选举人而言并不符合切身利益，即使是"跳票"当选，也会被组织部门视为非组织培养的另类干部。而对大多数党代表而言，对党代表身份的认识，更多是一种"先进"和荣誉的标志，而非对若干数量党员权利的让渡与委托。而且在党代表选举中，因候选人提名被操控，更强化了当选的党代表这种受奖励、被肯定的荣誉意识，因而在党的委员会选举中，党代表作为选举人对应有民主权利的主张意愿更为淡漠。

（三）改进党内民主选举制度的政策建议

基于前述中共党内选举已经取得的进展和仍然存在的问题，改进中共党内民主选举制度，应当从三个方面着手。一是通过相关党内规章制度的制定和完善，使党内选举有章可循，推进党内选举制度化、规范化、程序

化；二是抓住候选人提名、无记名投票等关键环节，对选举程序进行细化，增强可操作性；三是改进和完善与党内选举相关的其他党内权力运作和权利保障制度，推进党内民主整体发展。

（1）制定完整系统的党内民主选举条例

民主需要法治加以保障，才能有序发展和实现制度化和规范化。党内民主选举制度同样需要完善明晰的党内规章加以规范和保障。如前所述，现行党内选举相关规章仅有 20 世纪 90 年代前期制定的基层选举工作条例和地方选举工作条例，已不适应当前党内民主发展的需求，而且未能涵盖中央层级的党内选举。应对党内各层级相关选举的规章制度、实施细则进行梳理，结合党内选举存在的问题，吸收各地关于党内选举制度创新的成功经验和有推广价值的举措，借鉴国外大型执政党党内选举的有益做法，以及今后相当长时期内对于党内民主发展的预期，制定《中国共产党党内选举条例》。新的党内选举条例应当改变原有党内规章制度重原则轻程序、重要素轻体系、重规范轻惩戒的弊端，分门别类地对党代表选举、党的委员会选举、党的各级书记和副书记选举各项程序，包括选举单位的划分、选举名额分配和差额比例规则、候选人提名制度、候选人介绍制度、无记名投票制度、选举监督制度、选举权利保障和救济制度等进行明确规定。允许各省级单位的党委会提请同级党代会制定党内选举实施细则，但这些细则不得违反整体性的《中国共产党党内选举条例》。关于党内选举的党规党法的严肃性和统一性，由党内法规审查制度加以保障。

（2）设立专门负责党内选举事务的选举委员会

党内选举一旦放开，党员参与热情被激发后，选举事务必然极为复杂。而严格遵循《党内选举条例》，保障党内选举制度化、规范化、程序化进行，各项事务又极为专业。因此，有必要在党内县级党委层面及以上设立专门负责党内选举事务的选举委员会。每一层级的选举委员会的组成分为两层结构，非选举年为常设机构，即选举委员会办公室，由人数较少、拥有较多选举专业知识和经验的工作人员组成，主要负责选举的善后工作以及可能出现的弹劾、罢免，选举权利救济等事宜；选举年为扩大机构，除常设办公室外，还制度化地包含党委组织、宣传、统战、纪检等职能部门以及同级人大党组、政协党组相关领导人员，在选举委员会办公室组成人员的协调下，组织和保障选举按照制度程序规范化进行。为保障选举委员会工作的权威性，可由同级党委专职副书记担任选举委员会主任等职务。

（3）逐步实现党代表由党员直接选举产生

直接选举相比较间接选举而言，更加直接地体现了党员在党内当家做主的民主权利，也有利于增强党员在党内政治参与的效能感。直接选举也使当选人和党员之间形成直观的权力让渡与委托的关系，有利于增强当选人的责任意识和代表意识。现行的党内选举直选层次过低，主要是基层党代表和支部委员会，这不仅从制度上削弱了党员的民主权利，也不符合以党内民主带动人民民主的发展要求。从选举人的能力素质而言，作为各阶层人民先进分子的中共党员，完全具备直接参与党内选举的能力和素质。从直接选举所必需的宣传动员和组织手段而言，具有较普通群众更高文化程度和更强组织性的党员群体也便于宣传组织。因此，自上而下逐步推进直接选举办法，是党内选举发展的必然趋势。基于党代表大会制度的议行合一框架必须坚持，当前党内直接选举应主要着眼于各级党代表选举。第一步，应在县级行政区、大型企事业单位党代会的党代表选举中实行直选。第二步，逐步梳理省、地级市层级的党代会名额分配方法，合理划分党代表直选的选举单位，实行省党代表、地级市党代表直接选举。第三步，合理划分全国党代表的选举单位，实行全国党代表的直接选举。为简化党员的投票次数，在各层级党代表的选区划分上可实行包含式重叠的做法，譬如，一个全国党代表选区包含数个省党代表选区、若干个地级市党代表选举，等同于一至三个县级行政区或相当党员规模的选举单位。在党代表直接选举时，党员可一次进行县、市、省、全国多个层级党代表进行投票，以减少选举成本。这种选举也使党员直截了当地知悉谁在各级党代会中代表自己，对于自己在党内的当家做主地位也一目了然。

（4）规范差额选举办法，进一步提升差额比例

民主选举的关键在于保障选举人的选择权。而差额选举就是体现选择权的制度保障。在党内选举中，应根据具体选举职位的差异性，规范差额选举办法，进一步提升差额比例。在各级党代表直接选举中，按照小选区

制的办法全面严格实行差额选举。每个选区或选举单位产生一到二名党代表，列入选票的正式候选人为二到四名。小选区和充分差额与直接选举的结合，一方面候选人数目较少，使党员有精力对候选人的情况作充分了解，而避免盲目投票；另一方面充分差额便于党员自主行使选择权。在党代会选举党委成员或向同级人大推荐的政府领导人选时，也应提升差额比例，达到四分之一至三分之一的标准，使党代表有充分的空间做出选择。由于党委的一头多元体制，上级党委和组织部门需要对其成员作出结构安排，因此，对于党委成员尤其是常委会成员人选，可以按照其构成对每个岗位产生两个候选人，由党代表分别投票，使党代表的选择权和党委成员结构的合理性都能得到有效保证。

（5）规范候选人提名方式，党代表由党员联名提名

候选人提名是选举中体现选举人被选举权的关键程序，也是现行党内选举实践中进行政治控制的主要环节。应按照选举职位的类别规范候选人提名方式，尤其是保障选举人有联名提名候选人和自荐成为候选人的民主权利。在党代表直接选举中，县级政区、基层党代会的党代表选举，初步候选人的产生应以有参选意愿的党员自荐和其他党员联名提名相结合的方式为主，可按党代表的层级不同规定联名人数的门槛。规范党员联名的程序，每个党员在一次选举中只能联名推荐一个候选人。报名自荐的党员必须获得规定数量以上的党员联名方可成为初步候选人。正式候选人的产生由选举委员会对初步候选人在资格审查之后按照所获联名党员人数依次取舍，如选举单位党员人数较少并实行集中投票时，可通过预选产生正式候选人。对于地级市、省和全国党代表候选人的产生，因所涉地域、党员人数较多较广，可采取组织提名和下一级党代表联名提名相结合的方式。对于党委组成人员的预备人选，县一级及基层党委，可推广规范化的"公推"方式；对于较高层级的党委组成人员预备人选，除组织提名外，保障党代表联名提名的权利。在中央领导人产生方式上，也应逐步扩大党代表的参与渠道、丰富参与方式。

（6）允许候选人依照程序开展竞选活动，与选举人形成互动

如果说选择性是保障选举人民主权利的前提要求，那么竞争性则是保

障选举机制运作活力的基础要件。但一直以来，对于社会主义民主政治与竞争性选举是否相容存在分歧，而对于党内选举，在政治实践中控制更为严格，尤其是限制候选人的"非组织活动"。但多数研究者认为，党内民主虽然有别于人民民主，但从民主的本质上来说，竞争性选举都应是两者共同的核心内容。① 在党内选举中适度放开候选人的政治竞争，需要正确认识党管干部的内涵，逐步摒弃把党管干部异化为党委主要领导人和组织部门直接挑选干部个体的传统做法，而是把党管干部正确界定为对后备干部的培养、对干部选拔任用的组织和监管。这种转变有利于减少原先干部选任工作中难以避免的用人失误、带病提拔等问题以及缺乏民意基础的弊端。允许符合资格要求的参与竞争人员通过争取党员、党代表联名成为党代表或党委成员候选人，允许候选人在选举过程中依照程序、在选举委员会的监管下开展适度竞争，向党员、党代表等展示自己的优势特点、竞职设想等，了解其意愿要求，争取获取支持，形成政治互动，以竞争推动党内选举这一政治机制在党内民主中的有效运作。

（7）严格无记名投票的选举方式，加强对选举的监督

一是严格规范选举过程中的无记名投票方式，防止各种威慑和事实上制止选举人表达自己意愿的潜规则做法。有条件的可以设立封闭的划票间，使选举人有充分的划票自由。条件不充分的，也应注意保障选举人之间有适度的空间距离，让选举人无顾虑地作出选择，包括在横线上另选他人。二是规范划票方式，通过小选区制简化选票，使选举人对候选人名单一目了然，改变当前候选人名单人数过多，划票麻烦的弊端。选举人在投票时对赞成者也要画圈，防止因动笔而被视为未按组织意愿投票的顾虑。三是选举委员会应加强对选举过程的监督，通过全程介入、提供技术指导、协调纪检机构等，对于压制选举人表达意愿的做法及时纠正，并严厉追究操作者和指使者的党纪乃至法律责任。四是细化选举权利保障规则，完善权利救济制度。在《中国共产党党内纪律处分条例》等党内法规中明确规定干扰、破坏选举活动和侵犯选举人选举权利的行为所应受到的党纪

---

① 彭飞武：《党内竞争性选举：逻辑、动因与困境》，《理论与改革》，2011 年第 5 期。

处分，以及党员申诉的程序等。

（8）规范公选程序，明确公选适用范围，提升领导干部直选层级

对于当前实行较多的公推公选和公推直选等干部选任改革办法，应加以梳理、规范和进一步提升。要明确公推公选和公推直选的适用范围。公推公选限定为党的职能部门领导人选和党委拟向同级人大推荐的政府职能部门领导人选。公推公选中"公推"的侧重点，一是对参与竞争人选与相关领导岗位所需专业能力、实践经验的考核；二是由两代表（人大、党）一委员（政协委员）为主体的群众代表对参与竞争人选的民意基础进行考察；三是由纪委对参与竞争人选的廉洁程度进行把关。"公推"公选因所选干部的岗位以政策执行为主要职责，因而应以党委意图为主，强调权力运行的一致性和整体性，同时通过严格规范的推、选程序，保证干部的能力素质、民意基础和清廉。公推直选限定为党委委员、常委、书记、副书记以及党委拟向人大推荐的行政领导人选等。公推直选中"公推"在于遴选出合适的候选人，不应过于注重繁琐的考试等能力测试程序，应以获得直选中选举人联名推荐的人数等为衡量"公推"的主要因素。而且，公推直选的关键在于直接选举，要保障党代会、人代会充分的选择权。前文第一条政策建议中所述的《党内选举条例》应为逐步提升公推直选干部的层次预留合法空间，在一定时期内实现县级党委成员和政府领导人普遍由公推直选产生。

（9）推进与党内选举相关的党内民主制度和干部选任制度改革

党内选举制度改革的顺利推行以及选举成果的有效保障，离不开党内权力结构的调整、干部选任制度的改革和其他党内民主制度的发展。一是要提升党代会的权威，使党员让渡的主体性权力能定期地对政党权力结构发挥应有的制约作用。应自下而上地提升和推广党代会常任制，巩固已经实施的党代表任期制。一方面通过党代表职务由"荣誉虚职"向"常任实职"转变，密切党代表与党员的联系，沟通党内权力体系与党员主体地位；另一方面通过常委会——全委会——党代会的工作报告制度，理顺党内权力授受关系，构建正向的党内权力监督体系。二是要改革干部交流制度，严格选任制干部的任期制。选举产生的干部，在当选之时，事实上已

经建立了选举人与当选干部在法定任期内的权力授受关系，这种关系的延续性、严肃性必须得到尊重，才能保障选举的成果。因此，应当改革现行干部交流制度，对于非选举产生的领导干部，可适度加强任期内异地、换岗交流，夯实工作经历；而对于选举产生的领导干部，尤其是主要领导干部，一般情况下，应当完成法定任期。在组织部门遴选更高层级干部人选时，也应将完成法定任期作为任职的必要条件。三是要建立和完善选任制干部的弹劾与罢免制度。为了防止党代表、选任制干部在当选后背离选举人的意愿，尤其是并未明确违反党规党纪的不作为、乱作为等，应通过《党内选举条例》中的制度设计，保障选举人在完成一定的联名程序之后，对党代表、选任制干部提起弹劾、罢免程序，以保障当选人在整个任期之内都能把维护选举人利益作为任职的根本要求。

二、党内民主决策的制度化规范化程序化

决策指"选择一个可供贯彻实行的方案的过程。形成决策通常要有一个决策者（做出最后选择的人）和一个决策机构（所有参与决策的人组成的小组、团体或政府）。他们通过分析信息、确定目标、提出各种方案、对这些方案做出评价、然后得出一个结论来对一个确定的问题或一系列问题做出反应。"[1] 在当代中国政治系统中，党委会充当了主要的决策机构的作用，而党委书记扮演了关键的决策者的角色。中国共产党党内民主决策制度建设的进展从另一个侧面而言就是当代中国国家决策体制的完善和发展。

（一）党内民主决策制度建设的进展和成就

1. 中国共产党党内决策体制的构成与特点

中国共产党的党内决策体制以党委制为核心结构。党委制指党的各级委员会实施的集体领导和个人分工负责相结合的制度。党委制是典型的名

---

① ［英］韦农·波格丹诺、邓正来：《布莱克维尔政治制度百科全书》，中国政法大学出版社 2011 年版，第 169—170 页。

副其实的委员制或集体领导制①，有别于首长负责制（一长制）。集体领导、集体决策是党委制最重要的特点，要求各委员之间民主、平等，按照多数决定的原则讨论决定各项事务。作为总揽全局、协调各方的领导机构，党委制与国家政治体制紧密结合，一方面通过在其他国家机构内部设立的党组实行功能性集权，另一方面在组成人员上形成了独特的"一头多元"格局②。党委尤其是其常委会的组成人员与党的职能机构、政府部门、人大、政协等领导人员身份重叠、交叉任职。党委成员既参与集体领导、集体决策，又对所分管的部门和事务分工负责。在具体决策机制方面，坚持集体领导、民主集中、个别酝酿、会议决定的方针，通过决策前的调查研究、充分酝酿，决策中的集体讨论、充分发表意见以及适当的票决制保证决策的民主性和科学性。

在决策体制的纵向结构方面，通过"党员个人服从党的组织，少数服从多数，下级组织服从上级组织，全党各个组织和全体党员服从党的全国代表大会和中央委员会"的政治纪律，使大政方针的制定始终集权于党的中央决策层面。在决策的执行机制方面，建立了党委书记负总责、分管常委具体负责、层层夯实责任的工作机制，在具体政策实施上，把党组织的动员作用和政府依法行政结合起来。

以党委制为中枢的党内决策体制其形成具有一定的历史合理性。中共的党委制不仅是党内决策体制的组织结构，也是中共对国家机关进行领导、对社会经济文化生活进行整合的组织中枢。这一体制的形成是在近代中国从文化民族向国家民族转型过程中社会长期严重分化的背景之下，通过党委制的系统化整合，重建政府权威尤其是中央政府的权威，保证国家政策被社会接受和贯彻。从决策制度自身所需的效率和成效而言，党委制也有很强的现实合理性。一是委员会规模适度，利于集体决策，注重限制分歧、寻求共识。地方党委常委会人数，省级平均13人，地州平均11.7人，县级平均10.8人，作为经常性决策机构，其规模能兼顾议事效率和议

---

① 王贵秀：《论民主和民主集中制》，中国社会科学出版社1995年版，第193、194页。
② 胡伟：《政府过程》，浙江人民出版社1998年版，第41页。

事成本。地方党委的全委会人数省级平均 76 人、地级市约 40—50 人、县级 30 人左右，能较为便利地召开全委会实施重大事项决策。在决策程序上，除了表决前充分酝酿讨论外，还规定了表决中遇到重大争论，暂缓作出决定，进一步调查研究，交换意见和下次表决等程序，以避免重大分歧、提高决策质量。二是党委成员交叉任职的双重身份，有利于整体利益与局部利益的协调。作为党委成员的常委和委员绝大多数同时又是同级党政机构和职能部门或下级行政区的主要领导人员，在参与党委集体决策时，既从全局通盘考虑整体利益，也代表了其所任职的部门和地区的局部利益。这种人员配置基础上的领导体制和决策机制，在党委制的平台上把利益综合与利益表达的功能统一起来，既有利于形成和维护整体利益，也体现和保障了局部利益，调动了地方或部门的积极性。

但是，从革命时代形成的党委制为中枢的党内决策体制存在着内在的缺陷，主要有，一是决策的人格化色彩浓厚，在个人崇拜的衬托下，领袖独断逐步取代了决策体制原本的集体决策本旨；二是决策体制的封闭性严重，人民虽然被动员起来，但只能顺从地接受决策结果，知情权无保障，也缺乏足够的渠道参与决策；三是决策的制度化水平低，议题提出、议程设定、决策过程、政策执行和反馈等都缺乏严格而科学的程序。这些缺陷使得党内决策体制难以阻止文革之类的全局性政策错误，使中共的决策体制面临危机。

2. 党内民主决策制度建设的主要成就

改革开放以来，随着政治体制改革的逐步推进，党内决策体制虽然带有鲜明的路径依赖特点，但其发展已逐步呈现出民主化、透明化、制度化的趋势。俞可平认为，中国在决策民主化方面的主要趋势是，从个人专断到集体决定，从暗箱操作到决策公开，从领导独断到人民参与，从随意决策到政策制定的日益制度化。何增科认为，在从独断决策走向协商决策的过程中，存在决策权垄断和决策权分享并存的双轨或二元决策体制。① 周光辉也认为，党的决策体制的改革已经呈现出如下趋势和成效：从个人决

---

① 参见沈传亮：《中国现行决策体制的特点分析》，《中国党政干部论坛》，2012 年第 8 期。

策向民主决策，包括实行会议民主、协商民主和扩大参与民主；从经验决策向科学决策，科学的方法工具以及咨询机构参与决策论证均进入党的决策过程；从决策组织高度集中向决策组织结构分化，即党、政府、人大等机构的决策权力有了一定程度的科学合理分工；从封闭式决策向开放式决策、从被动参与决策向自主参与决策、从决策非制度化向决策制度化的转变。① 具体而言，党的决策制度取得的进展主要包括如下方面：

（1）集体决策机制逐步强化，个人专断受到制度约束

在中央决策机制层面，随着党的领导人代际更替的完成，技术官僚出身的新领导人群体取代了以革命家为主的领导群体，领导人的克里斯马权威在政治生活中的作用急剧下降，让位为政治职务所赋予的法理型权威。由此而来的是，政治局会议和政治局常委会对于集体领导的政治安排和协商一致议事机制的形成，从制度上消除了政治领导人专断独行的可能性。领导人任期制的严格执行，使前任领导者的决策失误有可能为继任的领导人改变，增强了决策制度的自我修正和纠错能力，也使对某些决策有不满情绪的部分民众抱有期待。在地方决策机制层面，书记和兼副书记的行政首长形成了事实上的双头体制，虽然带来了派系不团结等弊端，但作为中国式的分权方式，在一定程度上限制了作为一把手的书记在决策上的专权行为。对于"三重一大"（重大问题决策、重要干部任免、重大项目投资决策、大额资金使用）决策事项，一般都规定了由党委常委会乃至全委会民主决策，减少了重大决策失误发生的比率。

（2）决策的科学化机制得到加强，智库的参谋作用日益明显

决策体制的科学性得到提升，一是源于干部选拔四化标准的实施，尤其是对专业化的强调。技术官僚成为决策者的主体，决策者的知识水平、能力素质持续增强，在对外开放的交往实践中得到锻炼，视野更为开阔，减少了决策过程中的盲目和武断。二是源于对专家论证等决策科学化手段的重视。江泽民曾提出"凡属重大决策，都应该先由决策咨询机构进行研究论证，广泛听取专家意见，在多种方案中选择最佳方案，努力实现领导

---

① 周光辉：《当代中国决策体制的形成与变革》，《中国社会科学》，2011 年第 3 期。

决策与专家辅导决策相结合。进行重大决策，光有定性分析是不够的，还必须有科学的定量分析"①。从中央到地方，除了政治体制内的政策研究室系统外，还形成了包括高等学校、社科院以及其他专门研究机构在内的决策咨询支撑体系。一些地方政府还建立了决策咨询专家库等，为决策的科学化提供专业化的智力支持。

（3）决策的开放性参与机制开始探索，包括干部公选，听证会、网络民意表达等

少数人决策开始向社会民众有序参与决策转变，这是当前党的决策体制不断民主化的重要体现。一些开放性的决策参与机制在地方和基层民主创新中不断被尝试，有的在一定范围内得到推广。首先，在干部选任的决策中，很多地方推行的公推公选实践中，均包含了由"两代表一委员"为主体的对参加竞争的干部进行打分评价等环节，突破了党委少数人对用人决策权的垄断。其次，在城市管理的决策中，对于和居民日常生活密切相关的公用事业收费、公共交通线路和站点安排、公共设施选址等，许多地方通过制度化的听证会，咨询市民代表的意见。再次，网络舆论空间的形成，便利了网络民意对党的决策的影响。例如，2003 年湖北青年孙志刚在广州被强制收容进而在遣送所被打死一案，经网络舆论的发酵，引发高层关注和呼应，导致收容遣送制度被废止。在高铁技术的引进和发展过程中，中国网民通过百万网络签名对日本新干线技术的抵制，也对相关决策产生了重大影响。此外，在生态文明观念日益增强的背景下，一些城市的市民通过互联网相互沟通，对诸如 PX、有色冶金等重化工项目的选址决策施加舆论压力，并迫使地方政府对相关决策进行调整。

（4）决策的透明化机制在地方不断创新，在县级开始权力公开透明运行试点

权力运行逐步由黑箱操作转变为公开透明是社会主义民主政治发展的必然要求。决策机制的公开透明是权力运行透明化的关键环节，不仅能够有效地保障公民的知情权，也有利于提升党的决策的公信度和影响力，避

---

① 《江泽民文选》，人民出版社 2006 年版，第 166—167 页。

免当前政策制定陷入"塔西佗陷阱"①，而失去人民群众的支持。为了推进决策机制的公开化，从十五大开始，逐步实行政务公开，党的十七大报告除继续对政务、党务、厂务、村务各项公开制度做进一步要求外，还首次提出"确保权力正确行使，必须让权力在阳光下运行"。十七届四中全会针对新形势下党的执政所面临的各种风险与考验，对政治公开进行了多方面的部署，包括：推进党务公开，健全党内情况通报制度；扩大干部工作信息公开；推进权力运行程序化和公开透明等三个方面。党的十八大报告从健全权力运行制约和监督体系的角度出发，提出推进权力运行公开化、规范化，完善党务公开、政务公开、司法公开和各领域办事公开制度，让人民监督权力，让权力在阳光下运行。伴随着历次党代会和中央全会对政治公开的相关论述，政务公开工作、基层党务公开工作相继开展起来，相关层面的决策机制也逐步公开化、透明化。

（5）地方改革试点中积累了关于决策的制度化、程序化、规范化的有益经验

决策机制的程序是决策过程中所遵循的法定方式、步骤、顺序以及时限的总和，是保证决策权力规范化行使的关键环节。有效控制决策权的行使，必须科学地设计决策机制的运行程序。在推进决策机制的程序化建设方面，各地在县级政权层面上进行了权力规范化、透明化运行的试点改革，取得了一些共通的经验做法。如江苏常熟市在县级市权力运行程序化建设中，对决策权的行使做了较为周密的规定。一是决策权的程序设计依据必须严格依照宪法、法律和党章的要求。通过程序化对法律法规和党章相关规定加以细化和可操作化。二是通过权力清单的方式，明确党内不同权力机关和不同决策者的职权范围。权力清单的做法使决策过程中每一个部门、每一个层级甚至每一个领导职位的决策权都作出了明确的规定，避免了原先的条块分割带来的相互争权或相互推诿。三是通过流程化设计使决策程序各个环节紧密相扣。每个环节都有指向明确的可操作性，在决策

---

① "塔西佗陷阱"得名于古罗马时代的历史学家塔西佗，指当政府部门失去公信力时，无论说真话还是假话，做好事还是坏事，都会被认为是说假话、做坏事。

时必须严格遵循，以保证程序的紧凑性，各环节依照既定的次序组成权力运作流程。四是对特殊性、例外性、偶发性的决策严格规范程序。主要是对"三重一大事项"，详细列举事项包括的范围。在议题设置方面，把党委常委的议题提出权与议题形成的广泛征求意见环节结合起来，有的议题如人事任免还明确纪检监察机关的作用，强化依法决策的要求；在决策过程方面，严格实行集体决策制度，在讨论过程中，邀请两代表一委员和相关职能部门、监督部门人员列席会议，在讨论发言时实行书记末位发言制度。各地在县级推行的决策机制程序化、规范化建设，为更高层面、更广范围的决策民主化、科学化建设提供了重要的经验积累。

（6）党内决策机制逐步与多党合作的协商民主、人大制度的审议民主相互结合

在中国特色社会主义政治制度框架中，党的决策机制必须与人民代表大会制度、多党合作与政治协商制度相衔接，才能使决策更为民主化、合法化。随着多党合作制度的日益完善，党内决策与协商民主相结合更为制度化。这种制度化首先表现在决策相关意见表达环节，例如，各民主党派中央、全国工商联在2008—2013年的五年内共提出提案1347件，反映社情民意信息19992篇①，其中关于生态文明的提案，包括十二五能源消耗总量减少，资源型经济改革配套实验，城市大气污染治理，优质水资源保护等，以及关于社会管理创新的建议，如发挥城乡社区基础性作用，加强社会诚信体系和公共安全体系建设，建立非正常上访终结机制等对中共相关的决策产生了重要影响。这种制度化还表现在决策前的通报、沟通、协商环节。据不完全统计，胡锦涛在任国家主席期间，平均每两个月和各民主党派领袖以座谈会、通报会、茶话会等形式，就国家重大方针政策及重大人事任免事先通报、相互协商。人民代表大会制度是我国的宪政制度，党的决策必须通过人大表决才能上升为国家政策，具备法律效力。人大在国家政策法律的决策机制方面，除依法履行立法权外，

---

① 贾庆林：《中国人民政治协商会议全国委员会常务委员会工作报告》，2013年3月，新华网。

还对党委、政府提交的政策议案根据民众关心的热点问题加以修订完善。如 2011 年 6 月，全国人大对《个人所得税法》进行修改时，呼应多数民众的意见，将原草案的起征点 3000 元提升为 3500 元。政协的协商民主与人大的审议民主不仅为党的决策机制提供了极具代表性的各方意见作为决策的依据，也对党的决策机制更为民主化、科学化提供了制度化的监督保障作用。

（二）现行党内民主决策制度存在的问题及其原因

虽然改革开放以来党的决策体制沿着民主化、科学化、法治化的路径有了很大的进步，改变了毛泽东时代因决策权力过于集中导致决策体制存在的决策结构专业化分工程度不高、制度化程度低、偏重经验决策、决策过程封闭和缺乏自我修正与调节机制等弊端[①]，但现阶段中国共产党的决策体制，仍然存在着涵盖体制机制、程序规范、配套规则等多方面的问题，迫切需要继续深化改革。

1．现行党内民主决策制度存在的主要问题

（1）党的决策体制中集体领导与个人分工负责在实践中关系失衡

从体制机制的缺陷来看，当前中共的决策体制较为突出地表现为集体领导与个人分工负责的不协调、党政职能划分不规范、中央与地方关系不顺畅等问题。以党委制为制度架构的中共决策体制，其制度设计宗旨在于通过党委的委员会体制实现集体领导，又通过委员和常委在其他党政机构中的任职实现个人分工负责。但在实践中，作为党委制两方面内容的集体领导和集体决策与个人分工负责在决策过程中往往是不平衡的。胡伟认为，集体决策在政府过程中常常遭到破坏，而个人分工负责常常转变为党委书记负全责。[②] 邹庆国认为党委书记事实上负全责和"议行合一"的体制集决策权、执行权于一体的制度设计密切相关。议行合一使党委制内在包含着民主集中制和首长负责制的冲突，民主集中制往往流于形式，而首

---

① 周光辉：《当代中国决策体制的形成与变革》，《中国社会科学》，2011 年第 3 期。
② 胡伟：《政府过程》，浙江人民出版社 1998 年版，第 257 页。

长负责制通常成为党委书记的必然首选。① 在党委制的决策实践中，有时还存在着另一种集体决策和个人分工相脱节的现象，即各常委对所分管的事务垄断了决策权，或仅与作为一把手的书记分享这种决策权垄断，不愿意其他常委以集体决策的方式涉足自己所分管领域。这种脱节导致了决策权的分割，完全违背了集体决策的制度设计初衷。

（2）党的决策体制中党委与人大、政协之间的功能性分权关系制度化程度不足

虽然党的决策体制与人大的审议民主、政协的协商民主在一定程度上实现了对接，提升了党的决策的科学性与合法性，但这种对接在当前的决策过程中，仍然带有更多的单向度特点，即政协提案向党委决策输送建议，人大将党委的决策合法化。人大和政协自身由于年会制的限制，在决策机制中实际上仅充当仪式化的作用，而人大和政协的常设机构，在决策机制中的作用也趋于边缘化。这种状况在地方决策机制中尤为明显。在中央层面，实际上也存在类似问题。例如，周光辉等认为，中国共产党与各国家机关的职责划分不够规范，中国共产党与各民主党派的关系制度化程度不高，特别是"人大"和"政协"的民主决策作用发挥得不够；有些领域决策权力仍然过于集中，开放程度不高。② 具体而言，因政协的咨询性定位，党委决策对政协建议的采纳吸收并无制度性要求。而人大的合法化作用使得党委对其控制更为严格，难以对党委决策进行制度性的约束与反馈。

（3）党的决策体制中中央与地方的决策方式分化以及结构性分权关系有待理顺

在决策权的纵向划分上，存在两个方面的问题。一方面，中央和地方的决策方式有明显的分化，中央决策的集体决策、决策科学性较强，而地方决策的个人决断和决策的随意性较多。中央政治局在重要政策的提议、酝酿、决定过程中一般多采用协商一致的原则，而且通过政治局集体学

---

① 邹庆国：《中国共产党地方党委制的组织形态与运作机制研究》，人民出版社 2012 年版，第 144 页。

② 周光辉：《当代中国决策体制的形成与变革》，《中国社会科学》，2011 年第 3 期。

习、中央级智库机构专家论证等途径加强科学性指导，以及社会舆论的持续关注等外在监督因素，使中央决策基本能够按照集体决策的程序进行，决策质量较高。在地方决策中，由于党委制保留了书记的最后拍板权，各类一票否决的考核方式也使作为一把手的书记承担了更多的政治责任，因而地方决策中的个人专断以及由此而来的决策随意性较多。另一方面，中央和地方在决策上的结构性分权关系未理顺，中央过于集权和地方上政令不通情况并存。现行决策机制中，除中央掌握大政方针外，国务院部委的项目审批权和财政转移资金拨付权在很大程度上限制了地方相应的决策权。这既可能造成"跑部前进"的行政腐败，也影响了地方政府及其职能部门的积极性，是造成政令不通的行政梗阻现象的重要诱致因素之一。

（4）党的决策程序不够规范和完善，议事决策规则细化不足

制度的体系化和严密性程度决定了制度建设的科学化水平。当前关于党的决策机制运行尚无统一完善的党内规章制度，指导作用最大的为1996年制定的《地方党委工作条例（试行）》。这一条例已严重滞后于实践要求，很多规定如书记办公会等已在2006—2007年地方换届中事实上取消。作为党委制运作主要依据的该条例亟需修订。其他相关的党内规定为数众多，还有数量更多的各类重要讲话、通知、决定等类法规的文件，但相互之间缺乏有效的衔接与配合，一些规章制度中对于同一类问题的论述也存在冲突，未能形成科学严密的体系，难以形成合力。很多党内规章制度在内容上着重于实体性规定，未能同样重视程序规则。如关于领导体制的规章更多地着墨于党代会、全委会、常委会的职责界定以及相互关系的原则性规定，而对于讨论安排、发言顺序、职责落实，检查纠错等程序性规定表述不够清晰[1]。这使得很多制度规定或是缺乏可操作性被刻意规避，或是操作过程中因自由裁量权过大而极不规范，甚至形成制度替代的某种潜规则。在决策实践中，具体表现为：全委会开会次数太少和时间太短，不能适应职责要求；决策过程中重表决轻讨论的问题突出，很多议题结论在

---

① 邹庆国：《中国共产党地方党委制的组织形态与运作机制研究》，人民出版社2012年版，第150页。

讨论之前就已确定；讨论表决过程中采取非正常方式实现个别人或少数人的意图，如个人酝酿沦为提前打招呼、定调子，将重大事项肢解成多个环节、分步表决，变相利用上级组织意图对党委其他成员施加压力等；设计"紧急情况"、"突发事件"达到个人决定的目的；对于不符合个人意愿的问题长期拖延、不做决议。①

（5）党的决策机制尤其是地方决策的长效性、稳定性、延续性仍有待提高

决策程序的不规范，尤其是议事决策规则未能有效细化，使得有些地方决策的随意性和政策的连续性不足。俞可平认为中共决策过程中最突出的问题是决策的随意性太大，被人民群众讥为"三拍干部"（拍拍脑袋决定、拍拍胸脯保证、拍拍屁股走人）的人大有人在。② 随意决策使决策失误难以避免，不仅会给党和人民带来了巨大的损失，有时甚至会对地方经济社会发展产生长久的负面影响。随意决策还损害了决策的长效性和稳定性，一方面，在任的决策者本身可能决策多变，政策规划缺乏内在的系统性和必要的连贯性；另一方面，经常是人亡政息，政策随人而变，下一届领导往往以更改前任领导的政策凸显自己的政绩。政策缺乏稳定性和延续性又加剧了发展过程中的短期效应，阻碍了经济社会发展方式的转型升级。

2. 导致党内民主决策制度问题的主要原因

造成当前党的决策体制各类问题的原因，主要有制度供给不足、配套规则不完善、民主基础薄弱、决策者素质不高及观念陈旧落后等因素。

（1）作为决策民主化支撑的民意表达机制不完善，决策的参与度、透明度仍需提高

党的代表大会制度是以党委制为中枢的决策体制的党内民主基础。但目前党代会制度运作及其与党委会关系的民主程度仍不足。党代表的选举

---

① 邹庆国：《中国共产党地方党委制的组织形态与运作机制研究》，人民出版社 2012 年版，第 158—160 页。

② 俞可平：《决策科学化民主化的制度基础》，《文汇报》第 11 版，2003 年 1 月 28 日。

间接层次过多，与党员之间缺乏直接的代表与被代表的联系；高层级党代表的选举受到较为严格的控制，过于强调党代表的职业身份构成。除试点的少数县级党代会实行了年会制和常任制外，党的各级代表大会基本上任期五年内，仅召开一次，缺乏对所产生的党委会和纪委的监督和制约机制。党代会制度的缺陷使党的决策体制缺乏充足的党内民意表达基础。由于缺乏监督制约，决策过程的参与度不高，有些地方和部门的决策呈现出"小事开大会，大事开小会，重大事情不开会"的不正常现象。虽然在县一级实行了权力公开的试点，但从整个决策系统来看，议程的提出，政策的论证，决策的酝酿，仍处于不透明运作的状态，仅有人数很少的决策者和咨询者参与。社会舆论只能被动地接受决策的结果。

（2）党的决策的具体制度规则供给不足，只能按体制惯例运作

现行的决策体制与附着于党的领导制度，不可避免地受到这一制度内含的"权力高度集中"、"以党代政"、党代行人大实质权力等弊端的影响，在决策权分配中出现横向的党与人大、政协，纵向的中央与地方，总体上的国家与市场等分权不合理的现象，以及决策权难以受到有效的监督和制约的状况。除此之外，对于决策体制而言，党内立法滞后，相关制度规则供给不足，也给决策运作按惯例进行甚至按潜规则操作提供了空间。邹庆国从制度供给的实际状况分析了党委决策体制存在问题的原因，包括：制度规定滞后于实践需求，如《中国共产党地方委员会工作条例》与现实决策体制新进展、新问题的矛盾；制度安排中重实体轻程序，仅限于对职责界定的制度设计方面，而对决策职责落实、保障和纠错方面缺乏规定；制度规定可操作性不足，如对重大问题、非重大问题、日常问题的划分模糊，使决策权难以明确配置。[①]

（3）与党的决策机制相关的配套规则包括决策咨询、听证和责任追究等制度不完善

在决策配套规则的缺失方面，随着决策科学化与民主化的程度提升已

[①]　邹庆国：《中国共产党地方党委制的组织形态与运作机制研究》，人民出版社 2012 年版，第 150—151 页。

初步建立了为决策服务的配套规则，但仍很不完善，作用发挥有限。俞可平指出，造成决策随意性和非连续性等现象的原因除了决策者的素质外，主要是缺乏比较完善的决策咨询制度、听证制度、评估制度和责任制度。① 在决策咨询制度方面，缺乏制度化的意见输入，官方所委托的研究课题或政策论证往往事先已确立基调，专家的论证只是寻找理论或事例依据，投决策者所好。智库的种类和数量也相对较少，有些智库受到利益集团尤其是国外资金背景的商业化资助的影响，立场偏颇，其政策建议带有风险性。在决策听证制度方面，也缺乏明细的程序规则支撑，如哪些决策需要履行听证程序，参与听证的人员来源范围，如何产生，听证的意见对于决策的制度化影响等，尚无统一明确的规则加以规范。在决策责任追究制度方面，虽然已形成了相关的规章制度，但在实践中，集体领导、集体决策往往成为决策者规避责任的有效借口，很难真正追究主要决策者的责任。多数决策者只是因腐败等其他事项落马之后，其任上的决策失误才被媒体广泛追责。例如，南京市长季建业强力推行的耗资巨大的雨污分流工程，在其被双规后，遭到舆论和民众的公开声讨。②

（4）决策者自身的思想原因、能力素质以及官场生态都对决策民主化产生不良影响

决策者自身的思想原因，首先体现在传统官本位思想和人治观念上。这导致决策者缺乏权为民所授和权为民所用的正确权力观，视其手中的决策权为私有，并垄断使用，不愿进行集体决策或让公众和舆论参与。其次体现在计划体制的思维惯性和一元化领导观念的影响。李金河、徐锋认为这使得很多决策者在使用权力时，对于部门利益和地方利益的不当追求，决策心理、政策风险意识和责任意识、政策反思能力和纠错能力都较为薄弱。再次体现在不良的官场生态及相伴随的官员心理状态上。如对一把手的畏惧心理和盲从心理，在行使集体决策权力时不敢坚持独立意见；不求有功但求无过、害怕"枪打出头鸟"的心理，不敢在权力公开运行、权力

---

① 俞可平：《决策科学化民主化的制度基础》，《文汇报》第 11 版，2003 年 1 月 28 日。
② 沈晓杰：《季建业落马，雨污分流工程该给市民一个说法了》，人民网江苏频道时评，2013 年 10 月 18 日。

公众参与方面做出尝试等。

（三）健全和完善党内民主决策制度的政策建议

党的决策体制在经历了多年的改革发展之后，对于执政环境具备了较强的适应性，政策运用的结果也证明了决策体制有明显的合理性与有效性。但是，决策体制内在的民主性、科学性与规范性仍有待提高，尤其是决策过程中的公民参与依然严重不足。这就要求进一步改革和完善党的决策体制。党的十八大报告明确指出："坚持科学决策、民主决策、依法决策，健全决策机制和程序，发挥思想库作用，建立健全决策问责和纠错制度。"健全和完善党的决策体制应当继续沿着民主化、科学化和法治化的发展方向，其中，推进决策民主化是健全决策体制的重要突破口。对于党的决策体制的进一步改革的基本思路，一方面应当从改革和完善党的领导制度的总体布局出发，与党内监督体制改革、党政关系理顺、党内民主发展等相互配合，实现整体推进；另一方面应坚持增量改革的路径，既保持现有决策体制的合理因素，又通过制度创新增强决策体制的民主性、科学性和规范性，优化决策体制的功能。

1. 把发展党内民主与优化党委制决策体制结合起来，夯实党委决策体制的民主基础，提升容纳党内分歧的空间，实现决策民主与决策效率的均衡统一

当前以党委制为核心的党的决策体制，在规模和效率这两个制度设计的权衡要素方面较为合理。地方党委常委会，作为经常性决策机构，其规模能兼顾议事效率和议事成本。而且，党委成员同时又是同级党政机构和职能部门或下级行政区的主要领导人员的交叉任职身份，使其在参与党委集体决策时，既从全局通盘考虑整体利益，也代表了其所任职的部门和地区的局部利益，有利于整体利益与局部利益的协调。但是，党委决策体制的重要缺陷在于其党内民主基础不足，尤其是党代会的决策和监督功能难以发挥。另外，在民主集中制的要求下，决策机制也过于强调意见统一，不能正确看待党内分歧，处于意见少数的党委成员为避免得罪人、惹麻烦，或是破坏班子团结等顾虑，在讨论和表决中往往不敢坚持己见，选择

消极表达或从众行为。因而，应当以夯实决策体制的民主基础为改革目标，让党内民主的充分发展作为党委决策体制的运作基础。一是增强党内选举的选择性和竞争性，提高党内选举的直选层次，扩大差额幅度，增加党员或党代表联名提名正式候选人的比重，允许候选人在不违背党的方针政策的前提下，向党员或党代表宣传自己的选举主张，在党内形成委托—代表关系。二是以常任制、党委报告工作制、党代表日常履责机制等为建设重点，落实作为党委制的党内民主基础的党代会制度。三是在保证党内团结和统一执行的前提下，增强决策体制对于党内分歧的容纳能力。允许决策过程中有合适方式、合适程度的争论和意见分歧。对于党内分歧，避免简单化的以多数决的方式或上下级关系压制不同意见，应充分利用沟通、协商、说服等方式加以弥合。

2. 理顺全委会、常委会和纪委之间的关系，以重大决策权、经常性决策—执行权和监督权相互分立的党内权力架构防止决策权过于集中，减少专断决策和决策失误

当前党的领导制度内含的权力配置格局是以党代会和全委会行使决策权，党委常委会督促执行，纪委专门行使监督权，形成党内决策、执行、监督相互制约又相互协调的权力关系。但是，党代会和全委会的制度缺陷使党委常委会集决策权和执行权于一体，常委会决策权过于集中，不仅凸显了决策民主性不足，也削弱了对决策的科学性及决策程序的规范性的保障。尤其是出现了各常委将分管的部门和工作视为个人势力范围，相互不加干涉的权力分割现象。这不仅使党委内部的协调沟通机制失效，违背了集体决策的宗旨，还导致了政令不通和以权谋私现象。因而理顺全委会、常委会和纪委之间的关系，对常委会行使权力进行有力监督显得更为重要。一是要提高党委全委会的会议频次，每年至少召开两次以上，保障其对"三重一大"事项的决策权力，细化重大事项的范围。规范党委常委会的职权范围，保障其对一般事务的经常性决策权和对各项工作的执行权。完善党委会对全委会的报告制度，落实全委会对常委会权限内例行决策和权限外应急决策的事后批准和纠错权力。二是加强纪委行使监督权的独立

性和权威性。在横向领导关系上，明确党委全委会而非常委会对纪委的领导，纪委直接对同级党委全委会负责，由全委会审查纪委工作。纪委的人、财、事方面独立于同级党政机构，尤其是独立于人数较少、权力集中的党委常委会。在纵向领导关系上，地方纪委的日常业务工作由上级纪委垂直领导。但在中央层级，纪委仍应服从政治局的领导，以保障党的团结统一并对纪检监督权力进行约束。

3. 理顺党委与人大、政协以及上下级党组织之间的关系，以适度集权和有限分权相结合的体制增强决策体制的利益表达功能和决策合法性

人大作为宪政体制中的权力机关，负有对党委政策建议进行审议与合法化的职能，并与政协通过对政府实行权力监督间接地对党委权力运作进行外部监督。但这种间接监督缺乏具体的制度规则保障，而且监督结果经常表现为仅由政府相关官员担责，很难落实到实际决策的党委领导本身。党委与人大、政协的权力安排使得这些具有广泛代表性的人民民主和协商民主机构难以充分发挥利益表达和综合的功能。在党政体系的层级结构中，上下级组织应当是一种集权与分权相结合的关系。但是，在政治实践中，这种分权却缺乏有效的保障，呈现出上级绝对集权的倾向。这种倾向突出地表现为在下级党代会闭会期间，上级党组织认为有必要时，可以调动或者指派下级党组织的负责人。这种人事控制使很多经党代会和全委会选举产生的领导干部无法完成任期，严重削弱了党代会和党内选举制度的价值功能。因而，在同级各政权机构之间以及纵向层级之间，也应理顺权力运作关系，既保持适度集权，以保障党委决策体制的效率和执行力，同时通过适度的分权，使其承担更为充足的利益表达功能。一是要以明确的制度规则保障人大对党委决策的审议权、修订权、表决权及对官员的问责权，保障政协对党委政府的建议权、监督权。改革官员问责制度，由行政官员延伸到负实际决策责任的党委主要领导。二是要以明确的制度规则列举上级党委可以干预下级党委决策和在任期内调动、免职下级党委成员的情形，避免随意干预。尤其是要尽可能地保障党政主要领导干部的任期，尊重同级党代会对党委成员之间的权力授受关系。通过这些举措，在政权

体系内部的纵向与横向上形成适度集权与合理分权相结合的权力关系，使党委领导体制中的功能性、层级性集权受到适度的、有效的制约，增强决策体制的代表性与合法性。

4. 细化决策体制的具体运作程序，形成衔接严密的权力运行流程，增强决策权力运作的规范性和公开透明程度

当前有关党内决策体制的规章制度在内容上偏重于于实体性规定，更多地着墨于党代会、全委会、常委会的职责界定以及相互关系的原则性规定，未能同样重视程序规则，关于讨论安排、发言顺序、职责落实，检查纠错等程序性规定表述不够清晰。① 即使是实体性规定，一些关键词的界定仍然不明晰。例如，在全委会和常委会决策权划分方面"涉及全局性的重大问题"和"重要问题"如何区分，"三重一大"事项中"重要"干部、"大额度"资金等其标准因层级、地区和部门的差异不尽相同，但并无明确的细则规定，为常委会代替全委会决策提供了制度空间。因此，应当以程序化和公开化为重点，增强决策权力运作的透明度和可控性。一是以党内法规体系为依据，建立完整规范的党内决策权运作流程。严格清理权力事项，明确权力归属，制定权力清单。在此基础上，详细制定权力运行流程图，保障权力严格按照流程运作，规避流程即不合法，属无效权力。严格会议、会谈记录制度，与流程运作相互匹配，无记录即不合法，行为无效。二是完善党委议事规则，保障集体决策。强化会议准备工作，如上会事项的界定，议案提出的程序，与会人员对议题的事先了解和沟通等。改进会议规则，保证委员的发言时间和机会，推广正式会议发言免责制和书记末位发言制，避免一言堂和"一把手"专断。三是以权力公开透明运行整合提升现有的党务政务公开制度，除通过互联网向社会公布规章制度和权力运行流程外，还可试行党委会议人大代表、政协委员列席制度等，打破权力封闭运行的弊端，保障党员群众的知情权，以多元化、开放式的监督保障决策权力规范运行。

---

① 邹庆国：《中国共产党地方党委制的组织形态与运作机制研究》，人民出版社 2012 年版，第 150 页。

总之，通过大力发展党内民主，夯实党内决策体制的民主基础，增强决策的民主性；改革党内权力架构，在横向和纵向两个维度理顺党内决策机构与监督机构、与人民民主及协商民主相关机构的关系，破除影响决策科学性的体制因素；通过严密的程序规则和公开透明化，保障决策权力规范运行。长期以来一直与决策效率高、执行力强相伴随的决策不够民主、决策科学性不稳定及决策程序不规范等问题，将会随着决策体制改革的深入得到逐步而有效的化解。

三、党内民主监督的制度化规范化程序化

政治领域中的监督指"为保证国家权力在担负职权的正当范围内和轨道上运行，而对其进行监视、检查、调节、控制、纠偏的各种活动"[①]，在当代中国政治系统中，对党的权力进行监督的政治机构包括党外的各级人大、各级政协、各民主党派、司法机关，在党内主要是党的纪律检查委员会系统。改革开放以来，党内民主监督取得了显著的进展，但监督的具体成效、监督体系建设尚难满足党员群众对权力有效制约的要求。

（一）党内民主监督制度建设的进展和成就

改革开放以来，党内民主监督制度建设在组织系统、制度规则、监督机制、监督方式、权利保障、公开透明等方面都有显著的进步，一定程度上提升了党的权力运行的规范性，遏制了权力滥用、以权谋私的现象。

1. 党内民主监督的组织体系不断充实

党的各级纪律检查委员会是主要的党内监督机构。改革开放初期，恢复了党的各级纪检委，1993 年后与政府系统的监察部门合署办公，作为专门监督机构。在政府各职能部门中设立了纪检监察派驻机构。各级纪委由同级党的代表大会差额选举产生，差额比例逐步提升。在与同级党委的关系中，纪委书记进入同级党委常委，参与集体决策。2003 年以来，中纪委和中组部联合成立了巡视组，对地方贯彻执行党的路线方针政策情况、对

---

① 蔡定剑：《国家监督制度》，中国法制出版社 1991 年版，第 1 页。

领导干部廉政勤政和贯彻执行党风廉政建设责任制情况、对维护群众切身利益情况等切实监督检查。随着巡视制度在党内监督体系中的确立，各级纪委均成立了对下一级地方和部门进行巡视的机构。除此之外，在党的权力体系中，上级党委对下级党政机关也负有监督职责，党的各级委员会也是重要的监督主体。

2. 党内民主监督的制度法规逐步健全

首先是根据党的理论创新与执政环境不断发展变化的要求，多次修改《党章》。《党章》是党内的根本大法，对党内监督从民主集中制的贯彻、党员权利的保障、党的各级各类机构之间关系、党的纪检机关的职责等多方面进行了规定，是加强党内监督的根本依据。在此基础上，十六大以来，先后制定了系列与党内监督相关的党内法规。尤其是 2004 年颁行的《中国共产党党内监督条例（试行）》，明确规定了党内监督的各项制度：集体领导和分工负责、重要情况通报和报告、述职述廉、民主生活会、信访处理、巡视、谈话和诫勉、舆论监督、询问和质询、罢免或撤换要求及处理等。同时颁行的《中国共产党纪律处分条例》按照党要管党、从严治党的要求，对十大类违纪行为：违反政治纪律、违反组织人事纪律、违反廉洁自律规定、贪污贿赂、破坏社会主义经济秩序、违反财经纪律、失职渎职、侵犯党员和公民权利、严重违反社会主义道德和妨碍社会管理秩序等规定了明确的纪律惩处措施。一些具体的党内监督工作条例不断出台，如 2009 年颁行的《中国共产党巡视工作条例（试行）》对于完善巡视制度、规范巡视工作从组织设置、工作程序、人员管理、纪律与责任等多方面进行了明确的规定。

3. 党内民主监督的重点对象、领域和环节逐步明确

党和国家的权力最终由党的各级领导机关和领导干部直接行使，他们是党内监督的重点对象。为此，《党章》明确规定了"加强对党的领导机关和党员领导干部特别是主要领导干部的监督，不断完善党内监督制度。"2003 年颁布的《党内监督条例》也规定："党内监督的重点对象是党的各级领导机关和领导干部，特别是各级领导班子主要负责人。"对于领导干

部具体权力的监督，先是明确了以"三重一大"为关键领域和主要环节。在 2008 年颁行的《建立健全惩治和预防腐败体系 2008—2012 年工作规划》中，更为明确地提出，要重点对干部人事权、司法权、行政审批权和行政执法权的行使加强监督，强化对财政资金和金融以及国有资产的监管力度。①

4. 党内监督的民主基础即党员主体地位得到重视

党内监督除了依赖专门监督机构的运作外，不断发展的党内民主是营造良好监督氛围的重要基础。以发展党内民主、保障党员权利来推进党内监督，是加强党内监督的重要经验。1995 年，党中央颁行了《中国共产党党员权利保障条例（试行）》，2004 年党中央又印发了经过修订的《中国共产党党员保障条例》，为党员各项民主权利的有效行使提供了遵循的依据。党员在党内民主和党内监督中的主体地位逐步得到明确。十八大报告指出，"要保障党员主体地位，健全党员民主权利保障制度，开展批评和自我批评，营造党内民主平等的同志关系、民主讨论的政治氛围、民主监督的制度环境，落实党员知情权、参与权、选举权、监督权。"与党员监督权利相关的撤换和罢免制度在相关党内法规中也逐步得到明确。

5. 党务公开、权力公开取得一定进展

知情权是有效开展监督的前提和保障，从十五大开始，在基层推行政务和财务公开，让群众参与讨论和决定基层公共事务和公益事业，直接涉及群众切身利益的部门实行公开办事制度。十六大继续提出"认真推行政务公开制度"。十六届四中全会对政治公开作了更广泛的要求，一方面提出在基层要坚持和完善政务公开、厂务公开、村务公开等办事公开制度，另一方面首次提出逐步推进党务公开，增强党组织工作的透明度，使党员更好地了解和参与党内事务。从 2005 年开始，党务公开从基层开始逐步推广，并逐级向上延伸。党务公开的内容也不断扩大，在一些试点地区，权力运行、权力监督成为公开的重点对象。党务公开的实行，保障了党员的

---

① 《建立健全惩治和预防腐败体系 2008—2012 年工作规划》，新华网，2008 年 6 月 22 日。

知情权，改善了党员和组织尤其是权力机关之间的信息沟通状况，便利于党内民主监督深入开展。

（二）现行党内民主监督制度存在的主要问题

虽然中国共产党的党内监督体制有了很大的发展，主要体现为明确了党员主体地位，推行了党务公开，加强了对权力运行的监控，重视党内监督的制度建设以及加强了惩治和预防腐败体系建设等。但是，党内监督体制的具体规则仍不健全，监督的运行成效与人民群众的要求仍有很大距离。

当前，党内民主监督制度存在的问题和缺陷设计监督主体、监督对象、监督环节、监督规则、监督举措、监督体系等多个方面。

1. 在监督主体方面，党员群众的主体地位虚置，纪委等专门机构受双重领导体制约束

一是党员群众的监督主体地位虚置，党代会等党内民主机构的监督作用难以有效发挥。党委和纪委向同级党代会作工作报告是党代会和党代表实行监督的主要途径。但是，与人代会对政府的监督相比，党代会监督效果不明显。各级党（纪）委报告在党代会上均高票顺利通过而从未受过质询或被否决，主要负责人从未受过"责难"，而且党内监督条例没有对党代会的监督主体地位作明确规定，造成了党代会最高监督机关的理论定位与法规定位的矛盾。[①] 现行党内监督体制对普通党员的权利保障尚难以达到《党员权利保障条例》的要求。这首先表现为知情权、参与权不足，缺乏了解党内事务、参与党内事务的积极性和主动性，更谈不上主动监督。党员权利不足更突出地表现为选举权没有得到很好落实，党内事实上存在的委任制和任命制颠倒了党内权力的授受关系，使党员对干部的监督缺乏约束力。此外，党内监督体制缺乏对普通党员举报的有效保护，举报人受打击报复的现象屡见不鲜。监督主体的另一个重要缺陷是纪委作为专门监督机构，监督权力的行使受到制度性的约束。纪委监督效能的不足首先表

① 毛政相：《实现党代会的监督职能是提高党内监督质量的关键》，《理论探讨》，2007年第1期。

现为独立性不够，纪委的各项工作要在被监督的同级党委领导下开展，同级党委既是纪委的领导对象，又是被监督对象。其次是纪委在权力体系中的权威性不够，说话难、难说话、说了无人听、工作难开展的现象十分突出。① 此外，在下管一级的规则下，上级纪委的作用难以发挥，对下级党委成员的日常工作，特别是可能涉及权力滥用、以权谋私的活动很难及时跟踪、及时了解，导致了上级纪委对下级党委成员的违法乱纪行为很难及时制止。"双重领导使纪委在对违纪的党员领导干部立案审查时，只有监督职责，没有独立的、不受干涉的处理权"，"纪委的工作环境过于依赖同级党委，使上级纪委对下级纪委的领导难以落实，双重领导成为单一领导，时常受到各方面的干扰"。② 监督主体存在的这些问题，使党内监督出现了"上级监督下级太远、下级监督上级太难，同级监督同级太软"③ 以及普通党员和群众监督缺乏有效渠道的状况。

2. 在监督对象方面，党内监督体制存在的突出问题是针对党委主要领导即"一把手"的监督困难

"一把手"监督难以奏效的原因和表现涉及监督客体、监督主体和监督过程各个方面。从客体来看，"一把手"监督能否有效开展，在很大程度上取决于"一把手"自身的素质和态度。有不少"一把手"个人素质较差，缺乏起码的民主素养，把个人凌驾于组织之上，搞"一言堂"、"家长制"，容不下各方面的监督。从监督主体来看，上级党组织对"一把手"存在重选拔、轻管理、弱监督的问题，领导班子成员和同级监督部门存在不愿监督、不敢监督的问题，而普通党员群众的知情权无法保障，存在无法监督的问题。④ 由于对"一把手"的监督存在着各种困难，因而监督结果在时效上有一定的迟滞性，监督的开展有一定的片面性⑤，一方面很多

---

① 顾阳：《党内监督的几个问题》，《党政干部学刊》，2009 年第 10 期。

② 王宏琳：《论中国共产党党内监督制度建设》，吉林大学博士学位论文 2007 年，第 97—98 页。

③ 刘绍春、黄艺平：《党内监督机制存在的问题与对策》，《学习论坛》，2006 年第 6 期。

④ 季正矩、赵付科：《"一把手"监督与党内民主建设》，载《当代世界与社会主义问题》，2011 年第 4 期。

⑤ 任铁缨：《监督"一把手"是预防腐败的关键》，载《人民论坛》，2007 年第 12 期。

滥用权力的行为得不到及时纠正，"带病提拔"、"带病上岗"的现象时有发生；另一方面被追究的多限于权钱交易、以权谋私等腐败行为，而对于任人唯亲、独断专行、盲目决策等违反民主集中制的行为追究较少。

3. 在监督环节方面，党内监督存在的问题突出地表现为事前监督和事中监督不足，偏重于事后监督

从主体对客体实行监督的整个过程或时间上看，党内监督可分为事前监督、事中监督和事后监督三个阶段。这三个阶段都存在着监督不到位的情况，具体表现有：绝少事前监督——能让参与决策已实属不易，事前监督必令人生厌；很少事中监督——体制已决定其是决策、执行机构的附属，事中监督实属力不从心；大多为事后监督——直到权力运行的结果出了严重问题，在群众的强烈反映下，在上级党委、纪委的认真干预下，才有可能进行事后的监督检查。① 在事前、事中、事后三个环节中，事前环节能够起到预防作用，及时制止违纪腐败现象的蔓延。但是目前党内监督中最为薄弱的仍是事前监督，表现为对在一定条件下党内可能发生的违法乱纪行为和不正之风估计不足，事前很少提出有效的防范措施；对已经出现的倾向性、苗头性问题反应迟缓，不能及时察觉并加以纠正；对党员干部行使权力的情况，缺乏经常性的指导、检查和督促，往往等到问题严重时才惩处。② 事前监督的薄弱，加大了监督成本，使许多本来应该及时纠正的问题滋长蔓延，不仅造成了严重不良的政治影响，也削弱了党的干部队伍建设。

4. 在监督规则方面，有关党内监督的现有党内法规的可操作性、内容全面性、协调连贯性等存在一定的缺陷

随着《中国共产党党内监督条例（试行）》以及《中国共产党纪律处分条例》等一系列党内法规的颁行，党内监督制度规则逐步系统化，但仍然存在一些问题。这些问题主要有：一是现有的监督性条规内容上与改革

---

① 李永忠：《加强党内监督的两个"最重要"》，《中国党政干部论坛》，2004 年第 8 期。
② 任铁缨：《略论加强党内监督的几个关系》，《中共珠海市委党校·珠海市行政学院学报》，2007 年第 4 期。

开放和社会主义市场经济的发展相脱节，如制定了很多的禁令，但相当零散，且缺乏前瞻性，带有亡羊补牢的特点。二是已有的监督条规不完备、不系统、不配套，缺乏具体的实施细则。许多应建立专项条款的未建立，已建立的大多自成体系、互不衔接，互不配套，还有不少规定过于抽象，在操作中常会因空隙多、弹性大而难以把握。且因"处罚走廊"过长而在客观上给被监督者留下钻空子、打擦边球的余地。① 三是对监督的条例、法规缺乏有效的监督检查机制。四是多数监督性条规侧重于事后惩处，以处罚替代监督，而预防性制度法规严重不足。五是制度规范缺乏刚性。有些制度在实践中很难有效实行，即使不实行也没有人去追究，这就难免使制度流于形式，甚至陷于遵章守制吃亏、违规犯纪得利这一尴尬局面。②

5. 在监督举措方面，一些行之有效的监督措施长期得不到实施，削弱了监督的效力和公信力

官员财产申报和公开制度是香港、新加坡等地以及西方国家反腐制度中最为关键的预防举措。在国内，也多次有学者和人大代表提出这一制度建议，如全国人大代表韩德云连续七年在全国两会时提出建立官员财产申报和公开制度的建议。官员财产申报制度和官员财产公开制度应该是同一个制度的前后程序，但在我国这两种制度被分离开来，申报而不公开，是这一制度在我国的基本特征。③ 申报而不公开，不仅剥夺了党员群众的知情权，也使得这一有效举措失去了作用。一些地方对于关于官员财产申报和公开进行了试点，具体做法包括新任县处级官员个人财产公开，副镇级官员家庭情况和廉洁自律情况的"廉情公示"，县处级领导干部住房公示等。④ 这些试点都得到了媒体和舆论的广泛关注，也受到党员群众的支持。

---

① 顾阳：《党内监督的几个问题》，载《党政干部学刊》，2009 年第 10 期。

② 季正矩、赵付科：《"一把手"监督与党内民主建设》，载《当代世界与社会主义问题》，2011 年第 4 期。

③ 李占乐：《我国建立官员财产公开制度的阻碍因素及其消解》，《理论月刊》，2012 年第 2 期。

④ 袁东生：《我国实行官员财产公开的路径分析》，《山东社会科学》，2011 年第 2 期。

但是在关注之后，并没有对党内监督以及反腐建设起到实质性作用。因而有学者对近年来各地的试点效果表示质疑，认为这些公开，虽然方式有所不同，但都走向同一个结果——零投诉、零异议，这实际上说明了试点工作的"零意义"，而且试点的公示方法也存在严重的问题，必须形成公示、监督与问责的完整链条，财产公示制度才能真正发挥反腐利剑的应有威力。①

6. 在监督体系建设方面，党内监督未形成合力，党外监督力量薄弱

一是党内监督各个方面未能形成有效的合力，存在偏轻偏重的现象。从宏观上来看，虽然党内监督的形式包含了党的代表大会监督、党员和党组织的监督、专门机构的监督、党委会的监督等多个方面，但实际上这些监督都未能达到预期成效。在监督实践中，主要监督工作仍然存在过分倚重专门机关监督的倾向，对于党的各级代表大会及委员会的监督职能，以及党员监督职责的履行缺乏意识，重视不够。监督体系另一个突出的问题是，党内监督与党外监督未能有效衔接，没有形成全方位的权力运行监督体系。有学者认为，党内监督属于同体监督、自我监督，这种监督的成效往往取决于党自身是否重视或是否愿意接受监督，即主要取决于自觉，这就带有很大的不确定性。因此，党在进行自我监督的同时还必须接受外部的"异体监督"。②对于异体监督，当前人民群众对党的干部的监督主要是通过信访或媒体的渠道，问题的解决具有偶然性因素，而更重要的渠道，如通过自己选出的人大来监督党委运作无论在理论还是实践上都存在着很大困难。

（三）导致党内民主监督制度问题的主要原因

导致当前党内监督体制各种问题与缺陷的原因，包括权力集中的领导体制、党委与纪委的权力关系、党内民主发展状况、传统政治文化及党内政治生态等方面。

---

① 陈胜勇：《官员财产公开的困境与出路》，《浙江人大》，2012 年第 9 期。
② 吴海红：《党内监督路径创新探讨》，载《新视野》，2009 年第 2 期。

1. 权力过于集中的领导体制，使党内监督尤其是对"一把手"的监督陷入困境，也不利于发挥党代会的监督作用

党内监督对"一把手"失效的原因就在于现行体制下，不同层次的"一把手"都在相应的范围拥有很大的、往往又不受监督的权力。按照民主集中制的原则，党委书记是党委常委会和全委会的召集人，并无高于其他常委的特殊权力。但在实践中，一方面因为党委书记控制了党委常委会的议题设置，与分管常委就重大问题的事先酝酿等实质性权力，另一方面，各类一票否决的考评监督机制事实上也迫使党委书记谋求许多具体事务的最终拍板权。党委书记是党内监督重点，但另一方面，在加强党内监督工作时，很多举措并未触及书记的权力，而是寄希望于"一把手"对监督的重视和自觉，造成实践中的悖论。有学者认为，由于"一把手"掌握人财物的决定权，决定着下属的前途命运，于是敢于监督的人就愈少，投其所好的人就愈多，致使同级不愿监督，下级不敢监督。① 在权力过分集中的体制，"一把手"的权力行使往往通过非制度化的"酝酿"等方式进行，透明度不高，公开性不够，党员干部和人民群众也无法进行监督。权力集中的领导体制也限制了党代会这一党内权力合法化机构的监督作用。由于党代会五年召开一次，党代会闭会期间，党代会和党代表发挥作用缺乏有效途径和形式，因而无法监督党委常委会，造成党代会监督缺位。除了党代会的体制定位不明确外，党代会的监督职能也不健全，仅有审查同级党委工作报告和有限的选举权。而且，党代会与党委会、常委会之间存在时间落差，报告工作的党委与本届党代会并无授权与被授权的关系。由于代表资格审查制度的实行，本届党代表的产生事实上还受制于报告工作的党委，所以审查权也受到了限制。有学者指出，党代会的审查活动在实践中往往流于贯彻落实报告的学习交流活动，有效的监督和制衡无从谈起。②

①　季正矩、赵付科：《"一把手"监督与党内民主建设》，载《当代世界与社会主义问题》，2011 年第 4 期。

②　毛政相：《实现党代会的监督职能是提高党内监督质量的关键》，《理论探讨》，2007 年第 1 期。

2. 以党委制为核心的党内权力运作的议行合一体制，派生出纪委接受上级纪委和同级党委双重领导关系，使纪委作为专门监督机构缺乏对同级党委的监督能力

纪委虽然和同级党委都由党代会选举产生，但由于党代会仅召开一次，无法履行对纪委的领导监督职能，在现行政治体制中，纪委实行上级纪委和同级党委双重领导的体制。纪委书记作为党委常委会成员，权力行使受到党委书记的制约，形成了党委总揽决策权、控制执行权和制约监督权的集权局面。何增科认为，"将专门监督机关置于监督对象领导之下的管理体制限制了监督的效能发挥"、"议行合一的权力配置方式使得决策、执行、监督权缺乏既相对分离又相互制约的制衡机制"。① 而且从机构运作所需的资源如人事、财务等为同级党委和政府的控制，呈现出任务艰巨而地位不高，职责重大而权力有限的尴尬状况，上级纪委的领导，最多体现为业务的指导关系。这种缺陷使"铁面无私的监督检查"往往停留于文件和理论，造成事实上的"虚监"、"弱监"和"空监"。② 据媒体统计，十八大后一年内落马的 83 名厅级以上官员，没有一例是因同级纪委查处而落马。③

3. 党内民主发展水平不高，党员权利难保障，既是党内监督缺乏有效性的结果，也是弱化党内监督的重要原因

当前党内监督改革存在着只注重强化专门监督机构，忽视党内民主发展和保障党员群众权利的倾向。党内监督取得实效、具有公信力，更需要靠广大党员的参与。否则，一味扩大专门监督机构的权力，只是治标不治本，而且存在着谁来监督纪委等监督机构的新问题。党内民主程度不高，是导致党内权力难以实现有效制衡的根本原因。党内民主对党内监督的作用最突出地体现在权力授受关系和对谁负责这个根本问题上。王贵秀认

---

① 何增科：《建构现代国家廉政制度体系：中国的反腐败与权力监督》，载《广州大学学报：社会科学版》，2011 年第 1 期。

② 吴海红：《党内监督路径创新探讨》，载《新视野》，2009 年第 2 期。

③ 《盘点 18 大后 83 名厅级以上落马高官：一把手占 4 成》，《南方周末》，2013 年 11 月 14 日。

为，离开权力授受关系谈监督是党内监督的重大误区。监督归根到底是一种特殊的权力制约关系，是权力授受关系的重要体现，是委托权对受托权的监督和督促，这是监督的实质问题。① 党员知情权、参与权不足，选举权没有得到很好落实，使官员任免不透明运作，难以避免边腐败边提升现象。对于敢于行使监督权的党员，也缺乏有效的权利保障机制，党员权利受损时，申诉与处理放在同一部门，容易招致打击报复，因而不敢监督。

4. 传统政治文化的不利影响，以及党内政治生态的不良方面也是导致党内监督收效不彰、困难重重的重要因素

官本位思想是党内监督难以落实的重要心理因素。很多党员和普通群众一样，对于领导仍有浓厚的"崇权心态"，即对权力的推崇与畏惧不敢对领导的言行进行监督。② 即使在党委内部，上官和下官的等级制意识在很多干部身上十分明显。很多"一把手"刻意强调自己在党委中的"核心"地位，强调个人权威，缺乏自主接受监督意识。有的甚至以"老大"、"老板"自居，副职往往成了摆设，下属只有绝对服从的份，个别"一把手"逐渐蜕变成"一霸手"。③ 在市场经济的影响下，还有许多党员对权力监督抱有看客心态，缺乏党性意识，不坚持原则，有的甚至认同权钱交易的腐败行为。不良的政治文化也使得一些公认的反腐倡廉重要举措如官员财产公开制度难以推行。这种阻碍主要来自于既得利益者，这既包括了腐败分子对于财产公示的恐惧，也包含了很多官员对于法治社会中公务人员隐私权受限制的不认同、不理解，还隐含着执政高层对于骤然实施财产公开引发社会舆论强烈不满，从而导致社会动荡和政治不稳定的风险考虑。④

四、改进党内民主监督制度

当前，中国的改革进入了深水区，面临着许多重大的障碍和瓶颈，努力深化政治体制改革、加强和完善党的领导体制、加强对权力运行的监

---

① 王贵秀：《走出监督的八大误区》，载《北京日报》，2007 年第 514 期。
② 兰芳：《党内监督中的突出问题及对策选择》，载《理论研究》，2006 年第 1 期。
③ 朱宗亚：《从制度层面解决"一把手"监督难问题》，《中国监察》，2010 年第 3 期。
④ 李占乐：《我国建立官员财产公开制度的阻碍因素及其消解》，《理论月刊》，2012 年第 2 期。

控，已成为理论界的共识和党和国家下一步改革的重点。党的十八大报告对于加强党内监督做了明确要求，十八届三中全会作出的《关于全面深化改革的决定》对于反腐体制的改革与强化，也做了相应的部署。应结合这些要求进一步深化党内监督体制的改革，不断提高党内监督的制度构建和运行的科学化水平。

1. 从顶层设计的视角规划党内监督的制度体系，把党内监督纳入到党的领导体制改革的整体布局之中

当前党内监督收效不彰，尤其是对于"一把手"的监督流于形式，除了监督体制自身在程序规则方面的不完善及政治文化和社会环境的影响外，根本在于权力过于集中、未能被合理分解和形成有效制衡。对于纪委在党内权力架构中如何定位及纪委工作方式的完善，学者们进行了深入的探讨。多数学者认为应重新架构和配置党内权力，理顺纪委与同级党委、各级纪委之间的权力运作关系。对于如何理顺，提出了多种模式，一是平行式，落实党内决策权、执行权和专门监督权的"三权分立"，使三种权力之间形成相互制衡、相互监督的关系。如金太军认为，应当改革纪委的领导机制，确认纪委是由党的代表大会选举产生向其负责受其监督的党内专门的监督机构，它受党的代表大会的委托，实施对党的执行机关的监督制约，与执行机关具有平等的地位、平行的权力，以形成纪检机构和同级党委的张力。① 二是垂直式，将中纪委以下纪检机构的双重领导体制改为垂直领导。王宏琳认为，各级地方纪委在体制上实行上级纪委领导下级纪委，纪委组织相对独立于地方党委，自成体系，行使监督权。上级纪委不但领导下级纪委的业务工作，而且从纪委领导的任免到纪委内部建设问题，均由上级纪委决定。② 此外，也有将两种做法相结合的复合式改革思路。如张建明认为，可实行"新双重领导模式"，即以上级纪委领导为主，地方党委领导为辅，特别是下级纪委的干部人事均由上级纪委提名和任命。这种改变虽然不彻底，但干部人事关系全部上收上级纪委，有助于加

---

① 金太军：《政治文明建设与权力监督机制研究》，人民出版社 2010 年版，第 928 页。
② 王宏琳：《论中国共产党党内监督制度建设》，吉林大学博士论文 2007 年版，第 120 页。

强纪委的独立性与权威性。①

　　但是，学术界对于改革党内权力架构、理顺党委与同级纪委关系的诸多论述，也存在着因问题的严重性而偏重于否定的倾向，对于现行党内权力架构的合理性则估量不足。因而学术界提出的纪委与党委机构平行、分权制衡，同时向党代会负责的观点，在政治体制改革的实践中跨越性有余而可行性不足。笔者认为，从整体规划的视角来设计党内权力的框架结构，应充分考虑到党政结构体系中，不同层次权力的功能特点和行使状况，即中央权力的决策性特点、地方和基层权力的执行性特点，以及权力运作不规范和官员腐败严重程度的层次和领域分布状况。据此，可以分层次地规划党内权力的框架结构。在中央层级，仍然实行中纪委在党代会闭会期间受中央委员会领导的体制，以保证党的权力的完整性和权威性。在地方和基层，以本级纪委为中心，构建权力分解和制约的机制体系。强化上级纪委对本级纪委的垂直领导，保证纪委监督和办案的独立性，尤其是对同级党委领导干部特别是主要领导干部行使权力的监督，在纪委与同级党委产生意见分歧和权力运行纠纷时，由上级纪委介入解决；保持同级党委与纪委之间的工作联系，以保证纪委能全程介入同级党委及其成员的权力运作过程，加强权力运行的事前监督和事中监督；在试点党代会常任制的地方，建立纪委和同级党委同时向党代会年会作工作报告并接受其审议、主要成员接受其评议的机制。

　　对于"双规"这一超越法律的纪委反腐程序，虽然有学者认为其体现了中国特色的权力监督，实际上构成了检察机关采取的反贪侦查的前置程序，在廉政实践中成为联系党内监督与国家监督的桥梁。② 但从依法执政、依法监督的视角下来看，由纪委对有贪腐嫌疑的党政官员进行限制人身自由，以及没有明确程序规范的审讯行为，缺乏应有的合法性、专业性，而且容易造成党纪高于法律、纪委选择性定罪、包庇贪腐官员等不良的社会政治观感。今后应逐步取消"双规"，纪委对于贪腐案件，主要以巡视、

---

① 张建明：《纪委监督同级党委初探》，载《学习时报》，2007 年 1 月 22 日，第 5 页。
② 喻中：《论"双规"在我国权力监督体制中的地位》，载《理论导刊》，2006 年第 6 期。

监督来搜集线索，而限制人身自由和审讯等应由检察院反贪部门直接依法介入，以保障反腐工作的法制化、程序化。

2. 从程序设计的视角细化党内监督的具体规则，以公开和问责为重点，加强各项制度建设，努力使现有各项制度规定相互衔接，形成有效运作的制度链条

权力运行不透明、权力行使不规范是当前党内监督体制效果不彰的重要原因，也严重损害了党和政府的公信力。一是进一步加强权力公开透明运行的制度建设。完善党务政务公开制度，扩大党政部门主动公开的信息范围，保障党员和人民群众通过依申请公开获得知情权的权利。细化和规范化权力运行的流程，明确各领导职位的权力事项，每项权力行使必须经过的程序，以公开化和专门机构的监督来保证非经程序履行的权力属无效权力，并对行使者问责。以政治决断的勇气和魄力实行官员财产公开制度，以党内法规和国家法律保障制度运作，整肃吏治，以党和政府公信力的重建来化解财产公开可能带来的社会政治不稳定。二是进一步加强权力运行失范的问责制度建设。健全质询制度，保障两代表一委员对党政官员的质询权，建立质询必须回应的机制，并将质询过程与结果公开化。健全经济责任审计制度，保障审计部门的独立审计权。完善问责和引咎辞职制度，将问责对象和引咎辞职的官员范围由行政官员拓展到党委、纪委领导成员，保障被问责的官员权责对等和问责制度的公平性，建立引咎辞职官员重新履职监督审查机制，对于责任切实和责任重大的被问责官员，不得再次担任党政领导职务。

3. 从内外结合的视角拓展党的监督体系，把党内监督、民主监督、法律监督、舆论监督结合起来，以民主政治的发展保障人民对权力的监督

由于执政党权力体系的内在统一性以及权力机构科层制的特点，党内监督的效力总是存在着一定的边界，这也是同体监督的缺陷所在。因此要把异体监督和同体监督结合起来。一是加强人大对党的权力运行的监督，明确同级人大与同级党委之间监督与被监督的关系，鉴于党代会常任制尚未普遍推行，可试行由同级人大审议决定同级党委关于"三重一大"事项

的政策提议。二是推进同级政协和民主党派对党委权力监督的制度化，把党委重大决策与民主党派事先民主协商的程序规范化，实现事前监督，把政协和民主党派对党委权力运作的过程和结果的监督和回应公开化，实现事中与事后监督。三是提高对舆论监督包括是网络监督的回应性，做到网络热点问题适时回应、及时解决，保护人民群众直接行使监督权的积极性，改善党和政府的形象，增强公信力。四是保障司法机关独立行使案件审判权，赋予信访机关对于信访案件有更广泛的协调权与监督权，提高正常信访渠道问题解决的能力和效率。

　　总之，通过改革党内权力架构、有针对性地理顺党内决策机构和监督机构的关系，进而通过广泛的公开透明化和严密的程序规则，保障权力规范运行，然后把党内监督与其他各方面监督机制建设有机结合起来，形成对权力监督的合力。如此，长期以来一直困扰中国政治体制的权力过于集中因而难于监督的问题将会得到逐步而有效的化解。

第十九章　基层党组织设置的科学化

　　基层组织设置模式的科学化是提高基层党建工作科学化水平的前提与基础，对执政党能否有效适应并引导、整合经济社会环境具有重要意义。本章分析了党的基层组织设置模式科学化的基本要求，以此为视角，考察了经济社会转型后基层党组织在分化、调整、重构过程中相继出现的嵌入式与辐射式两种设置模式的特点和科学化水平，进而探讨了从辐射—嵌入模式到辐射—内生模式推动基层党组织设置科学化的发展趋势。

一、党的基层组织设置模式科学化的基本要求

　　党的建设科学化，一般指"党的自身建设要符合客观规律，防止主观主义包括各种教条主义、经验主义和随意性，使党的建设提高实效性，达到合理的预期"[①]。对于党建科学化具体内涵的理解，主要有两种维度，一是从党的执政规律的角度出发，强调"党的建设科学化，就是要求党的建设按政党活动规律办事，就是党的现代化，就是党的活动的制度化"[②]，即合规律性；二是从科学发展的角度出发，认为应"将以人为本、全面、协调、可持续发展的科学发展理念应用到党的建设过程之中"[③]，由此推演出

---

①　姚桓：《提高科学化水平：一个新的党建理念》，《中国党政干部论坛》，2009 年第 11 期。
②　王长江：《对"党的建设科学化"的几点思考》，《天津日报》，2010 年 1 月 18 日。
③　李剑、张书林：《党建科学化的逻辑起点与基本特征》，《学习时报》，2011 年 6 月 13 日。

党建工作的理念转变和实效性要求。合规律性与实效性是衡量党的建设科学化水平的基本尺度。两者密不可分，遵循规律是党建工作能够取得实效性的前提，而党建工作效率和效益的提高，又增强了党组织认识规律和利用规律的能力。

　　基层党组织的设置模式包括组织的设置依据、结构形式、隶属关系、预期功能等要素，以及这些要素之间的组合对应方式。基层党组织的设置模式也存在着提高科学化水平的问题。就合规律性而言，指基层党组织的设置应当适应并有利于优化国家与社会关系。基层党组织是执政党用来覆盖和渗透社会民众的组织网络体系的结点，在党与外部经济社会环境的资源交换与交流互动中发挥中介作用。社会发展状况以及国家与社会关系是决定基层党组织生存、运作、功能发挥的关键性外部因素。其中，社会发展状况深刻影响着基层党组织渗透社会的需求度和难易程度。从社会自组织程度来看，自组织程度低下、民众呈原子化的社会，民众缺乏其他的政治参与渠道，政党组织具有不可替代性，但组织负荷较为严重；自组织程度高、民间组织发达的社会，民众"获得了大量可以用来表达利益和进行政治参与的工具"，"客观上造成了与政党的潜在竞争，削弱了政党作为这种工具的优势地位乃至垄断地位"。[1] 从社会流动与异质性程度来看，人口流动增加了基层党组织联系民众的难度，异质化及其带来的阶层分化限制了政党进行利益协调的空间。国家与社会关系的状况影响着基层党组织在国家与社会之间的位置偏向和功能倾向。一般而言，强国家、弱社会的环境下，基层党组织对国家权力有较强的依赖性，功能侧重于国家对社会的整合；而强社会、弱国家的环境下，基层党组织更多地受社会力量的控制，功能侧重于对政治过程的参与。基层党组织设置模式的科学化，不仅在于组织设置适应社会发展及国家与社会关系的现状，更在于能够推动国家与社会关系的互动与平衡。这种互动与平衡一方面体现为执政党通过基层党组织对社会发挥整合功能；另一方面体现为社会通过基层党组织参与国家政治生活。

---

　　[1]　王长江：《政党现代化论》，江苏人民出版社 2004 年版，第 310 页。

就实效性而言，指组织设置有利于基层党组织汲取和有效使用资源以实现可持续发展。基层党组织作为居于国家和社会之间具有相对独立性的政治性组织，其行为取向包含两个递进的层次，一是汲取足够的资源，维系组织自身的持续存在，即生存取向；二是在此基础上汲取更多的资源，发挥组织预定的各项职能，即功能取向。这些资源包括一定的人力、经费、宣传平台、物资器械、活动场所等。作为资源投入者的基层政权、党员干部、社会民众，也需要从基层党组织的功能发挥中获取符合各自需要的收益，而且资源投入与各方收益的比例关系应当合理均衡，才能形成吸引资源连续投入的激励机制，保障组织的生存与发展。从执政党来看，基层党组织带来的收益包括政策的辅助实施、意识形态的渗透、先进分子的吸纳等。从社会民众来看，这些收益包括党员和党组织提供的服务、社情民意的传递、社会利益的协调、政治参与的便利等。从基层党员干部来看，这些收益包括党内民主权利的实现，政治上升渠道的提供，职业事业的帮助，能力展示的机会和组织归属感等。实效性要求基层党建工作也应转变发展观念，处理好党建投入成本与收益的关系、党建活动内容与形式的关系、党组织和党员数量与质量等关系，"不能简单地搞所谓的组织覆盖，应该把主要精力放在转变基层组织的职能和活动方式以不断增强其凝聚力上"[1]，提高实效化、集约化水平，保证基层党组织的可持续发展。

二、嵌入式设置模式及其科学化水平分析

以单位制设置为主的嵌入模式是共产党传统的基层组织设置模式。嵌入式设置的主要特点：一是有稳定的职业性经济社会组织作为基层党组织设置的依托单位，依托单位具有相对独立的资源运作和功能体系，内部结构较为正式，有明显的科层制特征；二是党组织与依托单位同构化，嵌入其中，党员来自于依托单位成员中的先进分子，党员的政治进步和职业成就相互促进，党组织事实上控制了依托单位的决策权；三是党组织的资源主要汲取自依托单位内部，除制度化地获取物质资源外，还可利用依托单

---

① 张志明：《提高党建科学化水平需重点关注哪些问题》，《学习时报》，2009 年 12 月 21 日。

位自身的上升渠道，作为对党员干部的激励手段；四是党组织功能的多重性，秉承党建服从和服务于依托单位中心任务这一工作路线，党组织更多地承担了依托单位自身履行的非政治性功能，存在着功能错位和负荷过重的问题。党的一元化领导体制、计划经济体制和单位化社会体制是嵌入模式有效运作的外部制度环境。基层党组织也因此成为政党国家对社会实行"横向到边、纵向到底"的整合控制工具。这种工具属性使基层党组织在国家与社会连接体的定位中完全偏向国家权力一边，整个执政党也"由民众政治参与的工具变成了国家机器的一部分"，导致政党角色的错位，而这种错位"包含了政党变质的全部危险"①，加剧了权力高度集中的政治体制的各种弊端。

　　20 世纪 90 年代以来，由于经济体制和社会组织方式的转型，国家与社会关系发生根本性变化，为数众多的基层党组织因依托单位的终止、转制而被撤销或调整。这些党组织管理的党员与党的关系淡化，对原先所联系的社会民众影响式微。为了巩固执政基础和群众基础，执政党作出加强和改进基层党建工作的部署。在基层党组织的调整与恢复过程中，执政党对嵌入模式有着明显的路径依赖性，形成了"新单位制"的嵌入设置格局。

　　从党建科学化的实效性维度来考察，嵌入式设置的基层党组织在不同党建领域面临着各自相异的环境特点，实效性差异显著。在机关、国企、高校等党建领域，嵌入模式有效延续。由于基层党组织的依托单位仍受政治权力较强的控制，党建环境未发生根本变化，基层党组织和依托单位在组织同构、资源汲取关系方面仍延续传统单位制方式。但在职能定位方面，受到公司制企业治理结构、校长负责制等新管理方式的影响和制约，基层党组织由领导核心转为政治核心，除党员发展、管理、教育等党建工作外，对依托单位享有参与决策权和政治监督权，并有相关的制度保障。

　　在新开展的"两新组织"党建领域，嵌入模式实效性不足。为了实现在新经济组织和新社会组织中的组织存在，执政党分类指导、因企制宜，

---

① 王长江：《现代政党执政规律研究》，上海人民出版社 2002 年版，第 43 页。

采取"规范式"、"过渡式"、"挂靠式"和"起步式"等①多种组建形式，扩大了两新组织党建的覆盖面，特别是规模以上非公企业党组织组建率维持在较高水平。两新党组织的普遍建立，体现了执政党重建国家与社会关系的努力，搭建了执政党和离散于体制外的社会民众的组织联系通道，符合基层党建科学化的发展方向。但是，除少量先进典型外，两新组织党建并未实现预期效果。在组织生存方面，两新党组织的党建资源严重依赖上级党组织，缺乏自主生存能力。在组织设立过程中，由于相当一部分业主或负责人对在两新组织内部设立基层党组织持怀疑和消极抵制态度，需上级党组织出台相关政策，深入宣传，主动沟通，积极督促，才得以打开局面。在组织维系过程中，党务人才多数通过上级选派党建工作指导员帮助解决，物质资源由上级党组织提供专项资金，或以文件硬性规定党组织活动经费在非公企业管理费列支加以保障。在功能发挥方面，基层党组织功能薄弱，地位趋于边缘化。由于非公有制的产权属性，业主对两新组织拥有完全控制权，多数基层党组织很难参与决策管理，引导监督职能也缺乏制度保障。在非公企业中，业主和员工之间存在明显的阶层差异与利益矛盾，党组织本应发挥应有的维权、协调职能，但在地方政府出于发展需要推行的亲商、安商政策基调下，这些职能的发挥空间极为有限。因而在两新党建实践中，党组织的日常活动除必要的党员发展教育任务外，多数只能集中于企业文化、文体娱乐等较为边缘的领域，难以发挥实质性功能。

从党建科学化的合规律性维度来考察，两新党组织的效能不足，反映了单纯的嵌入模式对社会发展状况及国家与社会关系仍有明显的不适应性。从社会发展状况来看，一是两新组织在规模、类型、结构等方面的巨大差异，使结构相对单一的基层党组织很难与之对应。特别是新社会组织，大多规模小、专职人员少，内部结构扁平化，活动内容非职业性，活动方式业余多样，存续时间短或呈间歇性，使在其内部建立完整的基层党组织缺乏必要条件。已经建立的两新党组织规模各异，在党内"金字塔"

---

① 本书编委会：《苏州基层党建30年》，党建读物出版社2008年版，第148页。

型组织隶属关系上很难定位，只能笼统地以属地管理的方式松散地挂靠在乡镇、街道设立的非公经济党委或党总支之下。二是社会流动加速，党员群众的就业方式灵活多样多变，离开户籍地的流动人口和流动党员数量庞大，而党组织只能建立在一定规模的两新组织之内，因而存留了大量的空白与缝隙，无法形成对社会民众的全面覆盖。从国家与社会关系来看，嵌入模式延续了计划体制时代执政党权力单向整合控制社会的制度内涵。在国家与社会分离的状况下，社会为了维护自主性，在受到政策压力而无法拒斥之后，必然转向限制党组织的实际地位和功能发挥。面对社会的限制与排斥，作为基层党组织主体的党员，虽然被鼓励发挥先锋模范作用，"有为才有位"，但受被雇佣地位、能力素质差异、意识形态信念淡化、缺乏实质性激励措施等因素影响，投入党建工作的动力不足。地方党组织出于政绩考虑，往往抱着任务式心态，片面追求易于量化的组织覆盖率，对于难度大且难以量化的实际功能发挥并不重视，或是仅仅重点抓几个典型，导致"经验在点上，问题在面上"①的状况，使两新党建呈现政绩化的形式主义倾向。

三、辐射式设置模式及其科学化水平分析

在农村和社区党建领域，基层党组织采取了外设于经济社会组织的辐射模式。在经济社会转型过程中，农村党建所依托的行政村丧失了生产单位的属性，虽然集体经济的存在使其仍保留一定的利益共同体性质，但农民经济活动的自主性以及人口流动使其内部经济利益关系非常松散。农村党组织在形态上虽未发生明显变化，但依托单位性质的演变，使党组织与群众联系的紧密程度、凝聚力和动员力都有所削弱。村民自治的实行和村委会的建立，在行政村层面形成了自下而上的、带有较强民主性质的自主性管理机构，一定程度上挤压了农村党组织的资源汲取能力，出现了普遍且难以制度化解决的"两委"矛盾。在两委之争中，有明确

---

① 周新群、祝灵君：《提高党建科学化水平需处理好十大关系》，《学习时报》，2010年6月8日。

党内隶属关系的农村党组织较多地受到来自乡镇政权的权力和资源支持，而随着新农村建设的开展，乡镇政权也需要借助农村党组织推动各项工作。农村党组织的嵌入模式逐渐悬浮化，演变为辐射模式。在城市经济社会转型中，居民的职业活动与居住生活分离，与社区的利益联系日趋紧密，社区归属感增强。为了巩固执政基础，执政党对居民社区进行调整、重组，开展了社区党建工作。社区党组织的设置以居住区域为依据，在街道等上级组织的支持下，结合社区居委会和群众团体发挥服务群众、促进和谐的职能，党建活动辐射辖区内各经济社会组织和居民群众。

从党建科学化的实效性维度来考察，辐射模式同样存在资源依赖上级党组织的问题，但功能发挥相对有效。在资源依赖方面，社区党组织由于缺乏明确的依托单位，区域内党建资源又高度分散、流动性强，难以汲取，因而资源主要依靠街道等上级提供和保障。农村党组织可汲取的资源因存在集体经济相对宽裕，但经济薄弱村特别是流出人口数量多的村庄，党组织汲取资源的数量有限且阻力很大，一定程度上仍需依赖乡镇政权。这种依赖包括：通过组织选配、公开招聘和双向挂职等方式派任党务干部，特别是实行大学生村官制度；提供必要经费和硬件设施，将专职工作者的薪资纳入财政预算。在功能发挥方面，辐射式党组织推动发展、服务群众、促进和谐的职能符合区域成员的共同利益，避免了嵌入式党组织的职能因与依托单位内部利益矛盾如劳资矛盾纠结而难以发挥的弊端。由于党组织不受特定业主或管理者限制，支部书记等带头人发挥才干有比较充分的施展空间，大批"能人"书记脱颖而出，带动了农村共同致富，社区各项事务也有很大发展。

从党建科学化的合规律性维度来考察，辐射模式社会适应性强，但其组织结构不足以改善国家与社会关系。社会适应性首先表现为组织存续稳定。按照区域设置基层党组织，无需固定的依托单位，避免了依托单位的差异性和不稳定对党组织带来的不利影响。党组织的规模差异小，存续时间长，所处社会环境相似性高，便于党建工作的统一指导与长期规划，也有助于党建资源的有效整合与合理分配。其次表现为组织覆盖面广。辐射式党组织的工作覆盖范围除区域范围内的常住居民外，嵌入式设置难以覆盖的流动人口、小规模两新组织也被包含在内，有利于党建工作的社会全覆盖。但辐射模式也存在显著的结构性缺陷，难以为改善国家与社会关系提供组织支撑。一是悬浮于社会，渗透性不足。区域边界的开放性和模糊性，使区域成员的自由度很大，人员流动频繁，与党组织的联系较为松散。共同区域虽然形成了一定的共同利益，但由于不直接与组织业务或个人职业挂钩，得不到应有的重视，区域成员共同体意识淡漠，缺乏接近和参与党组织的内在动力。二是功能发挥带有准行政化色彩。在具体内容上，城乡有所差异，农村侧重于促进发展和共同富裕，城市侧重于帮扶解困、便民服务，但都以公共管理、民生建设等为主。在途径形式上，虽借助了党员先锋作用、志愿者服务、自治组织的力量，但实质仍属于对基层政权部分行政职能的分担和辅助。辐射模式的上述缺陷，使执政党仅能依靠基层党组织从外部对社会进行有限的规范与整合，不仅难以达成实现国家与社会互动平衡的根本目标，也因为党建资源的大量投入而收益有限缺乏可持续性。

四、从辐射—嵌入到辐射—内生：基层党组织设置模式科学化的趋势

嵌入模式提供了政党影响社会的必要组织渠道，但缺乏发展动力和实效性；辐射模式有一定的工作成效，但悬浮于社会，渗透性不足。两种模式的互补性，使一些经济较发达地区尝试将两者结合起来，以区域化的辐射式党组织为中心，联合驻区各经济社会单位中的嵌入式党组织，形成以辐射—嵌入模式为特征的区域性大党建格局。这一格局以各类嵌入式党组织为"支点"，以辐射式党组织为"中枢"，在区域的"面"上结成组织"网络"。执政党以区域化党组织作为配置党建资源、整合协调各类党建工作、向社会民众辐射功能的组织枢纽，并与区域范围内各嵌入式党组织对接共建，形成了将政党功能传输到各经济社会单位内部的组织通道。构建辐射—嵌入模式的具体做法仍在探索，大都包括结对帮扶、资源整合、区域共建等。如张家港市开展的"小区域、大党建"工作，实施"五联五统"，即"组织联建、阵地联办、活动联搞、党员联管、责任联担"，统一

"工作规划、资源配置、活动部署、事务管理和考核评比"①。辐射—嵌入模式通过条块结合、以块为主、资源共享、优势互补、共驻共建的做法，一定程度上打破了基层党建条块分割、各成体系的相对封闭局面，整合并集约化配置党建资源，提高了党建工作的效益，不仅有利于党组织功能的发挥，对于城乡一体化发展趋势也有更强的组织适应性。不过，从当前部分地区的党建实践来看，辐射—嵌入模式的组织网络体系在内部结构上仍需进一步完善。一是组织关系方面，需理顺不同类别党组织的相互关系并制度化：规模较小的嵌入式党组织可由辐射式党组织代管；规模较大且有明确条状党内管理关系的党组织，应与辐射式党组织建立规范化的工作联系；二是党员参与方面，存在多重组织生活的情况，既与党章违背，也加重了党员的负担。可分类安排：联系型关系的党组织，党员可采取"在职党员进社区"的方法，仅参与社区活动；代管型关系的党组织，可将部分规范性、统一性较强的事务转移至辐射式党组织，而专注开展与依托单位相关的个性化活动。

辐射—嵌入模式体现了基层党组织适应社会变迁使自身结构不断精致化的最新成果，经过完善可以成为支撑国家与社会互动交流的组织网络。但辐射—嵌入模式并未改变基层党组织在国家与社会关系中偏向于国家权力一边的定位。执政党仍旧单向度地对社会施加整合控制功能，而社会除被动接受党组织提供的服务帮助外，依然缺乏积极参与党组织活动的内在动力。这导致作为支点的嵌入式党组织活力不足、可持续性差的弊病难以改观，损害了辐射—嵌入模式作为整体的科学化水平。在组织体系渐趋精致和完善的情况下，改变基层党建弊端的着力点，不应继续执着于对组织设置具体形式的花样翻新，而应转为对嵌入式党组织的功能向度进行改造，开发和充实政党组织不可替代且为社会所必需的功能类型，激发社会民众参与政治生活、接受政党影响的主动性和积极性。通过功能的改造与扩充，使执政党从外部嵌入仅执行单向输入功能的嵌入式党组织，逐渐演

---

① 中共张家港市委文件：《关于进一步加强"小区域、大党建"工作的若干意见》，张委发〔2010〕13号。

变成为各经济社会组织及社会民众内在需要且主动参与从而执行双向互动功能的内生式党组织。

由嵌入式到内生式的功能改造，一方面，应使基层党组织功能回归本原。政党基层组织本质上属于政治性组织，政治功能是其本原性功能，而执政党的基层组织又具备了与上层政治体系的制度化联系，是社会民众参与政治生活的主渠道之一。这是基层党组织与其他经济社会组织相比，独特性的优势所在，也是对社会民众形成吸引力的关键所在。但是，长期以来，基层党组织沿袭已久的是以政治性组织执行经济和社会职能的思维逻辑，导致为数众多的基层党组织因功能错位和功能负荷过重而效益低下、权威受损。另一方面，应完善基层党组织的内部激励机制。正如安东尼·唐斯所言，政党的"成员所追求的则是来自执政的收入、名望和权力"，因而执行政党的"社会功能对于他们就仅仅是实现他们个人抱负的一种手段"①。同理，如果没有一定的内部激励机制，而是单纯地依靠意识形态信念和组织归属感来动员党员为党组织服务，对少数优秀党员一段时期内可行，但不具有普遍性和持久性。

据此，基层党组织应当着力开发利益表达和政治参与功能，培育自下而上的内在动力机制，把辐射—嵌入式的基层组织框架改造为辐射—内生式的基层组织体系。具体而言，一是充实政治沟通功能，提高基层党组织的社会吸引力。政治稳定的程度与政治沟通的水平成正比。② 面对市场经济和公民社会带来的大量利益诉求，应当允许并鼓励内生式党组织代表依托单位的个别利益、特殊利益，将其利益要求、意见建议和对政府政策的反馈信息传输到辐射式党组织，由其进行引导和综合，并经党内政治流通渠道输入政治体系内核，形成政党国家与社会的政治沟通。通过政治沟通功能的有效发挥，提高基层党组织对社会民众的吸引力和凝聚力，促进和谐、维护稳定。二是推动基层民主与自治，构建党组织内部激励机制。辐射式党组织设立所依据的居住区域，应当逐步与县（区）、乡人大代表选

① ［美］安东尼·唐斯：《民主的经济理论》，姚洋等译，上海人民出版社2005年版，第31页。
② 王长江：《论政治流通》，《马克思主义与现实》，2009年第4期。

区对应，在区域内部实行基层民主自治制度的同时，作为选区单元，参与人大代表选举等国家民主活动。在辐射式党组织的引导、组织和监督下，发动社会民众中的政治积极分子以及党员、党务工作者，开展适度政治竞争，以村居委会委员或人大代表等职位激励其发挥先进性、积极性，参与基层党建事务、带动城乡社区发展。三是对接党内民主架构，提高基层组织在党内的政治地位与作用。基层党组织内部应实行更为民主的运作方式，保障党员对组织事务的参与权和决定权。在县（区）、乡党代表选举过程中，以一个完整的辐射—内生式组织单元作为党代表选区，保障党代表由基层党员民主选举产生，使党代表大会制度有坚实的党内民主支撑，并为优秀党员提供更高层级的政治上升通道。此外，还应推广党委群众工作部的设置，为上级党组织与基层组织的直接交流与沟通构建制度化渠道。

总之，在辐射—内生式的基层组织体系中，辐射式党组织一方面通过内生式党组织自上而下发挥执政党整合控制社会必需的各种职能，而社会民众和各经济社会组织又通过内生式党组织自下而上向辐射式党组织表达诉求、反馈信息、输送人才。以此形成社会系统和政治系统双向互动的组织渠道网络。这种双向互动使执政党避免了完全偏向国家权力从而与社会分离乃至对立的情况，使根本性改善国家与社会关系成为可能，从而增强了基层党建的合规律性。社会力量的主动参与也增添了党组织的动力与活力，有利于改变政党单方面投入而效果不彰的弊病，从而增强了基层党建活动的实效性和可持续性。

参考文献

一、国内文献

1. 《马克思恩格斯选集》（1—4 卷），人民出版社 1995 年版。

2. 《列宁选集》（1—4 卷），人民出版社 1995 年版。

3. 《毛泽东选集》（1—4 卷），人民出版社 1991 年版。

4. 《邓小平文选》第 1、2 卷，1994 年版；第 3 卷，1993 年版。

5. 江泽民：《论党的建设》，中央文献出版社 2001 年版。

6. 江泽民：《论"三个代表"》，中央文献出版社 2001 年版。

7. 李景治：《当代资本主义国家的政党制度》，福建人民出版社 1993 年版。

8. 王沪宁主编：《政治的逻辑》，上海人民出版社 1994 年版。

9. 王沪宁：《比较政治分析》，上海人民出版社 1987 年版。

10. 王沪宁编：《腐败与反腐败：当代国外腐败问题研究》，上海人民出版社 1990 年版。

11. 王沪宁：《政治的人生》，上海人民出版社 1994 年版。

12. 王长江：《政党的危机：国外政党运行机制研究》，改革出版社 1996 年版。

13. 王长江：《现代政党执政规律研究》，上海人民出版社 2002 年版。

14. 王长江：《时代的声音》，青岛出版社 2002 年版。

15. 王长江、姜跃：《现代政党执政方式比较研究》，上海人民出版社 2002 年版。

16. 王长江：《政党论》，人民出版社 2009 年版。

17. 王邦佐、李惠康主编：《西方政党制度社会生态分析》，学林出版社 1997 年版。

18. 王学东等：《九十年代西欧社会民主主义的变革》，中央编译出版社 1999 年版。

19. 王贵秀：《论民主和民主集中制》，中国社会科学出版社 1995 年版。

20. 王浦劬主编：《政治学基础》，北京大学出版社 1995 年版。

21. 杨雪冬、薛晓源主编：《"第三条道路"与新的理论》，社会科学文献出版社 2000 年版。

22. 何增科：《政治之癌》，中央编译出版社 1995 年版。

23. 吴大英主编：《西方国家政治制度剖析》，经济管理出版社 1996 年版。

24. 张荣臣：《马克思恩格斯政党理论研究》，中央编译出版社 2001 年版。

25. 李景鹏：《中国政治发展的理论研究纲要》，黑龙江人民出版社 2000 年版。

26. 李道揆：《美国政府和美国政治》（上、下），商务印书馆 1999 年版。

27. 《深化干部人事制度改革纲要》，2000 年 8 月。

28. 林尚立：《政党政治与现代化：日本的历史与现实》，上海人民出版社 1998 年版。

29. 林尚立：《党内民主》，上海社会科学院出版社 2002 年版。

30. 林勋健主编：《西方政党是如何执政的》，中共中央党校出版社 2001 年版。

31. 金重远：《战后西欧社会党》，上海人民出版社 1997 年版。

32. 俞可平主编：《治理与善治》，社会科学文献出版社 2000 年版。

33. 胡伟：《论政治：中国发展的政治学思考》，江西人民出版社 1998 年版。

34. 胡伟：《政府过程》，浙江人民出版社 1998 年版。

35. 郭定平：《政党与政府》，浙江人民出版社 1998 年版。

36. 梁琴、钟德涛：《中外政党制度比较》，商务印书馆 2000 年版。

37. 萧超然、晓韦主编：《当代中国政党制度》，黑龙江人民出版社 2000 年版。

38. 傅金铎等：《国外主要国家政党政治》，华文出版社 2001 年版。

39. 曾繁正等：《西方政治学》，红旗出版社 1998 年版。

40. 蒋振云主编：《中国共产党执政五十年的基本经验》，党建读物出版社 2001 年版。

41. 蔡长水等：《党的建设历史经验与热点问题》，中共中央党校出版社 2001 年版。

42. 李君如：《中国共产党执政规律新认识》，浙江人民出版社 2003 年版。

43. 朱光磊：《当代中国政府过程》，天津人民出版社 2002 年版。

44. 中共中央组织部党建研究所编著：《党建研究纵横谈》（2000—2001），党建读物出版社 2002 年版。

45. 关海庭：《20 世纪中国政治发展史论》，北京大学出版社 2002 年版。

46. 董郁玉、施滨海编：《政治中国——面向新体制选择的时代》，今日中国出版社 1998 年版。

47. 高兆明：《社会失范论》，江苏人民出版社 2000 年版。

48. 刘建军：《中国现代政治的成长》，天津人民出版社 2003 年版。

49. 王惠岩主编：《比较政治制度》，吉林大学出版社 1998 年版。

50. 柏维春：《政治文化传统——中国和西方对比分析》，东北师范大学出版社 2001 年版。

51. 马德普主编：《政治文化论丛》（第二辑），天津人民出版社 2002

年版。

52. 罗豪才、吴撷英：《资本主义国家的宪法和政治制度》，北京大学出版社 1983 年版。

53. 邱钱牧：《中国政党史》，山西人民出版社 1991 年版。

54. 林尚立：《当代中国政治形态研究》，天津人民出版社 2000 年版。

55. 王亚南：《中国官僚政治研究》，中国社会科学出版社 1981 年版。

56. 徐大同主编：《当代西方政治思潮》，天津人民出版社 2001 年版。

57. 黄卫平主编：《中国基层民主发展的最新突破》，社会科学文献出版社 2000 年版。

58. 俞可平：《权利政治与公益政治》，社会科学文献出版社 2000 年版。

59. 姚礼明：《马克思主义政治学著作选读》，北京大学出版社 2000 年版。

60. 王舟波：《世纪脉搏——中共的方略与中国的走向》，中国书籍出版社 1998 年版。

61. 浦兴祖主编：《当代中国政治制度》，复旦大学出版社 1999 年版。

62. 浦兴祖、洪涛主编：《西方政治学说史》，复旦大学出版社 1999 年版。

63. 陶东明、陈明明：《当代中国政治参与》，浙江人民出版社 1998 年版。

64. 杨德山：《近代中国资产阶级政党学说研究》，人民出版社 2001 年版。

65. 赵晓呼：《政党论》，天津人民出版社 2002 年版。

66. 荣敬本、高新军主编：《政党比较研究资料》，中央编译出版社 2002 年版。

67. 罗荣渠：《现代化新论》，北京大学出版社 1993 年版。

二、国外文献

1. ［美］亨廷顿：《变化社会中的政治秩序》，上海三联书店 1986

年版。

2. ［美］亨廷顿：《第三波——20 世纪后期民主化浪潮》，上海三联书店 1998 年版。

3. ［德］罗伯特·米歇尔斯：《寡头统治铁律》，天津人民出版社 2003 年版。

4. ［英］洛克：《政府论》（上. 下），商务印书馆 1982 年版。

5. ［意］G. 萨托利：《政党与政党制度》，商务印书馆 2006 年版

6. ［英］E. 巴克：《关于政府的若干思考》，牛津大学出版社 1942 年版

7. ［美］西摩·马丁·李普塞特：《一致与冲突》，上海人民出版社 1995 年版。

8. ［美］约瑟夫·拉帕隆巴拉和迈伦·韦纳：《政党和政治发展》，普林斯顿大学出版社 1966 年英文版。

9. ［美］约翰·奈斯比特：《大趋势》，中国社会科学出版社 1984 年版。

10. ［英］安东尼·吉登斯：《第三条道路——社会民主主义的复兴》，北京大学出版社，三联书店 2000 年版。

11. ［英］J. S. 密尔：《代议制政府》，商务印书馆 1997 年版。

12. ［法］莫里斯·迪韦尔热：《政治社会学：政治学要素》，华夏出版社 1987 年版。

14. ［日］冈泽宪芙：《政党》，经济日报出版社 1991 年版。

15. ［加］莱斯利·雅各布：《民主视野》，中国广播出版社 2000 年版。

16. ［法］卢梭：《社会契约论》，商务印书馆 1980 年版。

17. ［法］托克维尔：《论美国的民主》，商务印书馆 1988 年版。

18. 戴维·杜鲁门：《政府的过程》，1951 年英文版。

19. V. B. 布欣：《政党》，1955 年英文版。

20. William Crotty：*American Parties In Decline*（*Second Edition*），LITTLE BROWN AND COMPONY, Boston Toronto.

三、辞书类

1．石啸冲主编：《中国大百科全书》（政治学卷），中国大百科全书出版社1992年版。

2．邓正来主编：《布莱克维尔政治学百科全书》，中国政法大学出版社1992年版。

3．张中、程志方等主编：《党建理论学习研究指南》，云南人民出版社1999年版。

后 记

我上高中的时候，中国的改革开放正在起步。那是一个令年轻人莫名激动和兴奋的时代，那个年代的高中生，因为之前还太小，对刚刚过去的"文化大革命"没有任何体验，有的只是对中国共产党无条件的崇敬和对改革开放的未来无限的憧憬。我在那个年龄就开始接触列宁和毛泽东的著作，一颗年轻的跃跃欲试的心受到那些革命伟人的思想的激励，一心只想投入共产党的怀抱，为人民服务。现在想来，也许这就是我换了多个专业，最后却选择了政党研究的原因。

我开始接触政党研究的时候，这个专业叫党的学说和党的建设，从专业名称可以看出来，这个学科的科学体系还没有真正建立起来，似乎只能看到一些马克思主义经典作家的语录和一些正在使用的政治原则。是我的导师王长江打开了我们的眼界，把我们，也把这门学科带上了一条比较研究之路，让我们明白了一个看似简单却一直难行的道理：中国共产党也是一个政党，她不管多么特殊，也离不开所有政党都要遵循的政党产生、运作和发展的一般规律。因此，作为一个学者，决不能把中国共产党孤立起来研究，应该把它置于历史的比较之中、置于世界政党的比较之中去研究，党建研究要吸收社会科学已经发展出来的一切科学的研究方法。唯有如此，才有可能把党建研究发展到政党研究，才有可能真正建立起政党学科，才有可能发展出中国的政党科学。本书取名为"政党科学与政治科学化"，正是在这条研究思路上的一个尝试。

政党作为人类政治历史的产物，在长期的发展中，被赋予了特定的与其他政治组织不同的功能，其中有些基本功能是相通的，如政治表达、政治录用、政治沟通、政治社会化等。只不过对特定类型的政党来说，这些基本功能会发生变异，表现为不同的形式。研究和了解这些共性与个性，对于更好地指导政党科学化，是非常必要的。笔者这本书针对政党科学和政党政治科学化，既有纯理论的分析，也有对现实问题的解读，总体上都是遵行上述思路来进行的。本书是笔者长期研究政党问题的一些思考，不可能解答所有关于政党的问题，如果能够帮助读者打开一点有关党建和政党问题的思路，我就很满足了。

需要说明的是，这次出版的书稿以笔者承担的中央编译局重点课题"中国共产党执政科学性研究"的课题报告为基础，部分内容是笔者为其他人负责的课题做的分报告（如第一章，宁骚，"比较政治制度"；第十二章、第十八章，何增科，"社会主义民主政治制度化、规范化、程序化问题研究"），部分章节的主要内容已经在报刊杂志上公开发表过，这次出版时又做了修改补充。其中有些章节是笔者与合作者的共同成果（第五章，王长江；第十三章、第十九章，胡小君；第九章，朴林；第十章，代吉成；第十一章，张衍前），有些是合作者的个人成果，笔者成书时只是做了一些技术性加工（第七章，林德山；第八章，季正聚）。之所以选取合作者的这些章节，一方面是因为它们本来就是课题成果的一部分，更重要的是，它们与笔者观点一致。在此再次向以上同事和朋友致谢！要特别感谢我的博士生导师王长江先生，在百忙之中为本书作序。

在此还要特别感谢中央编译出版社的黄海明编辑，没有他的努力和高效的工作，本书不可能如期出版。

朱昔群

2015 年 5 月于中央编译局